Na Ubook você tem acesso a este e outros milhares de títulos para ler e ouvir. Ilimitados!

Audiobooks Podcasts Músicas **Ebooks Notícias** Revistas Séries & Docs

Junto com este livro, você ganhou **30 dias grátis** para experimentar a maior plataforma de audiotainment da América Latina.

Use o QR Code

OU

1. Acesse **ubook.com** e clique em Planos no menu superior.
2. Insira o código **GOUBOOK** no campo Voucher Promocional.
3. Conclua sua assinatura.

ubookapp

ubookapp

ubcokapp

Paixão por contar histórias

ALLAN KARDEC

A GÊNESE

OS MILAGRES E AS PREDIÇÕES SEGUNDO O ESPIRITISMO

TRADUÇÃO
Guillon Ribeiro

Edição original do livro *La Genèse, les miracles et les prédictions selon le spiritisme* (1868)

Todos os direitos reservados. Nenhuma parte deste livro pode ser utilizada ou reproduzida sob quaisquer meios existentes sem autorização por escrito dos editores.

REVISÃO	Isis Pinto
CAPA E PROJETO GRÁFICO	Bruno Santos
IMAGEM DE CAPA	Portrait de M. Allan Kardec, Revue L'Illustration début avril 1869./ A. Gilbert e J Robert a partir de foto de Charles Mammès Leymarie.

Dados Internacionais de Catalogação na Publicação (CIP)
(Câmara Brasileira do Livro, SP, Brasil)

Kardec, Allan, 1804-1869
  A Gênese : os milagres e as predições segundo o espiritismo / Allan Kardec ; tradução Guillon Ribeiro. -- Rio de Janeiro : Ubook Editora, 2020.

  Título original: La Genèse, les miracles et les prédictions selon le spiritisme
  ISBN 978-65-87549-42-2

  1. Espiritismo 2. Espiritismo - Filosofia 3. Kardec, Allan, 1804-1869. A Gênese I. Título.

20-39590   CDD-133.9

Ubook Editora S.A
Av. das Américas, 500, Bloco 12, Salas 303/304,
Barra da Tijuca, Rio de Janeiro/RJ.
Cep.: 22.640-100
Tel.: (21) 3570-8150

SUMÁRIO

INTRODUÇÃO.. 11

A GÊNESE SEGUNDO O ESPIRITISMO 15

CAPÍTULO I - CARÁTER DA REVELAÇÃO ESPÍRITA........................... 16

CAPÍTULO II - DEUS... 53
EXISTÊNCIA DE DEUS
DA NATUREZA DIVINA
A PROVIDÊNCIA
A VISÃO DE DEUS

CAPÍTULO III - O BEM E O MAL 67
ORIGEM DO BEM E DO MAL
O INSTINTO E A INTELIGÊNCIA
DESTRUIÇÃO DOS SERES VIVOS UNS PELOS OUTROS

CAPÍTULO IV - PAPEL DA CIÊNCIA NA GÊNESE............................... 81

CAPÍTULO V - ANTIGOS E MODERNOS SISTEMAS DO MUNDO.......... 89

CAPÍTULO VI - URANOGRAFIA GERAL....................................... 98
O ESPAÇO E O TEMPO
A MATÉRIA
AS LEIS E AS FORÇAS
A CRIAÇÃO PRIMÁRIA
A CRIAÇÃO UNIVERSAL
OS SÓIS E OS PLANETAS
OS SATÉLITES

OS COMETAS

A VIA LÁCTEA

AS ESTRELAS FIXAS

OS DESERTOS DO ESPAÇO

ETERNA SUCESSÃO DOS MUNDOS

A VIDA UNIVERSAL

DIVERSIDADE DOS MUNDOS

CAPÍTULO VII - ESBOÇO GEOLÓGICO DA TERRA.............................133

PERÍODOS GEOLÓGICOS

ESTADO PRIMITIVO DO GLOBO

PERÍODO PRIMÁRIO

PERÍODO DE TRANSIÇÃO

PERÍODO SECUNDÁRIO

PERÍODO TERCIÁRIO

PERÍODO DILUVIANO

PERÍODO PÓS-DILUVIANO OU ATUAL. NASCIMENTO DO HOMEM

CAPÍTULO VIII - TEORIAS SOBRE A FORMAÇÃO DA TERRA...............159

TEORIA DA PROJEÇÃO

TEORIA DA CONDENSAÇÃO

TEORIA DA INCRUSTAÇÃO

ALMA DA TERRA

CAPÍTULO IX - REVOLUÇÕES DO GLOBO 168

REVOLUÇÕES GERAIS OU PARCIAIS

IDADE DAS MONTANHAS

DILÚVIO BÍBLICO

REVOLUÇÕES PERIÓDICAS

CATACLISMOS FUTUROS

AUMENTO OU DIMINUIÇÃO DO VOLUME DA TERRA

CAPÍTULO X - GÊNESE ORGÂNICA 181

FORMAÇÃO PRIMÁRIA DOS SERES VIVOS

PRINCÍPIO VITAL

GERAÇÃO ESPONTÂNEA

ESCALA DOS SERES ORGÂNICOS

O HOMEM CORPÓREO

CAPÍTULO XI - GÊNESE ESPIRITUAL 197

PRINCÍPIO ESPIRITUAL

UNIÃO DO PRINCÍPIO ESPIRITUAL À MATÉRIA

HIPÓTESE SOBRE A ORIGEM DO CORPO HUMANO

ENCARNAÇÃO DOS ESPÍRITOS

REENCARNAÇÕES

EMIGRAÇÕES E IMIGRAÇÕES DOS ESPÍRITOS

RAÇA ADÂMICA

DOUTRINA DOS ANJOS DECAÍDOS E DA PERDA DO PARAÍSO

CAPÍTULO XII - GÊNESE MOISAICA 225

OS SEIS DIAS

PERDA DO PARAÍSO

OS MILAGRES SEGUNDO O ESPIRITISMO 249

CAPÍTULO XIII - CARACTERES DOS MILAGRES 250

OS MILAGRES NO SENTIDO TEOLÓGICO

O ESPIRITISMO NÃO FAZ MILAGRES

FAZ DEUS MILAGRES?

O SOBRENATURAL E AS RELIGIÕES

CAPÍTULO XIV - OS FLUIDOS 263

I. *NATUREZA E PROPRIEDADES DOS FLUIDOS*

ELEMENTOS FLUÍDICOS

FORMAÇÃO E PROPRIEDADES DO PERISPÍRITO

AÇÃO DOS ESPÍRITOS SOBRE OS FLUIDOS. CRIAÇÕES FLUÍDICAS.

FOTOGRAFIA DO PENSAMENTO

QUALIDADES DOS FLUIDOS

II. *EXPLICAÇÃO DE ALGUNS FENÔMENOS CONSIDERADOS SOBRENATURAIS*

CATALEPSIA. RESSURREIÇÕES

CURAS

APARIÇÕES. TRANSFIGURAÇÕES

MANIFESTAÇÕES FÍSICAS. MEDIUNIDADE

OBSESSÕES E POSSESSÕES

CAPÍTULO XV - OS MILAGRES DO EVANGELHO 296

SUPERIORIDADE DA NATUREZA DE JESUS

SONHOS

ESTRELA DOS MAGOS

DUPLA VISTA

ENTRADA DE JESUS EM JERUSALÉM

BEIJO DE JUDAS

PESCA MILAGROSA

VOCAÇÃO DE PEDRO, ANDRÉ, TIAGO, JOÃO E MATEUS

CURAS

PERDA DE SANGUE

POSSESSOS

RESSURREIÇÕES

JESUS CAMINHA SOBRE A ÁGUA

TRANSFIGURAÇÃO

TEMPESTADE APLACADA

BODAS DE CANÁ

MULTIPLICAÇÃO DOS PÃES

TENTAÇÃO DE JESUS

PRODÍGIOS POR OCASIÃO DA MORTE DE JESUS

APARIÇÃO DE JESUS APÓS SUA MORTE

DESAPARECIMENTO DO CORPO DE JESUS

AS PREDIÇÕES SEGUNDO O ESPIRITISMO 343

CAPÍTULO XVI - TEORIA DA PRESCIÊNCIA 344

CAPÍTULO XVII - PREDIÇÕES DO EVANGELHO...............355
NINGUÉM É PROFETA EM SUA TERRA
MALDIÇÃO CONTRA OS FARISEUS
UM SÓ REBANHO E UM SÓ PASTOR
ANUNCIAÇÃO DO CONSOLADOR
VOSSOS FILHOS E VOSSAS FILHAS PROFETIZARÃO
JUÍZO FINAL

CAPÍTULO XVIII - SÃO CHEGADOS OS TEMPOS...............386
SINAIS DOS TEMPOS
A GERAÇÃO NOVA

NOTA EXPLICATIVA...............407

INTRODUÇÃO

À PRIMEIRA EDIÇÃO PUBLICADA EM JANEIRO DE 1868

Esta nova obra é mais um passo dado para as consequências e aplicações do Espiritismo. Conforme seu título o indica, tem ela por objeto o estudo dos três pontos até hoje diversamente interpretados e comentados: *a Gênese, os milagres e as predições* em suas relações com as novas leis que decorrem da observação dos fenômenos espíritas.

Dois elementos, ou, se quiserdes, duas forças regem o universo: o elemento espiritual e o material. Da ação simultânea desses dois princípios nascem fenômenos especiais, naturalmente inexplicáveis, desde que se abstraia de um deles, do mesmo modo que a formação da água seria inexplicável, se se abstraísse de um dos seus elementos constituintes: o oxigênio e o hidrogênio.

Demonstrando a existência do mundo espiritual e suas relações com o mundo material, o Espiritismo fornece o esclarecimento de uma imensidade de fenômenos incompreendidos e considerados, por isso mesmo, inadmissíveis, por uma certa classe de pensadores. Abundam nas Escrituras esses fatos e, por desconhecerem a lei que os rege, é que os comentadores dos dois campos opostos, girando sempre dentro do mesmo círculo de ideias, fazendo, uns, abstração dos dados positivos da ciência, outros, do princípio espiritual, não conseguiram chegar a uma solução racional.

Essa solução se encontra na ação recíproca entre o Espírito e a matéria. É exato que ela tira à maioria de tais fatos o caráter de sobrenatural. Porém, que é o que vale mais: admiti-los como resultado das leis da natureza, ou rejeitá-los completamente? Sua rejeição absoluta arrasta a da própria base do edifício, ao passo que a admissão a tal título, suprimindo-se apenas os acessórios, deixa intacta a base. Tal a razão por que o Espiritismo conduz tantas pessoas à crença em verdades que elas antes consideravam meras utopias.

Esta obra é, pois, como já o dissemos, um complemento das aplicações do Espiritismo, de um ponto de vista especial. Os materiais se achavam prontos, ou, pelo menos, elaborados desde longo tempo; mas ainda não chegara o momento de serem publicados. Era preciso, primeiramente, que as ideias destinadas a lhes servirem de base houvessem atingido a maturidade e, além disso, também se fazia mister levar em conta a oportunidade das circunstâncias. O Espiritismo não tem mistérios, nem teorias secretas; tudo nele é revelado claramente, a fim de que todos o possam julgar com conhecimento de causa. Cada coisa, entretanto, tem que vir a seu tempo, para vir com segurança. Uma solução dada precipitadamente, primeiro que a elucidação completa da questão, seria antes causa de atraso do que de avanço. A importância do assunto que aqui tratamos nos impunha o dever de evitar qualquer precipitação.

Antes de entrarmos em matéria, pareceu-nos necessário definir claramente os papéis respectivos dos Espíritos e dos homens na elaboração da nova doutrina. Essas considerações preliminares, que a escoimam de toda ideia de misticismo, fazem objeto do primeiro capítulo, intitulado: "Caráter da revelação espírita". Pedimos séria atenção para esse ponto, porque, de certo modo, está aí o nó da questão.

Sem embargo da parte que toca à atividade humana na elaboração desta Doutrina, a iniciativa da obra pertence aos Espíritos, porém não a constitui a opinião pessoal de nenhum deles. Ela é, e não pode deixar de ser, a resultante do ensino coletivo e concorde por eles dado. Somente sob tal condição se lhe pode chamar Doutrina dos Espíritos. Doutra forma, não seria mais do que a doutrina de um Espírito e então teria o valor de uma opinião pessoal.

Generalidade e concordância no ensino, esse é o caráter essencial da Doutrina, a condição mesma da sua existência, donde resulta que todo princípio que ainda não haja recebido a consagração do controle da generalidade não pode ser considerado parte integrante dessa mesma doutrina. Será uma simples opinião isolada, da qual não pode o Espiritismo assumir a responsabilidade.

Essa coletividade concordante da opinião dos Espíritos, passada, ademais, pelo critério da lógica, é que constitui a força da Doutrina Espírita e lhe assegura a perpetuidade. Para que ela mudasse, fora mister que a universalidade dos Espíritos mudasse de opinião e viesse um dia dizer o contrário do que tem dito. Pois que ela tem sua fonte de origem no ensino dos Espíritos; para que sucumbisse seria necessário que os Espíritos deixassem de existir. É também o que fará que prevaleça sobre todos os sistemas pessoais, cujas raízes não se encontram por toda parte, como com ela se dá.

O livro dos Espíritos só teve consolidado o seu crédito por ser a expressão de um pensamento coletivo, geral. Em abril de 1867, completou o seu primeiro período decenal. Nesse intervalo, os princípios fundamentais, cujas bases o livro assentara, foram sucessivamente completados e desenvolvidos, por virtude da progressividade do ensino dos Espíritos. Nenhum, porém, recebeu desmentido da experiência; todos, sem exceção, permaneceram de pé, mais vivazes do que nunca, enquanto, de todas as ideias contraditórias que alguns tentaram opor-lhe, nenhuma prevaleceu, precisamente porque, de todos os lados, era ensinado o contrário. Este o resultado característico que podemos proclamar sem vaidade, pois que jamais nos atribuímos o mérito de tal fato.

Os mesmos escrúpulos havendo presidido à redação das nossas outras obras, podemos, com toda verdade, dizê-las segundo o Espiritismo, porque estamos certos da conformidade delas com o ensino geral dos Espíritos. O mesmo sucede com esta, que podemos, por motivos semelhantes, apresentar como complemento das que a precederam, com exceção, todavia, de algumas teorias ainda hipotéticas, que tivemos o cuidado de indicar como tais e que devem ser consideradas simples opiniões pessoais, enquanto não forem confirmadas ou contraditadas, a fim de que não pese sobre a Doutrina a responsabilidade delas.*

Aliás, os leitores assíduos da *Revista espírita* hão tido ensejo de notar, sem dúvida, em forma de esboços, a maioria das ideias desenvolvidas aqui nesta obra, conforme o fizemos com relação às anteriores. A *Revista*, muita vez, representa para nós um terreno de ensaio, destinado a sondar a opinião dos homens e dos Espíritos sobre alguns princípios, antes de os admitir como partes constitutivas da Doutrina.

---

* N. E.: Ao leitor cabe, pois, durante a leitura desta obra, distinguir a parte apresentada como complementar da Doutrina, daquela que o próprio autor considera hipotética e pessoalmente dele.

A GÊNESE
SEGUNDO O ESPIRITISMO

CAPÍTULO I

Caráter da revelação espírita

1. Pode o Espiritismo ser considerado uma revelação? Neste caso, qual o seu caráter? Em que se funda a sua autenticidade? A quem e de que maneira foi ela feita? É a Doutrina Espírita uma revelação, no sentido teológico da palavra, ou por outra, é, no seu todo, o produto do ensino oculto vindo do Alto? É absoluta ou suscetível de modificações? Trazendo aos homens a verdade integral, a revelação não teria por efeito impedi-los de fazer uso das suas faculdades, pois que lhes pouparia o trabalho da investigação? Qual a autoridade do ensino dos Espíritos, se eles não são infalíveis e superiores à humanidade? Qual a utilidade da moral que pregam, se essa moral não é diversa da do Cristo, já conhecida? Quais as verdades novas que eles nos trazem? Precisará o homem de uma revelação? E não poderá achar em si mesmo e em sua consciência tudo quanto é mister para se conduzir na vida? Tais as questões que importa nos fixemos.

2. Definamos primeiro o sentido da palavra *revelação*. *Revelar*, do latim *revelāre*, cuja raiz, *vēlum*, véu, significa literalmente *sair de sob o véu* — e, figuradamente, descobrir, dar a conhecer uma coisa secreta ou desconhecida. Em sua acepção vulgar mais genérica, essa palavra se emprega a respeito de qualquer coisa ignota que é divulgada, de qualquer ideia nova que nos põe ao corrente do que não sabíamos.

Deste ponto de vista, todas as ciências que nos fazem conhecer os mistérios da natureza são revelações e pode dizer-se que há para a humanidade uma revelação incessante. A Astronomia revelou o mundo astral, que não conhecíamos; a Geologia revelou a formação da Terra; a Química, a lei das afinidades; a Fisiologia, as funções do organismo etc.; Copérnico, Galileu, Newton, Laplace, Lavoisier foram reveladores.

3. A característica essencial de qualquer revelação tem que ser a verdade. Revelar um segredo é tornar conhecido um fato; se é falso, já não é um fato e, por consequência, não existe revelação. Toda revelação desmentida por fatos deixa de o ser, se for atribuída a Deus. Não podendo Deus mentir, nem se enganar, ela não pode emanar dele: deve ser considerada produto de uma concepção humana.

4. Qual o papel do professor diante dos seus discípulos, senão o de um revelador? O professor lhes ensina o que eles não sabem, o que não teriam tempo, nem possibilidade de descobrir por si mesmos, porque a Ciência é obra coletiva dos séculos e de uma multidão de homens que trazem, cada qual, o seu contingente de observações aproveitáveis àqueles que vêm depois. O ensino é, portanto, na realidade, a revelação de certas verdades científicas ou morais, físicas ou metafísicas, feitas por homens que as conhecem a outros que as ignoram e que, se assim não fora, as teriam ignorado sempre.

5. Mas o professor não ensina senão o que aprendeu: é um revelador de segunda ordem; o homem de gênio ensina o que descobriu por si mesmo: é o revelador primitivo; traz a luz que pouco a pouco se vulgariza. Que seria da humanidade sem a revelação dos homens de gênio, que aparecem de tempos a tempos?

Mas quem são esses homens de gênio? E por que são homens de

gênio? Donde vieram? Que é feito deles? Notemos que na sua maioria trazem, ao nascer, faculdades transcendentes e alguns conhecimentos inatos, que com pouco trabalho desenvolvem. Pertencem realmente à humanidade, pois nascem, vivem e morrem como nós. Onde, porém, adquiriram esses conhecimentos que não puderam aprender durante a vida? Dir-se-á, com os materialistas, que o acaso lhes deu a matéria cerebral em maior quantidade e de melhor qualidade? Neste caso, não teriam mais mérito que um legume maior e mais saboroso do que outro.

Dir-se-á, como certos espiritualistas, que Deus lhes deu uma alma mais favorecida que a do comum dos homens? Suposição igualmente ilógica, pois que tacharia Deus de parcial. A única solução racional do problema está na preexistência da alma e na pluralidade das vidas. O homem de gênio é um Espírito que tem vivido mais tempo; que, por conseguinte, adquiriu e progrediu mais do que aqueles que estão menos adiantados. Encarnando, traz o que sabe e, como sabe muito mais do que os outros e não precisa aprender, é chamado homem de gênio. Mas seu saber é fruto de um trabalho anterior e não resultado de um privilégio. Antes de renascer, era ele, pois, Espírito adiantado: reencarna para fazer que os outros aproveitem do que já sabe, ou para adquirir mais do que possui.

Os homens progridem incontestavelmente por si mesmos e pelos esforços da sua inteligência; mas, entregues às próprias forças, só muito lentamente progrediriam, se não fossem auxiliados por outros mais adiantados, como o estudante o é pelos professores. Todos os povos tiveram homens de gênio, surgidos em diversas épocas, para dar-lhes impulso e tirá-los da inércia.

6. Desde que se admite a solicitude de Deus para com as suas criaturas, por que não se há de admitir que Espíritos capazes, por sua energia e superioridade de conhecimento, de fazerem que a humanidade avance, encarnem pela vontade de Deus, com o fim de ativarem o progresso em determinado sentido? Por que não admitir que eles recebam missões, como um embaixador as recebe do seu soberano? Tal o papel dos grandes gênios. Que vêm eles fazer, senão ensinar aos homens verdades que estes ignoram e ainda ignorariam durante largos períodos, a fim de lhes dar um ponto de apoio mediante o qual possam elevar-se mais rapidamente? Esses gênios, que aparecem através dos séculos como estrelas brilhantes, deixando longo traço luminoso sobre a humanidade, são missionários ou, se o quiserem, messias. O que de novo ensinam aos homens, quer na ordem física, quer na filosófica, são *revelações*.

Se Deus suscita reveladores para as verdades científicas, pode, com mais forte razão, suscitá-los para as verdades morais, que constituem elementos essenciais do progresso. Tais são os filósofos cujas ideias atravessam os séculos.

7.   No sentido especial da fé religiosa, a revelação se diz mais particularmente das coisas espirituais que o homem não pode descobrir por meio da inteligência, nem com o auxílio dos sentidos; e esse conhecimento lhe dão Deus ou seus mensageiros, quer por meio da palavra direta, quer pela inspiração. Neste caso, a revelação é sempre feita a homens predispostos, designados sob o nome de profetas ou *messias*, isto é, *enviados* ou *missionários*, incumbidos de transmiti-la aos homens. Considerada debaixo deste ponto de vista, a revelação implica a passividade absoluta e é aceita sem verificação, sem exame, nem discussão.

8.   Todas as religiões tiveram seus reveladores e estes, embora longe estivessem de conhecer toda a verdade, tinham uma razão de ser providencial, porque eram apropriados ao tempo e ao meio em que viviam, ao caráter particular dos povos a quem falavam e aos quais eram relativamente superiores.

Apesar dos erros das suas doutrinas, não deixaram de agitar os Espíritos e, por isso mesmo, de semear os germens do progresso, que mais tarde haviam de desabrochar, ou desabrochariam um dia sob o sol do Cristianismo.

É, pois, injusto se lhes lance anátema em nome da ortodoxia, porque dia virá em que todas essas crenças, tão diversas na forma, mas que repousam realmente sobre um mesmo princípio fundamental — *Deus e a imortalidade da alma*, se fundirão numa grande e vasta unidade, logo que a razão triunfe dos preconceitos.

Infelizmente, as religiões hão sido sempre instrumentos de dominação; o papel de profeta há tentado as ambições secundárias, e tem-se visto surgir uma multidão de pretensos reveladores ou messias, que, valendo-se do prestígio deste nome, têm explorado a credulidade em proveito do seu orgulho, da sua ganância, ou da sua indolência, achando mais cômodo viver à custa dos iludidos. A religião cristã não pôde evitar esses parasitas.

A tal propósito, chamamos toda atenção para o capítulo XXI de *O evangelho segundo o espiritismo*: "Haverá falsos cristos e falsos profetas".

9. Haverá revelações diretas de Deus aos homens? É uma questão que não ousaríamos resolver, nem afirmativamente, nem negativamente, de maneira absoluta. O fato não é radicalmente impossível, porém, nada nos dá dele prova certa. O que não padece dúvida é que os Espíritos mais próximos de Deus pela perfeição se imbuem do seu pensamento e podem transmiti-lo. Quanto aos reveladores encarnados, segundo a ordem hierárquica a que pertencem e o grau a que chegaram de saber, esses podem tirar dos seus próprios conhecimentos as instruções que ministram, ou recebê-las de Espíritos mais elevados, mesmo dos mensageiros diretos de Deus, os quais, falando em nome de Deus, têm sido às vezes tomados pelo próprio Deus.

As comunicações deste gênero nada têm de estranho para quem conhece os fenômenos espíritas e a maneira pela qual se estabelecem as relações entre os encarnados e os desencarnados. As instruções podem ser transmitidas por diversos meios: pela simples inspiração, pela audição da palavra, pela visibilidade dos Espíritos instrutores, nas visões e aparições, quer em sonho, quer em estado de vigília, do que há muitos exemplos na *Bíblia*, no *Evangelho* e nos livros sagrados de todos os povos.

É, pois, rigorosamente exato dizer-se que quase todos os reveladores são médiuns inspirados, audientes ou videntes. Daí, entretanto, não se deve concluir que todos os médiuns sejam reveladores, nem, ainda menos, intermediários diretos da divindade ou dos seus mensageiros.

10. Só os Espíritos puros recebem a palavra de Deus com a missão de transmiti-la; mas sabe-se hoje que nem todos os Espíritos são perfeitos e que existem muitos que se apresentem sob falsas aparências, o que levou João a dizer: "Não acrediteis em todos os Espíritos; vede antes se os Espíritos são de Deus." (1a Epístola, 4:1.) Pode, pois, haver revelações sérias e verdadeiras como as há apócrifas e mentirosas. *O caráter essencial da revelação divina é o da eterna verdade. Toda revelação eivada de erros ou sujeita a modificação não pode emanar de Deus.* É assim que a Lei do Decálogo tem todos os caracteres de sua origem, enquanto as outras leis moisaicas, fundamentalmente transitórias, muitas vezes em contradição com a lei do Sinai, são obra pessoal e política do legislador hebreu. Com o abrandarem-se os costumes do povo, essas leis por si mesmas caíram em desuso, ao passo que o Decálogo ficou sempre de pé, como farol da humanidade. O Cristo fez dele a base do seu edifício, abolindo as outras leis. Se estas fossem obra de Deus, seriam conservadas intactas. O Cristo e Moisés foram os dois grandes reveladores que mudaram a face ao mundo e nisso está a prova da sua missão divina. Uma obra puramente humana careceria de tal poder.

11. Importante revelação se opera na época atual e mostra a possibilidade de nos comunicarmos com os seres do mundo espiritual. Não é novo, sem dúvida, esse conhecimento; mas ficara até os nossos dias, de certo modo, como letra morta, isto é, sem proveito para a humanidade. A ignorância das leis que regem essas relações estava abafada sob a superstição; o homem era incapaz de tirar daí qualquer dedução salutar; estava reservado à nossa época desembaraçá-las dos acessórios ridículos, compreender-lhes o alcance e fazer surgir delas a luz destinada a clarear o caminho do futuro.

12. O Espiritismo, dando-nos a conhecer o mundo invisível que nos cerca e no meio do qual vivíamos sem o suspeitarmos, assim como as leis que o regem, suas relações com o mundo visível, a natureza e o estado dos seres que o habitam e, por conseguinte, o destino do homem depois da morte, é uma verdadeira revelação, na acepção científica da palavra.

13. Por sua natureza, a revelação espírita tem duplo caráter:

participa ao mesmo tempo da revelação divina e da revelação científica. Participa da revelação divina, porque foi providencial o seu aparecimento e não o resultado da iniciativa, nem de um desígnio premeditado do homem; porque os pontos fundamentais da Doutrina provêm do ensino que deram os Espíritos encarregados por Deus de esclarecer os homens acerca de coisas que eles ignoravam, que não podiam aprender por si mesmos e que lhes importa conhecer, hoje os homens estão aptos a compreendê-las. Participa da revelação científica, por não ser esse ensino privilégio de indivíduo algum, mas sim ministrado a todos do mesmo modo; por não serem os que o transmitem e os que o recebem seres *passivos*, dispensados do trabalho da observação e da pesquisa, por não renunciarem ao raciocínio e ao livre-arbítrio; porque não lhes é interdito o exame, mas, ao contrário, recomendado; enfim, porque a Doutrina *não foi ditada completa, nem imposta à crença cega*, porque é deduzida, pelo trabalho do homem, da observação dos fatos que os Espíritos lhe põem sob os olhos e das instruções que lhe dão, instruções que o homem estuda, comenta, compara, a fim de tirar ele próprio as ilações e aplicações. Numa palavra, *o que caracteriza a revelação espírita é o ser divina a sua origem e da iniciativa dos Espíritos, sendo a sua elaboração fruto do trabalho do homem.*

14. Como meio de elaboração, o Espiritismo procede exatamente da mesma forma que as ciências positivas, aplicando o método experimental. Fatos novos se apresentam, que não podem ser explicados pelas leis conhecidas; o Espiritismo os observa, compara, analisa e, remontando dos efeitos às causas, chega à lei que os rege; depois, deduz-lhes as consequências e busca as aplicações úteis. *Não estabeleceu nenhuma teoria preconcebida*; assim, não apresentou como hipóteses a existência e a intervenção dos Espíritos, nem o perispírito, nem a reencarnação, nem qualquer dos princípios da Doutrina; concluiu pela existência dos Espíritos, quando essa existência ressaltou evidente pela observação dos fatos, procedendo de igual maneira quanto aos outros princípios. Não foram os fatos que vieram *a posteriori* confirmar a teoria: a teoria é que veio subsequentemente explicar e resumir os fatos. É, pois, rigorosamente exato dizer-se que o Espiritismo é uma ciência de observação e não produto da imaginação. As ciências só fizeram progressos importantes depois que seus estudos se basearam sobre o método experimental; até então acreditou-se que esse método também só era aplicável à matéria, ao passo que o é também às coisas metafísicas.

15. Citemos um exemplo: passa-se no mundo dos Espíritos um fato muito singular, de que seguramente ninguém houvera suspeitado: o de haver Espíritos que se não consideram mortos. Pois bem, os Espíritos superiores, que conhecem perfeitamente esse fato, não vieram dizer antecipadamente: "Há Espíritos que julgam viver ainda a vida terrestre, que conservam seus gostos, costumes e instintos." Provocaram a manifestação de Espíritos desta categoria para que os observássemos. Tendo-se visto Espíritos incertos quanto ao seu estado, ou afirmando ainda serem deste mundo, julgando-se aplicados às suas ocupações ordinárias, deduziu-se a regra. A multiplicidade de fatos análogos demonstrou que o caso não era excepcional, que constituía uma das fases da vida espírita; pode-se então estudar todas as variedades e as causas de tão singular ilusão, reconhecer que tal situação é sobretudo própria de Espíritos pouco adiantados moralmente e peculiar a certos gêneros de morte; que é temporária, podendo, todavia, durar semanas, meses e anos. Foi assim que a teoria nasceu da observação. O mesmo se deu com relação a todos os outros princípios da Doutrina.

16. Assim como a Ciência propriamente dita tem por objeto o estudo das leis do princípio material, o objeto especial do Espiritismo é o conhecimento das leis do princípio espiritual. Ora, como este último princípio é uma das forças da natureza, a reagir incessantemente sobre o princípio material e reciprocamente, segue-se que o conhecimento de um não pode estar completo sem o conhecimento do outro. *O Espiritismo e a Ciência se completam reciprocamente*; a Ciência, sem o Espiritismo, se acha na impossibilidade de explicar certos fenômenos só pelas leis da matéria; ao Espiritismo, sem a Ciência, faltariam apoio e comprovação. O estudo das leis da matéria tinha que preceder o da espiritualidade, porque a matéria é que primeiro fere os sentidos. Se o Espiritismo tivesse vindo antes das descobertas científicas, teria abortado, como tudo quanto surge antes do tempo.

17. Todas as ciências se encadeiam e sucedem numa ordem racional; nascem umas das outras, à proporção que acham ponto de apoio nas ideias e conhecimentos anteriores. A Astronomia, uma das primeiras cultivadas, conservou os erros da infância, até o momento em que a Física veio revelar a lei das forças dos agentes naturais; a Química, nada podendo sem a Física, teve de acompanhá-la de perto, para depois marcharem ambas de acordo, amparando-se uma à outra. A Anatomia, a Fisiologia, a Zoologia, a Botânica, a Mineralogia, só se tornaram ciências sérias com o auxílio das luzes que lhes trouxeram a Física e a Química. À Geologia nascida ontem, sem a Astronomia, a Física, a Química e todas as outras, teriam faltado elementos de vitalidade; ela só podia vir depois daquelas.

18. A Ciência moderna refutou os quatro elementos primitivos* dos antigos e, de observação em observação, chegou à concepção *de um só elemento* gerador de todas as transformações da matéria; mas a matéria, por si só, é inerte; carecendo de vida, de pensamento, de sentimento, precisa estar unida ao princípio espiritual. O Espiritismo não descobriu, nem inventou este princípio; mas foi o primeiro a demonstrá-lo por provas inconcussas; estudou-o, analisou-o e tornou-lhe evidente a ação. Ao *elemento material,* juntou ele o *elemento espiritual. Elemento material* e *elemento espiritual,* esses os dois princípios, as duas forças vivas da natureza. Pela união indissolúvel deles, facilmente se explica uma multidão de fatos até então inexplicáveis.** O Espiritismo, tendo por objeto o estudo de

---

* N. E.: Fogo, água, Terra e ar.

** Nota de Allan Kardec: A palavra *elemento* não é empregada aqui no sentido de corpo *simples, elementar, de moléculas primitivas,* mas no de *parte constitutiva de um todo.* Neste sentido, pode dizer-se que o *elemento espiritual* tem parte ativa na economia do universo, como se diz que o *elemento civil e o elemento militar* figuram no cálculo de uma população; que o *elemento religioso* entra na educação; ou que na Argélia existem o *elemento árabe* e o *elemento europeu.*

um dos elementos constitutivos do universo, toca forçosamente na maior parte das ciências; só podia, portanto, vir depois da elaboração delas; nasceu pela força mesma das coisas, pela impossibilidade de tudo se explicar com o auxílio apenas das leis da matéria.

19. Acusam-no de parentesco com a magia e a feitiçaria; porém, esquecem que a Astronomia tem por irmã mais velha a Astrologia judiciária, ainda não muito distante de nós; que a Química é filha da Alquimia, com a qual nenhum homem sensato ousaria hoje ocupar-se. Ninguém nega, entretanto, que na Astrologia e na Alquimia estivesse o gérmen das verdades de que saíram as ciências atuais. Apesar das suas ridículas fórmulas, a Alquimia encaminhou a descoberta dos corpos simples e da lei das afinidades. A Astrologia se apoiava na posição e no movimento dos astros, que ela estudara; mas, na ignorância das verdadeiras leis que regem o mecanismo do universo, os astros eram, para o vulgo, seres misteriosos aos quais a superstição atribuía uma influência moral e um sentido revelador. Quando Galileu, Newton e Kepler tornaram conhecidas essas leis, quando o telescópio rasgou o véu e mergulhou nas profundezas do espaço um olhar que algumas criaturas acharam indiscreto, os planetas apareceram como simples mundos semelhantes ao nosso e todo o castelo do maravilhoso desmoronou.

O mesmo se dá com o Espiritismo, relativamente à magia e à feitiçaria, que se apoiavam também na manifestação dos Espíritos, como a Astrologia no movimento dos astros; mas, ignorantes das leis que regem o mundo espiritual, a magia e a feitiçaria mistura-vam nessas relações espirituais práticas e crenças ridículas, com as quais o moderno Espiritismo, fruto da experiência e da observação, acabou. Certamente, a distância que separa o Espiritismo da magia e da feitiçaria é maior do que a que existe entre a Astronomia e a Astrologia, a Química e a Alquimia. Confundi-las é provar que de nenhuma se sabe patavina.

20. O simples fato de poder o homem comunicar-se com os seres do mundo espiritual traz consequências incalculáveis da mais alta gravidade; é todo um mundo novo que se nos revela e que tem tanto mais importância, quanto a ele hão de voltar todos os homens, sem exceção.

O conhecimento de tal fato não pode deixar de acarretar, generalizando-se, profunda modificação nos costumes, caráter, hábitos, assim como nas crenças que tão grande influência exerceram sobre as relações sociais. É uma revolução completa a operar-se nas ideias, revolução tanto maior, tanto mais poderosa, quanto não se circunscreve a um povo, nem a uma casta, visto que atinge simultaneamente, pelo coração, todas as classes, todas as nacionalidades, todos os cultos.

Razão há, pois, para que o Espiritismo seja considerado a terceira das grandes revelações. Vejamos em que essas revelações diferem e qual o laço que as liga entre si.

21. *Moisés*, como profeta, revelou aos homens a existência de um Deus único, Soberano Senhor e Criador de todas as coisas; promulgou a lei do Sinai e lançou as bases da verdadeira fé. Como homem, foi o legislador do povo pelo qual essa primitiva fé, purificando-se, havia de espalhar-se por sobre a Terra.

22. O *Cristo*, tomando da antiga lei o que é eterno e divino e rejeitando o que era transitório, puramente disciplinar e de concepção humana, acrescentou *a revelação da vida futura*, de que Moisés não falara, assim como a das penas e recompensas que aguardam o homem depois da morte. (Vede: *Revista espírita*, de março e de setembro de 1861.)

23. A parte mais importante da revelação do Cristo, no sentido de fonte primária, de pedra angular de toda a sua doutrina é o ponto de vista inteiramente novo sob que considera Ele a Divindade. Esta já não é o Deus terrível, ciumento, vingativo, de Moisés; o Deus cruel e implacável, que rega a Terra com o sangue humano, que ordena o massacre e o extermínio dos povos, sem excetuar as mulheres, as crianças e os velhos, e que castiga aqueles que poupam as vítimas; o Deus que Jesus nos revela não é mais o Deus injusto, que pune um povo inteiro pela falta do seu chefe, que se vinga do culpado na pessoa do inocente, que fere os filhos pelas faltas dos pais; mas um Deus clemente, soberanamente justo e bom, cheio de mansidão e misericórdia, que perdoa ao pecador arrependido *e dá a cada um segundo as suas obras*. Já não é o Deus de um único povo privilegiado, o *Deus dos exércitos*, presidindo aos combates para sustentar a sua própria causa contra o Deus dos outros povos; mas o Pai comum do gênero humano, que estende a sua proteção por sobre todos os seus filhos e os chama todos a si; já não é o Deus que recompensa e pune só pelos bens da Terra, que faz consistir a glória e a felicidade na escravidão dos povos rivais e na multiplicidade da progenitura, mas sim um Deus que diz aos homens: "A vossa verdadeira pátria não é neste mundo, mas no reino celestial, lá onde os humildes de coração serão elevados e os orgulhosos serão humilhados." Já não é o Deus que faz da vingança uma virtude e ordena se retribua olho por olho, dente por dente; mas o Deus de misericórdia, que diz: "Perdoai as ofensas, se quereis ser perdoados; fazei o bem em troca do mal; não façais aos outros o que não quereis vos façam." Já não é o Deus mesquinho e meticuloso, que impõe, sob as mais rigorosas penas, o modo como quer ser adorado, que se ofende pela inobservância de uma fórmula; mas o Deus grande, que vê o pensamento e que se não honra com a forma. Enfim, já não é o Deus que quer ser temido, mas o Deus que quer ser amado.

24. Sendo Deus o eixo de todas as crenças religiosas e o objetivo de todos os cultos, *o caráter de todas as religiões é conforme à ideia que elas dão de Deus*. As religiões que fazem de Deus um ser vingativo e cruel julgam honrá-lo com atos de crueldade, com fogueiras e torturas; as que têm um Deus parcial e cioso são intolerantes e mais ou menos meticulosas na forma, por crerem-no mais ou menos contaminado das fraquezas e ninharias humanas.

25. Toda a doutrina do Cristo se funda no caráter que Ele atribui à Divindade. Com um Deus imparcial, soberanamente justo, bom e misericordioso, Ele fez do amor de Deus e da caridade para com o próximo a condição indeclinável da salvação, dizendo: *Amai a Deus sobre todas as coisas e o vosso próximo como a vós mesmos; nisto estão toda a lei e os profetas; não existe outra lei.* Sobre esta crença, assentou Ele o princípio da igualdade dos homens perante Deus e o da fraternidade universal. Mas era possível amar o Deus de Moisés? Não; só se podia temê-lo.

A revelação dos verdadeiros atributos da Divindade, de par com a da imortalidade da alma e da vida futura, modificava profundamente as relações mútuas dos homens, impunha-lhes novas obrigações, fazia-os encarar a vida presente sob outro aspecto e tinha, por isso mesmo, de reagir contra os costumes e as relações sociais.

É esse incontestavelmente, por suas consequências, o ponto capital da revelação do Cristo, cuja importância não foi compreendida suficientemente e, contrista dizê-lo, é também o ponto de que mais a humanidade se tem afastado, que mais há desconhecido na interpretação dos seus ensinos.

26. Entretanto, o Cristo acrescenta: "Muitas das coisas que vos digo ainda não as compreendeis e muitas outras teria a dizer, que não compreenderíeis; por isso é que vos falo por parábolas; mais tarde, porém, *enviar-vos-ei o Consolador, o Espírito de Verdade, que restabelecerá todas as coisas e vo-las explicará todas.*" (João, 14 e 16; Mateus, 17.)

Se o Cristo não disse tudo quanto poderia dizer, é que julgou conveniente deixar certas verdades na sombra, até que os homens chegassem ao estado de compreendê-las. Como Ele próprio o confessou, seu ensino era incompleto, pois anunciava a vinda daquele que o completaria; previra, pois, que suas palavras não seriam bem interpretadas, e que os homens se desviariam do seu ensino; em suma, que desfariam o que Ele fez, uma vez que todas as coisas hão de ser restabelecidas: ora, só se *restabelece* aquilo que foi desfeito.

27. Por que chama Ele ao novo messias *Consolador*? Este nome, significativo e sem ambiguidade, encerra toda uma revelação. Assim, Ele previra que os homens teriam necessidade de consolações, o que implica a insuficiência daquelas que eles achariam na crença que iam fundar. Talvez nunca o Cristo fosse tão claro, tão explícito, como nestas últimas palavras, às quais poucas pessoas deram atenção bastante, provavelmente porque evitaram esclarecê-las e aprofundar-lhes o sentido profético.

28. Se o Cristo não pôde desenvolver o seu ensino de maneira completa, é que faltavam aos homens conhecimentos que eles só podiam adquirir com o tempo e sem os quais não o compreenderiam; há muitas coisas que teriam parecido absurdas no estado dos conhecimentos de então. Completar o seu ensino deve entender-se no sentido de *explicar* e *desenvolver*, não no de ajuntar-lhe verdades novas, porque tudo nele se encontra em estado de gérmen, faltando-lhe só a chave para se apreender o sentido das palavras.

29. Mas quem toma a liberdade de interpretar as Escrituras Sagradas? Quem tem esse direito? Quem possui as necessárias luzes, senão os teólogos? Quem o ousa? Primeiro, a Ciência, que a ninguém pede permissão para dar a conhecer as leis da natureza e que salta sobre os erros e os preconceitos. — Quem tem esse direito? Neste século* de emancipação intelectual e de liberdade de consciência, o direito de exame pertence a todos e as Escrituras não são mais a arca santa** na qual ninguém se atreveria a tocar com a ponta do dedo, sem correr o risco de ser fulminado. Quanto às luzes especiais, necessárias, sem contestar as dos teólogos, por mais esclarecidos que fossem os da Idade Média, e, em particular, os Pais da Igreja, eles, contudo, não o eram bastante para não condenarem como heresia o movimento da Terra e a crença nos antípodas. Mesmo sem ir tão longe, os teólogos dos nossos dias não lançaram anátema à teoria dos períodos de formação da Terra?

Os homens só puderam explicar as Escrituras com o auxílio do que sabiam, das noções falsas ou incompletas que tinham sobre as leis da natureza, mais tarde reveladas pela Ciência. Eis por que os próprios teólogos, de muito boa-fé, se enganaram sobre o sentido de certas palavras e fatos do Evangelho. Querendo a todo custo encontrar nele a confirmação de uma ideia preconcebida, giraram sempre no mesmo círculo, sem abandonar o seu ponto de vista, de

---

* N. E.: Refere-se ao século XIX.
** N. E.: Arca da aliança, onde os hebreus guardavam as tábuas da lei a mando de Moisés.

modo que só viam o que queriam ver. Por muito instruídos que fossem, os teólogos não podiam compreender causas dependentes de leis que lhes eram desconhecidas.

Mas quem julgará as interpretações diversas e muitas vezes contraditórias, dadas fora do campo da Teologia? O futuro, a lógica e o bom senso. Os homens, cada vez mais esclarecidos, à medida que novos fatos e novas leis se forem revelando, saberão separar da realidade os sistemas utópicos. Ora, as ciências tornam conhecidas algumas leis; o Espiritismo revela outras; todas são indispensáveis à inteligência dos Textos Sagrados de todas as religiões, desde Confúcio e Buda até o Cristianismo. Quanto à Teologia, essa não poderá judiciosamente alegar contradições da Ciência, visto como também ela nem sempre está de acordo consigo mesma.

30. O Espiritismo, partindo das próprias palavras do Cristo, como este partiu das de Moisés, é consequência direta da sua Doutrina. À ideia vaga da vida futura, acrescenta a revelação da existência do mundo invisível que nos rodeia e povoa o espaço, e com isso precisa a crença, dá-lhe um corpo, uma consistência, uma realidade à ideia. Define os laços que unem a alma ao corpo e levanta o véu que ocultava aos homens os mistérios do nascimento e da morte. Pelo Espiritismo, o homem sabe donde vem, para onde vai, por que está na Terra, por que sofre temporariamente e vê por toda parte a Justiça de Deus. Sabe que a alma progride incessantemente, através de uma série de existências sucessivas, até atingir o grau de perfeição que a aproxima de Deus. Sabe que todas as almas, tendo um mesmo ponto de origem, são criadas iguais, com idêntica aptidão para progredir, em virtude do seu livre-arbítrio; que todas são da mesma essência e que não há entre elas diferença, senão quanto ao progresso realizado; que todas têm o mesmo destino e alcançarão a mesma meta, mais ou menos rapidamente, pelo trabalho e boa vontade.

Sabe que não há criaturas deserdadas, nem mais favorecidas umas do que outras; que Deus a nenhuma criou privilegiada e dispensada do trabalho imposto às outras para progredirem; que não há seres perpetuamente votados ao mal e ao sofrimento; que os que se designam pelo nome de *demônios* são Espíritos ainda atrasados e imperfeitos, que praticam o mal no Espaço, como o praticavam na Terra, mas que se adiantarão e aperfeiçoarão; que os anjos ou Espíritos puros não são seres à parte na Criação, mas Espíritos que chegaram à meta, depois de terem percorrido a estrada do progresso; que, por essa forma, não há criações múltiplas, nem diferentes categorias entre os seres inteligentes, mas que toda a Criação deriva da grande lei de unidade que rege o universo e que todos os seres gravitam para um fim comum que é a perfeição, sem que uns sejam favorecidos à custa de outros, visto serem todos filhos das suas próprias obras.

31. Pelas relações que hoje pode estabelecer com aqueles que deixaram a Terra, possui o homem não só a prova material da existência e da individualidade da alma, como também compreende a solidariedade que liga os vivos aos mortos deste mundo e os deste mundo aos dos outros planetas. Conhece a situação deles no mundo dos Espíritos, acompanha-os em suas migrações, aprecia-lhes as alegrias e as penas; sabe a razão por que são felizes ou infelizes e a sorte que lhes está reservada, conforme o bem ou o mal que fizeram. Essas relações iniciam o homem na vida futura, que ele pode observar em todas as suas fases, em todas as suas peripécias; o futuro já não é uma vaga esperança: é um fato positivo, uma certeza matemática. Desde então, a morte nada mais tem de aterrador, por lhe ser a libertação, a porta da verdadeira vida.

32. Pelo estudo da situação dos Espíritos, o homem sabe que a felicidade e a desdita, na vida espiritual, são inerentes ao grau de perfeição e de imperfeição; que cada qual sofre as consequências diretas e naturais de suas faltas, ou, por outra, que é punido no que pecou; que essas consequências duram tanto quanto a causa que as produziu; que, por conseguinte, o culpado sofreria eternamente se persistisse no mal, mas que o sofrimento cessa com o arrependimento e a reparação; ora, como depende de cada um o seu aperfeiçoamento, todos podem, em virtude do livre-arbítrio, prolongar ou abreviar seus sofrimentos, como o doente sofre, pelos seus excessos, enquanto não lhes põe termo.

33. Se a razão repele, como incompatível com a bondade de Deus, a ideia das penas irremissíveis, perpétuas e absolutas, muitas vezes infligidas por uma única falta; a dos suplícios do inferno, que não podem ser minorados nem sequer pelo arrependimento mais ardente e mais sincero, a mesma razão se inclina diante dessa justiça distributiva e imparcial, que leva tudo em conta, que nunca fecha a porta ao arrependimento e estende constantemente a mão ao náufrago, em vez de o empurrar para o abismo.

34. A pluralidade das existências, cujo princípio o Cristo estabeleceu no Evangelho, sem todavia defini-lo como a muitos outros, é uma das mais importantes leis reveladas pelo Espiritismo, pois que lhe demonstra a realidade e a necessidade para o progresso. Com esta lei, o homem explica todas as aparentes anomalias da vida humana; as diferenças de posição social; as mortes prematuras que, sem a reencarnação, tornariam inúteis à alma as existências breves; a desigualdade de aptidões intelectuais e morais, pela ancianidade do Espírito que mais ou menos aprendeu e progrediu, e traz, nascendo, o que adquiriu em suas existências anteriores (item 5).

35. Com a doutrina da criação da alma no instante do nascimento, vem-se a cair no sistema das criações privilegiadas; os homens são estranhos uns aos outros e nada os liga; os laços de família são puramente carnais; não são de nenhum modo solidários com um passado em que não existiam; com a doutrina do nada após a morte, todas as relações cessam com a vida; os seres humanos não são solidários no futuro. Pela reencarnação, são solidários no passado e no futuro e, como as suas relações se perpetuam, tanto no mundo espiritual como no corporal, a fraternidade tem por base as próprias leis da natureza; o bem tem um objetivo e o mal consequências inevitáveis.

36. Com a reencarnação, desaparecem os preconceitos de raças e de castas, pois o mesmo Espírito pode tornar a nascer rico ou pobre, capitalista ou proletário, chefe ou subordinado, livre ou escravo, homem ou mulher. De todos os argumentos invocados contra a injustiça da servidão e da escravidão, contra a sujeição da mulher à lei do mais forte, nenhum há que prime, em lógica, ao fato material da reencarnação. Se, pois, a reencarnação funda numa lei da natureza o princípio da fraternidade universal, também funda na mesma lei o da igualdade dos direitos sociais e, por conseguinte, o da liberdade.*

37. Tirai ao homem o Espírito livre e independente, sobrevivente à matéria, e fareis dele uma simples máquina organizada, sem finalidade, nem responsabilidade; sem outro freio além da lei civil e *própria a ser explorada* como um animal inteligente. Nada esperando depois da morte, nada obsta a que aumente os gozos do presente; se sofre, só tem a perspectiva do desespero e o nada como refúgio. Com a certeza do futuro, de encontrar de novo aqueles a quem amou e *com o temor de tornar a ver aqueles a quem ofendeu*, todas as suas ideias mudam. O Espiritismo, ainda que só fizesse forrar o homem à dúvida relativamente à vida futura, teria feito mais pelo seu aperfeiçoamento moral do que todas as leis disciplinares, que o detêm algumas vezes, mas que o não transformam.

38. Sem a preexistência da alma, a doutrina do pecado original não seria somente inconciliável com a Justiça de Deus, que tornaria todos os homens responsáveis pela falta de um só, seria também um contrassenso, e tanto menos justificável quanto, segundo essa doutrina, a alma não existia na época a que se pretende fazer que a sua responsabilidade remonte. Com a preexistência, o homem traz, ao *renascer*, o gérmen das suas imperfeições, dos defeitos de que se não corrigiu e que se traduzem pelos instintos naturais e pelos pendores para tal ou tal vício. É esse o seu verdadeiro pecado original, cujas consequências naturalmente sofre, mas com a diferença capital de que sofre a pena das suas próprias faltas, e não das de outrem; e com a outra diferença, ao mesmo tempo consoladora, animadora e soberanamente equitativa, de que cada existência lhe oferece os meios de se redimir pela reparação e de progredir, quer despojando-se de alguma imperfeição, quer adquirindo novos conhecimentos e, assim, até que, suficientemente purificado, não necessite mais da

---

* N .E.: Ver Nota Explicativa, p. 407.

vida corporal e possa viver exclusivamente a vida espiritual, eterna e bem-aventurada.

Pela mesma razão, aquele que progrediu moralmente traz, ao renascer, qualidades naturais, como o que progrediu intelectualmente traz ideias inatas; identificado com o bem, pratica-o sem esforço, sem cálculo e, por assim dizer, sem pensar. Aquele que é obrigado a combater as suas más tendências vive ainda em luta; o primeiro já venceu, o segundo procura vencer. Existe, pois, a *virtude original*, como existe o *saber original*, e o *pecado* ou, antes, o *vício original*.

39. O Espiritismo experimental estudou as propriedades dos fluidos espirituais e a ação deles sobre a matéria. Demonstrou a existência do perispírito, suspeitado desde a antiguidade e designado por Paulo sob o nome de *corpo espiritual*, isto é, corpo fluídico da alma, depois da destruição do corpo tangível. Sabe-se hoje que esse invólucro é *inseparável da alma*, forma um dos elementos constitutivos do *ser humano*, é o veículo da transmissão do pensamento e, durante a vida do corpo, serve de laço entre o Espírito e a matéria. O perispírito representa importantíssimo papel no organismo e numa multidão de afecções, que se ligam à Fisiologia, assim como à Psicologia.

40. O estudo das propriedades do perispírito, dos fluidos espirituais e dos atributos fisiológicos da alma abre novos horizontes à Ciência e dá a chave de uma multidão de fenômenos incompreendidos até então, por falta de conhecimento da lei que os rege — fenômenos negados pelo materialismo, por se prenderem à espiritualidade, e qualificados como milagres ou sortilégios por outras crenças. Tais são, entre muitos, os fenômenos da vista dupla, da visão a distância, do sonambulismo natural e artificial, dos efeitos psíquicos da catalepsia e da letargia, da presciência, dos pressentimentos, das aparições, das transfigurações, da transmissão do pensamento, da fascinação, das curas instantâneas, das obsessões e possessões etc. Demonstrando que esses fenômenos repousam em leis naturais, como os fenômenos elétricos, e em que condições normais se podem reproduzir, o Espiritismo derroca o império do maravilhoso e do sobrenatural e, conseguintemente, a fonte da maior parte das superstições. Se faz necessário que se creia na possibilidade de certas coisas consideradas por alguns como quiméricas, também impede que se creia em muitas outras, das quais o Espiritismo demonstra a impossibilidade e a irracionalidade.

41. O Espiritismo, longe de negar ou destruir o Evangelho, vem, ao contrário, confirmar, explicar e desenvolver, pelas novas leis da natureza, que revela, tudo quanto o Cristo disse e fez; elucida os pontos obscuros do ensino cristão, de tal sorte que aqueles para quem eram ininteligíveis certas partes do Evangelho, ou pareciam *inadmissíveis*, as compreendem e admitem, sem dificuldade, com o auxílio desta doutrina, veem melhor o seu alcance e podem distinguir entre a realidade e a alegoria; o Cristo lhes parece maior: já não é simplesmente um filósofo, é um Messias divino.

42. Demais, se se considerar o poder moralizador do Espiritismo, pela finalidade que assina a todas as ações da vida, por tornar quase tangíveis as consequências do bem e do mal, pela força moral, a coragem e as consolações que dá nas aflições, mediante inalterável confiança no futuro, pela ideia de ter cada um perto de si os seres a quem amou, a certeza de os rever, a possibilidade de confabular com eles; enfim, pela certeza de que tudo quanto se fez, quanto se adquiriu em inteligência, sabedoria, moralidade, *até a última hora da vida*, não fica perdido, que tudo aproveita ao adiantamento do Espírito, reconhece-se que o Espiritismo realiza todas as promessas do Cristo a respeito do *Consolador* anunciado. Ora, como é o *Espírito de Verdade* que preside ao grande movimento da regeneração, a promessa da sua vinda se acha por essa forma cumprida, porque, de fato, é ele o verdadeiro *Consolador*.*

---

* Nota de Allan Kardec: Muitos pais deploram a morte prematura dos filhos, para a educação deles fizeram grandes sacrifícios, e dizem consigo mesmos que tudo foi em pura perda. À luz do Espiritismo, porém, não lamentariam esses sacrifícios e estariam prontos a fazê-los, mesmo tendo a certeza de que veriam morrer seus filhos, porque sabem que se estes não a aproveitam na vida presente, essa educação servirá, primeiro que tudo, para o seu adiantamento espiritual; e, mais, que serão aquisições novas para outra existência e que, quando voltarem a este

43. Se a estes resultados adicionarmos a rapidez prodigiosa da propagação do Espiritismo, apesar de tudo quanto fazem por abatê-lo, não se poderá negar que a sua vinda seja providencial, visto como ele triunfa de todas as forças e de toda a má vontade dos homens. A facilidade com que é aceito por grande número de pessoas, sem constrangimento, apenas pelo poder das ideias, prova que ele corresponde a uma necessidade, qual a de crer o homem em alguma coisa para encher o vácuo aberto pela incredulidade e que, portanto, veio no momento preciso.

44. São em grande número os aflitos; não é, pois, de admirar que tanta gente acolha uma doutrina que consola, de preferência às que desesperam, porque aos deserdados, mais do que aos felizes do mundo, é que o Espiritismo se dirige. O doente vê chegar o médico com maior satisfação do que aquele que está bem de saúde; ora, os aflitos são os doentes e o Consolador é o médico.

Vós que combateis o Espiritismo, se quereis que o abandonemos para vos seguir, dai-nos mais e melhor do que ele; curai com maior segurança as feridas da alma. Dai mais consolações, mais satisfações ao coração, esperanças mais legítimas, maiores certezas; fazei do futuro um quadro mais racional, mais sedutor; porém, não julgueis vencê-lo com a perspectiva do nada, com a alternativa das chamas do inferno, ou com a inútil contemplação perpétua.

---

mundo, terão um patrimônio intelectual que os tornará mais aptos a adquirirem novos conhecimentos.

Tais essas crianças que trazem, ao nascer, ideias inatas — que sabem, por assim dizer, sem que tenham aprendido na presente vida.

Se os pais não têm a satisfação imediata de ver os filhos aproveitarem da educação que lhes deram, gozá-la-ão certamente mais tarde, quer como Espíritos, quer como homens. Talvez sejam eles de novo os pais desses mesmos filhos, que se apontam como afortunadamente dotados pela natureza e que devem as suas aptidões a uma educação precedente; assim também, se os filhos se desviam para o mal, pela negligência dos pais, estes podem vir a sofrer mais tarde desgostos e pesares que aqueles lhes suscitarão em nova existência. (*O evangelho segundo o espiritismo, cap. V. item 21. Perda de pessoas amadas. Mortes prematuras.*)

45. A primeira revelação teve a sua personificação em Moisés, a segunda no Cristo, a terceira não a tem em indivíduo algum. As duas primeiras foram individuais, a terceira foi coletiva; aí está um caráter essencial de grande importância. Ela é coletiva no sentido de não ser feita ou dada como privilégio a pessoa alguma; ninguém, por consequência, pode inculcar-se como seu profeta exclusivo; foi espalhada simultaneamente, por sobre a Terra, a milhões de pessoas, de todas as idades e condições, desde a mais baixa até a mais alta da escala, conforme esta predição registrada pelo autor dos *Atos dos Apóstolos*: "*Nos últimos tempos, disse o Senhor, derramarei o meu Espírito sobre toda a carne; os vossos filhos e filhas profetizarão, os mancebos terão visões, e os velhos, sonhos.*" (Atos, 2:17 e 18.) Ela não proveio de nenhum culto especial, a fim de servir um dia a todos de ponto de ligação.*

46. As duas primeiras revelações, sendo fruto do ensino pessoal, ficaram forçosamente localizadas, isto é, apareceram num só ponto, em torno do qual a ideia se propagou pouco a pouco; mas, foram precisos muitos séculos para que atingissem as extremidades do

---

* Nota de Allan Kardec: O nosso papel pessoal, no grande movimento de ideias que se prepara pelo Espiritismo e que começa a operar-se, é o de um observador atento, que estuda os fatos para lhes descobrir a causa e tirar-lhes as consequências. Confrontamos todos os que nos têm sido possível reunir, comparamos e comentamos as instruções dadas pelos Espíritos em todos os pontos do globo e depois coordenamos metodicamente o conjunto; em suma, estudamos e demos ao público o fruto das nossas indagações, sem atribuirmos aos nossos trabalhos valor maior do que o de uma obra filosófica deduzida da observação e da experiência, sem nunca nos considerarmos chefe da doutrina, nem procurarmos impor as nossas ideias a quem quer que seja. Publicando-as, usamos de um direito comum e aqueles que as aceitaram o fizeram livremente. Se essas ideias acharam numerosas simpatias, é porque tiveram a vantagem de corresponder às aspirações de avultado número de criaturas, mas disso não colhemos vaidade alguma, dado que a sua origem não nos pertence. O nosso maior mérito é a perseverança e a dedicação à causa que abraçamos. Em tudo isso, fizemos o que outro qualquer poderia ter feito como nós, razão pela qual nunca tivemos a pretensão de nos julgarmos profeta ou messias, nem, ainda menos, de nos apresentarmos como tal.

mundo, sem mesmo o invadirem inteiramente. A terceira tem isto de particular: não estando personificada em um só indivíduo, surgiu simultaneamente em milhares de pontos diferentes, que se tornaram centros ou focos de irradiação. Multiplicando-se esses centros, seus raios se reúnem pouco a pouco, como os círculos formados por uma multidão de pedras lançadas na água, de tal sorte que, em dado tempo, acabarão por cobrir toda a superfície do globo.

Essa uma das causas da rápida propagação da doutrina. Se ela tivesse surgido num só ponto, se fosse obra exclusiva de um homem, houvera formado seitas em torno dela; e talvez decorresse meio século sem que ela atingisse os limites do país onde começara, ao passo que, após dez anos, já estendeu raízes de um polo a outro.

47. Esta circunstância, inaudita na história das doutrinas, lhe dá força excepcional e irresistível poder de ação; de fato, se a perseguirem num ponto, em determinado país, será materialmente impossível que a persigam em toda parte e em todos os países. Em contraposição a um lugar onde lhe embaracem a marcha, haverá mil outros em que florescerá. Ainda mais: se a ferirem num indivíduo, não poderão feri-la nos Espíritos, que são a fonte donde ela promana. Ora, como os Espíritos estão em toda parte e existirão sempre, se, por um acaso impossível, conseguissem sufocar a Doutrina Espírita em todo o globo, ela reapareceria pouco tempo depois, porque repousa sobre *um fato que está na natureza* e não se podem suprimir as leis da natureza. Eis aí o de que se devem persuadir aqueles que sonham com o aniquilamento do Espiritismo. (*Revista espírita*, fevereiro de 1865: *Perpetuidade do Espiritismo.*)

48. Entretanto, disseminados os centros, poderiam ainda permanecer por muito tempo isolados uns dos outros, confinados como estão alguns em países longínquos. Faltava entre eles uma ligação, que os pusesse em comunhão de ideias com seus irmãos em crença, informando-os do que se fazia algures. Esse traço de união, que na antiguidade teria faltado ao Espiritismo, hoje existe nas publicações que vão a toda parte, condensando, sob uma forma única, concisa e metódica, o ensino dado universalmente sob formas múltiplas e nas diversas línguas.

49. As duas primeiras revelações só podiam resultar de um ensino direto; como os homens não estivessem ainda bastante adiantados a fim de concorrerem para a sua elaboração, elas tinham que ser impostas pela fé, sob a autoridade da palavra do Mestre.

Contudo, notam-se entre as duas bem sensível diferença, devida ao progresso dos costumes e das ideias, se bem que feitas ao mesmo povo e no mesmo meio, mas com dezoito séculos de intervalo. A doutrina de Moisés é absoluta, despótica; não admite discussão e se impõe ao povo pela força. A de Jesus é essencialmente *conselheira*; é livremente aceita e só se impõe pela persuasão; foi controvertida desde o tempo do seu fundador, que não desdenhava de discutir com os seus adversários.

50. A terceira revelação, vinda numa época de emancipação e madureza intelectual, em que a inteligência, já desenvolvida, não se resigna a representar papel passivo; em que o homem nada aceita às cegas, mas quer ver aonde o conduzem, quer saber o porquê e o como de cada coisa — tinha ela que ser ao mesmo tempo o produto de um ensino e o fruto do trabalho, da pesquisa e do livre-exame. *Os Espíritos não ensinam senão justamente o que é mister para guiar o homem no caminho da verdade, mas abstêm-se de revelar o que ele homem pode descobrir por si mesmo*, deixando-lhe o cuidado de discutir, verificar e submeter tudo ao cadinho da razão, deixando mesmo, muitas vezes, que adquira experiência à sua custa. Fornecem-lhe o princípio, os materiais; cabe ao homem aproveitá-lo e pô-los em prática (Item 15).

51. Tendo sido os elementos da revelação espírita ministrados simultaneamente em muitos pontos, a homens de todas as condições sociais e de diversos graus de instrução, é claro que as observações não podiam ser feitas em toda parte com o mesmo resultado; que as consequências a tirar, a dedução das leis que regem esta ordem de fenômenos, em suma, a conclusão sobre que haviam de firmar-se as ideias não podiam sair senão do conjunto e da correlação dos fatos. Ora, cada centro isolado, circunscrito dentro de um círculo restrito, não vendo as mais das vezes senão uma ordem particular de fatos, não raro contraditórios na aparência, geralmente provindos de uma mesma categoria de Espíritos e, ao demais, embaraçados por influências locais e pelo Espírito de partido, se achava na impossibilidade material de abranger tudo o que ocorre e, por isso mesmo, incapaz de conjugar as observações isoladas a um princípio comum. Apreciando cada qual os fatos sob o ponto de vista dos seus conhecimentos e crenças anteriores, ou da opinião particular dos Espíritos que se manifestassem, bem cedo teriam surgido tantas teorias e sistemas, quantos fossem os centros, todos incompletos por falta de elementos de comparação e exame. Numa palavra, cada qual se teria imobilizado na sua revelação parcial, julgando possuir toda a verdade, ignorando que em cem outros lugares se obtinha mais ou melhor.

52. Além disso, convém notar que em parte alguma o ensino espírita foi dado integralmente; ele diz respeito a tão grande número de observações, a assuntos tão diferentes, exigindo conhecimentos e aptidões mediúnicas especiais, que impossível era acharem-se reunidas num mesmo ponto todas as condições necessárias. Tendo o ensino que ser coletivo e não individual, os Espíritos dividiram o trabalho, disseminando os assuntos de estudo e observação como, em algumas fábricas, a confecção de cada parte de um mesmo objeto é repartida por diversos operários.

A revelação fez-se assim parcialmente em diversos lugares e por uma multidão de intermediários e é dessa maneira que ela prossegue ainda, pois que nem tudo foi revelado. Cada centro encontra nos outros centros o complemento do que obtém, e foi o conjunto, a coordenação de todos os ensinos parciais que constituíram a *Doutrina Espírita*.

Era, pois, necessário grupar os fatos espalhados, para se lhes apreender a correlação, reunir os documentos diversos, as instruções dadas pelos Espíritos sobre todos os pontos e sobre todos os assuntos, para as comparar, analisar, estudar-lhes as analogias e as diferenças. Vindo as comunicações de Espíritos de todas as ordens, mais ou menos esclarecidos, era preciso apreciar o grau de confiança que a razão permitia conceder-lhes, distinguir as ideias sistemáticas individuais ou isoladas das que tinham a sanção do ensino geral dos Espíritos; as utopias, das ideias práticas; afastar as que eram notoriamente desmentidas pelos dados da ciência positiva e da lógica, utilizar igualmente os erros, as informações fornecidas pelos Espíritos, mesmo os da mais baixa categoria, para conhecimento do estado do mundo invisível e formar com isso um todo homogêneo.

Era preciso, numa palavra, um centro de elaboração, independente de qualquer ideia preconcebida, de todo preconceito de seita, *resolvido a aceitar a verdade tornada evidente*, embora *contrária às opiniões pessoais*. Este centro se formou por si mesmo, pela força das coisas e *sem desígnio premeditado.**

53. De todas essas coisas, originou-se dupla corrente de ideias: umas, dirigindo-se das extremidades para o centro; as outras, encaminhando-se do centro para a circunferência. Desse modo, a doutrina caminhou rapidamente para a unidade, malgrado a diversidade das fontes donde promanou; os sistemas divergentes ruíram pouco a

---

* Nota de Allan Kardec: *O livro dos Espíritos,* a primeira obra que levou o Espiritismo a ser considerado de um ponto de vista filosófico, pela dedução das consequências morais dos fatos; que considerou todas as partes da Doutrina, tocando nas questões mais importantes que ela suscita, foi, desde o seu aparecimento, o ponto de união para o qual convergiram espontaneamente os trabalhos individuais. É notório que da publicação desse livro data a era do Espiritismo filosófico, que até então era conservado no domínio das experiências curiosas. Se esse livro conquistou as simpatias da maioria é que exprimia os sentimentos dela, correspondia às suas aspirações e encerrava também a confirmação e a explicação racional do que cada um obtinha em particular. Se ele estivesse em desacordo com o ensino geral dos Espíritos, teria caído no descrédito e no esquecimento. Ora, qual foi aquele ponto de convergência? Decerto não foi o homem, que nada vale por si mesmo, que morre e desaparece; mas a ideia, que não fenece quando emanada de uma fonte superior ao homem. Essa espontânea concentração de forças dispersas deu lugar a uma amplíssima correspondência, monumento único no mundo, quadro vivo da verdadeira história do Espiritismo moderno, em que se refletem ao mesmo tempo os trabalhos parciais, os sentimentos múltiplos nascidos da Doutrina, dos resultados morais, das dedicações, dos desfalecimentos — arquivos preciosos para a posteridade, que poderá julgar os homens e as coisas por meio de documentos autênticos. Em presença desses testemunhos irrecusáveis, a que se reduzirão, com o tempo, todas as falsas alegações, as difamações da inveja e do ciúme?

pouco, devido ao isolamento em que ficaram, diante da ascensão da opinião da maioria, na qual não encontraram repercussão simpática. Desde então, uma comunhão de ideias se estabeleceu entre os diversos centros parciais. Falando a mesma linguagem espiritual, eles se entendem e estimam, de um extremo a outro do mundo. Sentiram-se assim mais fortes os espíritas, lutaram com mais coragem, caminharam com passo mais firme, desde que não mais se viram isolados, desde que perceberam um ponto de apoio, um laço a prendê-los à grande família. Não mais lhes pareceram singulares, anormais, nem contraditórios os fenômenos que presenciavam, desde que puderam conjugá-los a leis gerais de harmonia, perceber num piscar de olhos toda a obra e descobrir um fim grandioso e humanitário em todo o conjunto.*

---

* Nota de Allan Kardec: Significativo testemunho, tão notável quão tocante, dessa comunhão de ideias que se estabeleceu entre os espíritas, pela conformidade de suas crenças, são os pedidos de preces que nos chegam dos mais distantes países, desde o Peru até as extremidades da Ásia, feitos por pessoas de religiões e nacionalidades diversas e as quais nunca vimos. Não é isso um prelúdio da grande unificação que se prepara? Não é a prova de que por toda parte o Espiritismo lança raízes fortes? Digno de nota é que, de todos os grupos que se têm formado com a intenção premeditada de cindir, proclamando princípios divergentes, e de tantos outros que, apoiando-se em razões de amor-próprio ou de outras quaisquer, para não parecer que se submetem à lei comum, e por considerarem-se fortes o bastante para caminhar sozinhos, julgando-se possuidores de luzes suficientes para prescindirem de conselhos, nenhum chegou a constituir uma ideia que fosse preponderante e viável. Todos se extinguiram e/ou vegetaram na sombra. Nem de outro modo poderia ser, dado que, para se exalçarem, em vez de se esforçarem por proporcionar maior soma de satisfações, esses grupos discordantes rejeitavam princípios da Doutrina, precisamente os mais atraentes há nela: o que de mais consolador, de encorajador e de mais racional ela contém. Se tivessem compreendido a força dos elementos morais que lhe constituíram a unidade, não se teriam embalado com ilusões quiméricas. Ao contrário, tomando como se fosse o universo o pequeno círculo que constituíam, não viram nos seus novos adeptos mais do que uma camarilha facilmente derrubável por outra contrária. Era equivocar-se de modo singular no tocante aos caracteres essenciais da Doutrina Espírita, e semelhante erro só decepções podia acarretar. Em lugar de romperem a unidade, quebraram o

Mas como se há de saber se um princípio é ensinado por toda parte, ou se apenas exprime uma opinião pessoal? Não estando os grupos isolados em condições de saber o que se dizia alhures, necessário se fazia que um centro reunisse todas as instruções, para proceder a uma espécie de apuro das vozes e transmitir a todos a opinião da maioria.*

54. Nenhuma ciência existe que haja saído prontinha do cérebro de um homem. Todas, sem exceção, são fruto de observações sucessivas, apoiadas em observações precedentes, como sobre um ponto conhecido para chegar ao desconhecido. Foi assim que os Espíritos procederam com relação ao Espiritismo, daí o ser gradativo o ensino que ministram, pois eles não enfrentam as questões, senão à medida que os princípios sobre que hajam de apoiar-se estejam suficientemente elaborados e amadurecida a opinião para os assimilar. É mesmo de notar-se que, de todas as vezes que os centros particulares têm querido tratar de questões prematuras, não obtiveram mais do que respostas contraditórias, nada concludentes. Quando, ao contrário, chega o momento oportuno, o ensino se generaliza e se unifica na quase universalidade dos centros.

Há, todavia, capital diferença entre a marcha do Espiritismo e a as ciências; a de que estas não atingiram o ponto que alcançaram, senão após longos intervalos, ao passo que alguns anos bastaram ao Espiritismo, quando não a galgar o ponto culminante, pelo menos a recolher uma soma de observações bem grande para formar uma

---

único laço que lhes podia dar força e vida. (Veja-se: *Revista espírita, abril de 1866: O Espiritismo sem os Espíritos, O Espiritismo independente.*)

* Nota de Allan Kardec: Esse o objeto das nossas publicações, que se podem considerar o resultado de um trabalho de despojamento e renúncia. Nelas, todas as opiniões são discutidas, mas as questões não são apresentadas em forma de princípios, somente depois de haverem recebido a consagração de todas as comprovações, as quais lhes podem imprimir força de lei e permitir afirmações. Eis por que não preconizamos levianamente nenhuma teoria e é nisso exatamente que a doutrina, decorrendo do ensino geral, não representa de modo algum o produto de um sistema preconcebido. É isso que constitui a sua força e lhe garante o futuro.

doutrina. Decorre esse fato de ser inumerável a multidão de Espíritos que, por vontade de Deus, se manifestaram simultaneamente, trazendo cada um o contingente de seus conhecimentos. Resultou daí que todas as partes da Doutrina, em vez de serem elaboradas sucessivamente durante vários séculos, o foram quase ao mesmo tempo, em alguns anos apenas, e que bastou reuni-las para que estruturassem um todo.

Quis Deus fosse assim, primeiro, para que o edifício mais rapidamente chegasse à conclusão; em seguida, para que se pudesse, por meio da comparação, conseguir uma verificação, a bem dizer imediata e permanente, da universalidade do ensino, pois nenhuma de suas partes tem valor, nem *autoridade*, a não ser pela sua conexão com o conjunto, devendo todas harmonizar-se, achando cada uma o devido lugar e vindo cada um na hora oportuna.

Não confiando a um único Espírito o encargo de promulgar a doutrina, quis Deus, também, que, assim o mais pequenino, como o maior, tanto entre os Espíritos, quanto entre os homens, trouxesse sua pedra para o edifício, a fim de estabelecer entre eles um laço de solidariedade cooperativa, que faltou a todas as doutrinas decorrentes de um tronco único.

Por outro lado, dispondo todo Espírito, como todo homem, apenas de limitada soma de conhecimentos, não estavam eles aptos, individualmente, a tratar *ex professo** das inúmeras questões que o Espiritismo abrange. Essa ainda uma razão por que, em cumprimento dos desígnios do Criador, não podia a doutrina ser obra nem de um só Espírito, nem de um só médium. Tinha que emergir da coletividade dos trabalhos, comprovados uns pelos outros.**

55. Um último caráter da revelação espírita, a ressaltar das

---

* N. E.: Locução latina que significa como professor; magistralmente; com verdadeiro conhecimento de causa.

** Nota de Allan Kardec: Veja-se, em *O Evangelho segundo o Espiritismo,* Introdução, item II, e *Revista espírita*, de abril de 1864: Autoridade da Doutrina Espírita. Controle universal do ensino dos Espíritos.

condições mesmas em que ela se produz, é que, apoiando-se em fatos, a Doutrina tem que ser, e não pode deixar de ser, essencialmente progressiva, como todas as ciências de observação. Pela sua substância, alia-se à Ciência que, sendo a exposição das leis da natureza, com relação a certa ordem de fatos, não pode ser contrária às Leis de Deus, autor daquelas Leis. *As descobertas que a Ciência realiza, longe de o rebaixarem, glorificam a Deus; unicamente destroem o que os homens edificaram sobre as falsas ideias que formaram de Deus.*

O Espiritismo, pois, estabelece como princípio absoluto somente o que se acha evidentemente demonstrado, ou o que ressalta logicamente da observação. Entendendo-se com todos os ramos da economia social, aos quais dá o apoio das suas próprias descobertas, assimilará sempre todas as doutrinas progressivas, de qualquer ordem que sejam, desde que hajam assumido o estado de *verdades práticas* e abandonado o domínio da utopia, sem o que o Espiritismo se suicidaria. Deixando de ser o que é, mentiria à sua origem e ao seu fim providencial. *Caminhando de par com o progresso, o Espiritismo jamais será ultrapassado, porque, se novas descobertas lhe demonstrassem estar em erro acerca de um ponto qualquer, ele se modificaria nesse ponto. Se uma verdade nova se revelar, ele a aceitará.**

56. Qual a utilidade da doutrina moral dos Espíritos, uma vez que não difere da do Cristo? Precisa o homem de uma revelação? Não pode achar em si próprio tudo o que lhe é necessário para conduzir-se?

Do ponto de vista moral, é fora de dúvida que Deus outorgou ao homem um guia, dando-lhe a consciência, que lhe diz: "Não faças a outrem o que não quererias te fizessem." A moral natural está positivamente inscrita no coração dos homens; porém, sabem

---

* Nota de Allan Kardec: Diante de declarações tão nítidas e tão categóricas, quais as que se contêm neste capítulo, caem por Terra todas as alegações de tendências ao absolutismo e à autocracia dos princípios, bem como todas as falsas assimilações que algumas pessoas prevenidas ou mal informadas emprestam à Doutrina. Não são novas, aliás, estas declarações; temo-las repetido muitíssimas vezes nos nossos escritos, para que nenhuma dúvida persista a tal respeito. Elas, ao demais, assinalam o verdadeiro papel que nos cabe, único que ambicionamos: o de mero trabalhador.

todos lê-la nesse livro? Nunca lhe desprezaram os sábios preceitos? Que fizeram da moral do Cristo? Como a praticam aqueles mesmos que a ensinam? Não se tornou ela letra morta, ou bela teoria, boa para os outros, e não para si? Reprovareis que um pai repita a seus filhos dez vezes, cem vezes as mesmas instruções, desde que eles não as sigam? Por que haveria Deus de fazer menos do que um pai de família? Por que não enviaria, de tempos a tempos, mensageiros especiais aos homens, para lhes lembrar os deveres e reconduzi-los ao bom caminho, quando deste se afastam; para abrir os olhos da inteligência aos que os trazem fechados, assim como os homens mais adiantados enviam missionários aos selvagens e aos bárbaros?

A moral que os Espíritos ensinam é a do Cristo, pela razão de que não há outra melhor. Mas, então, de que serve o ensino oferecido por eles, se apenas repisam o que já sabemos? Outro tanto se poderia dizer da moral do Cristo, que já era ensinada por Sócrates e Platão quinhentos anos antes e em termos quase idênticos. O mesmo se poderia dizer também das de todos os moralistas, que nada mais fazem do que repetir a mesma moral em todos os tons e sob todas as formas. Pois bem! *Os Espíritos vêm, muito simplesmente, aumentar o número dos moralistas*, com a diferença de que, manifestando-se por toda parte, tanto se fazem ouvir na choupana, como no palácio, assim pelos ignorantes, como pelos instruídos.

O que o ensino dos Espíritos acrescenta à moral do Cristo é o conhecimento dos princípios que regem as relações entre os mortos e os vivos, princípios que completam as noções vagas que se tinham da alma, de seu passado e de seu futuro, dando por sanção à doutrina cristã as próprias leis da natureza. Com o auxílio das novas luzes que o Espiritismo e os Espíritos espargem, o homem compreende a solidariedade que o liga a todos os seres; a caridade e a fraternidade se tornam uma necessidade social; ele faz por convicção o que fazia unicamente por dever, e o faz melhor.

Somente quando praticarem a moral do Cristo, poderão os homens dizer que não mais precisam de moralistas encarnados ou desencarnados. Deus, então, não mais lhos enviará.

57. Uma das questões mais importantes, entre as propostas no começo deste capítulo, é a seguinte: Que autoridade tem a revelação espírita, uma vez que emana de seres de limitadas luzes e que não são infalíveis?

A objeção seria ponderosa, se essa revelação consistisse apenas no ensino dos Espíritos, se deles exclusivamente a devêssemos receber e houvéssemos de aceitá-la de olhos fechados. Ela perde, porém, todo valor, desde que o homem concorra para a revelação com o seu raciocínio e o seu julgamento; desde que os Espíritos se limitam a pôr o homem no caminho das deduções, que ele pode tirar da observação dos fatos. Ora, as manifestações, nas suas inumeráveis modalidades, são fatos; o homem as estuda para lhes deduzir a lei que as rege, auxiliado nesse trabalho por Espíritos de todas as categorias, que são mais *colaboradores* do que *reveladores*, no sentido usual do termo. Ele lhes submete os dizeres ao controle da lógica e do bom senso: desta maneira o homem se beneficia dos conhecimentos especiais de que os Espíritos dispõem pela posição em que se acham, sem abdicar do uso da própria razão.

Sendo os Espíritos as almas dos homens, comunicando-nos com eles *não saímos da condição de humanidade*, circunstância capital a considerar-se. Os homens de gênio, que foram condutores da humanidade, vieram do mundo dos Espíritos e para lá voltaram ao deixar a Terra. Dado que os Espíritos podem comunicar-se com os homens, esses mesmos gênios podem dar-lhes instruções sob a forma espiritual, como o fizeram sob a forma corpórea. Podem instruir-nos, depois de terem morrido, tal qual faziam quando vivos; apenas são invisíveis, em vez de serem visíveis, essa a única diferença. Não devem ser menores do que eram a experiência e o saber que possuem e, se a palavra deles, como homens, tinha autoridade, ela não pode ter diminuído, somente por estarem no mundo dos Espíritos.

58. Mas nem só os Espíritos superiores se manifestam; fazem-no igualmente os de todas as categorias e preciso era que assim acontecesse, para nos iniciarmos no que respeita ao verdadeiro caráter do mundo espiritual, apresentando-se-nos este por todas as suas faces.

Daí resulta serem mais íntimas as relações entre o mundo visível e o mundo invisível e mais evidente a conexidade entre os dois. Vemos assim mais claramente donde procedemos e para onde iremos. Esse o objetivo essencial das manifestações. Todos os Espíritos, pois, qualquer que seja o grau de elevação em que se encontrem, alguma coisa nos ensinam; cabe-nos, porém, a nós, visto que eles são mais ou menos esclarecidos, discernir o que há de bom ou de mau no que nos digam e tirar, do ensino que nos deem, o proveito possível. Ora, todos, quaisquer que sejam, nos podem ensinar ou revelar coisas que ignoramos e que sem eles nunca saberíamos.

59. Os grandes Espíritos encarnados são, sem contradita, individualidades poderosas, mas de ação restrita e lenta a propagação de seus ensinamentos. Viesse um só dentre eles, embora fosse Elias ou Moisés, Sócrates ou Platão, revelar, nos tempos modernos, aos homens, as condições do mundo espiritual, quem provaria a veracidade das suas asserções, nesta época de ceticismo? Não o tomariam por sonhador ou utopista? Mesmo que fosse verdade absoluta o que dissesse, séculos se escoariam antes que as massas humanas lhe aceitassem as ideias. Deus, em sua sabedoria, não quis que assim acontecesse; quis que o ensino fosse dado pelos *próprios Espíritos*, não por encarnados, a fim de que aqueles convencessem da sua existência a estes últimos e quis que isso ocorresse por toda a Terra simultaneamente, quer para que o ensino se propagasse com maior rapidez, quer para que, coincidindo em toda parte, constituísse uma prova da verdade, tendo assim cada um o meio de convencer-se a si próprio.

60. Os Espíritos não se manifestam para libertar do estudo e das pesquisas o homem, nem para lhe transmitirem uma ciência pronta. Com relação ao que o homem pode achar por si mesmo, eles o deixam entregue às suas próprias forças. Entregue às suas próprias forças. Isso sabem-no hoje perfeitamente os espíritas. De há muito, a experiência há demonstrado ser errôneo atribuir-se aos Espíritos todo o saber e toda a sabedoria, e que bastaria dirigir-se ao primeiro Espírito que se apresente para conhecer todas as coisas. Saídos da humanidade, os Espíritos constituem uma de suas faces. Assim como na Terra, entre eles há os superiores e os vulgares; muitos deles, pois, científica e filosoficamente, sabem menos do que certos homens; eles dizem o que sabem, nem mais, nem menos. Do mesmo modo ocorre com os homens, os Espíritos mais adiantados podem instruir-nos sobre maior porção de coisas, dar-nos opiniões mais judiciosas, do que os atrasados. *Pedir o homem conselhos aos Espíritos não é entrar em entendimento com potências sobrenaturais; é tratar com seus iguais, com aqueles mesmos a quem ele se dirigiria neste mundo físico; a seus parentes, seus amigos, ou a indivíduos mais esclarecidos do que ele.* Disto é que importa se convençam todos e é o que ignoram os que, não tendo estudado o Espiritismo, fazem ideia completamente falsa da natureza do mundo dos Espíritos e das relações com o além-túmulo.

61. Qual, então, a utilidade dessas manifestações, ou, se o preferirem, dessa revelação, uma vez que os Espíritos não sabem mais do que nós, ou não nos dizem tudo o que sabem?

Primeiramente, como já o declaramos, eles se abstêm de nos dar o que podemos adquirir pelo trabalho; em segundo lugar, há coisas cuja revelação não lhes é permitida, porque o grau do nosso adiantamento não as comporta. Afora isto, as condições da nova existência em que se acham lhes dilatam o círculo das percepções: os Espíritos veem o que não viam quando estavam na Terra; libertos dos entraves da matéria e dos cuidados da vida corpórea, julgam as coisas de um ponto de vista mais elevado e, portanto, mais são; a sua perspicácia abrange mais vasto horizonte; compreendem seus erros, retificam suas ideias e se desembaraçam dos prejuízos humanos.

É nisto que consiste a superioridade dos Espíritos com relação à humanidade corpórea e daí vem a possibilidade de serem seus conselhos, segundo o grau de adiantamento que alcançaram, mais judiciosos e desinteressados do que os dos encarnados. O meio em que se encontram lhes permite, ademais, iniciar-nos nas coisas, que ignoramos, relativas à vida futura e que não podemos aprender no meio em que estamos. Até o presente, o homem apenas formulara hipóteses sobre o seu porvir; tal a razão por que suas crenças a esse respeito se fracionaram em tão numerosos e divergentes sistemas, desde o niilismo até as concepções fantásticas do inferno e do paraíso. Hoje, são as testemunhas oculares, os próprios atores da vida de além-túmulo que nos vêm dizer o que é essa vida, o *que só eles o podiam fazer*. Suas manifestações, conseguintemente, serviram para dar-nos a conhecer o mundo invisível que nos rodeia e do qual nem suspeitávamos e só esse conhecimento seria de capital importância, supondo que nada mais pudessem os Espíritos ensinar-nos.

Se fordes a um país que ainda não conheçais, recusareis as informações que vos dê o mais humilde campônio que encontrardes? Deixareis de interrogá-lo sobre o estado dos caminhos simplesmente por ser ele um camponês? Certamente não esperareis obter, por seu intermédio, esclarecimentos de grande alcance, mas, de acordo com o que ele é na sua esfera, poderá, sobre alguns pontos, informar-vos melhor do que um sábio que não conheça o país. Tirareis das suas indicações deduções que ele próprio não tiraria, sem que por isso deixe de ser um instrumento útil às vossas observações, embora apenas servisse para vos informar acerca dos costumes dos camponeses. Outro tanto se dá no que concerne às nossas relações com os Espíritos, entre os quais o menos qualificado pode servir para nos ensinar alguma coisa.

62. Uma comparação vulgar tornará ainda melhor compreensível a situação.

Parte para destino longínquo um navio carregado de emigrantes. Leva homens de todas as condições, parentes e amigos dos que ficam. Vem-se a saber que esse navio naufragou. Nenhum vestígio resta dele, nenhuma notícia chega sobre a sua sorte. Acredita-se que todos os passageiros pereceram e o luto penetra em todas as suas famílias. Entretanto, a equipagem inteira, sem faltar um único homem, foi ter a uma ilha desconhecida, abundante e fértil, onde todos passam a viver ditosos, sob um céu clemente. Ninguém, todavia, sabe disso. Ora, um belo dia, outro navio aporta a essa Terra e lá encontra sãos e salvos os náufragos. A feliz nova se espalha com a rapidez do relâmpago. Exclamam todos: "Não estão perdidos os nossos amigos!" E rendem graças a Deus. Não podem ver-se uns aos outros, mas correspondem-se; permutam demonstrações de afeto e assim a alegria substitui a tristeza.

Tal a imagem da vida terrena e da vida de além-túmulo, antes e depois da revelação moderna. A última, semelhante ao segundo navio, nos traz a boa-nova da sobrevivência dos que nos são caros e a certeza de que a eles nos reuniremos um dia. Deixa de existir a dúvida sobre a sorte deles e a nossa. O desânimo se desfaz diante da esperança.

Outros resultados fecundam essa revelação. Achando madura a humanidade para penetrar o mistério do seu destino e contemplar, a sangue-frio, novas maravilhas, permitiu Deus fosse erguido o véu que ocultava o mundo invisível ao mundo visível. Nada têm de extra-humanas as manifestações; é *a humanidade espiritual que vem conversar com a humanidade corporal* e dizer-lhe:

"Nós existimos, logo, o nada não existe; eis o que somos e o que sereis; o futuro vos pertence, como a nós. Caminhais nas trevas, vimos clarear-vos o caminho e traçar-vos o roteiro; andais ao acaso, vimos apontar-vos a meta. A vida terrena era, para vós, tudo, porque nada víeis além dela; vimos dizer-vos, mostrando a vida espiritual: a vida terrestre nada é. A vossa visão se detinha no túmulo, nós vos desvendamos, para lá deste, um esplêndido horizonte. Não sabíeis por que sofreis na Terra; agora, no sofrimento, vedes a justiça de Deus. O bem nenhum fruto aparente produzia para o futuro. Doravante, ele terá uma finalidade e constituirá uma necessidade; a fraternidade, que não passava de bela teoria, assenta agora numa lei da natureza. Sob o domínio da crença de que tudo acaba com a vida, a imensidade é o vazio, o egoísmo reina soberano entre vós e a vossa palavra de ordem é: 'Cada um por si.' Com a certeza do porvir, os espaços infinitos se povoam ao infinito, em parte alguma há o vazio e a solidão; a solidariedade liga todos os seres aquém e além da tumba. É o reino da caridade, sob a divisa: 'Um por todos e todos por um.' Enfim, ao termo da vida, dizíeis eterno adeus aos que vos são caros; agora, dir-lhes-eis: 'Até breve!'"

Tais são, em resumo, os resultados da revelação nova, que veio encher o vácuo que a incredulidade cavara, levantar os ânimos abatidos pela dúvida ou pela perspectiva do nada e imprimir a todas as coisas uma razão de ser. Carecerá de importância esse resultado, apenas porque os Espíritos não vêm resolver os problemas da Ciência, dar saber aos ignorantes e aos preguiçosos os meios de se enriquecerem sem trabalho? Nem só, entretanto, à vida futura dizem respeito os frutos que o homem deve colher da nova revelação. Ele os saboreará na Terra, pela transformação que estas novas crenças hão de necessariamente operar no seu caráter, nos seus gostos, nas suas tendências e, por conseguinte, nos hábitos e nas relações sociais. Pondo fim ao reino do egoísmo, do orgulho e da incredulidade, as novas crenças preparam o do bem, que é o reino de Deus, anunciado pelo *Cristo*.*

---

* Nota de Allan Kardec: A anteposição do artigo à palavra Cristo (do gr. *Khristós,* ungido), empregada em sentido absoluto, é mais correta, atento que essa palavra não é o nome do Messias de Nazaré, mas uma qualidade tomada substantivamente. Dir-se-á, pois: Jesus era Cristo; era o Cristo; era o *Cristo* anunciado; a morte do *Cristo* e não *de Cristo,* ao passo que se diz: a morte de *Jesus* e não *do Jesus. Em Jesus Cristo,* as duas palavras reunidas formam um só nome próprio. É pela mesma razão que se diz: *o Buda;* Gautama conquistou a dignidade de *Buda* por suas virtudes e austeridades. Diz-se: a vida *do Buda,* do mesmo modo que: o exército *do Faraó* e não *de Faraó:* Henrique IV era *rei;* o título de *rei;* a morte do *rei* e não *de rei.*

CAPÍTULO II
DEUS

- Existência de Deus • Da natureza divina
- A Providência • A visão de Deus

Existência de Deus

1. Sendo Deus a causa primária de todas as coisas, a origem de tudo o que existe, a base sobre que repousa o edifício da Criação, é também o ponto que importa consideremos antes de tudo.

2. Constitui princípio elementar que pelos seus efeitos é que se julga de uma causa, mesmo quando ela se conserve oculta.

Se, fendendo os ares, um pássaro é atingido por mortífero grão de chumbo, deduz-se que hábil atirador o alvejou, ainda que este último não seja visto. Nem sempre, pois, se faz necessário vejamos uma coisa, para sabermos que ela existe. Em tudo, observando os efeitos é que se chega ao conhecimento das causas.

3. Outro princípio igualmente elementar e que, de tão

verdadeiro, passou a axioma é o de que todo efeito inteligente tem que decorrer de uma causa inteligente.

Se perguntassem qual o construtor de certo mecanismo engenhoso, que pensaríamos de quem respondesse que ele se fez a si mesmo? Quando se contempla uma obra-prima da arte ou da indústria, diz-se que há de tê-la produzido um homem de gênio, porque só uma alta inteligência poderia concebê-la. Reconhece-se, no entanto, que ela é obra de um homem, por se verificar que não está acima da capacidade humana; mas a ninguém acudirá a ideia de dizer que saiu do cérebro de um idiota ou de um ignorante, nem, ainda menos, que é trabalho de um animal, ou produto do acaso.

4. Em toda parte se reconhece a presença do homem pelas suas obras. A existência dos homens antediluvianos não se provaria unicamente por meio dos fósseis humanos: provou-a também, e com muita certeza, a presença, nos terrenos daquela época, de objetos trabalhados pelos homens. Um fragmento de vaso, uma pedra talhada, uma arma, um tijolo bastarão para lhe atestar a presença. Pela grosseria ou perfeição do trabalho, reconhecer-se-á o grau de inteligência ou de adiantamento dos que o executaram. Se, pois, achando-vos numa região habitada exclusivamente por selvagens, descobrirdes uma estátua digna de Fídias,* não hesitareis em dizer que, sendo incapazes de tê-la feito os selvagens, ela é obra de uma inteligência superior à destes.

5. Pois bem! Lançando o olhar em torno de si, sobre as obras da natureza, notando a providência, a sabedoria, a harmonia que presidem a essas obras, reconhece o observador não haver nenhuma que não ultrapasse os limites da mais portentosa inteligência humana. Ora, desde que o homem não as pode produzir, é que elas são produto de uma inteligência superior à humanidade, a menos se sustente que há efeitos sem causa.

---

* N. E.: Fídias, escultor grego do séc. V a.C. Incumbido por Péricles de dirigir os trabalhos do Partenon, encarregou-se da decoração esculpida (friso das Panateneias), apogeu do estilo clássico grego.

6. A isto opõem alguns o seguinte raciocínio:

As obras ditas da natureza são produzidas por forças materiais que atuam mecanicamente, em virtude das leis de atração e repulsão; as moléculas dos corpos inertes se agregam e desagregam sob o império dessas leis. As plantas nascem, brotam, crescem e se multiplicam sempre da mesma maneira, cada uma na sua espécie, por efeito daquelas mesmas leis; cada indivíduo se assemelha ao de quem ele proveio; o crescimento, a floração, a frutificação, a coloração se acham subordinados a causas materiais, tais como o calor, a eletricidade, a luz, a umidade etc. O mesmo se dá com os animais. Os astros se formam pela atração molecular e se movem perpetuamente em suas órbitas por efeito da gravitação. Essa regularidade mecânica no emprego das forças naturais não acusa a ação de qualquer inteligência livre. O homem movimenta o braço quando quer e como quer; aquele, porém, que o movimentasse no mesmo sentido, desde o nascimento até a morte, seria um autômato. Ora, as forças orgânicas da natureza são puramente automáticas.

Tudo isso é verdade, mas essas forças são efeitos que hão de ter uma causa e ninguém pretende que elas constituam a Divindade. Elas são forças materiais e mecânicas; não são por si mesmas inteligentes, o que também é verdade; mas são postas em ação, distribuídas, apropriadas às necessidades de cada coisa por uma inteligência que não é a dos homens. A aplicação útil dessas forças é um efeito inteligente que denota uma causa inteligente. Um pêndulo se move com automática regularidade e é nessa regularidade que lhe está o mérito. É toda material a força que o faz mover-se e nada tem de inteligente. Mas que seria esse pêndulo se uma inteligência não houvesse combinado, calculado, distribuído o emprego daquela força, para fazê-lo andar com precisão? Do fato de não estar a inteligência no mecanismo do pêndulo e do fato de que ninguém a vê, seria racional deduzir-se que ela não existe? Julgamo-la pelos seus efeitos.

A existência do relógio atesta a existência do relojoeiro; a engenhosidade do mecanismo lhe atesta a inteligência e o saber. Quando um relógio vos indica a hora que desejais saber, quem se lembrará de dizer: aí está um relógio bem inteligente?

Outro tanto ocorre com o mecanismo do universo: *Deus não se mostra, mas se revela pelas suas obras.*

7. A existência de Deus é, pois, uma realidade comprovada não só pela revelação, como pela evidência material dos fatos. Os povos selvagens nenhuma revelação tiveram; entretanto, creem instintivamente na existência de um poder sobre-humano. Eles veem coisas que estão acima das possibilidades do homem e deduzem que essas coisas provêm de um ente superior à humanidade. Não demonstram raciocinar com mais lógica do que os que pretendem que tais coisas se fizeram a si mesmas?

Da natureza divina

8. Não é dado ao homem sondar a natureza íntima de Deus. *Para compreender Deus, ainda nos falta o sentido, que só se adquire com a completa depuração do Espírito.* Mas se o homem não pode penetrar a essência de Deus, pode ter como premissa a sua existência. O homem pode, então, pela razão chegar a conhecer-lhe os atributos necessários e concluir que esses atributos só podem ser divinos, deduzindo daí quem é Deus.

Sem o conhecimento dos atributos de Deus, impossível seria compreender-se a obra da Criação. Esse é o ponto de partida de todas as crenças religiosas e por não se terem reportado aos atributos, como ao farol capaz de as orientar, que a maioria das religiões errou em seus dogmas. As que não atribuíram a Deus a onipotência imaginaram muitos deuses; as que não lhe atribuíram soberana bondade fizeram dele um Deus ciumento, colérico, parcial e vingativo.

9. *Deus é a suprema e soberana inteligência.* É limitada a inteligência do homem, pois que não pode fazer, nem compreender tudo o que existe. A de Deus, abrangendo o infinito, tem que ser infinita. Se a supuséssemos limitada num ponto qualquer, poderíamos conceber outro ser mais inteligente, capaz de compreender e fazer o que o primeiro não faria e assim por diante, até o infinito.

10. *Deus é eterno*, isto é, não teve começo e não terá fim. Se tivesse tido princípio, houvera saído do nada. Ora, não sendo o nada

coisa alguma, coisa nenhuma pode produzir. Ou, então, teria sido criado por outro ser anterior e, nesse caso, este ser é que seria Deus. Se lhe supuséssemos um começo ou fim, poderíamos conceber uma entidade existente antes dele e capaz de lhe sobreviver, e assim por diante, ao infinito.

11. *Deus é imutável.* Se estivesse sujeito a mudanças, nenhuma estabilidade teriam as leis que regem o universo.

12. *Deus é imaterial,* isto é, a sua natureza difere de tudo o que *chamamos matéria.* De outro modo, não seria imutável, pois estaria sujeito às transformações da matéria.

Deus carece de forma apreciável pelos nossos sentidos, sem o que seria matéria. Dizemos: a mão de Deus, o olho de Deus, a boca de Deus, porque o homem, nada mais conhecendo além de si mesmo, toma a si próprio por termo de comparação para tudo o que não compreende. São ridículas essas imagens em que Deus é representado pela figura de um ancião de longas barbas e envolto num manto. Têm o inconveniente de rebaixar o Ente supremo até as mesquinhas proporções da humanidade. Daí a lhe emprestarem as paixões humanas e a fazerem-no um Deus colérico e ciumento não vai mais que um passo.

13. *Deus é onipotente.* Deus é onipotente. Se não possuísse o poder supremo, sempre se poderia conceber uma entidade mais poderosa e assim por diante, até chegar-se ao ser cuja potencialidade nenhum outro ultrapassasse. Esse então é que seria Deus.

14. *Deus é soberanamente justo e bom.* A providencial sabedoria das Leis divinas se revela nas mais pequeninas coisas, como nas maiores, não permitindo essa sabedoria que se duvide da sua justiça, nem da sua bondade.

O fato de ser infinita uma qualidade, exclui a possibilidade de uma qualidade contrária, porque esta a apoucaria ou anularia. Um ser *infinitamente bom* não poderia conter a mais insignificante parcela de malignidade, nem o ser *infinitamente mau* conter a mais insignificante parcela de bondade, do mesmo modo que um objeto não pode ser de um negro absoluto, com a mais ligeira nuança de branco, nem de um branco absoluto com a menor mancha preta.

Deus, pois, não poderia ser simultaneamente bom e mau, porque então, não possuindo qualquer dessas duas qualidades no grau supremo, não seria Deus; todas as coisas estariam sujeitas ao seu capricho e para nenhuma haveria estabilidade. Não poderia Ele, por conseguinte, deixar de ser ou infinitamente bom ou infinitamente mau. Ora, como suas obras dão testemunho da sua sabedoria, da sua bondade e da sua solicitude, concluir-se-á que, não podendo ser ao mesmo tempo bom e mau sem deixar de ser Deus, Ele necessariamente tem de ser infinitamente bom.

A soberana bondade implica a soberana justiça, porquanto, se Ele procedesse injustamente ou com parcialidade *numa só circunstância que fosse*, ou com relação *a uma só de suas criaturas*, já não seria soberanamente justo e, em consequência, já não seria soberanamente *bom*.

15. *Deus é infinitamente perfeito*. É impossível conceber-se Deus sem o infinito das perfeições, sem o que não seria Deus, pois sempre se poderia conceber um ser que possuísse o que lhe faltasse. Para que nenhum ser possa ultrapassá-lo, faz-se mister que Ele seja infinito em tudo.

Sendo infinitos, os atributos de Deus não são suscetíveis nem de aumento, nem de diminuição, visto que do contrário não seriam infinitos e Deus não seria perfeito. Se lhe tirassem a qualquer dos atributos a mais mínima parcela, já não haveria Deus, pois que poderia existir um ser mais perfeito.

16. *Deus é único*. A unicidade de Deus é consequência do fato de serem infinitas as suas perfeições. Não poderia existir outro Deus, salvo sob a condição de ser igualmente infinito em todas as coisas, visto que, se houvesse entre eles a mais ligeira diferença, um seria inferior ao outro, subordinado ao poder desse outro e, então, não seria Deus. Se houvesse entre ambos igualdade absoluta, isso equivaleria a existir, por toda eternidade, um mesmo pensamento, uma mesma vontade, um mesmo poder. Confundidos quanto à identidade, não haveria, em realidade, mais que um único Deus. Se cada um tivesse atribuições especiais, um não faria o que o outro fizesse; mas, então, não existiria igualdade perfeita entre eles, pois que nenhum possuiria a autoridade soberana.

17. A ignorância do princípio de que são infinitas as perfeições de Deus foi que gerou o politeísmo, culto adotado por todos os povos primitivos, que davam o atributo de divindade a todo poder que lhes parecia acima dos poderes inerentes à humanidade. Mais tarde, a razão os levou a reunir essas diversas potências numa só. Depois, à proporção que os homens foram compreendendo a essência dos atributos divinos, retiraram dos símbolos, que haviam criado, a crença que implicava a negação desses atributos.

18. Em resumo, Deus não pode ser Deus, senão sob a condição de que nenhum outro o ultrapasse, porquanto o ser que o excedesse no que quer que fosse, ainda que apenas na grossura de um cabelo, é que seria o verdadeiro Deus. Para que tal não se dê, indispensável se torna que Ele seja infinito em tudo. É assim que, comprovada pelas suas obras a existência de Deus, por simples dedução lógica se chega a determinar os atributos que o caracterizam.

19. Deus é, pois, *a inteligência suprema e soberana, é único, eterno, imutável, imaterial, onipotente, soberanamente justo e bom, infinito em todas as perfeições*, e não pode ser diverso disso.

Tal o eixo sobre que repousa o edifício universal. Esse o farol cujos raios se estendem por sobre o universo inteiro, única luz capaz de guiar o homem na procura da verdade. Orientando-se por essa luz, ele nunca se transviará. Se, portanto, o homem há errado tantas vezes, é unicamente por não ter seguido o roteiro que lhe estava indicado.

Tal também o critério infalível de todas as doutrinas filosóficas e religiosas. Para apreciá-las, dispõe o homem de uma medida rigorosamente exata nos atributos de Deus e pode afirmar a si mesmo que *toda teoria, todo princípio, todo dogma, toda crença, toda prática que estiver em contradição com um só que seja desses atributos, que tenda não tanto a anulá-lo, mas simplesmente a diminuí-lo, não pode estar com a verdade.*

Em Filosofia, em Psicologia, em Moral, em Religião, só há de verdadeiro o que não se afaste, nem um til, das qualidades essenciais da

Divindade. A religião perfeita será aquela de cujos artigos de fé nenhum esteja em oposição àquelas qualidades; aquela cujos dogmas todos suportem a prova dessa verificação sem nada sofrerem.

A Providência

20. A providência é a solicitude de Deus para com as suas criaturas. Ele está em toda parte, tudo vê, a tudo preside, mesmo às menores coisas. É nisto que consiste a ação providencial.

"Como pode Deus, tão grande, tão poderoso, tão superior a tudo, imiscuir-se em pormenores ínfimos, preocupar-se com os menores atos e os menores pensamentos de cada indivíduo?" Esta a interrogação que a si mesmo dirige o incrédulo, concluindo por dizer que, admitida a existência de Deus, só se pode admitir, quanto à sua ação, que ela se exerça sobre as leis gerais do universo; que o universo funcione de toda a eternidade em virtude dessas leis, às quais toda criatura se acha submetida na esfera de suas atividades, sem que haja mister a intervenção incessante da Providência.

21. No estado de inferioridade em que ainda se encontram, só muito dificilmente podem os homens compreender que Deus seja infinito, pois, vendo-se limitados e circunscritos, eles o imaginam também circunscrito e limitado. Imaginando-o circunscrito, figuram--no quais eles são, à imagem e semelhança deles. Os quadros em que o vemos com traços humanos não contribuem pouco para entreter esse erro no Espírito das massas, que nele adoram mais a forma que o pensamento. Para a maioria, é Ele um soberano poderoso, sentado num *trono* inacessível e perdido na imensidade dos céus. Tendo restritas suas faculdades e percepções, não compreendem que Deus possa e se digne de intervir diretamente nas pequeninas coisas.

22. Impotente para compreender a essência mesma da Divindade, o homem não pode fazer dela mais do que uma ideia aproximativa, mediante comparações necessariamente muito imperfeitas, mas que, ao menos, servem para lhe mostrar a possibilidade daquilo que, à primeira vista, lhe parece impossível.

Suponhamos um fluido bastante sutil para penetrar todos os corpos.

Sendo ininteligente, esse fluido atua mecanicamente, por meio tão só das forças materiais. Se, porém, o supusermos dotado de inteligência, de faculdades perceptivas e sensitivas, ele já não atuará às cegas, mas com discernimento, com vontade e liberdade: verá, ouvirá e sentirá.

23. As propriedades do fluido perispirítico podem nos dar uma ideia. Ele não é de si mesmo inteligente, pois que é matéria, mas é o veículo do pensamento, das sensações e percepções do Espírito. O fluido perispiritual não é o pensamento do Espírito; é, porém, o agente e o intermediário desse pensamento. Sendo ele que o transmite, fica, de certo modo, *impregnado* do pensamento transmitido, e na impossibilidade em que nos achamos de isolar o pensamento, a nós parece que ele faz corpo com o fluido, dando a entender que são uma coisa só, como sucede com o som e o ar, de maneira que podemos, a bem dizer, materializá-lo. Assim como dizemos que o ar se torna sonoro, poderíamos, tomando o efeito pela causa, dizer que o fluido se torna inteligente.

24. Seja ou não assim no que concerne ao pensamento de Deus, isto é, que o pensamento de Deus atue diretamente ou por intermédio de um fluido, para facilitar a nossa inteligência, figuremo-lo sob a forma concreta de um fluido inteligente que enche o universo infinito e penetra todas as partes da Criação: *a natureza inteira está mergulhada no fluido divino*. Ora, em virtude do princípio de que as partes de um todo são da mesma natureza e têm as mesmas propriedades que ele, cada átomo desse fluido, se assim nos podemos exprimir, possuindo o pensamento, isto é, os atributos essenciais da Divindade e estando o mesmo fluido em toda parte, tudo está submetido à sua ação inteligente, à sua previdência, à sua solicitude. Nenhum ser haverá, por mais ínfimo que o suponhamos, que não esteja saturado dele. Achamo-nos então, constantemente, em presença da Divindade; nenhuma das nossas ações lhe podemos subtrair ao olhar; o nosso pensamento está em contato ininterrupto com o seu pensamento, havendo, pois, razão para dizer-se que Deus vê os mais profundos refolhos do nosso coração. *Estamos nele, como Ele está em nós*, segundo a palavra do Cristo (1 João, 4:13).

Para estender a sua solicitude a todas as criaturas, não precisa Deus lançar o olhar do Alto da imensidade. As nossas preces, para que Ele as ouça, não precisam transpor o espaço, nem ser ditas com voz retumbante, pois que, estando sempre ao nosso lado, os nossos pensamentos repercutem nele. Os nossos pensamentos são como os sons de um sino, que fazem vibrar todas as moléculas do ar ambiente.

25. Longe de nós a ideia de materializar a Divindade. A imagem de um fluido inteligente universal evidentemente não passa de uma comparação apropriada a dar de Deus uma ideia mais exata do que os quadros que o apresentam debaixo de uma figura humana. Essa imagem se destina a fazer compreensível a possibilidade que tem Deus de estar em toda parte e de se ocupar com todas as coisas.

26. Temos constantemente sob as vistas um exemplo que nos permite fazer ideia do modo por que talvez se exerça a ação de Deus sobre as partes mais íntimas de todos os seres e, conseguintemente, do modo por que lhe chegam as mais sutis impressões de nossa alma. Esse exemplo tiramo-lo de certa instrução que a tal respeito deu um Espírito.

27. "O homem é um pequeno mundo, que tem como diretor o Espírito e como dirigido o corpo. Nesse universo, o corpo representará uma criação cujo Espírito seria Deus. (Compreendei bem que aqui há uma simples questão de analogia e não de identidade.) Os membros desse corpo, os diferentes órgãos que o compõem, os músculos, os nervos, as articulações são outras tantas individualidades materiais, se assim se pode dizer, localizadas em pontos especiais do corpo. Se bem seja considerável o número de suas partes constitutivas, de natureza tão variada e diferente, a ninguém é lícito supor que se possam produzir movimentos, ou uma impressão em qualquer lugar, sem que o Espírito tenha consciência do que ocorra. Há sensações diversas em muitos lugares simultaneamente? O Espírito as sente todas, distingue, analisa, assinala a cada uma a causa determinante e o ponto em que se produziu, tudo por meio do fluido perispirítico.

"Análogo fenômeno ocorre entre Deus e a Criação. Deus está em toda parte, na natureza, como o Espírito está em toda parte, no corpo. Todos os elementos da Criação se acham em relação constante com Ele, como todas as células do corpo humano se acham em contato imediato com o ser espiritual. Não há, pois, razão para que fenômenos da mesma ordem não se produzam de maneira idêntica, num e noutro caso.

"Um membro se agita: o Espírito o sente; uma criatura pensa: Deus o sabe. Todos os membros estão em movimento, os diferentes órgãos estão a vibrar; o Espírito se ressente de todas as manifestações, as distingue e localiza. As diferentes criações, as diferentes criaturas se agitam, pensam, agem diversamente: Deus sabe o que se passa e assina a cada um o que lhe diz respeito.

"Daí se pode igualmente deduzir a solidariedade da matéria e da inteligência, a solidariedade entre si de todos os seres de um mundo, a de todos os mundos e, por fim, de todas as criações com o Criador." (Quinemant, *Sociedade de Paris*, 1867.)

28. Compreendemos o efeito: já é muito. Do efeito remontamos à causa e julgamos da sua grandeza pela grandeza do efeito. Escapa-nos, porém, a sua essência íntima, como a da causa de uma imensidade de fenômenos. Conhecemos os efeitos da eletricidade, do calor, da luz, da gravitação; calculamo-los e, entretanto, ignoramos a natureza íntima do princípio que os produz.* Será então racional que neguemos o princípio divino, porque não o compreendemos?

29. Nada obsta a que se admita, para o princípio da soberana inteligência, um centro de ação, um foco principal a irradiar incessantemente, inundando o universo com seus eflúvios, como o Sol com a sua luz. Mas onde esse foco? É o que ninguém pode dizer. Provavelmente, não se acha fixado em determinado ponto, como não o está a sua ação, sendo também provável que percorra constantemente as regiões do espaço sem-fim. Se simples Espíritos têm o dom da ubiquidade, em Deus há de ser sem limites essa faculdade. Enchendo Deus o universo, poder-se-ia ainda admitir, a

---

* N. E.: Os efeitos citados são objeto de estudo há tempos, e hoje já são bem mais compreendidos.

título de hipótese, que esse foco não precisa transportar-se, por se formar em todas as partes onde a soberana vontade julga conveniente que ele se produza, donde o poder dizer-se que está em toda parte e em parte nenhuma.

30. Diante desses problemas insondáveis, cumpre que a nossa razão se humilhe. Deus existe: disso não podemos duvidar. É infinitamente justo e bom: essa a sua essência. A tudo se estende a sua solicitude: compreendemo-lo. Só o nosso bem, portanto, pode Ele querer, donde se segue que devemos confiar nele, isso é essencial. Quanto ao mais, esperemos que nos tenhamos tornado dignos de o compreender.

A visão de Deus

31. Se Deus está em toda parte, por que não o vemos? Vê-lo-emos quando deixarmos a Terra? Tais as perguntas que se formulam todos os dias. À primeira é fácil responder. Por serem limitadas as percepções dos nossos órgãos visuais, elas os tornam inaptos à visão de certas coisas, mesmo materiais. Assim é que alguns fluidos nos fogem totalmente à nossa visão e aos instrumentos de análise; entretanto, não duvidamos da existência deles. Vemos os efeitos da peste, mas não vemos o fluido que a transporta;* vemos os corpos em movimento sob a influência da força de gravitação, mas não vemos essa força.

32. Os nossos órgãos materiais não podem perceber as coisas de essência espiritual. Unicamente com a visão espiritual é que podemos ver os Espíritos e as coisas do mundo imaterial. Somente a nossa alma, portanto, pode ter a percepção de Deus. Dar-se-á que ela o veja logo após a morte? A esse respeito, só as comunicações de além-túmulo nos podem instruir. Por elas sabemos que a visão

---

* N. E.: Kardec escreveu de acordo com os conhecimentos da época, antes de 1894, ano em que se descobriu que a doença, peste bubônica, era devida à bactéria *Yersinia pestis* (em homenagem ao bacteriologista francês Alexandre Yersin, 1863–1943), que é transmitida ao homem pela pulga do rato.

de Deus constitui privilégio das mais purificadas almas e que bem poucas, ao deixarem o envoltório terrestre, se encontram no grau de desmaterialização necessária a tal efeito. Uma comparação vulgar tornará facilmente compreensível essa condição.

33. Uma pessoa que se ache no fundo de um vale, envolvido por densa bruma, não vê o Sol. Entretanto, pela luz difusa, percebe a claridade do Sol. Se começa a subir a montanha, à medida que for ascendendo, o nevoeiro se irá dissipando e a luz ficará cada vez mais viva. Contudo, ainda não verá o Sol. Só depois que se haja elevado acima da camada brumosa e chegado a um ponto onde o ar esteja perfeitamente límpido, ela o contemplará em todo o seu esplendor.

O mesmo se dá com a alma. O envoltório perispirítico, conquanto nos seja invisível e impalpável, é, com relação a ela, verdadeira matéria, ainda grosseira demais para certas percepções. Esse invólucro, porém, se espiritualiza, à proporção que a alma se eleva em moralidade. As imperfeições da alma são quais camadas nevoentas que lhe obscurecem a visão. Cada imperfeição de que ela se desfaz é uma mácula a menos; todavia, só depois de se haver depurado completamente é que goza da plenitude das suas faculdades.

34. Sendo Deus a essência divina por excelência, unicamente os Espíritos que atingiram o mais alto grau de desmaterialização o podem perceber. Pelo fato de os Espíritos imperfeitos não verem a Deus, não se segue que eles estejam mais distantes de Deus do que os outros; esses Espíritos, como os demais, como todos os seres da natureza, se encontram mergulhados no fluido divino, do mesmo modo que nós o estamos na luz. O que há é que as imperfeições daqueles Espíritos são vapores que os impedem de vê-lo. Quando o nevoeiro se dissipar, vê-lo-ão resplandecer. Para isso, não lhes é preciso subir, nem procurá-lo nas profundezas do infinito. Desimpedida a visão espiritual das belidas que a obscureciam, eles o verão de todo lugar onde se achem, mesmo da Terra, porquanto Deus está em toda parte.

35. O Espírito só se depura com o tempo, sendo as diversas encarnações o alambique em cujo fundo deixa de cada vez algumas impurezas. Com o abandonar o seu invólucro corpóreo, os Espíritos não se despojam instantaneamente de suas imperfeições, razão por que, depois da morte, não veem a Deus mais do que o viam quando vivos; mas, à medida que se depuram, têm dele uma intuição mais clara. Não o veem, mas compreendem-no melhor; a luz é menos difusa. Quando, pois, alguns Espíritos dizem que Deus lhes proíbe respondam a uma dada pergunta não é que Deus lhes apareça, ou dirija a palavra, para lhes ordenar ou proibir isto ou aquilo, não; eles, porém, o sentem; recebem os eflúvios do seu pensamento, como nos sucede com relação aos Espíritos que nos envolvem em seus fluidos, embora não os vejamos.

36. Nenhum homem, conseguintemente, pode ver a Deus com os olhos da carne. Se essa graça fosse concedida a alguns, só o seria no estado de êxtase, quando a alma se acha tão desprendida dos laços da matéria que torna possível o fato durante a encarnação. Tal privilégio, aliás, exclusivamente pertenceria a almas de eleição, encarnadas em missão, que não em *expiação*. Mas como os Espíritos da mais elevada categoria refulgem de ofuscante brilho, pode dar-se que Espíritos menos elevados, encarnados ou desencarnados, maravilhados com o esplendor de que aqueles se mostram cercados, suponham estar vendo o próprio Deus. É como quem vê um ministro e o toma pelo seu soberano.

37. Sob que aparência se apresenta Deus aos que se tornaram dignos de vê-lo? Será sob uma forma qualquer? Sob uma figura humana, ou como um foco de resplendente luz? A linguagem humana é impotente para dizê-lo, porque não existe para nós nenhum ponto de comparação capaz de nos facultar uma ideia de tal coisa. Somos quais cegos de nascença a quem procurassem inutilmente fazer compreendessem o brilho do Sol. A nossa linguagem é limitada pelas nossas necessidades e pelo círculo das nossas ideias; a dos selvagens não poderia descrever as maravilhas da civilização; a dos povos mais civilizados é extremamente pobre para descrever os esplendores dos céus, a nossa inteligência muito restrita para os compreender e a nossa vista, por muito fraca, ficaria deslumbrada.

CAPÍTULO III
O BEM E O MAL

• Origem do bem e do mal • O instinto e a inteligência
• Destruição dos seres vivos uns pelos outros

Origem do bem e do mal

1. Sendo Deus o princípio de todas as coisas e sendo todo sabedoria, todo bondade, todo justiça, tudo o que dele procede há de participar dos seus atributos, porquanto o que é infinitamente sábio, justo e bom nada pode produzir que seja ininteligente, mau e injusto. O mal que observamos não pode ter nele a sua origem.

2. Se o mal estivesse nas atribuições de um ser especial, quer se lhe chame Arimane,* quer Satanás, ou ele seria igual a Deus, e,

---

* N.E.: Arimã ou Arimane para os seguidores do zoroastrismo, é o nome do senhor das trevas; seus métodos são vis e enganadores, ele corrompe os homens com desejos que os desviam da vida correta.

por conseguinte, tão poderoso quanto este, e de toda a eternidade como Ele, ou lhe seria inferior.

No primeiro caso, haveria duas potências rivais, incessantemente em luta, procurando cada uma desfazer o que fizesse a outra, contrariando-se mutuamente, hipótese esta inconciliável com a unidade de vistas que se revela na estrutura do universo.

No segundo caso, sendo inferior a Deus, aquele ser lhe estaria subordinado. Não podendo existir de toda a eternidade como Deus, sem ser igual a este, teria tido um começo. Se fora criado, só o poderia ter sido por Deus, que, então, houvera criado o Espírito do mal, o que implicaria negação da bondade infinita. (Veja-se: *O céu e o inferno*, cap. IX: *Os demônios*.)

3. Entretanto, o mal existe e tem uma causa.

Os males de toda espécie, físicos ou morais, que afligem a humanidade, formam duas categorias que importa distinguir: a dos males que o homem pode evitar e a dos que lhe independem da vontade. Entre os últimos, cumpre se incluam os flagelos naturais.

O homem, cujas faculdades são restritas, não pode penetrar, nem abarcar o conjunto dos desígnios do Criador; aprecia as coisas do ponto de vista da sua personalidade, dos interesses factícios e convencionais que criou para si mesmo e que não se compreendem na ordem da natureza. Por isso é que, muitas vezes, se lhe afigura mau e injusto aquilo que consideraria justo e admirável, se lhe conhecesse a causa, o objetivo, o resultado definitivo. Pesquisando a razão de ser e a utilidade de cada coisa, verificará que tudo traz o sinete da sabedoria infinita e se dobrará a essa sabedoria, mesmo com relação ao que lhe não seja compreensível.

4. O homem recebeu em partilha uma inteligência com cujo auxílio lhe é possível conjurar, ou, pelo menos, atenuar muito os efeitos de todos os flagelos naturais. Quanto mais saber ele adquire e mais se adianta em civilização, tanto menos desastrosos se tornam os flagelos. Com uma organização sábia e previdente, chegará mesmo a lhes neutralizar as consequências, quando não possam ser inteiramente evitados. Assim, com referência, até, aos flagelos que têm certa utilidade para a ordem geral da natureza e para o futuro, mas que, no presente, causam danos, facultou Deus ao homem os meios de lhes paralisar os efeitos.

Assim é que ele saneia as regiões insalubres, imuniza contra os miasmas pestíferos, fertiliza terras áridas e se esforça em preservá-las das inundações; constrói habitações mais salubres, mais sólidas para resistirem aos ventos tão necessários à purificação da atmosfera e se coloca ao abrigo das intempéries. É assim, finalmente, que, pouco a pouco, a necessidade lhe fez criar as ciências, por meio das quais melhora as condições de habitabilidade do globo e aumenta o seu próprio bem-estar.

5. Tendo o homem que progredir, os males a que se acha exposto são um estimulante para o exercício da sua inteligência, de todas as suas faculdades físicas e morais, incitando-o a procurar os meios de evitá-los. Se ele nada houvesse de temer, nenhuma necessidade o induziria a procurar o melhor; o Espírito se lhe entorpeceria na inatividade; nada inventaria, nem descobriria. *A dor é o aguilhão que o impele para a frente, na senda do progresso.*

6. Porém, os males mais numerosos são os que o homem cria pelos seus vícios, os que provêm do seu orgulho, do seu egoísmo, da sua ambição, da sua cupidez, de seus excessos em tudo. Aí a causa das guerras e das calamidades que estas acarretam, das dissensões, das injustiças, da opressão do fraco pelo forte, da maior parte, afinal, das enfermidades.

Deus promulgou leis plenas de sabedoria, tendo por único objetivo o bem. Em si mesmo encontra o homem tudo o que lhe é necessário para cumpri-las. A consciência lhe traça a rota, a lei divina lhe está gravada no coração e, ademais, Deus lha lembra constantemente por intermédio de seus messias e profetas, de todos os Espíritos encarnados que trazem a missão de o esclarecer, moralizar e melhorar e, nestes últimos tempos, pela multidão dos Espíritos desencarnados que se manifestam em toda parte. *Se o homem se conformasse rigorosamente com as Leis divinas, não há duvidar de que se pouparia aos mais agudos males e viveria ditoso na Terra.* Se assim procede, é por virtude do seu livre-arbítrio: sofre então as consequências do seu proceder. (*O evangelho segundo o espiritismo*, cap. V, item 4 e seguintes.)

7. Entretanto, Deus, todo bondade, pôs o remédio ao lado do mal, isto é, faz que do próprio mal saia o bem. Um momento chega em que o excesso do mal moral se torna intolerável e impõe ao homem a necessidade de mudar de vida. Instruído pela experiência, ele se sente compelido a procurar no bem o remédio, sempre por efeito do seu livre-arbítrio. Quando toma melhor caminho, é por sua vontade e porque reconheceu os inconvenientes do outro. A necessidade, pois, o constrange a melhorar-se moralmente, para ser mais feliz, do mesmo modo que o constrangeu a melhorar as condições materiais da sua existência (item 5).

8. Pode dizer-se que *o mal é a ausência do bem, como o frio é a ausência do calor. Assim como o frio não é um fluido especial, também o mal não é atributo distinto; um é o negativo do outro.* Onde não existe o bem, forçosamente existe o mal. Não praticar o mal, já é um princípio do bem. *Deus somente quer o bem; só do homem procede o mal. Se na Criação houvesse um ser preposto ao mal, ninguém o poderia evitar; mas, tendo o homem a causa do mal em SI MESMO, tendo simultaneamente o livre-arbítrio e por guia as Leis divinas, evitá-lo-á sempre que o queira.*

Tomemos para comparação um fato vulgar. Sabe um proprietário que nos confins de suas terras há um lugar perigoso, onde poderia perecer ou ferir-se quem por lá se aventurasse. Que faz, a fim de prevenir os acidentes? Manda colocar perto um aviso, proibindo que prossigam os que por ali passem, devido ao perigo. Aí está a lei, que é sábia e previdente. Se, apesar de tudo, um imprudente desatende o aviso, vai além do ponto onde este se encontra e sai-se mal, de quem se pode ele queixar, senão de si próprio?

Assim sucede com todo o mal: evitá-lo-ia o homem se cumprisse as Leis divinas. Por exemplo: Deus pôs limite à satisfação das necessidades; por meio da saciedade o homem é avisado desse limite; se o ultrapassa, fá-lo voluntariamente. As doenças, as enfermidades, a morte, que daí podem resultar, provêm da sua imprevidência, não de Deus.

9. Decorrendo, o mal, das imperfeições do homem e tendo sido este criado por Deus, dir-se-á, Deus não deixa de ter criado, se não o mal, pelo menos, a causa do mal; se houvesse criado perfeito o homem, o mal não existiria.

Se fora criado perfeito, o homem fatalmente penderia para o bem. Ora, em virtude do seu livre-arbítrio, ele não pende fatalmente nem para o bem, nem para o mal. Quis Deus que ele ficasse sujeito à lei do progresso e que o progresso resulte do seu trabalho, a fim de que lhe pertença o fruto deste, da mesma maneira que lhe cabe a responsabilidade do mal que por sua vontade pratique. A questão, pois, consiste em saber-se qual é, no homem, a origem da sua propensão para o mal.*

10. Estudando-se todas as paixões e, mesmo, todos os vícios, vê-se que as raízes de umas e outros se acham no instinto de conservação, instinto que se encontra em toda a pujança nos animais e nos seres primitivos mais próximos da animalidade, nos quais ele exclusivamente domina, sem o contrapeso do senso moral, por não ter ainda o ser nascido para a vida intelectual. O instinto se enfraquece, à medida que a inteligência se desenvolve, porque esta domina a matéria.

O Espírito tem por destino a vida espiritual, porém, nas primeiras fases da sua existência corpórea, somente às exigências materiais lhe cumpre satisfazer e, para tal, o exercício das paixões constitui uma necessidade para a conservação da espécie e dos indivíduos, *materialmente falando*. Mas, uma vez saído desse período, outras necessidades se lhe apresentam, a princípio semimorais e semimateriais, depois exclusivamente morais. É então que o Espírito exerce domínio sobre a matéria, sacode-lhe o jugo, avança pela senda providencial que se lhe

---

* Nota de Allan Kardec: O erro está em pretender-se que a alma haja saído perfeita das mãos do Criador, quando este, ao contrário, quis que a perfeição resulte da depuração gradual do Espírito e seja obra sua. Houve Deus por bem que a alma, dotada de livre-arbítrio, pudesse optar entre o bem e o mal e chegasse às suas finalidades últimas de forma militante e resistindo ao mal. Se houvera criado a alma tão perfeita quanto Ele e, ao sair-lhe ela das mãos, a houvesse associado à sua beatitude eterna, Deus tê-la-ia feito, não à sua imagem, mas semelhante a si próprio. (Bonnamy, *A razão do espiritismo*, cap. VI.)

acha traçada e se aproxima do seu destino final. Se, ao contrário, ele se deixa dominar pela matéria, atrasa-se e se identifica com o bruto. Nessa situação, *o que era outrora um bem, porque era uma necessidade da sua natureza, transforma-se num mal, não só porque já não constitui uma necessidade, como porque se torna prejudicial à espiritualização do ser.* Muita coisa, que é qualidade na criança, torna-se defeito no adulto. O mal é, pois, relativo e a responsabilidade é proporcionada ao grau de adiantamento.

Todas as paixões têm, portanto, uma utilidade providencial, pois, se assim não fosse, Deus teria feito coisas inúteis e até nocivas. No abuso é que reside o mal e o homem abusa em virtude do seu livre-arbítrio. Mais tarde, esclarecido pelo seu próprio interesse, livremente escolhe entre o bem e o mal.

O instinto e a inteligência

11. Qual a diferença entre o instinto e a inteligência? Onde acaba um e o outro começa? Será o instinto uma inteligência rudimentar, ou será uma faculdade distinta, um atributo exclusivo da matéria?

O instinto é a força oculta que solicita os seres orgânicos a atos espontâneos e involuntários, tendo em vista a conservação deles. Nos atos instintivos não há reflexão, nem combinação, nem premeditação. É assim que a planta procura o ar, se volta para a luz, dirige suas raízes para a água e para a Terra nutriente; que a flor se abre e fecha alternadamente, conforme se lhe faz necessário; que as plantas trepadeiras se enroscam em torno daquilo que lhes serve de apoio, ou se lhe agarram com as gavinhas. É pelo instinto que os animais são avisados do que lhes é útil ou nocivo; que buscam, conforme a estação, os climas propícios; que constroem, sem ensino prévio, com mais ou menos arte, segundo as espécies, leitos macios e abrigos para as suas progênies, armadilhas para apanhar a presa de que se nutrem; que manejam destramente as armas ofensivas e defensivas de que são providos; que os sexos se aproximam; que a mãe choca os filhos e que estes procuram o seio materno. No homem, no começo da vida o instinto domina com exclusividade; é por instinto que a criança faz os primeiros movimentos, que toma o alimento, que grita para exprimir as suas necessidades, que imita o som da voz, que tenta falar e andar. No próprio adulto, certos atos são instintivos, tais como os movimentos espontâneos para evitar um risco, para fugir a um perigo, para manter o equilíbrio do corpo; tais ainda o piscar das pálpebras para moderar o brilho da luz, a respiração etc.

12. *A inteligência se revela por atos voluntários, refletidos, premeditados, combinados, de acordo com a oportunidade das circunstâncias.* É incontestavelmente um atributo exclusivo da alma.

Todo ato maquinal é instintivo; o ato que denota reflexão, combinação, deliberação é inteligente. Um é livre, o outro não o é.

O instinto é guia seguro, que nunca se engana; a inteligência, pelo simples fato de ser livre, está, por vezes, sujeita a errar.

Ao ato instintivo falta o caráter do ato inteligente; revela, entretanto, *uma causa inteligente*, essencialmente apta a prever. Se se admitir que o instinto procede da matéria, ter-se-á de admitir que a matéria é inteligente, até mesmo bem mais inteligente e previdente do que a alma, pois que o instinto não se engana, ao passo que a inteligência se equivoca.

Se se considerar o instinto uma inteligência rudimentar, como se há de explicar que, em certos casos, seja superior à inteligência que raciocina? Como explicar que torne possível se executem atos que esta não pode realizar? Se ele é atributo de um princípio espiritual de especial natureza, qual vem a ser esse princípio? Pois que o instinto se apaga, dar-se-á que esse princípio se destrua? Se os animais são dotados apenas de instinto, não tem solução o destino deles e nenhuma compensação os seus sofrimentos, o que não estaria de acordo nem com a justiça, nem com a bondade de Deus. (Cap. II, 19.)

13. Segundo outros sistemas, o instinto e a inteligência procederiam de um único princípio. Chegado a certo grau de desenvolvimento, esse princípio, que primeiramente apenas tivera as qualidades do instinto, passaria por uma transformação que lhe daria as da inteligência livre.

Se fosse assim, no homem inteligente que perde a razão e entra a ser guiado exclusivamente pelo instinto, a inteligência voltaria ao seu estado primitivo e, quando o homem recobrasse a razão, o instinto se tornaria inteligência e assim alternadamente, a cada acesso, o que não é admissível.

Aliás, muitas vezes o instinto e a inteligência se revelam simultaneamente no mesmo ato. No caminhar, por exemplo, o movimento das pernas é instintivo; o homem põe maquinalmente um pé à frente do outro, sem nisso pensar; quando, porém, ele quer acelerar ou demorar o passo, levantar o pé ou desviar-se de um tropeço, há cálculo, combinação; ele age com deliberado propósito. *A impulsão involuntária do movimento é o ato instintivo; a calculada direção do movimento é o ato inteligente.* O animal carnívoro é impelido pelo instinto a se alimentar de carne, mas as precauções que toma e que variam conforme as circunstâncias, para segurar a presa, a sua previdência das eventualidades são atos da inteligência.

14. Outra hipótese que, em suma, se conjuga perfeitamente à ideia da unidade de princípio, ressalta do caráter essencialmente previdente do instinto e concorda com o que o Espiritismo ensina, no tocante às relações do mundo espiritual com o mundo corpóreo.

Sabe-se agora que muitos Espíritos desencarnados têm por missão velar pelos encarnados, dos quais se constituem protetores e guias; que os envolvem nos seus eflúvios fluídicos; que o homem age muitas vezes de modo *inconsciente*, sob a ação desses eflúvios.

Sabe-se, ademais, que o instinto, que por si mesmo produz atos inconscientes, predomina nas crianças e, em geral, nos seres cuja razão é fraca. Ora, segundo esta hipótese, o instinto não seria atributo nem da alma, nem da matéria; não pertenceria propriamente ao ser vivo, seria *efeito* da ação direta dos protetores invisíveis que supririam a imperfeição da inteligência, provocando os atos inconscientes necessários à conservação do ser. Seria qual a andadeira com que se amparam as crianças que ainda não sabem andar. Então, do mesmo modo que se deixa gradualmente de usar a andadeira, à medida que a criança se equilibra sozinha, os Espíritos protetores deixam entregues a si mesmos os seus protegidos, à medida que estes se tornam aptos a guiar-se pela própria inteligência.

Assim, o instinto, longe de ser produto de uma inteligência rudimentar e incompleta, sê-lo-ia de uma inteligência estranha, *na plenitude da sua força*, inteligência protetora, que supriria a insuficiência, quer de uma inteligência mais jovem, que aquela compeliria a fazer, inconscientemente, para seu bem, o que ainda fosse incapaz de fazer por si mesma, quer de uma inteligência madura, porém, momentaneamente tolhida no uso de suas faculdades, como se dá com o homem na infância e nos casos de idiotia e de afecções mentais.

Diz-se proverbialmente que há um deus para as crianças, para os loucos e para os ébrios. É mais veraz do que se supõe esse ditado. Aquele deus, outro não é senão o Espírito protetor, que vela pelo ser incapaz de se proteger, utilizando-se da sua própria razão.

15. Nesta ordem de ideias, ainda mais longe se pode ir. Por muito racional que seja, essa teoria não resolve todas as dificuldades da questão.

Se observarmos os efeitos do instinto, notaremos, em primeiro lugar, uma unidade de vistas e de conjunto, uma segurança de resultados, que cessam logo que a inteligência livre substitui o instinto. Demais, reconheceremos profunda sabedoria na apropriação tão perfeita e tão constante das faculdades instintivas às necessidades de cada espécie. Semelhante unidade de vistas não poderia existir sem a unidade de pensamento e esta é incompatível com a diversidade das aptidões individuais; só ela poderia produzir esse conjunto tão harmonioso que se realiza desde a origem dos tempos e em todos os climas, com uma regularidade, uma precisão matemáticas, cuja ausência jamais se nota. A uniformidade no que resulta das faculdades instintivas é um fato característico, que forçosamente implica *a unidade da causa*. Se a causa fosse inerente a cada individualidade, haveria tantas variedades de instintos quantos fossem os indivíduos, desde a planta até o homem. Um efeito geral, uniforme e constante, há de ter uma causa geral, uniforme e constante; um efeito que atesta sabedoria e previdência há de ter uma causa sábia e previdente. Ora, uma causa dessa natureza, sendo por força inteligente, não pode ser exclusivamente material.

Não se nos deparando nas criaturas, encarnadas ou desencarnadas, as qualidades necessárias à produção de tal resultado, temos que subir mais alto, isto é, ao próprio Criador. Se nos reportamos à explicação dada sobre a maneira por que se pode conceber a ação providencial (cap. II, item 24); se figurarmos todos os seres penetrados do fluido divino, soberanamente inteligente, compreenderemos a sabedoria previdente e a unidade de vistas que presidem a todos os movimentos instintivos que se efetuam para o bem de cada indivíduo. Tanto mais ativa é essa solicitude, quanto menos recursos tem o indivíduo em si mesmo e na sua inteligência. Por isso é que ela se mostra maior e mais absoluta nos animais e nos seres inferiores, do que no homem.

Segundo essa teoria, compreende-se que o instinto seja um guia seguro. O instinto materno, o mais nobre de todos, que o materialismo rebaixa ao nível das forças atrativas da matéria, fica realçado e enobrecido. Em razão das suas consequências, não devia ele ser entregue às eventualidades caprichosas da inteligência e do livre-arbítrio. *Por intermédio da mãe, o próprio Deus vela pelas suas criaturas que nascem.*

16. Esta teoria de nenhum modo anula o papel dos Espíritos protetores, cujo concurso é fato observado e comprovado pela experiência; mas deve-se notar que a ação desses Espíritos é essencialmente individual; que se modifica segundo as qualidades próprias do protetor e do protegido e que em parte nenhuma apresenta a uniformidade e a generalidade do instinto. Deus, em sua sabedoria, conduz Ele próprio os cegos, porém confia a inteligências livres o cuidado de guiar os clarividentes, para deixar a cada um a responsabilidade de seus atos. A missão dos Espíritos protetores constitui um dever que eles aceitam voluntariamente e lhes é um meio de se adiantarem, dependendo o adiantamento da forma por que o desempenhem.

17. Todas essas maneiras de considerar o instinto são forçosamente hipotéticas e nenhuma apresenta caráter seguro de autenticidade, para ser tida como solução definitiva. A questão, sem dúvida, será resolvida um dia, quando se houverem reunido os elementos de observação que ainda faltam. Até lá, temos que limitar-nos a submeter as diversas opiniões ao cadinho da razão e da lógica e esperar que a luz se faça. A solução que mais se aproxima da verdade será decerto a que melhor condiga com os atributos de Deus, isto é, com a bondade suprema e a suprema justiça. (Cap. II, item 19.)

18. Sendo o instinto o guia e as paixões as molas da alma no período inicial do seu desenvolvimento, por vezes aquele e estas se confundem nos efeitos. Há, contudo, entre esses dois princípios, diferenças que muito importa se considerem.

O instinto é guia seguro, sempre bom. Pode, ao cabo de certo tempo, tornar-se inútil, porém nunca prejudicial. Enfraquece-se pela predominância da inteligência.

As paixões, nas primeiras idades da alma, têm de comum com o instinto o serem as criaturas solicitadas por uma força igualmente inconsciente. As paixões nascem principalmente das necessidades do corpo e dependem, mais do que o instinto, do organismo. O que, acima de tudo, as distingue do instinto é que são individuais e não produzem, como este último, efeitos gerais e uniformes; variam, ao contrário, de intensidade e de natureza, conforme os indivíduos. São úteis, como estimulante, até a eclosão do senso moral, que faz nasça de um ser passivo, um ser racional. Nesse momento, as paixões tornam-se não só inúteis, como nocivas ao progresso do Espírito, cuja desmaterialização retardam. Abrandam-se com o desenvolvimento da razão.

19. O homem que constantemente só agisse pelo instinto poderia ser muito bom, mas conservaria adormecida a sua inteligência. Seria qual criança que não deixasse as andadeiras e não soubesse utilizar-se de seus membros. Aquele que não domina as suas paixões pode ser muito inteligente, porém, ao mesmo tempo, muito mau. *O instinto se aniquila por si mesmo; as paixões somente pelo esforço da vontade podem domar-se.*

Destruição dos seres vivos uns pelos outros

20. A destruição recíproca dos seres vivos é, dentre as leis da natureza, uma das que, à primeira vista, menos parecem conciliar--se com a Bondade de Deus. Pergunta-se por que lhes criou Ele a necessidade de mutuamente se destruírem, para se alimentarem uns à custa dos outros.

Para quem apenas vê a matéria e restringe à vida presente a sua visão, há de isso, com efeito, parecer uma imperfeição na obra divina. É que, em geral, os homens apreciam a perfeição de Deus do ponto de vista humano; medindo-lhe a sabedoria pelo juízo que dela formam, pensam que Deus não poderia fazer coisa melhor do que eles próprios fariam. Não lhes permitindo a curta visão, de que dispõem, apreciar o conjunto, não compreendem que um bem real possa decorrer de um mal aparente. Só o conhecimento do princípio espiritual, considerado em sua verdadeira essência, e o da grande lei de unidade, que constitui a harmonia da Criação, pode dar ao homem a chave desse mistério e mostrar-lhe a sabedoria providencial e a harmonia, exatamente onde apenas vê uma anomalia e uma contradição.

21. *A verdadeira vida, tanto do animal como do homem, não está no invólucro corporal, do mesmo que não está no vestuário. Está no princípio inteligente que preexiste e sobrevive ao corpo.* Esse princípio necessita do corpo para se desenvolver pelo trabalho que lhe cumpre realizar sobre a matéria bruta. O corpo se consome nesse trabalho, mas o Espírito não se gasta; ao contrário, sai dele cada vez mais forte, mais lúcido e mais apto. Que importa, pois, que o Espírito mude mais ou menos frequentemente de envoltório?! Não deixa por isso de ser Espírito. É precisamente como se um homem mudasse cem vezes no ano as suas vestes. Não deixaria por isso de ser homem.

Por meio do incessante espetáculo da destruição, ensina Deus aos homens o pouco caso que devem fazer do envoltório material e lhes suscita a ideia da vida espiritual, fazendo que a desejem como uma compensação.

Objetar-se-á: não podia Deus chegar ao mesmo resultado por outros meios, sem constranger os seres vivos a se destruírem mutuamente? Desde que na sua obra tudo é sabedoria, devemos supor que esta sabedoria não existirá mais num ponto do que noutros; se não o compreendemos assim, devemos atribuí-lo à nossa falta de adiantamento. Contudo, podemos procurar a pesquisa da razão do que nos pareça defeituoso, tomando por bússola este princípio: *Deus há de ser infinitamente justo e sábio*. Procuremos, portanto, em tudo, a sua justiça e a sua sabedoria e curvemo-nos diante do que ultrapasse o nosso entendimento.

22. Uma primeira utilidade, que se apresenta de tal destruição, utilidade, sem dúvida, puramente física, é esta: os corpos orgânicos só se conservam com o auxílio das matérias orgânicas, matérias que contêm os elementos nutritivos necessários à sua transformação. Como instrumentos de ação do princípio inteligente, os corpos precisam ser constantemente renovados, a Providência faz que sirvam à sua mútua manutenção. Eis por que os seres se nutrem uns dos outros. Mas é o corpo que se nutre do corpo, sem que o Espírito se aniquile ou altere, fica apenas despojado do seu envoltório.*

23. Há também considerações morais de ordem elevada.

É necessária a luta para o desenvolvimento do Espírito. Na luta é que ele exercita suas faculdades. O que ataca em busca do alimento e o que se defende para conservar a vida usam de habilidade e inteligência, aumentando, em consequência, suas forças intelectuais. Um dos dois sucumbe; mas, em realidade, que foi o que o mais forte ou o mais destro tirou ao mais fraco? A veste de carne, nada mais; ulteriormente, o Espírito, que não morreu, tomará outra.

24. Nos seres inferiores da Criação, naqueles a quem ainda falta o senso moral, nos quais a inteligência ainda não substituiu o instinto, a luta não pode ter por móvel senão a satisfação de uma necessidade material. Ora, uma das mais imperiosas dessas necessidades é a da alimentação. Eles, pois, lutam unicamente para viver, isto é, para fazer ou defender uma presa, visto que nenhum móvel mais elevado os poderia estimular. É nesse primeiro período que a alma se elabora e ensaia para a vida.

No homem, há um período de transição em que ele mal se distingue do bruto. Nas primeiras idades, domina o instinto animal e a luta ainda tem por móvel a satisfação das necessidades materiais.

---

* Nota de Allan Kardec: Veja-se: *Revista espírita,* agosto de 1864, Extinção das raças.

Mais tarde, contrabalançam-se o instinto animal e o sentimento moral; luta então o homem, não mais para se alimentar, porém, para satisfazer à sua ambição, ao seu orgulho, a sua necessidade de dominar. Para isso, ainda lhe é preciso destruir. Todavia, à medida que o senso moral prepondera, desenvolve-se a sensibilidade, diminui a necessidade de destruir, acaba mesmo por desaparecer, por se tornar odiosa essa necessidade. O homem ganha horror ao sangue.

Contudo, a luta é sempre necessária ao desenvolvimento do Espírito, pois, mesmo chegando a esse ponto, que nos parece culminante, ele ainda está longe de ser perfeito. Só à custa de sua atividade que o Espírito adquire conhecimento, experiência e se despoja dos últimos vestígios da animalidade. Mas, nessa ocasião, a luta, de sangrenta e brutal que era, se torna puramente intelectual. O homem luta contra as dificuldades, não mais contra os seus semelhantes.*

---

* Nota de Allan Kardec: Sem prejulgar das consequências que se possam tirar desse princípio, apenas quisemos demonstrar, mediante essa explicação, que a destruição de uns seres vivos por outros em nada infirma a sabedoria divina e que, nas leis da natureza, tudo se encadeia. Esse encadeamento forçosamente se quebra, desde que se abstraia do princípio espiritual, razão por que muitas questões permanecem insolúveis, por só se levar em conta a matéria.

As doutrinas materialistas trazem em si o princípio de sua própria destruição; têm contra si não só o antagonismo em que se acham com as aspirações da universalidade dos homens e suas consequências morais, que farão sejam elas, as doutrinas, repelidas como dissolventes da sociedade, mas também a necessidade que o homem experimenta de se inteirar de tudo o que resulta do progresso. O desenvolvimento intelectual conduz o homem à pesquisa das causas. Ora, por pouco que ele reflita, não tardará a reconhecer a impotência do materialismo para tudo explicar. Como é possível que doutrinas que não satisfazem ao coração, nem a razão, nem à inteligência, que deixam problemáticas as mais vitais questões, venham a prevalecer? O progresso das ideias matará o materialismo, como matou o fanatismo.

CAPÍTULO IV
PAPEL DA CIÊNCIA NA GÊNESE

1. A história da origem de quase todos os povos antigos se confunde com a da sua religião, é por isso que seus primeiros livros versavam sobre religião. E como todas as religiões se ligam ao princípio das coisas, que é também o da humanidade, elas deram, sobre a formação e a ordem do universo, explicações em concordância com o estado dos conhecimentos da época e de seus fundadores. Daí resultou que os primeiros livros sagrados foram ao mesmo tempo os primeiros livros de ciência, como foram, durante largo período, o código único das leis civis.

2. Nas eras primitivas, sendo necessariamente muito imperfeitos os meios de observação, muito eivadas de erros grosseiros haviam de ser as primeiras teorias sobre o sistema do mundo. Mas, ainda quando esses meios fossem tão completos quanto o são hoje, os homens não teriam sabido utilizá-los. Aliás, tais meios não podiam ser senão fruto do desenvolvimento da inteligência e do consequente conhecimento das leis da natureza. À medida que o homem se foi adiantando no conhecimento dessas leis, também foi penetrando os mistérios da criação e retificando as ideias que formara acerca da origem das coisas.

3. Impotente se mostrou o homem para resolver o problema da Criação, até o momento em que a Ciência lhe forneceu para isso a chave. Teve de esperar que a Astronomia lhe abrisse as portas do espaço infinito e lhe permitisse mergulhar aí o olhar; que, pelo poder de cálculo, determinasse com rigorosa exatidão o movimento, a posição, o volume, a natureza e o papel dos corpos celestes; que a Física lhe revelasse as leis da gravitação, do calor, da luz e da eletricidade; que a Química lhe mostrasse as transformações da matéria e a Mineralogia os materiais que formam a superfície do globo; que a Geologia lhe ensinasse a ler, nas camadas terrestres, a formação gradual desse mesmo globo. À Botânica, à Zoologia, à Paleontologia, à Antropologia coube iniciá-lo na filiação e sucessão dos seres organizados. Com a Arqueologia pôde ele acompanhar os traços que a humanidade deixou através das idades. Numa palavra, completando-se umas às outras, todas as ciências houveram de contribuir com o que era indispensável para o conhecimento da história do mundo. Em falta dessas contribuições, teve o homem como guia as suas primeiras hipóteses.

Por isso, antes que ele entrasse na posse daqueles elementos de apreciação, todos os comentadores da Gênese, cuja razão esbarrava em impossibilidades materiais, giravam dentro de um círculo, sem conseguirem dele sair. Só o lograram, quando a Ciência abriu caminho, fendendo o velho edifício das crenças. Tudo então mudou de aspecto. Uma vez achado o fio condutor, as dificuldades prontamente se aplanaram. Em vez de uma Gênese imaginária, surgiu uma Gênese positiva e, de certo modo, experimental. O campo do universo se distendeu ao infinito. Acompanhou-se a formação gradual da Terra e dos astros, segundo leis eternas e imutáveis, que demonstram muito melhor a grandeza e a sabedoria de Deus, do que uma criação miraculosa, tirada repentinamente do nada, qual mutação à vista, por efeito de súbita ideia da Divindade, após uma eternidade de inação.

Pois que é impossível se conceba a Gênese sem os dados que a Ciência fornece, pode dizer-se com inteira verdade que: *a Ciência é chamada a constituir a verdadeira Gênese, segundo a lei da natureza.*

4. No ponto a que chegou no século XIX, venceu a Ciência todas as dificuldades do problema da Gênese?

Não, decerto; mas não há contestar que destruiu, sem remissão, todos os erros capitais e lhe lançou os fundamentos essenciais sobre dados irrecusáveis. Os pontos ainda duvidosos não passam, a bem dizer, de questões de minúcias, que a sua solução, qualquer que venha a ser no futuro, não poderá prejudicar o conjunto. Ademais, malgrado os recursos que ela há tido à sua disposição, faltou-lhe, até agora, um elemento importante, sem o qual jamais a obra poderia completar-se.

5. De todas as Gêneses antigas, a que mais se aproxima dos modernos dados científicos, apesar dos erros que contém, que são demonstrados hoje até a evidência, é incontestavelmente a de Moisés. Alguns desses erros são mesmo mais aparentes do que reais e provêm, ou de falsa interpretação atribuída a certos termos, cuja primitiva significação se perdeu, ao passarem de língua em língua pela tradução, ou a acepção deles mudou com os costumes dos povos, ou, também, decorrem da forma alegórica peculiar ao estilo oriental e que foi tomada ao pé da letra, em vez de se lhe procurar o Espírito, o significado mais fiel.

6. A *Bíblia*, evidentemente, encerra fatos que a razão, desenvolvida pela Ciência, não poderia hoje aceitar e outros que parecem estranhos e repugnantes, pois derivam de costumes que já não são os nossos. Mas, a par disso, haveria parcialidade em se não reconhecer que ela guarda grandes e belas coisas. A alegoria ocupa ali considerável espaço, ocultando sob o seu véu sublimes verdades, que se patenteiam, desde que se desça ao âmago do pensamento, pois que logo desaparece o absurdo.

Por que então não se lhe ergueu mais cedo o véu? De um lado, por falta de luzes que só a Ciência e uma sã filosofia podiam fornecer e, de outro lado, pelo princípio da imutabilidade absoluta da fé, consequência de um respeito demasiado cego pela letra, ao qual a razão deveria se submeter, e, assim, pelo temor de comprometer a estrutura das crenças, erguida sobre o sentido literal. Partindo tais crenças de um ponto primitivo, houve o receio de que, se se rompesse o primeiro anel da cadeia, todas as malhas da rede acabassem separando-se. Eis por que, apesar de tudo, os olhos se fecharam, mas fechar os olhos ao perigo não é evitá-lo. Quando uma construção se inclina, não manda a prudência que se substituam imediatamente as pedras ruins por pedras boas, em vez de se esperar, pelo respeito que infunda a vetustez do edifício, que o mal se torne irremediável e que se faça preciso reconstruí-lo de cima a baixo?

7.   Levando suas investigações às entranhas da Terra e às profundezas dos céus, demonstrou a Ciência, de maneira irrefragável, os erros da Gênese moisaica tomada ao pé da letra e a impossibilidade material de se terem as coisas passado como são ali textualmente referidas. Assim procedendo, a Ciência desferiu fundo golpe nas crenças seculares. A fé ortodoxa ficou combalida, porque julgou que lhe tiravam a pedra fundamental. Mas com quem havia de estar a razão: com a Ciência, que caminhava prudente e progressivamente pelos terrenos sólidos dos algarismos e da observação, sem nada afirmar antes de ter em mãos as provas, ou com uma narrativa escrita quando faltavam absolutamente os meios de observação? No fim de contas, contas, quem há de levar a melhor: aquele que diz 2 e 2 fazem 5 e se nega a verificar, ou aquele que diz que 2 e 2 fazem 4 e o prova?

8.   Mas, objetam, se a *Bíblia* é uma revelação divina, então Deus se enganou. Se não é uma revelação divina, carece de autoridade e a religião desmorona, à falta de base.

Uma de duas: ou a Ciência está em erro, ou tem razão. Se tem razão, não pode fazer seja verdadeira uma opinião que lhe é contrária. Não há revelação que se possa sobrepor à autoridade dos fatos.

Incontestavelmente, não é possível que Deus, sendo todo verdade, induza os homens em erro, nem ciente, nem inscientemente, pois, do contrário, não seria Deus. Logo, se os fatos contradizem as palavras que são atribuídas a Ele, o que se deve logicamente concluir é que Ele não as pronunciou, ou que tais palavras foram entendidas em sentido oposto ao que lhes é próprio.

Se, com semelhantes contradições, a religião sofre dano, a culpa não é da Ciência, que não pode fazer que o que é deixe de ser; mas dos homens por haverem prematuramente estabelecido dogmas absolutos, de cujo prevalecimento hão feito questão de vida ou de morte, sobre hipóteses suscetíveis de serem desmentidas pela experiência.

Há coisas com cujo sacrifício temos de resignar-nos, bom ou mau grado nosso, quando não consigamos evitá-lo. Desde que o mundo marcha, sem que a vontade de alguns possa detê-lo, o mais sensato é que o acompanhemos e nos acomodemos com o novo estado de coisas, em vez de nos agarrarmos ao passado que se esboroa, com o risco de sermos arrastados na queda.

9. Por guardar respeito aos textos recebidos como sagrados, dever-se-ia obrigar a Ciência a calar-se? Fora tão impossível isso, como impedir que a Terra gire. As religiões, sejam quais forem, jamais ganharam coisa alguma em sustentar erros manifestos. A Ciência tem por missão descobrir as leis da natureza. Ora, sendo essas leis obra de Deus, não podem ser contrárias a religiões que se baseiem na verdade. Lançar anátema ao progresso, por atentatório à religião, é lançá-lo à própria obra de Deus. É ademais, trabalho inútil, porquanto nem todos os anátemas do mundo seriam capazes de obstar a que a Ciência avance e a que a verdade abra caminho. *Se a Religião se nega a avançar com a Ciência, esta avançará sozinha.*

10. Somente as religiões estacionárias podem temer as descobertas da Ciência, as quais só são funestas às que se deixam distanciar pelas ideias progressistas, imobilizando-se no absolutismo de suas crenças. Elas, em geral, fazem tão mesquinha ideia da Divindade, que não compreendem que assimilar as leis da natureza, que a Ciência revela, é glorificar a Deus em suas obras. Na sua cegueira, porém, essas religiões preferem render homenagem ao Espírito do mal, atribuindo-lhe essas leis. *Uma religião que não estivesse, por nenhum ponto, em contradição com as leis da natureza, nada teria que temer do progresso e seria invulnerável.*

11. A Gênese se divide em duas partes: a história da formação do mundo material e da humanidade considerada em seu duplo princípio, corporal e espiritual. A Ciência se tem limitado à pesquisa das leis que regem a matéria. No próprio homem, ela apenas há estudado o envoltório carnal. Por esse lado, chegou a inteirar-se, com exatidão, das partes principais do mecanismo do universo e do organismo humano. Assim, sobre esse ponto capital, pôde completar a Gênese de Moisés e retificar-lhe as partes defeituosas.

Mas a história do homem, considerado como ser espiritual, se prende a uma ordem especial de ideias, que não são do domínio da Ciência propriamente dita e das quais, por este motivo, não tem ela feito objeto de suas investigações. A Filosofia, a cujas atribuições pertence, de modo mais particular, esse gênero de estudos, apenas há formulado, sobre o ponto, sistemas contraditórios, que vão desde a mais pura espiritualidade, até a negação do princípio espiritual e mesmo de Deus, sem outras bases, afora as ideias pessoais de seus autores. Tem, pois, deixado sem decisão a questão, por falta de verificação suficiente.

12. Esta questão, no entanto, é a mais importante para o homem, por isso que envolve o problema do seu passado e do seu futuro. A do mundo material apenas indiretamente o afeta. O que lhe importa saber, antes de tudo, é donde ele veio e para onde vai, se já viveu e se ainda viverá, qual a sorte que lhe está reservada.

Sobre todos esses pontos, a Ciência se conserva muda. A Filosofia apenas emite opiniões que concluem em sentido diametralmente oposto, mas que, pelo menos, permitem se discuta, o que faz com que muitas pessoas se lhe coloquem do lado, de preferência a seguirem a religião, que não discute.

13. Todas as religiões são acordes quanto ao princípio da existência da alma, sem, contudo, o demonstrarem. Não o são, porém, nem quanto à sua origem, nem com relação ao seu passado e ao seu futuro, nem, principalmente, e isso é o essencial, quanto às condições de que depende a sua sorte vindoura. Em sua maioria, elas apresentam como o futuro da alma, e impõem à crença de seus adeptos, um quadro que somente a fé cega pode aceitar, visto que não suporta exame sério. Ligado aos seus dogmas, às ideias que nos tempos primitivos se faziam do mundo material e do mecanismo do universo, o destino que elas atribuem à alma não se concilia com o estado atual dos conhecimentos. Não podendo, pois, senão perder com o exame e a discussão, as religiões acham mais simples proscrever um e outra.

14. Dessas divergências no tocante ao futuro do homem nasceram a dúvida e a incredulidade. Entretanto, a incredulidade dá lugar a um penoso vácuo. O homem encara com ansiedade o desconhecido em que tem fatalmente de penetrar. Gela-o a ideia do nada. Diz-lhe a consciência que alguma coisa lhe está reservada para além do presente. Que será? Sua razão, com o desenvolvimento que alcançou, já lhe não permite admitir as histórias com que o acalentaram na infância, nem aceitar como realidade a alegoria. Qual o sentido dessa alegoria? A Ciência lhe rasgou um canto do véu; não lhe revelou, porém, o que mais lhe importa saber. O homem interroga em vão, nada lhe responde ela de maneira peremptória e apropriada a lhe acalmar as apreensões. Por toda parte depara com a afirmação a se chocar com a negação, sem que de um lado ou de outro se apresentem provas positivas. Daí a incerteza, e *a incerteza sobre o que concerne à vida futura faz que o homem se atire, tomado de uma espécie de frenesi, para as coisas da vida material.*

Esse o inevitável efeito das épocas de transição: rui o edifício do passado, sem que ainda o do futuro se ache construído. O homem se assemelha ao adolescente que, já não tendo a crença ingênua dos seus primeiros anos, ainda não possui os conhecimentos próprios da maturidade. Apenas sente vagas aspirações, que não sabe definir.

15. Se a questão do homem espiritual permaneceu, até os dias atuais, em estado de teoria, é que faltavam os meios de observação direta, existentes para comprovar o estado do mundo material, conservando-se, o homem não conheceu as leis que regem a matéria e não pôde aplicar o método experimental, andou a errar de sistema em sistema, no tocante ao mecanismo do universo e à formação da Terra. O que se deu na ordem física, deu-se também na ordem moral. Para fixar as ideias, faltou o elemento essencial: o conhecimento das leis a que se acha sujeito o princípio espiritual. Estava reservado à nossa época esse conhecimento, como o esteve aos dois últimos séculos* o das leis da matéria.

16. Até o presente, o estudo do princípio espiritual, compreendido na Metafísica, foi puramente especulativo e teórico. No Espiritismo, esse estudo é inteiramente experimental. Com o auxílio da faculdade mediúnica, mais desenvolvida presentemente e, sobretudo, generalizada e mais bem estudada, o homem se achou de posse de um novo instrumento de observação. A mediunidade foi, para o mundo espiritual, o que o telescópio foi para o mundo astral e o microscópio para o dos infinitamente pequenos. Permitiu se explorassem, estudassem, por assim dizer, *de visu*,** as relações do mundo espiritual com o mundo corpóreo; que, no homem vivo, se destacasse do ser material o ser inteligente e que se observassem os dois a atuar separadamente. Uma vez estabelecidas relações com os habitantes do mundo espiritual, possível se tornou ao homem seguir a alma em sua marcha ascendente, em suas migrações, em suas transformações. Pode-se, enfim, estudar o elemento espiritual. Eis aí o de que careciam os anteriores comentadores da Gênese, para a compreenderem e lhe retificarem os erros.

17. Estando o mundo espiritual e o mundo material em incessante contato, os dois são solidários um com o outro; ambos têm a sua parcela de ação na Gênese. Sem o conhecimento das leis que regem o primeiro, tão impossível seria constituir-se uma Gênese completa, quanto a um estatuário dar vida a uma estátua. Somente agora, conquanto nem a Ciência material, nem a Ciência espiritual hajam dito a última palavra, possui o homem os dois elementos próprios a lançar luz sobre esse imenso problema. Eram-lhe absolutamente indispensáveis essas duas chaves para chegar a uma solução, ainda que aproximativa.

---

* N. E.: Kardec se refere aos séculos XVII e XVIII.
** N. E.: Do latim "de vista, por ter visto, por ter presenciado".

CAPÍTULO V
ANTIGOS E MODERNOS SISTEMAS DO MUNDO

1. A primeira ideia que os homens formaram da Terra, do movimento dos astros e da constituição do universo, há de, a princípio, ter-se baseado unicamente no que os sentidos percebiam. Ignorando as mais elementares leis da Física e as forças da natureza, não dispondo senão da vista como meio de observação, apenas pelas aparências podiam eles julgar.

Vendo o Sol aparecer pela manhã, de um lado do horizonte, e desaparecer, à tarde, do lado oposto, concluíram naturalmente que ele girava em torno da Terra, conservando-se esta imóvel. Se lhes dissessem então que o contrário é o que se dá, responderiam não ser possível tal coisa, objetando: vemos que o Sol muda de lugar e não sentimos que a Terra se mexa.

2. A pequena extensão das viagens, que naquela época raramente iam além dos limites da tribo ou do vale, não permitia se comprovasse a esfericidade da Terra. Como, ao demais, haviam de supor que a Terra fosse uma bola? Os seres, em tal caso, somente no ponto mais elevado poderiam manter-se e, supondo-a habitada em toda a superfície, como viveriam eles no hemisfério oposto, com a cabeça para baixo e os pés para cima? Ainda menos possível houvera parecido isso com o movimento de rotação. Quando, mesmo aos nossos dias, em que se conhece a lei de gravitação, se veem pessoas relativamente esclarecidas não perceberem esse fenômeno, como nos surpreendermos de que homens das primeiras idades não o tenham, sequer, suspeitado? Para eles, pois, a Terra era uma superfície plana e circular, qual uma mó de moinho, estendendo-se a perder de vista na direção horizontal. Daí a expressão ainda em uso: Ir ao fim do mundo. Desconheciam-lhe os limites, a espessura, o interior, a face inferior, o que lhe ficava por baixo.*

3. Por se mostrar sob forma côncava, o céu, na crença vulgar,

---

* Nota de Allan Kardec: "A mitologia hindu ensinava que, ao entardecer, o astro do dia se despojava de sua luz e atravessava o céu durante a noite com uma face obscura. A mitologia grega figurava puxado por quatro cavalos o carro de Apolo [deus da beleza, da luz, das artes e da profecia]. Anaximandro [(610–547 a.C.) filósofo grego pré-socrático, considerou o infinito como o princípio do universo], de Mileto, sustentava, ao que refere Plutarco [(*c.* 50–125 d.C.) escritor grego], que o Sol era um carro cheio de fogo muito vivo, que se escapava por uma abertura circular. Epicuro [(341–270 a.C., filósofo grego], segundo uns, teria emitido a opinião de que o Sol se acendia pela manhã e se apagava à noite nas águas do oceano; segundo outros, ele considerava esse astro uma pedra-pomes aquecida até a incandescência. Anaxágoras [(*c.* 500 a.C.–*c.* 428 a.C.) filósofo grego pré-socrático] o tomava por um ferro esbraseado, do tamanho do Peloponeso. Coisa singular! Os antigos eram tão invencivelmente induzidos a considerar real a grandeza aparente desse astro, que perseguiram o filósofo temerário por haver atribuído aquele volume ao facho do dia, fazendo-se necessária toda a autoridade de Péricles [(*c.* 495 a.C.–429 a.C., político ateniense. Péricles foi discípulo de Anaxágoras, que foi acusado de impiedade para com os deuses e teve que sair de Atenas.] para salvá-lo de uma condenação à morte e para que essa pena fosse comutada na de exílio." (Flammarion, *Estudos e leituras sobre a astronomia*, p. 6.)

Diante de tais ideias, emitidas no quinto século antes do Cristo, ao tempo da maior prosperidade da Grécia, não devem causar espanto aquelas que os homens das primeiras idades faziam sobre o sistema do mundo.

era tido como uma abóbada real, cujos bordos inferiores repousavam na Terra e lhe marcavam os confins, era uma vasta cúpula cuja capacidade o ar enchia completamente. Sem nenhuma noção do espaço infinito, incapazes mesmo de o conceberem, imaginavam os homens que essa abóbada era constituída de matéria sólida, donde a denominação de *firmamento* que lhe foi dada e que sobreviveu à crença, significando: *firme, resistente* (do latim *firmamentum*, derivado de *firmus* e do grego *herma, hermatos*, firme, sustentáculo, suporte, ponto de apoio).

4. As estrelas, de cuja natureza não podiam suspeitar, eram simplesmente pontos luminosos, maiores ou menores, engastados na abóbada, como lâmpadas suspensas, dispostas sobre uma única superfície e, por conseguinte, todas à mesma distância da Terra, tal como as que se veem no interior de certas cúpulas, pintadas de azul, figurando a do céu.

Se bem hoje sejam outras as ideias, o uso das expressões antigas se conservou. Ainda se diz, por comparação: a abóbada estrelada; sob a cúpula do céu.

5. Igualmente desconhecida era então a formação das nuvens pela evaporação das águas da Terra. A ninguém podia acudir a ideia de que a chuva, que cai do céu, tivesse origem na Terra, donde ninguém a via subir. Daí a crença na existência de *águas superiores* e de *águas inferiores*, de fontes celestes e de fontes terrestres, de reservatórios colocados nas altas regiões, suposição que concordava perfeitamente com a ideia de uma abóbada sólida, capaz de os sustentar. As águas superiores, escapando-se pelas frestas da abóbada, caíam em forma de chuva e, conforme fossem mais ou menos largas as frestas, a chuva era branda, torrencial e diluviana.

6. A ignorância completa do conjunto do universo e das leis que o regem, da natureza, da constituição e da destinação dos astros, que, aliás, pareciam tão pequenos, comparativamente à Terra, fez necessariamente fosse esta considerada como a coisa principal, o fim único da criação e os astros como acessórios, exclusivamente criados em intenção dos seus habitantes. Esse preconceito se perpetuou até os nossos dias, apesar das descobertas da Ciência, que mudaram, para o homem, o aspecto do mundo. Quanta gente ainda acredita que as estrelas são ornamentos do céu, destinados a recrear a vista dos habitantes da Terra!

7. Não tardou, porém, se apercebessem do movimento aparente das estrelas, que se deslocam em massa do Oriente para o Ocidente, despontando ao anoitecer e ocultando-se pela manhã, conservando suas respectivas posições. Semelhante observação, contudo, não teve, durante longo tempo, outra consequência que não fosse a de confirmar a ideia de uma abóbada sólida, a arrastar consigo as estrelas, no seu movimento de rotação.

Essas ideias primárias, ingênuas, constituíram, no curso de largos períodos seculares, o fundo das crenças religiosas e serviram de base a todas as cosmogonias antigas.

8. Mais tarde, pela direção do movimento das estrelas e pelo periódico retorno delas, na mesma ordem, percebeu-se que a abóbada celeste não podia ser apenas uma semiesfera posta sobre a Terra, mas uma esfera inteira, oca, em cujo centro se achava a Terra, sempre chata, ou, quando muito, convexa e habitada somente na superfície superior. Já era um progresso.

Mas qual o suporte da Terra? Fora inútil mencionar todas as suposições ridículas, geradas pela imaginação, desde a dos indianos,* que a diziam suportada por quatro elefantes brancos, pousados estes sobre as asas de um imenso abutre. Os mais sensatos confessavam que nada sabiam a respeito.

9. Entretanto, uma opinião geralmente espalhada nas teogonias pagãs situava nos *lugares baixos*, ou, por outra, nas profundezas da Terra, ou debaixo desta, não se sabia bem, a morada dos réprobos, chamada *inferno*, isto é, *lugares inferiores*, e nos *lugares altos*, além da região das estrelas, a morada dos bem-aventurados. A palavra *inferno*

---

* N. E.: De acordo com a mitologia hindu, a Terra era a metade de uma esfera, sustentada por quatro elefantes sobre uma grande tartaruga, Chukwa. Isso explicaria o "movimento da Terra pelos céus".

se conservou até os nossos dias, se bem haja perdido a significação etimológica, desde que a Geologia retirou das entranhas da Terra o lugar dos suplícios eternos e a Astronomia demonstrou que no espaço infinito não há baixo nem alto.

10. Sob o céu puro da Caldeia, da Índia e do Egito, berço das mais antigas civilizações, o movimento dos astros foi observado com tanta exatidão, quanto o permitia a falta de instrumentos especiais. Notou-se, primeiramente, que certas estrelas tinham movimento próprio, independente da massa, o que não consentia a suposição de que se achassem presas à abóbada. Chamaram-lhes *estrelas errantes* ou *planetas*, para distingui-las das estrelas fixas. Calcularam-se-lhes os movimentos e os retornos periódicos.

No movimento diurno da esfera estrelada, foi notada a imobilidade da Estrela Polar, em cujo derredor as outras descreviam, em vinte e quatro horas, círculos oblíquos paralelos, uns maiores, outros menores, conforme a distância em que se encontravam da estrela central. Foi o primeiro passo para o conhecimento da obliquidade do eixo do mundo. Viagens mais longas deram lugar a que se observasse a diferença dos aspectos do céu, segundo as latitudes e as estações. A verificação de que a elevação da Estrela Polar acima do horizonte variava com a latitude, abriu caminho para a percepção da redondeza da Terra. Foi assim que, pouco a pouco, chegaram a fazer uma ideia mais exata do sistema do mundo.

Pelo ano 600 a.C., *Tales*, de Mileto (Ásia Menor), descobriu a esfericidade da Terra, a obliquidade da eclíptica e a causa dos eclipses.

Um século depois, *Pitágoras*, de Samos, descobre o movimento diurno da Terra, sobre o próprio eixo, seu movimento anual em torno do Sol e incorpora os planetas e os cometas ao sistema solar.

Hiparco, de Alexandria (Egito), em 160 a.C. inventa o astrolábio, calcula e prediz os eclipses, observa as manchas do Sol, determina o ano trópico, a duração das revoluções da Lua.

Embora preciosíssimas para o progresso da Ciência, essas descobertas levaram perto de 2.000 anos a se popularizarem. Não dispondo senão de raros manuscritos para se propagarem, as ideias novas permaneciam como patrimônio de alguns filósofos, que as ensinavam a discípulos privilegiados. As massas, que ninguém cuidava de esclarecer, nenhum proveito tiravam das ideias novas e continuavam a nutrir-se das velhas crenças.

11. Cerca do ano 140 da Era Cristã, *Ptolomeu*, um dos homens mais ilustres da Escola de Alexandria, combinando suas próprias ideias com as crenças vulgares e com algumas das mais recentes descobertas astronômicas, compôs um sistema que se pode qualificar de misto, que traz o seu nome e que, por perto de quinze séculos, foi o único que o mundo civilizado adotou.

Segundo o sistema de Ptolomeu, a Terra é uma esfera posta no centro do universo, composta de quatro elementos: Terra, água, ar e fogo. Essa a primeira região, dita *elementar*. A segunda região, dita *etérea*, compreendia onze céus, ou esferas concêntricas, a girar em torno da Terra, a saber: o céu da Lua, os de Mercúrio, de Vênus, do Sol, de Marte, de Júpiter, de Saturno, das estrelas fixas, do primeiro cristalino, esfera sólida transparente; do segundo cristalino e, finalmente, do primeiro móvel, que dava movimento a todos os céus inferiores e os obrigava a fazer uma revolução em vinte e quatro horas. Para além dos onze céus estava o *Empíreo*, habitação dos bem-aventurados, denominação tirada do grego *pyr* ou *pur*, que significa fogo, porque se acreditava que essa região resplandecia de luz, como o fogo.

Longo tempo prevaleceu a crença em muitos céus superpostos, o número deles, entretanto, variava. O sétimo era geralmente tido como o mais elevado, donde a expressão: ser arrebatado ao sétimo céu. Paulo disse que fora elevado ao terceiro céu.

Afora o movimento comum, os astros, segundo Ptolomeu, tinham movimentos próprios, mais ou menos dilatados, conforme a distância em que se achavam do centro. As estrelas fixas faziam uma revolução em 25.816 anos, avaliação esta que denota conhecimento da precessão dos equinócios, que se realiza em 25.868 anos.

12. No começo do século XVI, *Copérnico*, astrônomo célebre, nascido em Thorn (Prússia), no ano de 1472 e morto no de 1543, reconsiderou as ideias de Pitágoras e concebeu um sistema que, confirmado todos os dias por novas observações, teve acolhimento favorável e não tardou a desbancar o de Ptolomeu. Segundo o sistema de Copérnico, o Sol está no centro e ao seu derredor os astros descrevem órbitas circulares, sendo a Lua um satélite da Terra.

Decorrido um século, em 1609, Galileu, natural de Florença (Itália), inventa o telescópio; em 1610, descobre quatro* satélites de Júpiter e lhe calcula as revoluções; reconhece que os planetas não têm luz própria como as estrelas, mas que são iluminados pelo Sol; que são esferas semelhantes à Terra; Galileu observa-lhes as fases e determina o tempo que duram as rotações deles em torno de seus eixos, oferecendo assim, por provas materiais, sanção definitiva ao sistema de Copérnico.

Ruiu então a construção dos céus superpostos; reconheceu-se que os planetas são mundos semelhantes à Terra e, sem dúvida, habitados; que as estrelas são inumeráveis sóis, prováveis centros de outros tantos sistemas planetários, sendo o próprio Sol reconhecido como uma estrela, centro de um turbilhão de planetas que se lhe acham sujeitos.

As estrelas deixaram de estar confinadas numa zona da esfera celeste, para estarem irregularmente disseminadas pelo espaço sem limites, encontrando-se a distâncias incomensuráveis umas das outras mesmo as que parecem tocar-se, sendo as aparentemente menores as mais afastadas de nós e as maiores as que nos estão mais perto, porém, ainda assim, a centenas de bilhões de léguas.

Os grupos que tomaram o nome de *constelações* mais não são do que agregados aparentes, causados pela distância; suas figuras não passam de efeitos de perspectiva, como as que as luzes espalhadas por uma vasta planície ou as árvores de uma floresta formam, aos olhos de quem as observa colocado num ponto fixo. Na realidade, porém, tais agrupamentos de estrela não existem. Se nos pudéssemos

---

* N. E.: Atualmente, Júpiter possui 66 satélites conhecidos, quatro dos quais de dimensões planetárias.

transportar para a reunião de uma dessas constelações, à medida que nos aproximássemos dela, a sua forma se desmancharia e novos grupos se nos desenhariam à vista.

Ora, não existindo esses agrupamentos senão na aparência, é ilusória a significação que uma supersticiosa crença vulgar lhe atribui e somente na imaginação pode existir.

Para se distinguirem as constelações, deram-se-lhes nomes como estes: *Leão, Touro, Gêmeos, Virgem, Balança* ou *Libra, Capricórnio, Câncer* ou *Caranguejo, Órion, Hércules, Grande Ursa* ou *Ursa Maior* ou *Carro de Davi, Pequena Ursa* ou *Ursa Menor, Lira* etc., e, para representá-las, atribuíram-se-lhes as formas aparentes que esses nomes lembram, fantasiosas em sua maioria e, em nenhum caso, guardando qualquer relação com os grupos de estrelas assim chamados. Fora, pois, inútil procurar no céu tais formas.

A crença na influência das constelações, sobretudo das que constituem os doze signos do zodíaco, proveio da ideia ligada aos nomes que elas trazem. Se à que se chama *leão* fosse dado o nome de *asno* ou de *ovelha*, certamente lhe teriam atribuído outra influência.

13. A partir de Copérnico e Galileu, as velhas cosmogonias jamais foram destruídas. A Astronomia só podia avançar, não recuar. A História diz das lutas que esses homens de gênio tiveram de sustentar contra os preconceitos e, sobretudo, contra o Espírito de seita, interessado em manter erros sobre os quais se haviam fundado crenças, supostamente firmadas em bases inabaláveis. Bastou a invenção de um instrumento de óptica para derrocar uma construção de muitos milhares de anos. Nada, é claro, poderia prevalecer contra uma verdade reconhecida como tal. Graças à Tipografia, o público, iniciado nas novas ideias, entrou a não se deixar embalar com ilusões e tomou parte na luta. Já não era contra indivíduos que os sustentadores das velhas ideias tinham de combater, mas contra a opinião geral, que esposava a causa da verdade.

Quão grande é o universo em face das mesquinhas proporções que nossos pais lhe assinavam! Quanto é sublime a obra de Deus, desde que a vemos realizar-se conformemente às eternas leis da natureza! Mas, também, quanto tempo, que de esforços do gênio, que de devotamentos se fizeram necessários para descerrar os olhos às criaturas e arrancar-lhes, afinal, a venda da ignorância!

14. Estava desde então aberto o caminho em que ilustres e numerosos sábios iam entrar, a fim de completarem a obra encetada. Na Alemanha, Kepler descobre as célebres leis que lhe conservam o nome e por meio das quais se reconhece que as órbitas que os planetas descrevem não são circulares, mas elipses, das quais o sol ocupa um dos focos. Newton, na Inglaterra, descobre a lei da gravitação universal. Laplace, na França, cria a mecânica celeste. Finalmente, a Astronomia deixa de ser um sistema fundado em conjeturas ou probabilidades e torna-se uma ciência assente nas mais rigorosas bases, as do cálculo e da geometria. Fica assim lançada uma das pedras fundamentais da Gênese, cerca de 3.300 anos depois de Moisés.

CAPÍTULO VI
URANOGRAFIA GERAL*

• O espaço e o tempo • A matéria • As leis e as forças • A criação primária • A criação universal • Os sóis e os planetas • Os satélites • Os cometas • A Via Láctea • As estrelas fixas • Os desertos do espaço • Eterna sucessão dos mundos • A vida universal • Diversidade dos mundos

O espaço e o tempo

1. Já muitas definições de espaço foram dadas, sendo a principal esta: o espaço é a extensão que separa dois corpos, na qual certos sofistas deduziram que onde não haja corpos não haverá espaço. Nisto

---

* Nota de Allan Kardec: Este capítulo é textualmente extraído de uma série de comunicações ditadas à Sociedade Espírita de Paris, em 1862 e 1863, sob o título — *Estudos uranográficos,* e assinada GALILEU. Médium: C. F. [Estas são as iniciais do nome de Camille Flammarion.]

foi que se basearam alguns doutores em Teologia para estabelecer que o espaço é necessariamente finito, alegando que certo número de corpos finitos não poderiam formar uma série infinita e que, onde acabassem os corpos, igualmente o espaço acabaria.

Também definiram o espaço como o lugar onde se movem os mundos, o vazio onde a matéria atua etc. Deixemos todas essas definições, que nada definem, nos tratados onde repousam.

Espaço é uma dessas palavras que exprimem uma ideia primitiva e axiomática, de si mesma evidente, e a respeito dela as diversas definições que se possam dar nada mais fazem do que obscurecê-la. Todos sabemos o que é o espaço e eu apenas quero firmar que ele é infinito, a fim de que os nossos estudos ulteriores não encontrem uma barreira opondo-se às investigações do nosso olhar.

Ora, digo que o espaço é infinito, pela razão de ser impossível imaginar-se-lhe um limite qualquer e porque, apesar da dificuldade com que topamos para conceber o infinito, mais fácil nos é avançar eternamente pelo espaço, em pensamento, do que parar num ponto qualquer, depois do qual não mais encontrássemos extensão a percorrer.

Para figurarmos, quanto no-lo permitam as nossas limitadas faculdades, a infinidade do espaço, suponhamos que, partindo da Terra, perdida no meio do infinito, para um ponto qualquer do universo, e isso com a velocidade prodigiosa da centelha elétrica, que percorre *milhares de léguas por segundo*, e que mal tendo deixado este globo já tenhamos percorrido milhões de léguas, nos achamos num lugar donde apenas divisamos a Terra sob o aspecto de pálida estrela. Passado um instante, seguindo sempre a mesma direção, chegamos a essas estrelas longínquas que mal percebeis da vossa estação terrestre. Daí, não só a Terra nos desaparece inteiramente do olhar nas profundezas do céu, como também o próprio Sol, com todo o seu esplendor, se há eclipsado pela extensão que dele nos separa. Animados sempre da mesma velocidade do relâmpago, a cada passo que avançamos na extensão, transpomos sistemas de mundos, ilhas de luz etérea, estradas estelíferas, paragens suntuosas onde Deus semeou mundos na mesma profusão com que semeou as plantas nas pradarias terrenas.

Ora, há apenas poucos minutos que caminhamos e já centenas de milhões e milhões de léguas nos separam da Terra, bilhões de mundos nos passaram sob as vistas e, entretanto, escutai! Em realidade, não avançamos um só passo que seja no universo.

Se continuarmos durante anos, séculos, milhares de séculos, milhões de períodos cem vezes seculares e *sempre com a mesma velocidade do relâmpago*, nem um passo teremos avançado, qualquer que seja o lado para onde nos dirijamos e qualquer que seja o ponto para onde nos encaminhemos, a partir desse grãozinho invisível donde saímos e a que chamamos Terra.

Eis aí o que é o espaço!

2.   Como a palavra espaço, tempo é também um termo já por si mesmo definido. Dele se faz ideia mais exata, relacionando-o com o todo infinito.

O tempo é a sucessão das coisas. Está ligado à eternidade, do mesmo modo que as coisas estão ligadas ao infinito. Suponhamo-nos na origem do nosso mundo, na época primitiva em que a Terra ainda não se movia sob a divina impulsão; numa palavra: no começo da Gênese. O tempo então ainda não saíra do misterioso berço da natureza e ninguém pode dizer em que época de séculos nos achamos, porquanto o pêndulo dos séculos ainda não foi posto em movimento.

Mas silêncio! Soa na sineta eterna a primeira hora de uma Terra insulada, o planeta se move no espaço e desde então há *tarde* e *manhã*. Para lá da Terra, a eternidade permanece impassível e imóvel, embora o tempo marche com relação a muitos outros mundos. Para a Terra, o tempo a substitui e durante uma determinada série de gerações contar-se-ão os anos e os séculos.

Transportemo-nos agora ao último dia desse mundo, à hora em que, curvado sob o peso da vetustez, ele se apagará do livro da vida para aí não mais reaparecer. Interrompe-se então a sucessão dos eventos; cessam os movimentos terrestres que mediam o tempo e o tempo acaba com eles.

Esta simples exposição das coisas que dão nascimento ao tempo, que o alimentam e deixam que ele se extinga, basta para mostrar que, visto do ponto em que houvemos de colocar-nos para os nossos estudos, o tempo é uma gota de água que cai da nuvem no mar e sua queda é medida.

Tantos mundos na vasta amplidão, quantos tempos diversos e incompatíveis. Fora dos mundos, somente a eternidade substitui essas efêmeras sucessões e enche tranquilamente da sua luz imóvel a imensidade dos céus. Imensidade sem limites e eternidade sem limites, tais as duas grandes propriedades da natureza universal.

O olhar do observador, que atravessa, sem jamais encontrar o que o detenha, as incomensuráveis distâncias do espaço, e o do geólogo, que remonta além dos limites das idades, ou que desce às profundezas da eternidade de fauces escancaradas, em que ambos um dia se perderão, atuam em concordância, cada um na sua direção, para adquirir esta dupla noção do infinito: extensão e duração.

Dentro desta ordem de ideias, fácil nos será conceber que, sendo o tempo apenas a relação das coisas transitórias e dependendo unicamente das coisas que se medem, se tomássemos os séculos terrestres por unidade e os empilhássemos aos milhares, para formar um número colossal, esse número nunca representaria mais que um ponto na eternidade, do mesmo modo que milhares de léguas adicionadas a milhares de léguas não dão mais que um ponto na extensão.

Assim, por exemplo, estando os séculos fora da vida etérea da alma, poderíamos escrever um número tão longo quanto o equador terrestre e supormo-nos envelhecidos desse número de séculos, sem que na realidade nossa alma conte um dia a mais. E juntando a esse número indefinível de séculos uma série de números semelhantes, longa como daqui ao Sol, ou ainda mais consideráveis, se imaginássemos viver durante uma sucessão prodigiosa de períodos seculares representados pela adição de tais números, quando chegássemos ao termo, o inconcebível amontoado de séculos que nos passaria sobre a cabeça seria como se não existisse: diante de nós estaria sempre toda a eternidade.

O tempo é apenas uma medida relativa da sucessão das coisas transitórias; a eternidade não é suscetível de medida alguma, do ponto de vista da duração; para ela, não há começo, nem fim: tudo lhe é presente.

Se séculos de séculos são menos que um segundo relativamente à eternidade, que vem a ser a duração da vida humana?!

A matéria

3. À primeira vista, não há o que pareça tão profundamente variado, nem tão essencialmente distinto, como as diversas substâncias que compõem o mundo. Entre os objetos que a Arte ou a natureza nos fazem passar diariamente ante o olhar, haverá duas que revelem perfeita identidade, ou somente paridade de composição? Quanta dessemelhança, sob os aspectos da solidez, da compressibilidade, do peso e das múltiplas propriedades dos corpos, entre os gases atmosféricos e um filete de ouro, entre a molécula aquosa da nuvem e a do mineral que forma a carcaça óssea do globo! Que diversidade entre o tecido químico das variadas plantas que adornam o reino vegetal e o dos representantes não menos numerosos da animalidade na Terra!

Entretanto, podemos estabelecer como princípio absoluto que todas as substâncias conhecidas e desconhecidas, por mais dessemelhantes que pareçam, quer do ponto de vista da constituição íntima, quer pelo prisma de suas ações recíprocas, são, de fato, apenas modos diversos sob que a matéria se apresenta; variedades em que ela se transforma sob a direção das forças inumeráveis que a governam.

4. A Química, cujos progressos foram tão rápidos depois da minha época, em que seus próprios adeptos ainda a relegavam para o domínio secreto da magia; esta nova ciência que se pode considerar, com justiça, filha do século da observação e baseada unicamente, de maneira bem mais sólida do que suas irmãs mais velhas, no método experimental; a Química, digo, fez tábua rasa dos quatro elementos primitivos que os antigos concordaram em reconhecer na natureza; mostrou que o elemento terrestre mais não é do que a combinação de diversas substâncias variadas ao infinito; que o ar e a água são igualmente decomponíveis e produtos de certo número de equivalentes de gás; que o fogo, longe de ser também um elemento principal, é apenas um estado da matéria, resultante do movimento universal a que esta se acha submetida e de uma combustão sensível ou latente.

Em compensação, a Química fez surgir considerável número de princípios, até então desconhecidos, que lhe pareceram formar, por determinadas combinações, as diversas substâncias, os diversos corpos que ela estudou e que atuam simultaneamente, segundo certas leis e em certas proporções, nos trabalhos que se realizam dentro do grande laboratório da natureza. Deu a esses princípios o nome de *corpos simples*, indicando de tal modo que os considera primitivos e indecomponíveis e que nenhuma operação, até hoje, pôde reduzi-los a frações relativamente mais simples do que eles próprios.*, **

5. Mas onde param as apreciações do homem, mesmo ajudadas pelos mais impressionantes sentidos artificiais, prossegue a obra da natureza; onde o vulgo toma a aparência como realidade, onde o prático levanta o véu e percebe o começo das coisas, o olhar daquele que pode apreender o modo de agir da natureza apenas vê, nos

---

* Nota de Allan Kardec: Os principais corpos simples são: entre os não metálicos, o oxigênio, o hidrogênio, o azoto [nitrogênio], o cloro, o carbono, o fósforo, o enxofre, o iodo; entre os metálicos, o ouro, a prata, a platina, o mercúrio, o chumbo, o estanho, o zinco, o ferro, o cobre, o arsênico, o sódio, o potássio, o cálcio, o alumínio etc.

** N. E.: Os elementos químicos (denominação atual dos corpos simples) são classificados de acordo com a Classificação Periódica dos Elementos, de Mendeleiev (1834–1907, químico russo). A Química cataloga 105 elementos, dos quais 92 são encontrados na natureza e os demais, chamados transurânicos (porque são mais pesados que o elemento urânio), foram sintetizados em laboratório. A Classificação distribui os elementos de acordo com as suas propriedades, agrupando os metais, os não metais, os semimetais e os gases nobres. O elemento químico hidrogênio, por suas características especiais, é classificado à parte. Também se sabe que os elementos químicos são decomponíveis em subpartículas, as mais importantes são o próton, o nêutron e o elétron.

materiais constitutivos do mundo, a *matéria cósmica* primitiva, simples e una, diversificada em certas regiões na época do seu aparecimento, repartida em corpos solidários entre si durante a sua vida, e que um dia os materiais se desmembram, por efeitos da decomposição no receptáculo da imensidão.

6. Há questões que nós mesmos, Espíritos amantes da Ciência, não podemos aprofundar e sobre as quais não poderemos emitir senão opiniões pessoais, mais ou menos hipotéticas. Sobre essas questões, calar-me-ei ou justificarei a minha maneira de ver. A com que nos ocupamos, porém, não pertence a esse número. Àqueles, portanto, que fossem tentados a enxergar nas minhas palavras unicamente uma teoria ousada, direi: abarcai, se for possível, com olhar investigador, a multiplicidade das operações da natureza e reconhecereis que, se se não admitir a unidade da matéria, impossível será explicar, já não direi somente os sóis e as esferas, mas, sem ir tão longe, a germinação de uma semente na Terra, ou a produção dum inseto.

7. Se se observa tão grande diversidade na matéria, é porque, sendo em número ilimitado as forças que hão presidido às suas transformações e as condições em que estas se produziram, também as várias combinações da matéria não podiam deixar de ser ilimitadas.

Logo, quer a substância que se considere pertença aos fluidos propriamente ditos, isto é, aos corpos imponderáveis, quer revista os caracteres e as propriedades ordinárias da matéria, não há, em todo o universo, senão uma única substância primitiva; o *cosmo* ou *matéria cósmica* dos uranógrafos.

As leis e as forças

8. Se um desses seres desconhecidos que consomem a sua efêmera existência no fundo das tenebrosas regiões do oceano; se um desses poligástricos, uma dessas nereidas — miseráveis animálculos que da natureza mais não conhecem do que os peixes ictiófagos e as florestas submarinas — recebesse de repente o dom da inteligência, a faculdade de estudar o seu mundo e de basear suas apreciações num raciocínio conjectural extensivo à universalidade das coisas, que ideia faria da natureza viva que se desenvolve no meio por ele habitado e do mundo terrestre que escapa ao campo de suas observações?

Se, agora, por um efeito maravilhoso do seu novo poder, esse mesmo ser chegasse a se elevar acima das suas trevas eternas, à superfície do mar, não distante das margens opulentas de uma ilha de esplêndida vegetação, banhada pelo sol fecundante, dispensador de calor benéfico, que juízo faria ele então das suas antecipadas teorias sobre a criação universal, teoria que se apagaria logo diante de uma apreciação mais ampla, mas ainda relativamente tão incompleta quanto a primeira? Tal é, ó homens, a imagem da vossa ciência toda especulativa.*

9. Vindo, pois, tratar aqui da questão das leis e das forças que regem o universo, eu, que apenas sou, como vós, um ser relativamente ignorante em face da ciência real, malgrado a aparente superioridade que, com relação aos meus irmãos da Terra, me advém da possibilidade de estudar problemas naturais que lhes são interditos na posição em que eles se encontram como habitantes da Terra, trago por único objetivo dar-vos uma noção geral das leis universais, sem explicar pormenorizadamente o modo de ação e a natureza das forças especiais que lhes são dependentes.

10. Há um fluido etéreo que enche o espaço e penetra os corpos. Esse fluido é o *éter* ou *matéria cósmica* primitiva, geradora do mundo e dos seres. Ao éter são inerentes as forças que presidiram às metamorfoses da matéria, as leis imutáveis e necessárias que regem o mundo. Essas múltiplas formas, indefinidamente variadas segundo as combinações da matéria, localizadas segundo as massas, diversificadas

---

* Nota de Allan Kardec: Tal também a situação dos negadores do mundo dos Espíritos, quando, após se haverem despojado do envoltório carnal, contemplam, desdobrados às suas vistas, os horizontes desse mundo. Compreendem, então, quão ocas eram as teorias com que pretendiam tudo explicar por meio exclusivamente da matéria. Contudo, esses horizontes ainda lhes ocultam mistérios que só posteriormente se lhes desvendam, à medida que, depurando-se, eles se elevam. Desde, porém, os seus primeiros momentos no outro mundo, veem-se forçados a reconhecer a própria cegueira e quão longe estavam da verdade.

em seus modos de ação, segundo as circunstâncias e os meios, são conhecidas na Terra sob os nomes de *gravidade, coesão, afinidade, atração, magnetismo, eletricidade ativa*. Os movimentos vibratórios do agente são conhecidos sob os nomes de *som, calor, luz* etc. Em outros mundos, as formas se apresentam sob outros aspectos, revelam outros caracteres desconhecidos na Terra e, na imensa amplidão dos céus, forças em número indefinido se têm desenvolvido numa escala inimaginável, cuja grandeza tão incapazes somos de avaliar, como o é o crustáceo, no fundo do oceano, para apreender a universalidade dos fenômenos terrestres.*

Ora, assim como só há uma substância simples, primitiva, geradora de todos os corpos, mas diversificada em suas combinações, também todas essas forças dependem de uma lei universal diversificada em seus efeitos e que, pelos desígnios eternos, foi soberanamente imposta à criação, para lhe imprimir harmonia e estabilidade.

11. A natureza jamais se encontra em oposição a si mesma. Uma só é a divisa do brasão do universo: *unidade-variedade*. Remontando à escala dos mundos, encontra-se *unidade* de harmonia e de criação, ao mesmo tempo que uma variedade infinita no imenso jardim de estrelas. Percorrendo os degraus da vida, desde o último dos seres

---

* Nota de Allan Kardec: Tudo reportamos ao que conhecemos e do que escapa à percepção dos nossos sentidos não compreendemos, como não compreende o cego de nascença os efeitos da luz e da utilidade dos olhos. Possível é, pois, que noutros meios, o fluido cósmico possua propriedades, seja suscetível de combinações de que não fazemos nenhuma ideia, produza efeitos apropriados a necessidades que desconhecemos, dando lugar a percepções novas ou a outros modos de percepção. Não compreendemos, por exemplo, que se possa ver sem os olhos do corpo e sem a luz. Quem nos diz, porém, que não existam outros agentes, afora a luz, aos quais são adequados organismos especiais? A vista sonambúlica, que nem a distância, nem os obstáculos materiais, nem a obscuridade detêm, nos oferece um exemplo disso. Suponhamos que, num mundo qualquer, os seres sejam *normalmente* o que só excepcionalmente o são os nossos sonâmbulos; eles, sem precisarem da nossa luz, nem dos nossos olhos, verão o que não podemos ver. O mesmo se dá com todas as outras sensações. As condições de vitalidade e de perceptibilidade, as sensações e as necessidades variam de conformidade com os meios.

até Deus, patenteia-se a grande lei de continuidade. Considerando as forças em si mesmas, pode-se formar com elas uma série, cuja resultante, confundindo-se com a geratriz, é a lei universal.

Não podeis apreciar esta lei em toda a sua extensão, por serem restritas e limitadas as forças que a representam no campo das vossas observações. Entretanto, a gravitação e a eletricidade podem ser consideradas como uma larga aplicação da lei primordial, que impera para lá dos céus.

Todas essas forças são eternas — explicaremos este termo — e universais como a criação. Sendo inerentes ao fluido cósmico, elas atuam necessariamente em tudo e em toda parte, modificando suas ações pela simultaneidade ou pela sucessividade, predominando aqui, apagando-se ali, pujantes e ativas em certos pontos, latentes ou ocultas noutros, mas, afinal, preparando, dirigindo, conservando e destruindo os mundos em seus diversos períodos de vida, governando os maravilhosos trabalhos da natureza, onde quer que eles se executem, assegurando para sempre o eterno esplendor da criação.

A criação primária

12. Depois de termos considerado o universo sob os pontos de vista gerais da sua composição, das suas leis e das suas propriedades, podemos estender os nossos estudos ao modo de formação que deu origem aos mundos e aos seres. Desceremos, em seguida, à criação da Terra, em particular, e ao seu estado atual na universalidade das coisas e daí, tomando esse globo por ponto de partida e por unidade relativa, procederemos aos nossos estudos planetários e siderais.

13. Se bem compreendemos a relação, ou, antes, a oposição entre a eternidade e o tempo, se nos familiarizamos com a ideia de que o tempo não é mais do que uma medida relativa da sucessão das coisas transitórias, ao passo que a eternidade é essencialmente una, imóvel e permanente, insuscetível de qualquer medida, do ponto de vista da duração, compreenderemos que para ela não há começo, nem fim.

Doutro lado, se fazemos ideia exata — embora necessariamente muito fraca — da infinidade do poder divino, compreenderemos como é possível que o universo haja existido sempre e sempre exista. Desde que Deus existiu, suas perfeições eternas falaram. Antes que houvessem nascido os tempos, a eternidade incomensurável recebeu a palavra divina e fecundou o espaço, eterno quanto ela.

14. Existindo, naturalmente, desde toda a eternidade, Deus criou por toda esta eternidade e não poderia ser de outro modo, visto que, por mais longínqua que seja a época a que recuemos, pela imaginação, os supostos limites da Criação, haverá sempre, além desse limite, uma eternidade — ponderai bem esta ideia —, uma eternidade durante a qual as divinas hipóstases, as volições infinitas teriam permanecido sepultadas em muda letargia inativa e infecunda, uma eternidade de morte aparente para o Pai eterno que dá vida aos seres; de mutismo indiferente para o Verbo que os governa; de esterilidade fria e egoísta para o Espírito de amor e vivificação.

Compreendamos melhor a grandeza da ação divina e a sua perpetuidade sob a mão do Ser absoluto! Deus é o Sol dos seres, é a Luz do mundo. Ora, a aparição do Sol dá instantaneamente nascimento a ondas de luz que se vão espalhando por todos os lados na extensão. Do mesmo modo, o universo, nascido do eterno, remonta aos períodos inimagináveis do infinito de duração, ao *fiat lux!* do início.

15. O começo absoluto das coisas remonta, pois, a Deus. As sucessivas aparições delas no domínio da existência constituem a ordem da criação perpétua.

Que mortal poderia dizer das magnificências desconhecidas e soberbamente veladas sob a noite das idades que se desdobraram nesses tempos antigos, em que nenhuma das maravilhas do universo atual existia; nessa época primitiva em que, tendo-se feito ouvir a voz do Senhor, os materiais que no futuro haviam de agregar-se por si mesmos e simetricamente, para formar o templo da natureza, se encontraram de súbito no seio dos vácuos infinitos; quando aquela voz misteriosa, que toda criatura venera e estima como a de uma mãe, produziu notas harmoniosamente variadas, para irem vibrar juntas e modular o concerto dos céus imensos!

O mundo, ao nascer, não foi estabelecido na sua virilidade e na sua plenitude de vida, não. O poder criador nunca se contradiz e, como todas as coisas, o universo nasceu criança. Revestido das leis mencionadas acima e da impulsão inicial inerente à sua formação mesma, a matéria cósmica primitiva fez que sucessivamente nascessem turbilhões, aglomerações desse fluido difuso, amontoados de matéria nebulosa que se cindiram por si próprios e se modificaram ao infinito para gerar, nas regiões incomensuráveis da amplidão, diversos centros de criações simultâneas ou sucessivas.

Em virtude das forças que predominaram sobre um ou sobre outro deles e das circunstâncias ulteriores que presidiram aos seus desenvolvimentos, esses centros primitivos se tornaram focos de uma vida especial: uns, menos disseminados no espaço e mais ricos em princípios e em forças atuantes, começaram desde logo a sua particular vida astral; os outros, ocupando ilimitada extensão, cresceram com lentidão extrema, ou de novo se dividiram em outros centros secundários.

16. Transportando-nos a alguns milhões de séculos somente, além da época atual, verificamos que a nossa Terra ainda não existe, que mesmo o nosso sistema solar ainda não começou as evoluções da vida planetária; entretanto, já esplêndidos sóis iluminam o éter; já planetas habitados dão vida e existência a uma multidão de seres, nossos predecessores na carreira humana; que as produções opulentas de uma natureza desconhecida e os maravilhosos fenômenos do céu desdobram, sob outros olhares, os quadros da imensa Criação. Que digo! Já deixaram de existir esplendores que outrora fizeram palpitar o coração de outros mortais, sob o pensamento da potência infinita! E nós, pobres seres pequeninos, que viemos após uma eternidade de vida, nós nos cremos contemporâneos da Criação!

Ainda uma vez, compreendamos melhor a natureza. Saibamos que atrás de nós, como à nossa frente, está a eternidade, que o espaço é teatro de inimaginável sucessão e simultaneidade de criações. Tais nebulosas, que mal percebemos nos mais longínquos pontos do céu, são aglomerados de sóis em vias de formação; tais outras são vias lácteas de mundos habitados; outras, finalmente, sedes de catástrofes e de deperecimento. Saibamos que, assim como estamos colocados no meio de uma infinidade de mundos, também estamos no meio de uma dupla infinidade de durações, anteriores e ulteriores; que a *criação* universal não se acha restrita a nós, que não nos é lícito aplicar essa expressão à formação isolada do nosso pequenino globo.

A criação universal

17. Após haver remontado, tanto quanto o permitia a nossa fraqueza, em direção à fonte oculta donde dimanam os mundos, como de um rio as gotas de água, consideremos a marcha das criações sucessivas e dos seus desenvolvimentos seriais.

A matéria cósmica primitiva continha os elementos materiais, fluídicos e vitais de todos os universos que estadeiam suas magnificências diante da eternidade. Ela é a mãe fecunda de todas as coisas, a primeira avó e, sobretudo, a eterna geratriz. Absolutamente não desapareceu essa substância donde provêm as esferas siderais; não morreu essa potência, pois que ainda, incessantemente, dá à luz novas criações e incessantemente recebe, reconstituídos, os princípios dos mundos que se apagam do livro eterno.

A substância etérea, mais ou menos rarefeita, que se difunde pelos espaços interplanetários; esse fluido cósmico que enche o mundo, mais ou menos rarefeito, nas regiões imensas, ricas de aglomerações de estrelas; mais ou menos condensado onde o céu astral ainda não brilha; mais ou menos modificado por diversas combinações, de acordo com as localidades da extensão, nada mais é do que a substância primitiva onde residem as forças universais, donde a natureza há tirado todas as coisas.*

18. Esse fluido penetra os corpos, como um oceano imenso. É

---

* Nota de Allan Kardec: Se perguntásseis qual o princípio dessas forças e como pode esse princípio estar na substância mesma que o produz, responderíamos que a mecânica numerosos exemplos nos oferece desse fato. A elasticidade, que faz com que uma mola se distenda, não está na própria mola e não depende do modo de agregação das moléculas? O corpo que obedece à força centrífuga recebe a sua impulsão do movimento primitivo que lhe foi impresso.

nele que reside o princípio vital que dá origem à vida dos seres e a perpetua em cada globo, conforme a condição deste, princípio que, em estado latente, se conserva adormecido onde a voz de um ser não o chama. Toda criatura, mineral, vegetal, animal ou qualquer outra — porquanto há muitos outros reinos naturais, de cuja existência nem sequer suspeitais* — sabe, em virtude desse princípio vital e universal, apropriar as condições de sua existência e de sua duração.

As moléculas do mineral têm uma certa soma dessa vida, do mesmo modo que a semente do embrião, e se grupam, como no organismo, em figuras simétricas que constituem os indivíduos.

Muito importa nos compenetremos da noção de que a matéria cósmica primitiva se achava revestida, não só das leis que asseguram a estabilidade dos mundos, como também do universal princípio vital que forma gerações espontâneas em cada mundo, à medida que se apresentam as condições da existência sucessiva dos seres e quando soa a hora do aparecimento dos filhos da vida, durante o período criador.

Efetua-se assim a criação universal. É, pois, exato dizer-se que, sendo as operações da natureza a expressão da vontade divina, Deus há criado sempre, cria incessantemente e nunca deixará de criar.

19. Até aqui, porém, temos guardado silêncio sobre o *mundo espiritual*, que também faz parte da Criação e cumpre seus destinos conforme as augustas prescrições do Senhor.

Acerca do modo da criação dos Espíritos, entretanto, não posso ministrar mais que um ensino muito restrito, em virtude da minha própria ignorância e também porque tenho ainda de calar-me no que concerne a certas questões, se bem já me haja sido dado aprofundá-las.

Aos que desejem religiosamente conhecer e se mostrem humildes perante Deus, direi, rogando-lhes, todavia, que nenhum sistema prematuro baseiem nas minhas palavras: o Espírito não chega a

---

* N. E.: Atualmente, a Biologia classifica em cinco reinos os seres vivos: monera (bactérias e algas azuis ou cianobactérias), protista (amebas e paramécios), fungos (cogumelos e leveduras), vegetal e animal.

receber a iluminação divina, que lhe dá, simultaneamente com o livre-arbítrio e a consciência, a noção de seus altos destinos, sem haver passado pela série divinamente fatal dos seres inferiores, entre os quais se elabora lentamente a obra da sua individualização. Unicamente a datar do dia em que o Senhor lhe imprime na fronte o seu tipo augusto, o Espírito toma lugar no seio das humanidades.

De novo peço: não construais sobre as minhas palavras os vossos raciocínios, tão tristemente célebres na história da Metafísica. Eu preferiria mil vezes calar-me sobre tão elevadas questões, tão acima das nossas meditações ordinárias, a vos expor a desnaturar o sentido de meu ensino e a vos lançar, por culpa minha, nos inextricáveis dédalos do deísmo ou do fatalismo.

Os sóis e os planetas

20. Sucedeu que, num ponto do universo, perdido entre as miríades de mundos, a matéria cósmica se condensou sob a forma de imensa nebulosa, animada esta das leis universais que regem a matéria. Em virtude dessas leis, notadamente da força molecular de atração,* tomou ela a forma de um esferoide, a única que pode assumir uma massa de matéria insulada no espaço.

O movimento circular produzido pela gravitação, rigorosamente igual, de todas as zonas moleculares em direção ao centro, logo modificou a esfera primitiva, a fim de a conduzir, de movimento em movimento, à forma lenticular. Falamos do conjunto da nebulosa.

21. Novas forças surgiram em consequência desse movimento de rotação: a força centrípeta e a força centrífuga, a primeira tendendo a reunir todas as partes no centro, tendendo a segunda a afastá-las dele. Ora, acelerando-se o movimento, à medida que a nebulosa se condensa, e aumentando o seu raio, à medida que ela se aproxima da forma lenticular, a força centrífuga, incessantemente desenvolvida por essas duas causas, logo predominou sobre a atração central.

---

* N. E.: Atualmente, a força de atração molecular a que se refere Galileu é chamada pelos astrofísicos de colapso gravitacional.

Assim como um movimento demasiado rápido da funda* lhe quebra a corda, indo o projetil cair longe, também a predominância da força centrífuga destacou o círculo equatorial da nebulosa e desse anel uma nova massa se formou, isolada da primeira, mas, todavia, submetida ao seu império. Aquela massa conservou o seu movimento equatorial que, modificado, se lhe tornou movimento de translação em torno do astro solar. Ademais, o seu novo estado lhe dá um movimento de rotação em torno do próprio centro.

22. A nebulosa geratriz, que deu origem a esse novo mundo, condensou-se e retomou a forma esférica; mas, como o primitivo calor, desenvolvido por seus diversos movimentos, só com extrema lentidão se enfraqueceu, o fenômeno que acabamos de descrever se reproduzirá muitas vezes e durante longo período, enquanto a nebulosa não se haja tornado bastante densa, bastante sólida, para oferecer resistência eficaz às modificações de forma, que o seu movimento de rotação sucessivamente lhe imprime.

Ela, pois, não terá dado nascimento a um só astro, mas a centenas de mundos destacados do foco central, saídos dela pelo modo de formação mencionado acima. Ora, cada um de seus mundos, revestido, como o mundo primitivo, das forças naturais que presidem à criação dos universos gerará sucessivamente novos globos que desde então lhe gravitarão em torno, como ele, juntamente com seus irmãos, gravita em torno do foco que lhes deu existência e vida. Cada um desses mundos será um Sol, centro de um turbilhão de planetas sucessivamente destacados do seu equador. Esses planetas receberão uma vida especial, particular, embora dependente do astro que os gerou.

23. Os planetas são, assim, formados de massas de matéria condensada, porém, ainda não solidificada, destacadas da massa central pela ação de força centrífuga e que tomam, em virtude das leis do movimento, a forma esferoidal, mais ou menos elíptica, conforme o

---

* N. E.: Funda é arma de arremesso constituída por uma correia, ou corda dobrada, em cujo centro é colocado o objeto que se deseja lançar; atiradeira, catapulta etc.

grau de fluidez que conservaram. Um desses planetas será a Terra que, antes de se resfriar e revestir de uma crosta sólida, dará nascimento à Lua, pelo mesmo processo de formação astral a que ela própria deveu a sua existência. A Terra, doravante inscrita no livro da vida, berço de criaturas cuja fraqueza as asas da divina Providência protege, nova corda colocada na harpa infinita e que, no lugar que ocupa, tem de vibrar no concerto universal dos mundos.

Os satélites

24. Antes que as massas planetárias houvessem atingido um grau de resfriamento, bastante a lhes operar a solidificação, massas menores, verdadeiros glóbulos líquidos, se desprenderam de algumas no plano equatorial, plano em que é maior a força centrífuga, e, por efeito das mesmas leis, adquiriram um movimento de translação em torno do planeta que as gerou, como sucedeu a estes com relação ao astro central que lhes deu origem.

Foi assim que a Terra deu nascimento à Lua, cuja massa, menos considerável, teve que sofrer um resfriamento mais rápido. Ora, as leis e as forças que presidiram ao fato de ela se destacar do equador terreno, o seu movimento de translação no mesmo plano, agiram de tal sorte que esse mundo, em vez de revestir a forma esferoidal, tomou a de um globo ovoide, isto é, a forma alongada de um ovo, com o centro de gravidade fixado na parte inferior.

25. As condições em que se efetuou a desagregação da Lua pouco lhe permitiram afastar-se da Terra e a constrangeram a conservar-se perpetuamente suspensa no seu firmamento, como uma figura ovoide, cujas partes mais pesadas formaram a face inferior voltada para a Terra e as partes menos densas lhe constituíram o vértice, se com essa palavra se designar a face que, do lado oposto à Terra, se eleva para o céu. É o que faz que esse astro nos apresente sempre a mesma face. Para melhor compreender-se o seu estado geológico, pode ele ser comparado a um globo de cortiça, tendo formada de chumbo a face voltada para a Terra.

Daí, duas naturezas essencialmente distintas na superfície do mundo lunar: uma, sem qualquer analogia com o nosso, porquanto lhe são desconhecidos os corpos fluidos e etéreos; a outra, leve, relativamente à Terra, pois que todas as substâncias menos densas se encaminharam para esse hemisfério. A primeira, perpetuamente voltada para a Terra, sem águas e sem atmosfera, a não ser, aqui e ali, nos limites desse hemisfério terrestre; a outra, rica de fluidos, perpetuamente oposta ao nosso mundo.*, **

---

* Nota de Allan Kardec: Esta teoria da Lua, nova inteiramente, explica, pela lei da gravitação, o motivo por que esse astro apresenta sempre a mesma face para a Terra. Tendo o centro de gravidade num dos pontos de sua superfície, em vez de estar no centro da esfera, e sendo, em consequência, atraído para a Terra por uma força maior do que a que atrai as partes mais leves, a Lua pode ser tida como uma dessas figuras chamadas vulgarmente João-teimoso, que se levantam constantemente sobre a sua base, ao passo que os planetas, cujo centro de gravidade está a distâncias iguais da superfície, giram regularmente sobre o próprio eixo. Os fluidos vivificantes, gasosos ou líquidos, por virtude da sua leveza específica, se encontrariam acumulados no hemisfério superior, perenemente oposto à Terra. O hemisfério inferior, o único que vemos, seria desprovido de tais fluidos e, por isso, impróprio à vida que, entretanto, reinaria no outro. Se, pois, o hemisfério superior é habitado, seus habitantes jamais viram a Terra, a menos que excursionem pelo outro hemisfério, o que lhes seria impossível, desde que este carece das condições indispensáveis à vitalidade.

Por muito racional e científica que seja essa teoria, como ainda não foi confirmada por nenhuma observação direta, somente a título de hipótese pode ser aceita e como ideia capaz de servir de baliza à Ciência. Não se pode, porém, deixar de convir em que é a única, até o presente, que dá uma explicação satisfatória das particularidades que apresenta o globo lunar.

** N. E.: A Lua é o único satélite natural da Terra. Atualmente, a teoria mais aceita para a origem da Lua surgiu em 1975, a teoria do Grande Impacto, proposta pelo Instituto de Ciências Planetárias de Tucson e pelo Instituto Harvard-Smithsonian de Astrofísica. Após a análise de amostras de solo e rochas lunares coletadas pelas missões Apollo, os cientistas chegaram à conclusão que há cerca de 4.5 bilhões de anos, durante a formação da Terra, um objeto do tamanho de Marte colidiu com a Terra, essa violenta colisão lançou material, pedaços de rocha líquida, para a órbita da Terra; a Lua teria se formado, então, a partir da condensação do material expelido por essa colisão, tendo ficado aprisionada pelo campo gravitacional da Terra.

A Lua leva o mesmo tempo (27,3 dias terrestres) para girar ao redor de seu

26. O número e o estado dos satélites de cada planeta têm variado de acordo com as condições especiais em que eles se formaram. Alguns não deram origem a nenhum astro secundário, como se verifica com Mercúrio, Vênus e Marte,* ao passo que outros, como a Terra, Júpiter, Saturno etc., formaram um ou vários desses astros secundários.

27. Além de seus satélites ou luas, o planeta Saturno apresenta o fenômeno especial do anel que, visto de longe, parece cercá-lo de uma como auréola branca. Essa formação é para nós uma nova prova da universalidade das leis naturais. Esse anel é, com efeito, o resultado de uma separação que se operou no equador de Saturno, ainda nos tempos primitivos, do mesmo modo que uma zona equatorial se escapou da Terra para formar o seu satélite. A diferença consiste em que o anel de Saturno se formou, em todas as suas partes, de moléculas homogêneas, provavelmente já em certo estado de condensação, e pode, dessa maneira, continuar o seu movimento de rotação no mesmo sentido e em tempo quase igual ao do que anima o planeta. Se um dos pontos desse anel houvesse ficado mais denso do que outro, uma ou muitas aglomerações de substância se teriam subitamente operado e Saturno contaria muitos satélites a mais. Desde a época da sua formação, esse anel se solidificou, do mesmo modo que os outros corpos planetários.

---

eixo e para orbitar em volta da Terra; assim, a mesma face (o lado visível) está sempre voltada para a Terra. A quantidade da superfície que podemos ver — a fase da Lua — depende de que fração do lado visível está recebendo a luz do Sol.

Allan Kardec em suas palavras já demonstrou a necessidade da observação direta da Lua para confirmação de seus dados. Em 1959, a sonda soviética Luna 3 esteve na órbita da Lua, enviando mensagens do lado oculto, encerrando as especulações de que o campo gravitacional lunar seria mais intenso naquela face, tornando possível a existência de atmosfera e vida. Há uma dissimetria entre o lado oculto e o lado visível, uma vez que a crosta na face oculta atinge 100 quilômetros de espessura, enquanto na face visível só atinge um máximo de sessenta quilômetros.

* N. E.: Em 1877, foram descobertos dois satélites de Marte: Fobos e Deimos.

Os cometas

28. Astros errantes, ainda mais do que os planetas que conservaram a denominação etimológica, os cometas serão os guias que nos ajudarão a transpor os limites do sistema a que pertence a Terra e nos levarão às regiões longínquas da extensão sideral.

Mas, antes de explorarmos os domínios celestes, com o auxílio desses viajantes do universo, bom será demos a conhecer, tanto quanto possível, a natureza intrínseca deles e o papel que lhes cabe na economia planetária.

29. Alguns hão visto, nesses astros dotados de cabeleira,* mundos nascentes, a elaborarem, no primitivo caos em que se acham, as condições de vida e de existência, que tocam em partilha às terras habitadas; outros imaginaram que esses corpos extraordinários eram mundos em estado de destruição e, para muitos, a singular aparência que têm foi motivo de apreciações errôneas acerca da natureza deles, isso a tal ponto que não houve, inclusive na Astrologia judiciária, quem não os considerasse como pressagiadores de desgraças, enviados, por desígnios providenciais, à Terra, espantada e tremente.

30. A lei de variedade se aplica em tão larga escala nos trabalhos da natureza, que admira hajam os naturalistas, os astrônomos e os filósofos fabricado tantos sistemas para assimilar os cometas aos astros planetários e para somente verem neles astros em graus mais ou menos adiantados de desenvolvimento ou de caducidade. Entretanto, os quadros da natureza deveriam bastar amplamente para afastar o observador da preocupação de perquirir relações inexistentes e deixar aos cometas o papel modesto, porém, útil, de astros errantes, que servem de desbravadores dos impérios solares. Porque, os corpos celestes de que tratamos são coisa muito diversa dos corpos planetários; não têm por destinação, como estes, servir de habitação a humanidades. Eles vão sucessivamente de sóis em sóis, enriquecendo-se, às vezes, pelo caminho, de fragmentos planetários reduzidos ao estado de vapor,

---

* N.E.: Nuvem luminosa de gás e poeira, de aparência tênue e brumosa, que envolve o núcleo de um astro; coma.

buscar, nos seus centros, os princípios vivificantes e renovadores que derramam sobre os mundos terrestres. (Cap. IX, item 12.)

31. Se, quando um desses astros se aproxima do nosso pequenino globo, para lhe atravessar a órbita e voltar ao seu apogeu,* situado a uma distância incomensurável do Sol, o acompanhássemos, pelo pensamento, para visitar com ele as regiões siderais, transporíamos a prodigiosa extensão de matéria etérea que separa das estrelas mais próximas o Sol e, observando os movimentos combinados desse astro, que se suporia desgarrado no deserto infinito, ainda aí encontraríamos uma prova eloquente da universalidade das leis da natureza, que atuam a distâncias que a mais ativa imaginação mal pode conceber.

Aí, a forma elíptica toma a forma parabólica e a marcha se torna tão lenta que o cometa não chega a percorrer mais que alguns metros, no mesmo em que no seu perigeu** percorria muitos milhares de léguas. Talvez um sol mais poderoso, mais importante do que aquele que o cometa acaba de deixar, exerça sobre esse cometa uma atração preponderante e o receba na categoria de seus súditos. Então, na vossa pequenina Terra, em vão as crianças admiradas lhe aguardarão o retorno, que haviam predito, baseando-se em observações incompletas. Nesse caso, nós, que pelo pensamento acompanhamos a essas regiões desconhecidas o cometa errante, depararemos com uma nação nova, que os olhares terrenos não podem encontrar, inimaginável para os Espíritos que habitam a Terra, inconcebível mesmo para as suas mentes, porquanto ela será teatro de inexploradas maravilhas.

Chegamos ao mundo astral, nesse mundo deslumbrante dos vastos sóis que irradiam pelo espaço infinito e que são as flores brilhantes do magnífico jardim da criação. Lá chegados, apenas saberemos o que é a Terra.

---

* N. E.: Posição orbital apresentada por um satélite terrestre (a Lua ou satélite artificial) quando, em sua revolução, se encontra mais afastado da Terra.
** N. E.: Ponto da órbita de um astro ou satélite em torno da Terra, no qual ele se encontra mais próximo de nosso planeta.

A Via Láctea

32. Pelas belas noites estreladas e sem luar, toda gente há contemplado essa faixa esbranquiçada que atravessa o céu de uma extremidade a outra e que os antigos cognominaram de Via Láctea, por motivo da sua aparência leitosa. Esse clarão difuso o olho do telescópio o tem longamente explorado nos modernos tempos; essa estrada de poeira de ouro, esse regato de leite da mitologia antiga se transformou num vasto campo de desconhecidas maravilhas. As pesquisas dos observadores conduziram ao conhecimento da sua natureza e revelaram que, ali, onde o olhar errante apenas percebia uma fraca luminosidade, há milhões de sóis mais luminosos e mais importantes do que o que nos clareia a Terra.

33. Com efeito, a Via Láctea é uma campina semeada de flores solares e planetárias, que brilham em toda a sua enorme extensão. O nosso Sol e todos os corpos que o acompanham fazem parte desse conjunto de globos radiosos que formam a Via Láctea. Malgrado, porém, as suas proporções gigantescas, relativamente à Terra, e à grandeza do seu império, ele, o Sol, ocupa inapreciável lugar em tão vasta criação. Podem contar-se por uma trintena de milhões os sóis que, à sua semelhança, gravitam nessa imensa região, afastados uns dos outros de mais de cem mil vezes o raio da órbita terrestre.*

34. Por esse cálculo aproximativo se pode julgar da extensão de tal região sideral e da relação que existe entre o nosso sistema planetário e a universalidade dos sistemas que o ocupam. Pode-se igualmente julgar da exiguidade do domínio solar e, *a fortiori*, do nada que é a nossa pequenina Terra. Que seria, então, se se considerassem os seres que a povoam!

Digo — "do nada" — Porque as nossas determinações se aplicam não só à extensão material, física, dos corpos que estudamos — o que pouco seria — mas, também e sobretudo, ao estado moral deles como habitação e ao grau que ocupam na eterna hierarquia dos seres. A criação se mostra aí em toda a sua majestade, engendrando

---

* Nota de Allan Kardec: Mais de 3 trilhões e 400 bilhões de léguas.

e propagando, em torno do mundo solar e em cada um dos sistemas que o rodeiam por todos os lados, as manifestações da vida e da inteligência.

35. Assim, fica-se conhecendo a posição que o nosso Sol ou a Terra ocupam no mundo das estrelas. Ainda maior peso ganharão estas considerações, se refletirmos sobre o estado mesmo da Via Láctea que, na imensidade das criações siderais, não representa mais do que um ponto insensível e inapreciável, vista de longe, porquanto ela não é mais do que uma nebulosa estelar, entre os milhões das que existem no espaço. Se ela nos parece mais vasta e mais rica do que outras, é pela única razão de que nos cerca e se desenvolve em toda a sua extensão sob os nossos olhares, ao passo que as outras, sumidas nas profundezas insondáveis, mal se deixam entrever.

36. Ora, sabendo-se que a Terra nada é, ou quase nada, no sistema solar; que este nada é, ou quase nada, na Via Láctea; esta por sua vez é nada, ou quase nada, na universalidade das nebulosas e essa própria universalidade é bem pouca coisa dentro do imensurável infinito, começa-se a compreender o que é o globo terrestre.

As estrelas fixas

37. As estrelas chamadas "fixas" e que constelam os dois hemisférios do firmamento não se acham de todo isentas de qualquer atração exterior, como geralmente se supõe. Longe disso: elas pertencem todas a uma mesma aglomeração de astros estelares, aglomeração que não é senão a grande nebulosa de que fazemos parte e cujo plano equatorial, projetado no céu, recebeu o nome de Via Láctea. Todos os sóis que a constituem são solidários; suas múltiplas influências reagem perpetuamente umas sobre as outras e a gravitação universal as grupa todas numa mesma família.

38. Esses diversos sóis estão na sua maioria, como o nosso, cercados de mundos secundários, que eles iluminam e fecundam por intermédio das mesmas leis que presidem à vida do nosso sistema planetário. Uns, como Sírio, são milhares de vezes mais magníficos em dimensões e em riquezas do que o nosso e muito mais importante é o papel que desempenham no universo. Também planetas em muito maior número e muito superiores aos nossos os cercam. Outros são muito dessemelhantes pelas suas funções astrais. É assim que certo número desses sóis, verdadeiros gêmeos da ordem sideral, são acompanhados de seus irmãos da mesma idade, e formam, no espaço, sistemas binários, aos quais a natureza outorgou funções inteiramente diversas das que tocaram ao nosso Sol.* Lá, os anos não se medem pelos mesmos períodos, nem os dias pelos mesmos sóis e esses mundos, iluminados por um duplo facho, foram dotados de condições de existência inimagináveis por parte dos que ainda não saíram deste pequenino mundo terrestre.

Outros astros, sem cortejo, privados de planetas, receberam os melhores elementos de habitabilidade concedidos a alguns. Na sua imensidade, as leis da natureza se diversificam e, se a unidade é a grande expressão do universo, a variedade infinita é igualmente seu eterno atributo.

39. Malgrado o prodigioso número dessas estrelas e de seus sistemas, malgrado as distâncias incomensuráveis que as separam, elas pertencem todas à mesma nebulosa estelar que os olhos dos mais possantes telescópios mal conseguem atravessar e que as concepções da mais ousada imaginação apenas logram alcançar, nebulosa que, entretanto, é simplesmente uma unidade na ordem das nebulosas que compõem o mundo astral.

---

* Nota de Allan Kardec: É o que se dá, em Astronomia, o nome de "estrelas duplas". São dois sóis, um dos quais gira em torno do outro, como um planeta em torno do seu sol. De que singular e magnífico espetáculo não gozarão os habitantes dos mundos que formam esses sistemas iluminados por duplo sol! Mas, também, quão diferentes não hão de ser neles as condições da vitalidade! Numa comunicação dada ulteriormente, acrescentou o Espírito Galileu: "Há mesmo sistemas ainda mais complicados, em que diferentes sóis desempenham, uns com relação a outros, o papel de satélites. Produzem-se então maravilhosos efeitos de luz, para os habitantes dos globos que tais sóis iluminam, tanto mais quanto, sem embargo da aparente proximidade em que se encontram uns dos outros, podem mundos habitados circular entre eles e receber alternativamente as ondas de luz diversamente coloridas, e a reunião delas recompõe a luz branca."

40. As estrelas chamadas fixas não estão imóveis na amplidão. As constelações que se figuraram na abóbada do firmamento não são reais criações simbólicas. A *distância* a que se acham da Terra e a perspectiva sob a qual se mede, da estação terrena, o universo, constituem as duas causas dessa dupla ilusão de óptica. (Cap. V, item 12.)

41. Vimos que a totalidade dos astros que cintilam na cúpula azulada se acha encerrada numa aglomeração cósmica, numa mesma nebulosa a que chamais Via Láctea, mas, por pertencerem todos ao mesmo grupo, não se segue que esses astros não estejam animados todos de movimento de translação no espaço, cada um com o seu. Em parte nenhuma existe o repouso absoluto. Eles têm a regê-los as leis universais da gravitação e rolam no espaço ilimitado sob a impulsão incessante dessa força imensa. Rolam, não segundo roteiros traçados pelo acaso, mas segundo órbitas fechadas, cujo centro um astro superior ocupa. Para tornar, por meio de um exemplo, mais compreensíveis as minhas palavras, falarei de modo especial do vosso Sol.

42. Sabe-se, em consequência de modernas observações, que ele não é fixo, nem central, como se acreditava nos primeiros tempos da nova Astronomia; que avança pelo espaço, arrastando consigo o seu vasto sistema de planetas, de satélites e de cometas.

Ora, não é fortuita esta marcha e ele não vai, errando pelos vácuos infinitos, transviar seus filhos e seus súditos, longe das regiões que lhe estão assinadas. Não, sua órbita é determinada e, em concorrência com outros sóis da mesma ordem e rodeados todos de certo número de terras habitadas, ele gravita em torno de um sol central. Seu movimento de gravitação, como o dos sóis seus irmãos, é inapreciável a observações anuais, porque somente grande número de períodos seculares seriam suficientes para marcar um desses anos astrais.

43. O sol central, de que acabamos de falar, também é um globo secundário relativamente a outro, ainda mais importante, ao derredor daquele ele perpetua uma marcha lenta e compassada, na companhia de outros sóis da mesma ordem.

Poderíamos comprovar esta subordinação sucessiva de sóis a sóis, até que a nossa imaginação cansasse de subir a uma tal hierarquia, porquanto, não o esqueçamos, em números redondos, uma trintena de milhões de sóis se pode contar na Via Láctea,* subordinados uns aos outros, como rodas gigantescas de uma engrenagem imensa.

44. E esses astros, em números incontáveis, vivem vida solidária. Assim como, na economia do vosso mundinho terrestre, nada se acha isolado, também nada o está no universo incomensurável.

De longe, ao olhar investigador do filósofo que pudesse abarcar o quadro que o espaço e o tempo desdobram, esses sistemas de sistemas pareceriam uma poeira de grãos de ouro levantada em turbilhão pelo sopro divino, que faz voem nos céus os mundos siderais, como voam os grãos de areia no dorso do deserto.

Em parte nenhuma há imobilidade, nem silêncio, nem noite! O grande espetáculo que então se nos desdobraria ante os olhos seria a criação real, imensa e cheia da vida etérea, que no seu imenso conjunto o olhar infinito do Criador abrange.

Mas, até aqui, temos falado de uma única nebulosa, que com os milhões de sóis, e os seus milhões de terras habitadas, forma apenas, como já o dissemos, uma ilha no arquipélago infinito.

Os desertos do espaço

45. Inimaginável deserto, sem limites, se estende para lá da aglomeração de estrelas de que vimos de tratar, e a envolve. A solidões sucedem solidões e incomensuráveis planícies do vácuo se distendem pela amplidão afora. Os amontoados de matéria cósmica se encontram isolados no espaço como ilhas flutuantes de enormíssimo arquipélago. Se quisermos, de alguma forma, apreciar a distância enorme que separa o aglomerado de estrelas, de que fazemos parte, dos outros aglomerados mais próximos, precisamos saber que essas ilhas estelares se encontram disseminadas e raras no vastíssimo oceano dos céus, e

---

* N. E.: Atualmente, a Ciência atribui à Via Láctea uma assombrosa quantidade de estrelas, que varia de 200 a 400 bilhões de sóis.

que a extensão que as separa, umas das outras, é incomparavelmente maior do que as que lhes medem as respectivas dimensões.

Ora, a nebulosa estelar mede, como já vimos, em números redondos, mil vezes a distância das estrelas mais aproximadas, tomada por unidade essa distância, isto é, alguns cem mil trilhões de léguas.* A distância que existe entre elas, sendo muito mais vasta, não poderia ser expressa por números acessíveis à compreensão do nosso Espírito. Só a imaginação, em suas concepções mais altas, é capaz de transpor tão prodigiosa imensidade, essas solidões mudas e baldas de toda aparência de vida, e de encarar, de certa maneira, a ideia dessa infinidade relativa.

46. Todavia, o deserto celeste, que envolve o nosso universo sideral e que parece estender-se como os afastados confins do nosso mundo astral, é abrangido pela visão e o poder infinito do Altíssimo que, além desses céus dos nossos céus, desenvolveu a trama da sua criação ilimitada.

47. Além de tão vastas solidões, com efeito, rebrilham mundos em sua magnificência, tanto quanto nas regiões acessíveis às investigações humanas; para lá desses desertos, vagam, no éter límpido esplêndidos oásis, que sem cessar renovam as cenas admiráveis da existência e da vida. Sucedem-se lá os agregados longínquos de substância cósmica, que o profundo olhar do telescópio percebe através das regiões transparentes do nosso céu e a que dais o nome de *nebulosas irresolúveis*, as quais vos parecem ligeiras nuvens de poeira branca, perdidas num ponto desconhecido do espaço etéreo. Lá se revelam e desdobram novos mundos, cujas condições variadas e diversas das que são peculiares ao vosso globo lhes dão uma vida que as vossas concepções não podem imaginar, nem os vossos estudos comprovar. É lá que em toda a sua plenitude resplandece o poder criador. Àquele que vem das regiões que o vosso sistema ocupa, outras leis se deparam em ação e suas forças regem as manifestações da vida. E os novos

---

* N. E.: Cada légua corresponde a seis quilômetros, sendo assim em números atuais teríamos seiscentos mil trilhões de quilômetros.

caminhos que se nos apresentam em tão singulares regiões abrem-nos surpreendentes perspectivas.*

---

* Nota de Allan Kardec: Dá-se, em Astronomia, o nome de nebulosas *irresolúveis* àquelas em que ainda se não puderam distinguir as estrelas que as compõem. Foram, a princípio, consideradas acervos de matéria cósmica em vias de condensação para formar mundos; hoje, porém, geralmente se entende que essa aparência é devida ao afastamento e que, com instrumentos bastante poderosos, todas seriam resolúveis.

Uma comparação familiar pode dar ideia, embora muito imperfeita, das nebulosas resolúveis: são os grupos de centelhas projetadas pelas bombas dos fogos de artifício, no momento de explodirem. Cada uma dessas centelhas figurará uma estrela e o conjunto delas a nebulosa, ou grupo de estrelas reunidas num ponto do espaço e submetidas a uma lei comum de atração e de movimento. Vistas de certa distância, mal se distinguem essas centelhas, tendo o grupo por elas formado a aparência de uma nuvenzinha de fumaça. Não seria exata esta comparação, se se tratasse de massas de matéria cósmica condensada.

A nossa Via Láctea é uma dessas nebulosas. Conta perto de 30 milhões de estrelas ou sóis que ocupam nada menos de algumas centenas de trilhões de léguas de extensão e, entretanto, não é a maior. Suponhamos apenas uma média de 20 planetas habitados circulando em torno de cada sol: teremos 600 milhões de mundos só para o nosso grupo.

Se nos pudéssemos transportar da nossa nebulosa para outra, aí estaríamos como em meio da nossa Via Láctea, porém com um céu estrelado de aspecto inteiramente diverso e este, malgrado as suas dimensões colossais, nos pareceria, de longe, um pequenino floco lenticular perdido no infinito. Mas, antes de atingirmos a nova nebulosa, seríamos qual viajante que deixa uma cidade e percorre vasto país inabitado, antes que chegue a outra cidade. Teríamos transposto incomensuráveis espaços desprovidos de estrelas e de mundos, o que Galileu denominou os desertos do espaço. À medida que avançássemos, veríamos a nossa nebulosa afastar-se atrás de nós, diminuindo de extensão às nossas vistas, ao mesmo tempo que, diante de nós, se apresentaria aquela para a qual nos dirigíssemos, cada vez mais distinta, semelhante à massa de centelhas de bomba de fogos de artifício. Transportando-nos pelo pensamento às regiões do espaço além do *arquipélago* da nossa nebulosa, veremos em torno de nós milhões de arquipélagos semelhantes e de formas diversas, contendo cada um milhões de sóis e centenas de milhões de mundos habitados.

Tudo o que nos possa identificar com a imensidade da extensão e com a estrutura do universo é de utilidade para a ampliação das ideias, tão restringidas pelas crenças vulgares. Deus avulta aos nossos olhos, à medida que melhor compreendemos a grandeza de suas obras e nossa infimidade. Estamos longe, como se vê, da crença

Eterna sucessão dos mundos

48. Vimos que uma única lei, primordial e geral, foi outorgada ao universo, para lhe assegurar eternamente a estabilidade, e que essa lei geral nos é perceptível aos sentidos por muitas ações particulares que nomeamos forças diretrizes da natureza. Vamos agora mostrar que a harmonia do mundo inteiro, considerada sob o duplo aspecto da eternidade e do espaço, é garantida por essa lei suprema.

49. Com efeito, se remontarmos à origem primária das primitivas aglomerações da substância cósmica, notaremos que, sob o império dessa lei, a matéria sofre as transformações necessárias, que levam do gérmen ao fruto maduro, e que, sob a impulsão das diversas forças nascidas dessa lei, ela percorre a escala das revoluções periódicas. Primeiramente, centro fluídico dos movimentos; em seguida, gerador dos mundos; mais tarde, núcleo central e atrativo das esferas que lhe nasceram do seio.

Já sabemos que essas leis presidem à história do Cosmo; o que agora importa saber é que elas presidem igualmente à destruição dos astros, porquanto a morte não é apenas uma metamorfose do ser vivo, mas também uma transformação da matéria inanimada. Se é exato dizer-se, em sentido literal, que a vida só é acessível à foice da morte, não menos exato é dizer-se que para a substância é de toda necessidade sofrer as transformações inerentes à sua constituição.

50. Temos aqui um mundo que, desde o primitivo berço,

---

que a Gênese moisaica implantou e que fez da nossa pequenina, imperceptível Terra, a criação principal de Deus e dos seus habitantes os únicos objetos da sua solicitude. Compreendemos a vaidade dos homens que creem que tudo no universo foi feito para eles e dos que ousam discutir a existência do Ente supremo. Dentro de alguns séculos, causará espanto que uma religião feita para glorificar a Deus o tenha rebaixado a tão mesquinhas proporções e que haja repelido, como concepção do Espírito do mal, as descobertas que somente vieram aumentar a nossa admiração pela sua onipotência, iniciando-nos nos grandiosos mistérios da criação. Ainda maior será o espanto, quando souberem que essas descobertas foram repelidas porque emancipariam o Espírito dos homens e tirariam a preponderância dos que se diziam representantes de Deus na Terra.

percorreu toda a extensão dos anos que a sua organização especial lhe permitia percorrer. Extinguiu-se-lhe o foco interior da existência, seus elementos perderam a virtude inicial; os fenômenos da natureza, que reclamavam, para se produzirem, a presença e a ação das forças outorgadas a esse mundo, já não mais podem produzir-se, porque a alavanca da atividade delas já não dispõe do ponto de apoio que lhe era indispensável.

Ora, dar-se-á que essa Terra extinta e sem vida vai continuar a gravitar nos espaços celestes, sem uma finalidade, e passar como cinza inútil pelo turbilhão dos céus? Dar-se-á permaneça inscrita no livro da vida universal, quando já se tornou letra morta e vazia de sentido? Não.

As mesmas leis que a elevaram acima do caos tenebroso e que a galardoaram com os esplendores da vida, as mesmas forças que a governaram durante os séculos da sua adolescência, que lhe firmaram os primeiros passos na existência e que a conduziram à idade madura e à velhice, vão também presidir à desagregação de seus elementos constitutivos, a fim de os restituir ao laboratório onde a potência criadora haure incessantemente as condições da estabilidade geral. Esses elementos vão retornar à massa comum do éter, para se assimilarem a outros corpos, ou para regenerarem outros sóis. E a morte não será um acontecimento inútil, nem para a Terra que consideramos, nem para suas irmãs. Noutras regiões, ela renovará outras criações de natureza diferente e, lá onde os sistemas de mundos se desvaneceram, em breve renascerá outro jardim de flores mais brilhantes e mais perfumadas.

51. Desse modo, a eternidade real e efetiva do universo se acha garantida pelas mesmas leis que dirigem as operações do tempo. Desse modo, mundos sucedem a mundos, sóis a sóis, sem que o imenso mecanismo dos vastos céus jamais seja atingido nas suas gigantescas molas.

Onde os vossos olhos admiram esplêndidas estrelas na abóbada da noite, onde o vosso Espírito contempla irradiações magníficas que resplandecem nos espaços distantes, de há muito o dedo da morte extinguiu esses esplendores, de há muito o vazio sucedeu a esses deslumbramentos e já recebem mesmo novas criações ainda desconhecidas. A distância imensa a que se encontram esses astros, por efeito da qual a luz que nos enviam gasta milhares de anos a chegar até nós, faz com que somente hoje recebamos os raios que eles nos enviaram longo tempo antes da criação da Terra e com que ainda os admiremos durante milhares de anos após a sua desaparição real.*

Que são os seis mil anos da humanidade histórica, diante dos períodos seculares? Segundos em vossos séculos. Que são as vossas observações astronômicas, diante do estado absoluto do mundo? A sombra eclipsada pelo Sol.

52. Logo, reconheçamos, aqui como nos nossos outros estudos, que a Terra e o homem são nada em confronto com o que existe e que as mais colossais operações do nosso pensamento ainda se estendem apenas sobre um campo imperceptível, diante da imensidade e da eternidade de um universo que nunca terá fim.

E, quando esses períodos da nossa imortalidade nos houverem passado sobre as cabeças, quando a história atual da Terra nos aparecer qual sombra vaporosa no fundo da nossa lembrança; quando, durante séculos incontáveis, houvermos habitado esses diversos degraus da nossa hierarquia cosmológica; quando os mais longínquos domínios das idades futuras tiverem sido por nós perlustrados em inúmeras peregrinações, teremos diante de nós a sucessão ilimitada dos mundos e por perspectiva a eternidade imóvel.

---

* Nota de Allan Kardec: Há aqui um efeito do tempo que a luz gasta para atravessar o espaço. Sendo de 70.000 léguas por segundo a sua velocidade, ela nos chega do Sol em 8 minutos e 13 segundos. Daí resulta que, se um fenômeno se passa na superfície do Sol, não o percebemos senão 8 minutos mais tarde e, pela mesma razão, ainda o veremos 8 minutos depois da sua cessação. Se, em virtude do seu afastamento, a luz de uma estrela consome mil anos para nos chegar, só mil anos depois da sua formação veremos essa estrela. (Veja-se, para explicação e descrição completa desse fenômeno, a *Revista espírita* de março e maio de 1867, resenha de Lúmen, por C. Flammarion.)

A vida universal

53. Essa imortalidade das almas, tendo por base o sistema do mundo físico, pareceu imaginária a certos pensadores prevenidos; qualificaram-na ironicamente de imortalidade viajora e não compreenderam que só ela é verdadeira ante o espetáculo da criação. Entretanto, pode-se tornar compreensível toda a sua grandeza, quase diríamos: toda a sua perfeição.

54. Que as obras de Deus sejam criadas para o pensamento e a inteligência; que os mundos sejam moradas de seres que as contemplam e lhes descobrem, sob o véu, o poder e a sabedoria daquele que as formou, são questões que já nos não oferecem dúvida; mas, que sejam solidárias as almas que os povoam, é o que importa saber.

55. Com efeito, a inteligência humana encontra dificuldade em considerar esses globos radiosos que cintilam na amplidão como simples massas de matéria inerte e sem vida. Custa-lhe a pensar que não haja, nessas regiões distantes, magníficos crepúsculos e noites esplendorosas, sóis fecundos e dias transbordantes de luz, vales e montanhas, onde as produções múltiplas da natureza desenvolvam toda a sua luxuriante pompa. Custa-lhe a imaginar, digo, que o espetáculo divino em que a alma pode retemperar-se como em sua própria vida, seja baldo da existência e carente de qualquer ser pensante que o possa conhecer.

56. Mas a essa ideia eminentemente justa da Criação, faz-se mister acrescentar a da humanidade solidária e é nisso que consiste o mistério da eternidade futura.

Uma mesma família humana foi criada na universalidade dos mundos e os laços de uma fraternidade que ainda não sabeis apreciar foram postos a esses mundos. *Se os astros que se harmonizam em seus vastos sistemas são habitados por inteligências, não o são por seres desconhecidos uns dos outros, mas, ao contrário, por seres que trazem marcado na fronte o mesmo destino, que se hão de encontrar temporariamente segundo suas funções de vida e suas mútuas simpatias.* É a grande família dos Espíritos que povoam as terras celestes; é a grande irradiação do Espírito divino que abrange a extensão dos céus e que permanece como tipo primitivo e final da perfeição espiritual.

57. Por que singular aberração se há podido crer fosse mister negar à imortalidade as vastas regiões do éter, quando a encerravam dentro de um limite inadmissível e de uma dualidade absoluta? O verdadeiro sistema do mundo deveria, então, preceder à verdadeira doutrina dogmática e a Ciência preceder à Teologia? Esta se transviará tanto que irá colocar sua base sobre a Metafísica? A resposta é fácil e nos mostra que a nova filosofia se assentará triunfante nas ruínas da antiga, porque sua base se terá erguido vitoriosa sobre os antigos erros.

Diversidade dos mundos

58. Acompanhando-nos em nossas excursões celestes, visitastes conosco as regiões imensas do espaço. Debaixo das nossas vistas, os sóis sucederam aos sóis, os sistemas aos sistemas, as nebulosas às nebulosas; diante dos nossos passos, desenrolou-se o panorama esplêndido da harmonia do Cosmo e antegozamos a ideia do infinito, que somente de acordo com a nossa perfectibilidade futura poderemos compreender em toda a sua extensão. Os mistérios do éter nos desvendaram o seu enigma até aqui indecifrável e, pelo menos, concebemos a ideia da universalidade das coisas. Cumpre que agora nos detenhamos a refletir.

59. É belo, sem dúvida, haver reconhecido quanto é ínfima a Terra e medíocre a sua importância na hierarquia dos mundos; é belo haver abatido a presunção humana, que nos é tão cara, e nos termos humilhado ante a grandeza absoluta; ainda mais belo, no entanto, será que interpretemos em sentido moral o espetáculo de que fomos testemunhas. Quero falar do poder infinito da natureza e da ideia que devemos fazer do seu modo de ação nos diversos domínios do vasto universo.

60. Acostumados, como estamos, a julgar das coisas pela nossa insignificante e pobre habitação, imaginamos que a natureza não pode ou não teve de agir sobre os outros mundos, senão segundo as regras que lhe conhecemos na Terra. Ora, precisamente neste ponto é que importa reformemos a nossa maneira de ver.

Lançai por um instante o olhar sobre uma região qualquer do

vosso globo e sobre uma das produções da vossa natureza. Não reconhecereis aí o cunho de uma variedade infinita e a prova de uma atividade sem par? Não vedes na asa de um passarinho das Canárias, na pétala de um botão de rosa entreaberto a prestigiosa fecundidade dessa bela natureza?

Apliquem-se aos seres que adejam nos ares os vossos estudos, desçam eles à violeta dos prados, mergulhem nas profundezas do oceano, em tudo e por toda a parte lereis esta verdade universal: A natureza onipotente age conforme os lugares, os tempos e as circunstâncias; ela é uma em sua harmonia geral, mas múltipla em suas produções; brinca com um Sol, como com uma gota de água; povoa de seres vivos um mundo imenso com a mesma facilidade com que faz se abra o ovo posto pela borboleta.

61. Ora, se é tal a variedade que a natureza nos há podido evidenciar em todos os sítios deste pequeno mundo tão acanhado, tão limitado, quão mais ampliado não deveis considerar esse modo de ação, ponderando nas perspectivas dos mundos enormes! Quão mais desenvolvida e pujante não a deveis reconhecer, operando nesses mundos maravilhosos que, muito mais do que a Terra, lhe atestam a inapreciável perfeição!

Não vejais, pois, em torno de cada um dos sóis do espaço, apenas sistemas planetários semelhantes ao vosso sistema planetário; não vejais, nesses planetas desconhecidos, apenas os três reinos que se estadeiam ao vosso derredor. Pensai, ao contrário, que, assim como nenhum rosto de homem se assemelha a outro rosto em todo o gênero humano, também uma portentosa diversidade, inimaginável, se acha espalhada pelas moradas eternas que vogam no seio dos espaços.

Do fato de que a vossa natureza animada começa no zoófito para terminar no homem, de que a atmosfera alimenta a vida terrestre, de que o elemento líquido a renova incessantemente, de que as vossas estações fazem se sucedam nessa vida os fenômenos que as distinguem, não concluais que os milhões e milhões de terras que rolam pela amplidão sejam semelhantes à que habitais. Longe disso, aquelas diferem, de acordo com as diversas condições que lhes foram prescritas e de acordo com o papel que a cada uma coube no cenário do mundo. São pedrarias variegadas de um imenso mosaico, as diversificadas flores de admirável parque.

CAPÍTULO VII
ESBOÇO GEOLÓGICO DA TERRA

• Períodos geológicos • Estado primitivo do globo • Período primário • Período de transição • Período secundário • Período terciário • Período diluviano • Período pós-diluviano ou atual • Nascimento do homem

Períodos geológicos

1. Terra conserva em si os traços evidentes da sua formação. Acompanham-se-lhe as fases com precisão matemática, nos diferentes terrenos que lhe constituem o arcabouço. O conjunto desses estudos forma a ciência chamada *Geologia*, ciência nascida neste século (XIX) e que projetou luz sobre a tão controvertida questão da origem do globo terreno e da dos seres vivos que o habitam. Neste ponto, não há simples hipótese; há o resultado rigoroso da observação dos fatos e, diante dos fatos, nenhuma dúvida se justifica. A história da formação da Terra está escrita nas camadas geológicas, de maneira

bem mais certa do que nos livros preconcebidos, porque é a própria natureza que fala, que se põe a nu, e não a imaginação dos homens a criar sistemas. Desde que se notem traços de fogo, pode dizer-se com certeza que houve fogo ali; onde se vejam os da água, pode dizer-se que a água ali esteve; desde que se observem os de animais, pode dizer-se que viveram aí animais.

A Geologia é, pois, uma ciência toda de observação; só tira deduções do que vê; sobre os pontos duvidosos, nada afirma; não emite opiniões discutíveis, por esperar de observações mais completas a solução procurada. *Sem as descobertas da Geologia, como sem as da Astronomia, a Gênese do mundo ainda estaria nas trevas da lenda.* Graças a elas, o homem conhece hoje a história da sua habitação, tendo desmoronado, para não mais tornar a erguer-se, a estrutura de fábulas que lhe rodeavam o berço.

2. Em todos os terrenos onde existam valas, escavações naturais ou praticadas pelo homem, nota-se o a que se chama *estratificações*, isto é, camadas superpostas. Os que apresentam essa disposição se designam pelo nome de *terrenos estratificados*. Essas camadas, de espessura que varia desde alguns centímetros até 100 metros e mais, se distinguem entre si pela cor e pela natureza das substâncias de que se compõem. Os trabalhos de arte, a perfuração de poços, a exploração de pedreiras e, sobretudo, de minas facultaram observá-las até grande profundidade.

3. São em geral homogêneas as camadas, isto é, cada uma constituída da mesma substância, ou de substâncias diversas, mas que existiram juntas e formaram um todo compacto. A linha de separação que as isola umas das outras é sempre nitidamente sulcada, como nas fiadas de uma construção. Em nenhuma parte se apresentam misturadas e sumidas umas nas outras, nos pontos de seus respectivos limites, como se dá, por exemplo, com as cores do prisma e do arco-íris.

Por esses caracteres, reconhece-se que elas se formaram sucessivamente, depositando-se uma sobre outra, em condições e por causas diferentes. As mais profundas são, naturalmente, as que se formaram em primeiro lugar, tendo-se formado posteriormente as mais superficiais. A última de todas, a que se acha na superfície, é a camada da Terra vegetal, que deve suas propriedades aos detritos de matérias orgânicas provenientes das plantas e dos animais.

4. As camadas inferiores, colocadas abaixo da camada vegetal, receberam em Geologia o nome de *rochas*, palavra que, nessa acepção, nem sempre implica a ideia de uma substância pedrosa, significando antes um leito ou banco feito de uma substância mineral qualquer. Umas são formadas de areia, de argila ou de Terra argilosa, de marna, de seixos rolados; outras o são de pedras propriamente ditas, mais ou menos duras, tais como os grés, os mármores, o cré, os calcários ou pedras calcárias, as pedras molares, ou carvões de pedra, os asfaltos etc. Diz-se que uma rocha é mais ou menos possante conforme é mais ou menos considerável a sua espessura.

Mediante o exame da natureza dessas rochas ou camadas, reconhece- se, por sinais certos, que umas provêm de matérias fundidas e, às vezes, vitrificadas sob a ação do fogo; outras, de substâncias terrosas depostas pelas águas; algumas de tais substâncias se conservaram desagregadas, como as areias; outras, a princípio em estado pastoso, sob a ação de certos agentes químicos ou por outras causas, endureceram e adquiriram, com o tempo, a consistência da pedra. Os bancos de pedras superpostas denunciam depósitos sucessivos. O fogo e a água participaram, pois, da formação dos materiais que compõem o arcabouço sólido do globo terráqueo.

5. A posição normal das camadas terrosas ou pedregosas, provenientes de depósitos aquosos, é a horizontal. Ao vermos essas planícies imensas, que por vezes se estendem a perder de vista, de perfeita horizontalidade, lisas como se as tivessem nivelado com um rolo compressor, ou esses vales profundos, tão planos como a superfície de um lago, podemos estar certos de que, em época mais ou menos afastada, tais lugares estiveram por longo tempo cobertos de águas tranquilas que, ao se retirarem, deixaram em seco as terras que elas depositaram enquanto ali permaneceram. Retiradas as águas, essas terras se cobriram de vegetação. Se, em vez de terras gordas,* limosas, argilosas, ou marnosas,** próprias a assimilar os princípios nutritivos, as águas apenas depositaram areias silicosas, sem agregação, temos as planícies arenosas que constituem as charnecas e os desertos, dos quais nos podem dar pequena ideia os depósitos que ficam das inundações parciais e os que formam as aluviões na embocadura dos rios.

6. Conquanto a horizontal seja a posição mais generalizada e a que normalmente assumem as formações aquosas, não é raro verem-se, nos países montanhosos e em extensões bem grandes, rochas duras, cuja natureza indica que foram formadas em posição inclinada e, até por vezes, vertical. Ora, como, segundo as leis de equilíbrio dos líquidos e da gravidade, os depósitos aquosos somente em planos horizontais podem formar-se, pois os que se formam sobre planos inclinados são arrastados pelas correntes e pelo próprio peso para as baixadas, evidente se torna que tais depósitos foram levantados por uma força qualquer, depois de se terem solidificado ou transformado em pedras.

Destas considerações se pode concluir, com certeza, que todas as camadas pedrosas que, provindo de depósitos aquosos, se encontram em posição perfeitamente horizontal, foram formadas, durante séculos, por águas tranquilas e que, todas as vezes que se achem em posição inclinada, o solo foi convulsionado e deslocado posteriormente, por subversões gerais ou parciais, mais ou menos consideráveis.

7. Um fato característico e da mais alta importância, pelo testemunho irrecusável que oferece, consiste no existirem, em quantidades enormes, despojos *fósseis* de animais e vegetais, dentro das diferentes camadas. Como esses despojos se encontram até nas mais duras pedras, há de concluir-se que a existência de tais seres é anterior à formação das aludidas pedras. Ora, se levarmos em conta o prodigioso número de séculos que foram necessários para que se

---

* N. E.: Terra que é úmida, coesa, forte.
** N. E.: Solos de calcário e argila, usados em olarias e como corretivo de terras agrícolas.

lhes produzisse o endurecimento e para que elas alcançassem o estado em que se acham desde tempos imemoriais, chega-se forçosamente à conclusão de que o aparecimento de seres orgânicos na Terra se perde na noite das idades e é muito anterior, por conseguinte, à data que lhes assina a Gênese.*,**

8. Entre os despojos de vegetais e animais, alguns há que se mostram penetrados em todos os pontos de sua substância, sem que isso lhes alterasse a forma, de matérias silicosas ou calcárias que os transformaram em pedras, algumas das quais apresentam a dureza do mármore. São as petrificações propriamente ditas. Outros foram apenas envolvidos pela matéria no estado de flacidez; são encontrados intactos e, alguns, inteiros, nas mais duras pedras. Outros, finalmente, apenas deixaram marcas, mas de uma nitidez e uma delicadeza perfeitas. No interior de certas pedras, encontraram-se até marcas de passos e, pela forma do pé, dos dedos e das unhas, chegou-se a reconhecer a espécie animal a que pertenceram.

---

* Nota de Allan Kardec: Fóssil, do latim *fossilia, fossĭlis*, derivado de fossa, e de *fodere*, cavar, escavar a Terra, é uma palavra que em Geologia se emprega designando corpos ou despojos de corpos orgânicos de seres que viveram anteriormente às épocas históricas. Por extensão, diz-se igualmente das substâncias minerais que revelam traços da presença de seres organizados, quais as marcas deixadas por vegetais ou animais.

O termo *petrificado* se emprega relativamente aos corpos que se transformaram em pedra, pela infiltração de matérias silicosas ou calcárias nos tecidos orgânicos. Todas as petrificações necessariamente são fósseis, mas nem todos os fósseis são petrificações.

Nos objetos que se revestem de uma camada pedregosa quando mergulhados em certas águas carregadas de substâncias calcárias, como as do regato de Saint Allyre, perto de Clermont, no Auvergne (França), não são petrificações propriamente ditas, porém simples incrustações.

Os monumentos, inscrições e objetos produzidos por fabricação humana, esses pertencem à Arqueologia.

** N. E.: Sabemos que as primeiras formas de vida (bactérias e algas azul-esverdeadas) surgiram há cerca de 3.500 milhões de anos, e há 570 milhões de anos as plantas e os animais complexos começaram a se desenvolver.

9. Os fósseis de animais absolutamente não contêm, e isso é fácil de conceber-se, senão as partes sólidas e resistentes, isto é, as ossaturas, as escamas e os cornos; são, não raro, esqueletos completos; as mais das vezes, no entanto, são apenas partes destacadas, que a procedência facilmente se reconhece. Examinando-se uma queixada, um dente, logo se vê se pertence a um animal herbívoro ou carnívoro. Como todas as partes do animal guardam necessária correlação, a forma da cabeça, de uma omoplata, de um osso da perna, de um pé, basta para determinar o porte, a forma geral, o gênero de vida do animal.* Os animais terrestres têm uma organização que não permite sejam confundidos com os animais aquáticos.

São extremamente numerosos os peixes e os moluscos testáceos fósseis; só estes últimos formam, às vezes, bancos inteiros de grande espessura. Pela natureza deles, verifica-se sem dificuldade se são animais marinhos ou de água doce.

10. Os seixos rolados, que em certos lugares formam rochas formidáveis, constituem inequívoco indício da origem deles. São arredondados como os calhaus de beira-mar, sinal certo do atrito que sofreram, por efeito das águas. As regiões onde eles se encontram enterrados, em massas consideráveis, foram incontestavelmente ocupadas pelo oceano, ou, durante longo tempo, por outras águas movediças, ou violentamente agitadas.

11. Além disso, os terrenos das diversas formações se caracterizam pela natureza mesma dos fósseis que encerram. As mais antigas contêm espécies animais ou vegetais que desapareceram inteiramente da superfície do planeta. Também desapareceram algumas espécies mais recentes; conservaram-se, porém, outras análogas, que apenas diferem daquelas pelo porte e por alguns matizes de forma. Outras, finalmente, cujos últimos representantes ainda vemos, tendem evidentemente a

---

* Nota de Allan Kardec: No ponto a que Georges Cuvier [1769–1832, zoólogo e paleontólogo francês] levou a ciência paleontológica, um só osso basta frequentemente para determinar o gênero, a espécie, a forma de um animal, seus hábitos, e para o reconstruir todo inteiro.

desaparecer em futuro mais ou menos próximo, tais como os elefantes, os rinocerontes, os hipopótamos etc. Assim, à medida que as camadas terrestres se aproximam da nossa época, as espécies animais e vegetais também se aproximam das que hoje existem.

As perturbações, os cataclismos que se produziram na Terra, desde a sua origem, lhe mudaram as condições de aptidão para entretenimento da vida e fizeram desaparecessem gerações inteiras de seres vivos.

12. Interrogando-se a natureza das camadas geológicas, vem-se a saber, de modo mais positivo, se, na época de sua formação, a região onde elas se apresentam era ocupada pelo mar, pelos lagos, ou por florestas e planícies povoadas de animais terrestres. Conseguintemente, se, numa mesma região, se encontra uma série de camadas superpostas, contendo alternativamente fósseis marinhos, terrestres e de água doce, muitas vezes repetidas, constitui esse fato prova irrecusável de que essa região foi muitas vezes invadida pelo mar, coberta de lagos e posta a seco.

E quantos séculos de séculos, certamente, quantos milhares de séculos, talvez, não foram precisos para que cada período se completasse! Que força poderosa não foi necessária para deslocar e recolocar o oceano, levantar montanhas! Por quantas revoluções físicas, comoções violentas não teve a Terra de passar, antes de ser qual a vemos desde os tempos históricos! E querer-se que tudo isso fosse obra executada em menos tempo do que o que leva uma planta para germinar!

13. O estudo das camadas geológicas atesta, como já se disse, formações sucessivas, que mudaram o aspecto do Globo e lhe dividem a história em muitas épocas, que constituem os chamados *períodos geológicos*, cujo conhecimento é essencial para a determinação da Gênese. São em número de seis os principais, designados pelos nomes de períodos primário, de transição, secundário, terciário, diluviano, pós-diluviano ou atual. Os terrenos formados durante cada período também se chamam: terrenos primitivos, de transição, secundários etc. Diz-se, pois, que tal ou tal camada ou rocha, tal ou tal fóssil se encontram nos terrenos de tal ou tal período.

14. Cumpre se note que o número desses períodos não é absoluto, pois depende dos sistemas de classificação. Nos seis principais, mencionados acima, só se compreendem os que estão assinalados por uma mudança notável e geral no estado do planeta; mas a observação prova que muitas formações sucessivas se operaram, enquanto durou cada um deles. Por isso é que são divididos em seis períodos caracterizados pela natureza dos terrenos e que elevam a vinte e seis o número das formações gerais bem assinaladas, sem contar os que provêm de modificações devidas a causas puramente locais.

Estado primitivo do globo*

15. O achatamento dos polos e outros fatos concludentes são indícios certos de que o estado da Terra, na sua origem, deve ter sido o de fluidez ou de flacidez, estado esse oriundo de se achar a matéria ou liquefeita pela ação do fogo, ou diluída pela da água.

Costuma-se dizer, proverbialmente: não há fumaça sem fogo. Rigorosamente verdadeira, esta sentença constitui uma aplicação do princípio: não há efeito sem causa. Pela mesma razão, pode-se dizer: não há fogo sem um foco. Ora, pelos fatos que se passam sob as nossas vistas, não é apenas fumaça o que se produz na Terra, mas fogo bastante real, que há de ter um foco. Vindo esse fogo do interior do planeta e não do alto, o foco lhe há de estar no interior e, como o fogo é permanente, o foco também o há de ser.

O calor, cujo aumento é progressivo à medida que se penetra no interior da Terra e que, a certa profundidade, chega a uma temperatura altíssima; as fontes térmicas, tanto mais quentes, quanto mais profunda lhes está a nascente; os fogos e as massas de matéria fundida esbraseada que os vulcões vomitam, como por vastos respiradouros, ou pelas fendas que alguns tremores de Terra abrem, não deixam dúvida sobre a existência de um fogo interior.

16. A experiência demonstra que a temperatura se eleva de um grau a cada 30 metros de profundidade, donde se segue que, a uma

---

* N. E.: Na Escala do Tempo Geológico moderna, corresponde ao início da Era Pré-Cambriana.

profundidade de 300 metros, o aumento é de 10 graus; a 3.000 metros, de 100 graus, temperatura da água a ferver; a 30.000 metros, ou seja, 7 ou 8 léguas, de 1.000 graus; a 25 léguas, de mais de 3.300 graus, temperatura a que nenhuma matéria conhecida resiste à fusão. Daí ao centro, ainda há um espaço de mais de 1.400 léguas, ou 2.800 léguas em diâmetro, espaço que seria ocupado por matérias fundidas.

Conquanto não haja aí mais do que uma conjetura, julgando da causa pelo efeito, tem ela todos os caracteres da probabilidade e leva à conclusão de que a Terra ainda é uma massa incandescente recoberta de uma crosta sólida da espessura de 25 léguas no máximo, o que é apenas a 120a parte do seu diâmetro. Proporcionalmente, seria muito menos do que a espessura da mais delgada casca de laranja.

Aliás, é muito variável a espessura da crosta terrestre, porquanto há zonas, sobretudo nos terrenos vulcânicos, onde o calor e a flexibilidade do solo indicam que ela é pouco considerável. A elevada temperatura das águas termais constitui igualmente indício de proximidade do foco central.*

17. Assim sendo, evidente se torna que o primitivo estado de fluidez ou de flacidez da Terra há de ter tido como causa a ação do calor e não a da água. Em sua origem, pois, a Terra era uma massa incandescente. Em virtude da irradiação do calórico,** deu-se o que se dá com toda matéria em fusão: ela esfriou pouco a pouco, principiando o resfriamento, como era natural, pela superfície,

---

* N. E.: Estima-se que a espessura da crosta seja de seis quilômetros no leito dos oceanos e quarenta quilômetros na crosta continental.

** N. E.: *Teoria Calórica* é uma teoria obsoleta que supunha a existência de um fluido invisível e inodoro, chamado *calórico*, que todos os corpos conteriam em quantidades determinadas em sua composição, era considerado o causador das alterações de temperatura até metade do século XIX. Quanto maior fosse a temperatura de um corpo, maior seria a sua quantidade de calórico, limitada, para cada corpo, a uma quantidade finita. A *teoria do calórico* explicava o comportamento dos gases e do vapor em termos de uma distinção entre o estado livre e latente do calor. Calor livre podia ser sentido e medido por termômetros; calor latente, por estar intimamente ligado com as ligações das moléculas, não poderia.

que então endureceu, ao passo que o interior se conservou fluido. Pode-se assim comparar a Terra a um bloco de carvão ao sair ígneo da fornalha e que sua superfície se apaga e resfria, ao contato do ar, mantendo-se-lhe o interior em estado de ignição, conforme se verificará, quebrando-o.

18. Na época em que o globo terrestre era uma massa incandescente, não continha nenhum átomo a mais, nem a menos do que hoje;* apenas, sob a influência da alta temperatura, a maior parte das substâncias que a compõem e que vemos sob a forma de líquidos ou de sólidos, de terras, de pedras, de metais e de cristais se achavam em estado muito diferente. Sofreram unicamente uma transformação. Em consequência do resfriamento, os elementos formaram novas combinações. O ar, enormemente dilatado, decerto se estendia a uma distância imensa; toda a água, forçosamente transformada em vapor, se encontrava misturada com o ar; todas as matérias suscetíveis de se volatilizarem, tais como os metais, o enxofre, o carbono, se achavam em estado de gás. O da atmosfera nada tinha, portanto, de comparável ao que é hoje; a densidade de todos esses vapores lhe dava uma opacidade que nenhum raio de sol podia atravessar. Se nessa época um ser vivo pudesse existir na superfície do planeta, apenas seria iluminado pelos revérberos sinistros da fornalha que lhe estava sob os pés e da atmosfera esbraseada; ele nem sequer suspeitaria da existência do Sol.

Período primário**

19. O primeiro efeito do resfriamento foi a solidificação da superfície exterior da massa em fusão e a formação aí de uma crosta resistente que, delgada a princípio, gradativamente se espessou. Essa crosta constitui a pedra chamada *granito*, de extrema dureza, assim

---

* N. E.: Parece-nos que Kardec se referia apenas à Terra propriamente dita, não levando em conta os aerólitos e a poeira cósmica que a ela se vêm juntando.

** N. E.: Refere-se à parte da Era Pré-Cambriana, de acordo com a Escala de Tempo Geológico moderna.

denominada pelo seu aspecto granuloso. Nela se distinguem três substâncias principais: o feldspato, o quartzo ou cristal de rocha e a mica. Esta última tem brilho metálico, embora não seja um metal.

A camada granítica foi, pois, a primeira que se formou no globo, é a que o envolve por completo, constituindo de certo modo o seu arcabouço ósseo. É o produto direto da consolidação da matéria fundida. Sobre ela e nas cavidades que apresentava a sua superfície torturada foi que se depositaram sucessivamente as camadas dos outros terrenos, posteriormente formados. O que a distingue destes últimos é a ausência de toda e qualquer estratificação; quer dizer: ela forma uma massa compacta e uniforme em toda a sua espessura, que não é disposta em camadas. A efervescência da matéria incandescente havia de produzir nela numerosas e profundas fendas, pelas quais essa mesma matéria extravasava.

20. O efeito seguinte do resfriamento foi a liquefação de algumas matérias contidas no ar em estado de vapor, as quais se precipitaram na superfície do solo. Houve então chuvas e lagos de enxofre e de betume, verdadeiros regatos de ferro, cobre, chumbo e outros metais fundidos. Infiltrando-se pelas fissuras, essas matérias constituíram os veios e filões metálicos.

Sob o influxo desses diversos agentes, a superfície granítica experimentou alternativas decomposições. Produziram-se misturas, que formaram os terrenos primitivos propriamente ditos, distintos da rocha granítica, mas em massas confusas e sem estratificação regular.

Vieram, a seguir, as águas que, caindo sobre um solo ardente, se vaporizavam de novo, recaíam em chuvas torrenciais e assim sucessivamente, até que a temperatura lhes facultou permanecerem no solo em estado líquido.

É a formação dos terrenos graníticos que dá começo à série dos períodos geológicos, aos quais conviria se acrescentasse o do estado primitivo, de incandescência do globo.

21. Tal o aspecto do primeiro período, verdadeiro *caos* de todos os elementos confundidos, à procura de estabilização, período em que nenhum ser vivo podia existir. Por isso mesmo, um de seus caracteres distintivos, em Geologia, é a ausência de qualquer vestígio de vida vegetal ou animal.

Impossível se torna assinar duração determinada a esse período, do mesmo modo que aos que se lhe seguiram. Mas, dado o tempo que se faz mister para que uma bala* de determinado volume, aquecida até o branco, se resfrie na superfície, ao ponto de permitir que uma gota de água possa sobre ela permanecer em estado líquido, calculou-se que, se essa bala tivesse o tamanho da Terra, necessários seriam mais de um milhão de anos.

Período de transição**

22. No começo do período de transição, ainda pequena era a espessura da sólida crosta granítica, que, portanto, resistência muito fraca oferecia à efervescência das matérias enfogadas que ela cobria e comprimia. Produziam-se, pois, intumescências, despedaçamentos numerosos, por onde se escapava a lava interior. O solo apresentava desigualdades pouco consideráveis.

As águas, pouco profundas, cobriam quase toda a superfície do globo, com exceção das partes soerguidas, que, formando terrenos baixos, eram frequentemente alagados.

O ar gradativamente se purgara das matérias mais pesadas, temporariamente em estado gasoso, as quais, condensando-se por efeito do resfriamento, se haviam precipitado na superfície do solo, sendo depois arrastadas e dissolvidas pelas águas.

Quando se fala de resfriamento naquela época, deve-se entender essa palavra em sentido relativo, isto é, em relação ao estado primitivo, porquanto a temperatura ainda havia de ser ardente.

Os espessos vapores aquosos que se elevavam de todos os lados da imensa superfície líquida, recaíam em chuvas copiosas e quentes, que

---

* N. E.: No original francês foi usado o termo "boulet", projetil esférico de metal, munição de canhões.

** N. E.: Refere-se à maior parte da Era Pré-Cambriana e toda a Era Paleozoica atuais.

obscureciam o ar. Entretanto, os raios do sol começavam a aparecer, através dessa atmosfera brumosa.

Uma das últimas substâncias de que o ar teve de expurgar-se, por ser gasoso o seu estado natural, foi o ácido carbônico, então um dos seus componentes.

23. Por essa época, entraram a formar-se as camadas de terrenos de sedimento, depositadas pelas águas carregadas de limo e de matérias diversas, apropriadas à vida orgânica.

Surgem aí os primeiros seres vivos do reino vegetal e do reino animal. Deles se encontram vestígios, a princípio em número reduzido, porém, depois, cada vez mais frequentes, à medida que se vai passando às camadas mais elevadas dessa formação. É digno de nota que por toda parte a vida se manifesta, logo que lhe são propícias as condições, nascendo cada espécie desde que se realizam as condições próprias à sua existência.

24. Os primeiros seres orgânicos que apareceram na Terra foram os vegetais de organização menos complicada, designados em Botânica sob os nomes de criptógamos, acotiledôneos, monocotiledôneos, isto é, liquens, cogumelos, musgos, fetos e plantas herbáceas.* Absolutamente, ainda se não veem árvores de tronco lenhoso, mas, apenas, as do gênero palmeira, cuja haste esponjosa é análoga à das ervas.

Os animais desse período, que apareceram em seguida aos primeiros vegetais, eram exclusivamente marinhos: primeiramente, polipeiros, radiários,** zoófitos, animais cuja organização simples e, por assim dizer, rudimentar, se aproxima, no máximo grau, da dos vegetais. Mais tarde, aparecem crustáceos e peixes de espécies que já não existem.

25. Sob o império do calor e da umidade e em virtude do excesso

---

* N. E.: Atualmente se sabe que os primeiros seres vivos eram unicelulares, bactérias muito primitivas e desprovidas de núcleos.

** N. E.: Classe de animais invertebrados, cujos órgãos estão dispostos simetricamente em torno de um eixo, ex.: equinodermos e pólipos.

de ácido carbônico espalhado no ar, gás impróprio à respiração dos animais terrestres, mas necessário às plantas, os terrenos expostos se cobriram rapidamente de uma vegetação pujante, ao mesmo tempo que as plantas aquáticas se multiplicavam no seio dos pântanos. Plantas que, nos dias atuais, são simples ervas de alguns centímetros, atingiam altura e grossura prodigiosas. Assim é que havia florestas de fetos arborescentes de oito a dez metros de altura e de proporcional grossura. Licopódios (marroio, gênero de musgo), do mesmo porte; cavalinhas,* de quatro a cinco metros, que a altura não passa hoje de um metro, e uma infinidade de espécies que não mais existem. Pelos fins do período, começam a aparecer algumas árvores do gênero conífero ou pinheiros.

26. Em consequência do deslocamento das águas, os terrenos que produziam essas massas de vegetais foram submergidos, cobertos de novos sedimentos terrosos, enquanto os que se achavam emersos se adornavam, a seu turno, de vegetação semelhante. Houve assim muitas gerações de vegetais alternativamente aniquiladas e renovadas. O mesmo não se deu com os animais que, sendo todos aquáticos, não estavam sujeitos a essas alternativas.

Acumulados durante longa série de séculos, esses destroços formaram camadas de grande espessura. Sob a ação do calor, da umidade, da pressão exercida, pelos posteriores depósitos terrosos e, sem dúvida, de diversos agentes químicos, dos gases, dos ácidos e dos sais produzidos pela combinação dos elementos primitivos, aquelas matérias vegetais sofreram uma fermentação que as converteu em *hulha* ou *carvão de pedra*. As minas de hulha são, pois, produto direto da decomposição dos acervos de vegetais acumulados durante o período de transição. É por isso que são encontrados em quase todas as regiões.**

---

* Nota de Allan Kardec: Planta dos pauis, vulgarmente chamada *cavalinha* ou *cauda de cavalo*.

** Nota de Allan Kardec: A turfa se formou da mesma maneira, pela decomposição dos amontoados de vegetais, em terrenos pantanosos; mas, com a diferença de

27. Os restos fósseis da pujante vegetação dessa época, achando-se hoje sob os gelos das terras polares, tanto quanto na zona tórrida, segue- -se que, uma vez que a vegetação era uniforme, também a temperatura o havia de ser. Os polos, portanto, não se achavam cobertos de gelo, como agora. É que, então, a Terra tirava de si mesma o calor, do fogo central que aquecia de igual modo toda a camada sólida, ainda pouco espessa. Esse calor era superior de muito ao que podia provir dos raios solares, enfraquecidos, ademais, pela densidade da atmosfera. Só mais tarde, quando a ação do calor central se tornou muito fraca ou nula sobre a superfície exterior do globo, a do Sol passou a preponderar e as regiões polares, que apenas recebiam raios oblíquos, portadores de pequena quantidade de calor, se cobriram de gelo. Compreende-se que na época de que falamos e ainda muito tempo depois, o gelo era desconhecido na Terra.

Deve ter sido muito longo esse período, a julgar pelo número e pela espessura das camadas de hulha.*

Período secundário**

28. Com o período de transição desaparecem a vegetação colossal e os animais que caracterizavam a época, ou porque as condições atmosféricas já não fossem as mesmas, ou porque uma série de cataclismos haja aniquilado tudo o que tinha vida na Terra. É provável que as duas causas tenham contribuído para essa mudança, por isso que, de um lado, o estudo dos terrenos que assinalam o fim desse

---

que, sendo de formação muito mais recente e sem dúvida noutras condições, ela não teve tempo de se carbonizar.

* Nota de Allan Kardec: Na baía de Fundy (Nova Escócia), o Sr. Lyell [Charles Lyell (1797–1875), geólogo britânico] encontrou, numa camada de hulha de espessura de quatrocentos metros, 68 níveis diferentes, apresentando traços evidentes de muitos solos de florestas, de cujas árvores os troncos ainda estavam guarnecidos de suas raízes. (L. Figuier)

Não dando mais de mil anos para a formação de cada um desses níveis, já teríamos 68.000 anos só para essa camada de hulha.

** N. E.: Era Mesozoica atual.

período comprova a ocorrência de grandes subversões oriundas de levantamentos e erupções que derramaram sobre o solo grandes quantidades de lavas, e, de outro lado, porque grandes mudanças se operaram nos três* reinos.

29. O período secundário se caracteriza, sob o aspecto mineral, por numerosas e fortes camadas que atestam uma formação lenta no seio das águas e marcam diferentes épocas bem caracterizadas.

A vegetação é menos rápida e menos colossal que no período precedente, sem dúvida em virtude da diminuição do calor e da umidade e de modificações sobrevindas aos elementos constitutivos da atmosfera. Às plantas herbáceas e polpudas, juntam-se as de caule lenhoso e as primeiras árvores propriamente ditas.

30. Ainda são aquáticos os animais, ou, quando nada, anfíbios, a vida vegetal progride pouco na Terra seca. Desenvolve-se no seio dos mares uma prodigiosa quantidade de animais de conchas, devido à formação das matérias calcárias. Nascem novos peixes, de organização mais aperfeiçoada do que no período anterior. Aparecem os primeiros cetáceos. Os mais característicos animais dessa época são os reptis monstruosos, entre os quais se notam:

O *ictiossauro*, espécie de peixe-lagarto que chegava a ter 10 metros de comprimento, com mandíbulas prodigiosamente alongadas, armadas de 180 dentes. Sua forma geral lembra um pouco a do crocodilo, mas sem couraça escamosa. Seus olhos tinham o volume da cabeça de um homem; possuía barbatanas como a baleia e, como esta, expelia água por aberturas próprias para isso.

O *plesiossauro*, outro reptil marinho, tão grande quanto o *ictiossauro*, tinha pescoço, excessivamente longo, que se dobrava como o do cisne, e lhe dava a aparência de enorme serpente ligada a um corpo de tartaruga. Tinha a cabeça do lagarto e os dentes do crocodilo. Sua pele devia ser lisa, qual a do ictiossauro, porquanto não se lhe descobriu nenhum vestígio de escamas ou de concha.**

---

* N. E.: Ver Nota Explicativa, p. 407.

** Nota de Allan Kardec: O primeiro fóssil deste animal foi descoberto, na

O *teleossauro*, que mais se aproxima dos crocodilos atuais, parecendo estes um seu diminutivo. Como os últimos, tinha uma couraça escamosa e vivia, ao mesmo tempo, na água e em Terra. Seu talhe era de cerca de dez metros, dos quais três ou quatro só para a cabeça. A boca tinha de abertura dois metros.

O *megalossauro*, grande lagarto, espécie de crocodilo, de 14 a 15 metros de comprimento. Essencialmente carnívoro, nutria-se de reptis, de pequenos crocodilos e de tartarugas. Sua formidável mandíbula era armada de dentes em forma de lâmina de podadeira, de gume duplo, recurvados para trás, de tal jeito que, uma vez enterrados na presa, impossível se tornaria a esta desprender-se.

O *iguanodonte*, o maior dos lagartos que já apareceram na Terra. Tinha de 20 a 25 metros da cabeça à extremidade da cauda e sobre o focinho um chifre ósseo, semelhante ao do iguano da atualidade, do qual parece que não diferia senão pelo tamanho. O último tem apenas 1 metro de comprimento. A forma dos dentes prova que ele era herbívoro e a dos pés que era animal terrestre.*

O *pterodátilo*, animal estranho, do tamanho de um cisne, participando, simultaneamente, do réptil pelo corpo, do pássaro pela cabeça e do morcego pela membrana carnuda que lhe religava os dedos prodigiosamente longos. Essa membrana lhe servia de paraquedas quando se precipitava sobre a presa do alto de uma árvore ou de um rochedo. Não possuía bico córneo, como os pássaros, mas os ossos das mandíbulas, do comprimento da metade do corpo e guarnecidos de dentes, terminavam em ponta como um bico.

31. Durante esse período, que há de ter sido muito longo, como o atestam o número e a pujança das camadas geológicas, a vida

---

Inglaterra, em 1823. Depois, encontraram-se outros na França e na Alemanha.

* N. E.: Somente após a desencarnação do autor, ocorrida em 1869, foram descobertos, na Inglaterra, fragmentos suficientes à montagem de um exemplar completo, pelos paleontólogos, permitindo melhor elucidar detalhes da descrição desse dinossauro. Ficou, então, claro que ele tinha uma calosidade óssea sobre o focinho, como os iguanídeos uma crista espinhosa no dorso, inexistindo chifres, que, no entanto, eram bastante evidentes em outros monstros, como nos saurópodes.

animal tomou enorme desenvolvimento no seio das águas, tal qual se dera com a vegetação no período que findara. Mais depurado e mais favorável à respiração, o ar começou a permitir que alguns animais vivessem em Terra. O mar se deslocou muitas vezes, mas sem abalos violentos. Com esse período, desaparecem, por sua vez, aquelas raças de gigantescos animais aquáticos, substituídos mais tarde por espécies análogas, de formas menos desproporcionadas e de menor porte.

32. O orgulho levou o homem a dizer que todos os animais foram criados por sua causa e para satisfação de suas necessidades. Mas, qual o número dos que lhe servem diretamente, dos que lhe foi possível submeter, comparado ao número incalculável daqueles com os quais nunca teve ele, nem nunca terá, quaisquer relações? Como se pode sustentar semelhante tese, em face das inumeráveis espécies que exclusivamente povoaram a Terra por milhares e milhares de séculos, antes que ele aí surgisse, e que afinal desapareceram? Poder-se-á afirmar que elas foram criadas em seu proveito? Entretanto, tinham todas a sua razão de ser, a sua utilidade. Deus, decerto, não as criou por simples capricho da sua vontade, para dar a si mesmo, em seguida, o prazer de as aniquilar, pois que todas tinham vida, instintos, sensação de dor e de bem-estar. Com que fim ele o fez? Com um fim que há de ter sido soberanamente sábio, embora ainda o não compreendamos. Certamente, um dia será dado ao homem conhecê-lo, para confusão do seu orgulho; mas, enquanto isso não se verifica, como se lhe ampliam as ideias ante os novos horizontes em que lhe é permitido, agora, mergulhar a vista, em presença do imponente espetáculo dessa Criação, tão majestosa no seu lento caminhar, tão admirável na sua previdência, tão pontual, tão precisa e tão invariável nos seus resultados!

Período terciário*

33. Com o período terciário nova ordem de coisas começa para a Terra. O estado da sua superfície muda completamente de

---

* N. E.: Período Terciário da Era Cenozoica atual.

aspecto; modificam-se profundamente as condições de vitalidade e se aproximam do estado atual. Os primeiros tempos desse período se assinalam por uma interrupção da produção vegetal e animal; tudo revela traços de uma destruição quase geral dos seres vivos, depois do que aparecem sucessivamente novas espécies, cuja organização, mais perfeita, se adapta à natureza do meio onde são chamados a viver.

34. Durante os períodos anteriores, a crosta sólida do globo, em virtude da sua pequena espessura, apresentava, como já se disse, bem fraca resistência à ação do fogo interior. Facilmente despedaçado, esse envoltório permitia que as matérias em fusão se derramassem livremente pela superfície do solo. Outro tanto já não se deu quando este ganhou certa espessura. Então, comprimidas de todos os lados, as matérias esbraseadas, como a água em ebulição num vaso fechado, acabaram por produzir uma espécie de explosão. Violentamente quebrada num sem-número de pontos, a massa granítica ficou crivada de fendas, como um *vaso rachado*. Ao *longo dessas fendas*, a crosta sólida, levantada e deprimida, formou os picos, as cadeias de montanhas e suas ramificações. Certas partes do envoltório não chegaram a ser despedaçadas, foram apenas soerguidas, enquanto noutros pontos decalcamentos e escavações se produziram.

A superfície do solo tornou-se então muito desigual; as águas que, até aquele momento, a cobriam de maneira quase uniforme na maior parte da sua extensão, foram impelidas para os lugares mais baixos, deixando em seco vastos continentes, ou cumes isolados de montanhas, formando ilhas.

Tal o grande fenômeno que se operou no período terciário e que transformou o aspecto do globo. Ele não se produziu instantânea, nem simultaneamente em todos os pontos, mas sucessivamente e em épocas mais ou menos distanciadas.

35. Uma das primeiras consequências desses levantamentos foi, como já ficou dito, a inclinação das camadas de sedimento, primitivamente horizontais e assim conservadas onde quer que o solo não sofreu subversões. Foi, portanto, nos flancos e nas proximidades das montanhas que essas inclinações mais se pronunciaram.

36. Nas regiões onde as camadas de sedimento conservaram a horizontalidade, para se chegar às de formação primária tem-se que atravessar todas as outras, até considerável profundidade, ao cabo da qual se encontra inevitavelmente a rocha granítica. Quando, porém, se ergueram em montanhas, aquelas camadas foram levadas acima do seu nível normal, indo às vezes até a grande altura, de tal sorte que, feito um corte vertical no flanco da montanha, elas se mostram em toda a sua espessura e superpostas como as fiadas de uma construção.

É assim que a grandes elevações se encontram enormes bancos de conchas, primitivamente formados no fundo dos mares. Está hoje perfeitamente comprovado que em nenhuma época o mar há podido alcançar semelhantes alturas, visto que para tanto não bastariam todas as águas existentes na Terra, ainda mesmo que fossem em quantidade cem vezes maior.

Ter-se-ia, pois, de supor que a quantidade de água diminuiu e, então, caberia perguntar o que fora feito da porção que desapareceu. Os levantamentos, fato hoje incontestável, explicam de maneira lógica e rigorosa os depósitos marinhos que se encontram em certas montanhas.*

37. Nos lugares onde o levantamento da rocha primitiva produziu completa rasgadura do solo, quer pela rapidez do fenômeno, quer pela forma, altura e volume da massa levantada, o granito foi posto a nu, *qual um dente que irrompeu da gengiva*. Levantadas, quebradas e arrumadas, as camadas que o revestiam ficaram a descoberto. É assim que terrenos pertencentes às mais antigas formações e que, na posição primitiva, se achavam a grande profundidade, compõem hoje o solo de certas regiões.

38. Deslocada por efeito dos soerguimentos, a massa granítica deixou nalguns sítios fendas por onde se escapa o fogo interior e se escoam as matérias em fusão; os vulcões, que são como que chaminés da imensa fornalha, ou, melhor, *válvulas de segurança* que, dando

---

* Nota de Allan Kardec: Camadas de calcário conchífero foram encontradas nos Andes, América do Sul, a 5.000 metros acima do nível do oceano.

saída ao excesso das matérias ígneas, preservam o globo de comoções muito mais terríveis. Daí o poder dizer-se que os vulcões em atividade são uma segurança para o conjunto da superfície do solo.

Da intensidade desse fogo é possível fazer-se ideia, ponderando-se que no seio mesmo dos mares se abrem vulcões e que a massa de água que os recobre e neles penetra não consegue extingui-los.

39. Os levantamentos operados na massa sólida necessariamente deslocaram as águas, sendo estas impelidas para as partes côncavas, que ao mesmo tempo se haviam tornado mais profundas pela elevação dos terrenos emergidos e pela depressão de outros. Mas, esses terrenos tornados baixos, levantados por sua vez ora num ponto, ora noutro, expulsaram as águas, que refluíram para outros lugares e assim por diante, até que houvessem podido tomar um leito mais estável.

Os sucessivos deslocamentos dessa massa líquida forçosamente trabalharam e torturaram a superfície do solo. As águas, escoando-se, arrastaram consigo uma parte dos terrenos de formações anteriores, postos a descoberto pelos levantamentos, desnudaram algumas montanhas que eles cobriam e lhes deixaram à mostra a base granítica ou calcária. Profundos vales foram cavados, enquanto outros eram aterrados.

Há, pois, montanhas diretamente formadas pelo fogo central: principalmente as graníticas; outras, devidas à ação das águas que, arrastando as terras móveis e as matérias solúveis, cavaram vales em torno de uma base resistente, calcária, ou de outra natureza.

As matérias carreadas pelas correntes de água formaram as camadas do período terciário, que facilmente se distinguem das dos precedentes, menos pela composição, que é quase a mesma, do que pela disposição.

As camadas dos períodos primário, de transição e secundário, formadas sobre uma superfície pouco acidentada, são mais ou menos uniformes na Terra toda; as do período terciário, formadas, em vez disso, sobre base muito desigual e pela ação carreadora das águas, apresentam caráter mais local. Por toda parte, fazendo-se escavações de certa profundidade, encontram-se todas as camadas anteriores, na ordem em que se formaram, ao passo que não se encontra por toda parte o terreno terciário, nem todas as suas camadas.

40. Durante os reviramentos do solo, ocorridos no princípio deste período, a vida orgânica, como é fácil de conceber-se, teve que ficar estacionária por algum tempo, o que se reconhece examinando terrenos baldos de fósseis. Desde, porém, que sobreveio um estado mais calmo, reapareceram os vegetais e os animais. Estando mudadas as condições de vitalidade, mais depurada a atmosfera, formaram-se novas espécies, com organização mais perfeita. As plantas, sob o ponto de vista da estrutura, diferem pouco das de hoje.

41. No correr dos dois períodos precedentes, eram pouco extensos os terrenos que as águas não cobriam; eram, ainda assim, pantanosos e com frequência ficavam submersos. Essa a razão por que só havia animais aquáticos ou anfíbios. O período terciário, no qual vários continentes se formaram, caracterizou-se pelo aparecimento dos animais terrestres.*

Assim como o período de transição assistiu ao nascimento de uma vegetação colossal, o período secundário ao de reptis monstruosos, também o terciário presenciou o de gigantescos mamíferos, quais o *elefante*, o *rinoceronte*, o *hipopótamo*, o *paleotério*, o *megatério*, o *dinotério*, o *mastodonte*, o *mamute* etc. Estes dois últimos, variedades do elefante, tinham de cinco a seis metros de altura e suas defesas chegavam a quatro metros de comprimento. Também assistiu, esse período, ao nascimento dos pássaros, bem como à maioria das espécies animais que ainda hoje existem.** Algumas, das dessa época, sobreviveram aos cataclismos posteriores; outras, qualificadas genericamente de *animais antediluvianos*, desapareceram completamente, ou foram

---

* N. E.: No Período Secundário, que corresponde à Era Mesozoica, ocorre o desenvolvimento e expansão dos dinossauros; nesta mesma Era os continentes já estavam formados. No final da Era Mesozoica, há 65 milhões de anos, ocorre a extinção dos dinossauros.
** N. E.: A Paleontologia situa o surgimento dos pássaros na Era Mesozoica moderna, mais exatamente no Período Jurássico, que corresponde ao Período Secundário desta obra.

substituídas por espécies análogas, de formas menos pesadas e menos maciças, cujos primeiros tipos foram como que esboços. Tais o *felis speloea*, animal carnívoro do tamanho de um touro, com os caracteres anatômicos do tigre e do leão: o *cervus megaceron*, variedade do cervo, cujos chifres, compridos de três metros, eram espaçados de três a quatro nas extremidades.

Período diluviano*

42. Este período teve a assinalá-lo um dos maiores cataclismos que revolveram o globo, cuja superfície ele mudou mais uma vez de aspecto, destruindo uma imensidade de espécies vivas, das quais apenas restam despojos. Por toda a parte deixou traços que atestam a sua generalidade. As águas, violentamente arremessadas fora dos respectivos leitos, invadiram os continentes, arrastando consigo as terras e os rochedos, desnudando as montanhas, desarraigando as florestas seculares. Os novos depósitos que elas formaram são designados, em Geologia, pelo nome de *terrenos diluvianos*.

43. Um dos vestígios mais significativos desse grande desastre são os penedos chamados *blocos erráticos*. Dá-se essa denominação a rochedos de granito que se encontram isolados nas planícies, repousando sobre terrenos terciários e no meio de terrenos diluvianos, algumas vezes a muitas centenas de léguas das montanhas donde foram arrancados. É claro que só a violência das correntes há podido transportá-los a tão grandes distâncias.**

44. Outro fato não menos característico e cuja causa se não descobriu ainda é que só nos terrenos diluvianos se encontram os primeiros *aerólitos*. Pois que somente nessa época eles começaram a cair, segue-se que anteriormente não existia a causa que os produz.

---

* N. E.: Corresponde à época do Pleistoceno, no Período Quaternário da Era Cenozoica.

** Nota de Allan Kardec: Um desses blocos, evidentemente provindo, pela sua composição, das montanhas da Noruega, serve de pedestal à estátua de Pedro, o Grande, em São Petersburgo.

45. Foi também por essa época que os polos começaram a cobrir-se de gelo e que se formaram as geleiras das montanhas, o que indica notável mudança na temperatura da Terra, mudança que deve ter sido súbita, porquanto, se se houvesse operado gradualmente, os animais, como os elefantes, que hoje só vivem nos climas quentes e que são encontrados em tão grande número no estado fóssil nas terras polares, teriam tido de retirar-se pouco a pouco para as regiões mais temperadas. Tudo denota, ao contrário, que eles provavelmente foram colhidos de surpresa por um grande frio e sitiados pelos gelos.*

46. Esse foi, pois, o verdadeiro dilúvio universal. Dividem-se as opiniões relativamente às causas que devam tê-lo produzido. Quaisquer, porém, que elas sejam, o que é certo é que o fato se deu.

A suposição mais generalizada é a de que uma *brusca* mudança sofreu a posição do eixo e dos polos da Terra; daí uma projeção geral das águas sobre a superfície. Se a mudança se houvesse processado lentamente, a retirada das águas teria sido gradual, sem abalos, no passo que tudo indica uma comoção violenta e inopinada. Ignorando qual a verdadeira causa, temos que ficar no campo das hipóteses.

O deslocamento repentino das águas também pode ter ocasionado o levantamento de certas partes da crosta sólida e a formação de novas montanhas dentro dos mares, conforme se verificou em começo do período terciário. Mas, além de que, então, o cataclismo não teria sido geral, isso não explicaria a mudança subitânea da temperatura dos polos.

---

* Nota de Allan Kardec: Em 1771, o naturalista russo Pallas [Peter Simon Pallas (1741–1811), alemão, se tornou famoso na Rússia] encontrou nos gelos do Norte o corpo inteiro de um mamute revestido da pele e conservando parte das suas carnes. Em 1799, descobriu-se outro, igualmente encerrado num enorme bloco de gelo, na embocadura do Lena, na Sibéria, e que foi descrito pelo naturalista Adams. Os iacutos das circunvizinhanças lhe despedaçaram as carnes para alimentar seus cães. A pele se achava coberta de pelos negros e o pescoço guarnecia-o espessa crina. A cabeça sem as defesas, que mediam mais de quatro metros, pesava mais de duzentos quilos. Seu esqueleto está no museu de São Petersburgo. Nas ilhas e nas bordas do mar glacial encontra-se tão grande quantidade de defesas, que elas fazem objeto de considerável comércio, sob o nome de marfim fóssil ou da Sibéria.

47. Na tormenta determinada pelo deslocamento das águas, pereceram muitos animais; outros, a fim de escaparem à inundação, se retiraram para os lugares altos, para as cavernas e fendas, onde sucumbiram em massa, ou de fome, ou entredevorando-se, ou, ainda, talvez, pela irrupção das águas nos sítios onde se tinham refugiado e donde não puderam fugir. Assim se explica a grande quantidade de ossadas de animais diversos, carnívoros e outros, que são encontradas de mistura em certas cavernas, que por essa razão foram chamadas *brechas* ou *cavernas ossosas*. São encontradas as mais das vezes sob as estalagmites. Nalgumas, as ossadas parecem ter sido arrastadas para ali pela correnteza das águas.*

Período pós-diluviano ou atual.** Nascimento do homem

48. Uma vez restabelecido o equilíbrio na superfície do planeta, prontamente a vida vegetal e animal retomou o seu curso. Consolidado, o solo assumiu uma colocação mais estável; o ar, purificado, se tornara apropriado a órgãos mais delicados. O Sol, brilhando em todo o seu esplendor através de uma atmosfera límpida, difundia, com a luz, um calor menos sufocante e mais vivificador do que o da fornalha interna. A Terra se povoava de animais menos ferozes e mais sociáveis; mais suculentos, os vegetais proporcionavam alimentação menos grosseira; tudo, enfim, se achava preparado no planeta para o novo hóspede que o viria habitar. Apareceu então o *homem*, último ser da criação, a inteligência desse ser concorreria, dali em diante, para o progresso geral, progredindo ele próprio.

49. O homem só terá existido na Terra depois do período diluviano, ou terá surgido antes dessa época? Questão é esta muito

---

* Nota de Allan Kardec: Conhece-se grande número de cavernas semelhantes, algumas de enorme extensão. Várias existem, no México, de muitas léguas. A de Aldesberg, em Carniola (Áustria), tem nada menos de três léguas. Uma das mais notáveis é a de Gailenreuth, no Würtemberg. Há muitas delas na França, na Inglaterra, na Alemanha, na Itália (Sicília) e outros países da Europa.

** N. E.: Corresponde atualmente à época do Holoceno, no Período Quaternário, da Era Cenozoica; época atual.

controvertida hoje, mas sua solução, seja qual for, nada mudará no conjunto dos fatos verificados, nem fará que o aparecimento da espécie humana não seja anterior, de muitos milhares de anos, à data que lhe assina a Gênese bíblica.

O que fez se supusesse que o advento dos homens ocorreu posteriormente ao dilúvio foi o fato de se não ter achado vestígio autêntico da sua existência no período anterior. As ossadas descobertas em diversos lugares e que geraram a crença na existência de uma raça de gigantes antediluvianos foram reconhecidas como de elefantes.

O que está fora de dúvida é que não existia o homem, nem no período primário, nem no de transição, nem no secundário, não só porque nenhum traço dele se descobriu, como também porque não havia para ele condições de vitalidade. Se o seu aparecimento se deu no terciário, só pode ter sido no fim do período e bem pouco então se há de ele ter multiplicado.

Ademais, por haver sido curto, o período antediluviano não determinou mudanças notáveis nas condições atmosféricas, tanto que eram os mesmos os animais, antes e depois dele; não é, pois, impossível que o aparecimento do homem tenha precedido esse grande cataclismo; está hoje comprovada a existência do macaco naquela época e recentes descobertas parecem confirmar a do homem.*, **

Como quer que seja, tenha o homem aparecido ou não antes do grande dilúvio universal, o que é certo é que o seu papel humanitário somente no período pós-diluviano começou a esboçar-se. Pode-se, portanto, considerar caracterizado pela sua presença esse período.

---

* Nota de Allan Kardec: Veja-se: O homem antediluviano, por Boucher de [Chévecoeur de] Perthes. — Os instrumentos de pedra, idem. — Discurso sobre as revoluções do globo, por Georges Cuvier, anotado pelo Dr. Hoefer.

** N.E.: Atualmente se sabe que a existência da espécie humana remonta a 3 milhões de anos, o que corresponde ao Plioceno, última época do período Terciário.

CAPÍTULO VIII
TEORIAS SOBRE A FORMAÇÃO DA TERRA

• Teoria da projeção • Teoria da condensação
• Teoria da incrustação • Alma da Terra

Teoria da projeção

1.   De todas as teorias concernentes à origem da Terra, a que alcançou maior voga, nestes últimos tempos,* é a de *Buffon*,** quer pela posição que ele desfrutava no mundo sábio, quer pela razão de não se saber mais do que ele disse naquela época.

Vendo que todos os planetas se movem na mesma direção, do ocidente para o oriente, e no mesmo plano, a percorrer órbitas cuja inclinação não passa de sete graus e meio, concluiu Buffon, dessa uniformidade, que eles hão de ter sido postos em movimento pela mesma causa.

---

* N. E.: Final do século XVIII e a primeira metade do século XIX.
** N. E.: Georges Louis Leclerc de Buffon (1707–1788), naturalista francês.

De igual ponto de vista, formulou a suposição de que, sendo o sol uma massa incandescente em fusão, um cometa se haja chocado com ele e, raspando-lhe a superfície, tenha destacado desta uma porção que, projetada no espaço pela violência do choque, se dividiu em muitos fragmentos, formando esses fragmentos os planetas, que continuaram a mover-se circularmente, pela combinação das forças centrífuga e centrípeta, no sentido dado pela direção do choque primitivo, isto é, no plano da eclíptica.

Os planetas seriam assim partes da substância incandescente do sol e, por conseguinte, também teriam sido incandescentes, em sua origem. Levaram para se resfriar e consolidar tempo proporcionado aos seus volumes respectivos e, quando a temperatura o permitiu, a vida lhes despontou na superfície.

Em virtude do gradual abaixamento do calor central, a Terra chegaria, ao cabo de certo tempo, a um estado de resfriamento completo; a massa líquida se congelaria inteiramente e o ar, cada vez mais condensado, acabaria por desaparecer. O abaixamento da temperatura, tornando impossível a vida, acarretaria a diminuição, depois o desaparecimento de todos os seres organizados. Tendo começado pelos polos, o resfriamento ganharia pouco a pouco todas as regiões, até ao equador.

Tal, segundo Buffon, o estado atual da Lua que, menor do que a Terra, seria hoje um mundo extinto, do qual a vida se acha para sempre excluída. O próprio sol viria a ter, afinal, a mesma sorte. De acordo com os seus cálculos, a Terra teria gasto cerca de 74.000 anos para chegar à sua temperatura atual e dentro de 93.000 anos veria o termo da existência da natureza organizada.

2. A teoria de Buffon, contraditada pelas novas descobertas da Ciência, está presentemente abandonada, quase de todo, pelas razões seguintes:

1ª Durante longo tempo, acreditou-se que os cometas eram corpos sólidos, cujo encontro com um planeta podia ocasionar a destruição deste último. Nessa hipótese, a suposição de Buffon nada tinha de improvável. Sabe-se, porém, agora, que os cometas são formados de uma matéria gasosa, bastante rarefeita,* entretanto, para que se possam perceber estrelas de grandeza média através de seus núcleos. Nessas condições, oferecendo menos resistência do que o Sol, impossível é que, num choque violento com este, eles sejam capazes de arremessar ao longe qualquer porção da massa solar.

2ª A natureza incandescente do Sol é também uma hipótese, que nada, até o presente, confirma, que, ao contrário, as observações parecem desmentir. Se bem ainda não haja certeza quanto à sua natureza, os poderosos meios de observação de que hoje dispõe a Ciência hão permitido que ele seja melhor estudado, de modo a admitir-se, em geral, que é um globo composto de matéria sólida, cercada de uma atmosfera luminosa, ou fotosfera, que não se acha em contato com a sua superfície.**

3ª Ao tempo de Buffon, somente se conheciam os seis planetas de que os antigos eram conhecedores: Mercúrio, Vênus, Terra, Marte, Júpiter e Saturno. Descobriram-se depois outros em grande número, três dos quais, principalmente, Juno, Ceres e Palas, têm suas órbitas inclinadas de 13, 10 e 34 graus, o que não concorda com um movimento único de projeção.***

4ª Reconheceram-se absolutamente inexatos os cálculos de Buffon acerca do resfriamento, desde que Fourier descobriu a lei do decrescimento do calor. A Terra não precisou apenas de 74.000 anos para

---

* N. E.: A Ciência atualmente define os cometas como blocos de gelo e rocha com alguns quilômetros de extensão; quando um cometa se aproxima do Sol, o gelo superficial se evapora, formando uma "bola" de vapor que adquire a forma de longa cauda.

Hoje, sabemos que os cometas não são tão inofensivos quando se chocam com planetas; mas em choque com o Sol não causaria qualquer dano a essa estrela.

** Nota de Allan Kardec: Completa dissertação, à altura da ciência moderna, sobre a natureza do Sol e dos cometas, se encontra nos *Estudos e leituras sobre a Astronomia,* de Camille Flammarion.

*** N. E.: Juno, Ceres e Palas são alguns dos mais de 4.000 asteroides identificados pelos astrônomos; asteroides são fragmentos de rocha que giram em torno do Sol.

chegar à sua temperatura atual, mas de alguns milhões de anos.*

5ª Buffon unicamente considerou o calor central da Terra, sem levar em conta o dos raios solares. Ora, é sabido hoje, em presença de dados científicos de rigorosa precisão, obtidos pela experiência, que, em virtude da espessura da crosta terrestre, o calor interno do globo não contribui, de há muito, senão em parcela insignificante, para a temperatura da superfície exterior. São periódicas as variações que essa temperatura sofre e devidas à ação preponderante do calor solar (cap. VII, item 25). Permanente que é o efeito dessa causa, ao passo que o do calor central é nulo, ou quase nulo, a diminuição deste não pode trazer à superfície da Terra sensíveis modificações. Para que a Terra se tornasse inabitável pelo resfriamento, fora necessária a extinção do Sol.**

Teoria da condensação

3. A teoria da formação da Terra pela condensação da matéria cósmica é a que hoje prevalece na Ciência, como a que a observação melhor justifica, a que resolve maior número de dificuldades e que se apoia, mais do que todas as outras, no grande princípio da unidade universal. É a que deixamos exposta acima, no cap. VI: Uranografia geral.

Estas duas teorias, como se vê, conduzem ao mesmo resultado: estado primitivo, de incandescência, do globo; formação de uma crosta sólida pelo resfriamento; existência do fogo central e aparecimento da vida orgânica, logo que a temperatura a tornou possível. Diferem, no entanto, em pontos essenciais e é provável que, se Buffon vivesse atualmente, adotaria outras ideias.

A Geologia toma a Terra no ponto em que é possível a observação

---

* N.E.: Estima-se que a Terra tenha iniciado seu processo de formação há 4.600 milhões de anos. O processo de solidificação da crosta teria ocorrido nos primeiros 500 milhões de anos.

** Nota de Allan Kardec: Vejam-se, para maiores esclarecimentos sobre este assunto e sobre a lei do decrescimento do calor: *Cartas acerca das revoluções do globo,* pelo Dr. Bertrand, ex-aluno da Escola Politécnica de Paris, carta II. — Esta obra, à altura da ciência moderna, escrita com simplicidade e sem Espírito de sistema, encerra um estudo geológico de grande interesse.

direta. Seu estado anterior, por escapar à observação, só pode ser conjetural. Ora, entre duas hipóteses, o bom senso diz que se deve preferir a que a lógica sanciona e que mais acorde se mostra com os fatos observados.

Teoria da incrustação

4. Apenas por não deixar de mencioná-la, falamos desta teoria, que nada tem de científica, mas, que, entretanto, conseguiu certa repercussão nos últimos tempos e seduziu algumas pessoas. Acha-se resumida na carta seguinte:

"Deus, segundo a *Bíblia*, criou o mundo em seis dias, quatro mil anos antes da Era Cristã. Essa afirmativa os geólogos a contestam, firmados no estudo dos fósseis e dos milhares de caracteres incontestáveis de vetustez que transportam a origem da Terra a milhões de anos. Entretanto, a Escritura disse a verdade e também os geólogos. E foi um simples campônio* quem os pôs de acordo, ensinando que o nosso globo não é mais do que um planeta *incrustador*, muito moderno, composto de materiais muito antigos.

"Após o arrebatamento do *planeta desconhecido*, que chegara à maturidade, ou de harmonia com o que existiu no lugar que hoje ocupamos, a alma da Terra recebeu ordem de reunir seus satélites, para formar a Terra atual, segundo as regras do progresso em tudo e por tudo. Quatro apenas desses astros concordaram com a associação que lhes era proposta. Só a Lua persistiu na sua autonomia, visto que também os *globos têm o seu livre-arbítrio*. Para proceder a essa fusão, a alma da Terra dirigiu aos satélites um raio magnético atrativo, que pôs em estado cataléptico todo o mobiliário vegetal, animal e hominal que eles possuíam e que trouxeram para a comunidade. A operação teve por únicas testemunhas a alma da Terra e os grandes mensageiros celestes que a ajudaram nessa grande obra, abrindo aqueles globos para lhes dar entranhas comuns. Praticada a soldadura, as águas se escoaram para os vazios que a ausência da Lua deixara. As atmosferas se confundiram e começou o despertar ou a ressurreição dos *germens que estavam em catalepsia*. O homem foi o último a ser tirado do estado de hipnotismo e se viu cercado da luxuriante

---

* Nota de Allan Kardec: Miguel de Figagnères (Var), autor da *Chave da vida*.

vegetação do paraíso terrestre e dos animais que pastavam em paz ao seu derredor. Tudo isto se podia fazer em seis dias, com obreiros tão poderosos como os que Deus encarregara da tarefa. O planeta Ásia trouxe a raça amarela, a de civilização mais antiga; o África, a raça negra; o *Europa*, a raça branca e o *América*, a raça vermelha.

"Assim, certos animais, de que apenas os despojos são encontrados, nunca teriam vivido na Terra atual, mas teriam sido transportados de outros mundos desmanchados pela velhice. Os fósseis, que se encontram em climas sob os quais não teriam podido existir neste mundo, viviam sem dúvida em zonas muito diferentes nos globos onde nasceram. Tais despojos na Terra se encontram nos polos, ao passo que os animais viviam no equador dos globos a que pertenciam."

5. Esta teoria tem contra si os mais positivos dados da ciência experimental, além de que deixa intacta a questão mesma que ela pretende resolver, a questão da origem. Diz, é certo, como a Terra se teria formado, mas não diz como se formaram os quatro mundos que se reuniram para constituí-la.

Se as coisas se houvessem passado assim, como se explicaria a inexistência absoluta de quaisquer vestígios daquelas imensas soldaduras, não obstante terem ido até as entranhas do globo? Cada um daqueles mundos, o Ásia, o África, o Europa e o América, que se pretende haverem trazido os materiais que lhes eram próprios, teria uma geologia particular, diferente da dos demais, *o que não é exato*. Ao contrário, vê-se, primeiramente, que o núcleo granítico é uniforme, de composição homogênea em todas as partes do globo, *sem solução de continuidade*. Depois, as camadas geológicas se apresentam de formação igual, idênticas quanto à constituição, superpostas, em toda parte, na mesma ordem, contínuas, sem interrupção, de um lado a outro dos mares, da Europa à Ásia, à África, à América, e reciprocamente. Essas camadas que dão testemunho das transformações do globo, atestam que tais transformações se operaram em toda a sua superfície e não, apenas, numa porção desta; mostram os períodos de aparecimento, existência, e desaparecimento das mesmas espécies animais e vegetais, nas diferentes partes do mundo, igualmente; mostram a fauna e a flora desses períodos recuados a marcharem simultaneamente por toda parte, sob a influência de uma temperatura uniforme, e a mudar por toda parte de caráter, à medida que a temperatura se modifica. Semelhante estado de coisas não se concilia com a formação da Terra por adjunção de muitos mundos diferentes.

Ademais, é de perguntar-se o que teria sido feito do mar, que ocupa o vazio deixado pela Lua, se esta não se houvesse recusado a reunir-se às suas irmãs. Que aconteceria à Terra atual, se um dia a Lua tivesse a fantasia de vir tomar o seu lugar, expulsando deste o mar?

6. Semelhante sistema seduziu algumas pessoas, porque parecia explicar a presença das diferentes raças de homens na Terra e a localização delas. Mas, uma vez que essas raças puderam proliferar em mundos distintos, por que não teriam podido desenvolver-se em pontos diversos do mesmo globo? É querer resolver uma dificuldade por meio de outra dificuldade maior. Efetivamente, quaisquer que fossem a rapidez e a destreza com que a *operação* se praticasse, aquela junção não se houvera podido realizar sem violentos abalos. Quanto mais rápida ela fosse, tanto mais desastrosos haviam de ser os cataclismos. Parece, pois, impossível que seres *apenas mergulhados em sono cataléptico* hajam podido resistir-lhes, para, em seguida, despertarem tranquilamente. Se fossem unicamente germens, em que consistiriam? Como é que seres inteiramente formados se reduziriam ao estado de germens? Restaria sempre a questão de saber-se como esses germens novamente se desenvolveram. Ainda aí, teríamos a Terra a formar-se por processo miraculoso, processo, porém, menos poético e menos grandioso do que o da Gênese bíblica, enquanto que as leis naturais dão, da sua formação, uma explicação muito mais completa e, sobretudo, mais racional, deduzida da observação.*, **

---

* Nota de Allan Kardec: Quando tal sistema se liga a toda uma cosmogonia, é de perguntar-se sobre que base racional pode o resto assentar.

A concordância que, por meio desse sistema, se pretende estabelecer, entre a Gênese bíblica e a Ciência, é inteiramente ilusória, pois que a própria Ciência o contradiz. O autor da carta acima, homem de grande saber, seduzido, um instante, por essa teoria, logo lhe descobriu os lados vulneráveis e não tardou a combatê-la com as armas da Ciência.

** N. E.: Ver Nota Explicativa, p. 407.

Alma da Terra

7. A alma da Terra desempenhou papel principal na teoria da incrustação. Vejamos se esta ideia tem melhor fundamento.

O desenvolvimento orgânico está sempre em relação com o desenvolvimento do princípio intelectual. O organismo se completa à medida que se multiplicam as faculdades da alma. A escala orgânica acompanha constantemente, em todos os seres, a progressão da inteligência, desde o pólipo até o homem, e não podia ser de outro modo, pois que a alma precisa de um instrumento apropriado à importância das funções que lhe compete desempenhar. De que serviria à ostra possuir a inteligência do macaco, sem os órgãos necessários à sua manifestação? Se, portanto, a Terra fosse um ser animado, servindo de corpo a uma alma especial, essa alma, por efeito mesmo da sua constituição, teria de ser ainda mais *rudimentar* do que a do pólipo, visto que a Terra não tem, sequer, a vitalidade da planta, ao passo que, pelo papel que lhe atribuíram à alma, fizeram dela um ser dotado de razão e do mais completo livre-arbítrio, em resumo: um como Espírito superior, o que não é racional, porquanto nunca nenhum Espírito se achou menos bem aquinhoado, nem mais aprisionado. Ampliada neste sentido, a ideia da alma da Terra tem, então, de ser arrolada entre as concepções sistemáticas e quiméricas.

Por alma da Terra, pode entender-se, mais racionalmente, a coletividade dos Espíritos incumbidos da elaboração e da direção de seus elementos constitutivos, o que já supõe certo grau de desenvolvimento intelectual; ou, melhor ainda: o Espírito a quem está confiada a alta direção dos destinos morais e do progresso de seus habitantes, missão que somente pode ser atribuída a um ser eminentemente superior em saber e em sabedoria. Em tal caso, esse Espírito não é, propriamente falando, a alma da Terra, porquanto não se acha encarnado nela, nem subordinado ao seu estado material. É um chefe preposto ao seu governo, como um general o é ao comando de um exército.

Um Espírito, incumbido de missão tão importante qual a do governo de um mundo, não poderia ter caprichos, ou, então, teríamos de reconhecer em Deus a imprevidência de confiar a execução de suas leis a seres capazes de lhes contravir, a seu bel-prazer. Ora, segundo a doutrina da incrustação, a má vontade da alma da Lua é que houvera dado causa a que a Terra ficasse incompleta. Há ideias que a si mesmas se refutam. (*Revista espírita*, setembro de 1868.)

CAPÍTULO IX
REVOLUÇÕES DO GLOBO

- Revoluções gerais ou parciais • Idade das montanhas
- Dilúvio bíblico • Revoluções periódicas • Cataclismos futuros
- Aumento ou diminuição do volume da Terra

Revoluções gerais ou parciais

1. Os períodos geológicos marcam as fases do aspecto geral do globo, em consequência das suas transformações. Mas, com exceção do período diluviano, que se caracterizou por uma subversão repentina, todos os demais transcorreram lentamente, sem transições bruscas. Durante todo o tempo que os elementos constitutivos do globo levaram para tomar suas posições definitivas, as mutações houveram de ser gerais. Uma vez consolidada a base, só se devem ter produzido modificações parciais, na superfície.

2. Além das revoluções gerais, a Terra experimentou grande número de perturbações locais, que mudaram o aspecto de certas regiões. Como no tocante às outras duas causas contribuíram para essas perturbações: o fogo e a água.

O fogo atuou produzindo: ou erupções vulcânicas que sepultaram, sob espessas camadas de cinzas e lavas, os terrenos circunjacentes, fazendo desaparecer cidades com seus habitantes; ou terremotos; ou levantamentos da crosta sólida, que impeliam as águas para as regiões mais baixas; ou o afundamento, em maior ou menor extensão, dessa mesma crosta, nalguns lugares, para onde as águas se precipitaram, deixando em seco outros lugares. Foi assim que surgiram ilhas no meio do oceano, enquanto outras desapareceram; que porções de continentes se separaram e formaram ilhas; que braços de mar, secados, ligaram ilhas e continentes.

Quanto à água, essa atuou, produzindo: ou a irrupção ou a retirada do mar nalgumas costas; ou desmoronamentos que, interceptando as correntes líquidas, formaram lagos; ou transbordamentos e inundações; ou, enfim, aterros nas embocaduras dos rios. Esses aterros, rechaçando o mar, criaram novos territórios. Tal a origem do delta do Nilo, ou Baixo Egito; do delta do Ródano ou Camarga.

Idade das montanhas

3. Examinando-se os terrenos dilacerados pelo erguimento das montanhas e das camadas que lhes formam os contrafortes, possível se torna determinar-lhes a idade geológica. Por idade geológica das montanhas, não se deve entender o número de anos que elas contam de existência, mas o período em que se formaram e, portanto, a relativa ancianidade que apresentam. Fora errôneo acreditar-se que semelhante ancianidade corresponde à elevação que lhes é própria, ou à natureza exclusivamente granítica que revelem, uma vez que a massa de granito, ao dar-se o seu levantamento, pode ter perfurado e separado as camadas superpostas.

Comprovou-se assim, por meio da observação, que as montanhas dos Vosges, da Bretanha e da Côte-d'Or, na França, que não são muito elevadas, pertencem às mais antigas formações. Datam do período de transição, senão anteriores aos depósitos de hulha. O Jura se formou no meado do período secundário; é contemporâneo dos reptis gigantes. Os Pirineus se formaram mais tarde, no começo do período terciário. O Monte Branco e o grupo dos Alpes ocidentais são posteriores aos Pirineus e datam da metade do período terciário. Os Alpes orientais, que compreendem as montanhas do Tirol, são ainda mais recentes, porquanto só se formaram pelos fins desse mesmo período. Algumas montanhas da Ásia são mesmo posteriores ao período diluviano, ou lhe são contemporâneas.

Esses levantamentos hão de ter ocasionado grandes perturbações locais e inundações mais ou menos consideráveis, pelo deslocamento das águas, pela interrupção e mudança do curso dos rios.*

Dilúvio bíblico

4. O dilúvio bíblico, também conhecido pela denominação de "grande dilúvio asiático", é fato cuja realidade não se pode contestar. Deve tê-lo ocasionado o levantamento de uma parte das montanhas daquela região, como o do México. Corrobora esta opinião a existência

---

* Nota de Allan Kardec: O século XVIII registrou notável exemplo de um fenômeno desse gênero. A seis dias de marcha da cidade do México, existia, em 1750, uma região fértil e bem cultivada, onde davam em abundância arroz, milho e bananas. No mês de junho, pavorosos tremores de Terra abalaram o solo, renovando-se continuamente durante dois meses inteiros. Na noite de 28 para 29 de setembro, violenta convulsão se produziu; um território de muitas léguas de extensão entrou a erguer-se pouco a pouco e acabou por alcançar a altitude de 500 pés, numa superfície de 10 léguas quadradas. O terreno ondulava, como as vagas do mar ao sopro da tempestade, milhares de montículos se elevavam e afundavam alternativamente; afinal, abriu-se um abismo de perto de 3 léguas, donde eram lançados à prodigiosa altura fumo, fogo, pedras esbraseadas e cinzas. Seis montanhas surgiram desse abismo hiante, entre as quais o vulcão a que foi dado o nome de *Jorullo,* que agora se eleva a 550 metros acima da antiga planície. No momento em que principiaram os abalos do solo, os dois rios *Cuitimba* e *San Pedro,* refluindo, inundaram toda a planície hoje ocupada pelo Jorullo; no terreno, porém, que sem cessar se elevava, outro sorvedouro se abriu e os absorveu. Os dois reapareceram mais tarde, a oeste, num ponto muito afastado de seus antigos leitos. (Lois Figuier, *A Terra antes do dilúvio,* p. 370.)

de um mar interior, que ia outrora do mar Negro ao oceano Boreal, comprovada pelas observações geológicas. O mar de Azov, o mar Cáspio, cujas águas são salgadas, embora nenhuma comunicação tenham com nenhum outro mar; o lago Aral e os inúmeros lagos espalhados pelas imensas planícies da Tartália e as estepes da Rússia parecem restos daquele antigo mar. Por ocasião do levantamento das montanhas do Cáucaso, posterior ao dilúvio universal, parte daquelas águas foi recalcada para o Norte, na direção do oceano Boreal; outra parte, para o Sul, em direção ao oceano Índico. Estas inundaram e devastaram precisamente a Mesopotâmia e toda a região em que habitaram os antepassados do povo hebreu. Embora esse dilúvio se tenha estendido por uma superfície muito grande, é atualmente ponto averiguado que ele foi apenas local; que não pode ter sido causado pela chuva, pois, por muito copiosa que esta fosse e ainda que se prolongasse por quarenta dias, o cálculo prova que a quantidade de água caída das nuvens não podia bastar para cobrir *toda a Terra*, até acima das mais altas montanhas.

Para os homens de então, que não conheciam mais do que uma extensão muito limitada da superfície do globo e que nenhuma ideia tinham da sua configuração, desde que a inundação invadiu os países conhecidos, invadida fora, para eles, a Terra inteira. Se a essa crença aditarmos a forma imaginosa e hiperbólica da descrição, forma peculiar ao estilo oriental, já não nos surpreenderá o exagero da narração bíblica.

5. O dilúvio asiático foi evidentemente posterior ao aparecimento do homem na Terra, visto que a lembrança dele se conservou pela tradição em todos os povos daquela parte do mundo, os quais o consagraram em suas teogonias.*

---

* Nota de Allan Kardec: A lenda indiana sobre o dilúvio refere, segundo o livro dos *Vedas*, que Brama, transformado em peixe, se dirigiu ao piedoso monarca Vaivaswata e lhe disse: "Chegou o momento da dissolução do universo; em breve estará destruído tudo o que existe na Terra. Tens que construir um navio em que embarcarás, depois de teres embarcado sementes de todos os vegetais. Esperar-me-ás nesse navio e eu virei ter contigo, trazendo à cabeça um chifre pelo qual

É igualmente posterior ao grande dilúvio universal que assinalou o início do atual período geológico. Quando se fala de homens e de animais antediluvianos, a referência é àquele primeiro cataclismo.

Revoluções periódicas

6. Além do seu movimento anual em torno do Sol, origem das estações, do seu movimento de rotação sobre si mesma em 24 horas, origem do dia e da noite, tem a Terra um terceiro movimento que se completa em cerca de 25.000 anos, ou, mais exatamente, em 25.868 anos, e que produz o fenômeno denominado, em Astronomia, *precessão dos equinócios* (cap. V, item 11). Este movimento, que não se pode explicar em poucas palavras, sem o auxílio de figuras e sem uma demonstração geométrica, consiste numa espécie de oscilação circular, que se há comparado à de um pião a morrer, e por virtude da qual o eixo da Terra, mudando de inclinação, descreve um duplo cone, cujo vértice está no centro do planeta, abrangendo as bases desses cones a superfície circunscrita pelos círculos polares, isto é, uma amplitude de 23 graus e meio de raio.

7. O equinócio é o instante em que o Sol, passando de um hemisfério a outro, se encontra perpendicular ao Equador, o que acontece duas vezes por ano, a 21 de março, quando o Sol passa para o hemisfério boreal, e a 22 de setembro, quando volta ao hemisfério austral.

Mas em consequência da gradual mudança na obliquidade do

---

me reconhecerás." O santo obedeceu; construiu um navio, embarcou nele e o atou por um cabo muito forte ao chifre do peixe. O navio foi rebocado durante muitos anos com extrema rapidez, por entre as trevas de uma tremenda tempestade, abordando, afinal, ao cume do monte Himawat (Himalaia). Brama ordenou em seguida a Vaivaswata que criasse todos os seres e com eles povoasse a Terra.

É flagrante a analogia desta lenda com a narrativa bíblica de Noé. Da Índia ela passara ao Egito, como uma multidão de outras crenças. Ora, sendo o livro dos *Vedas* anteriores ao de Moisés, a narração que naquele se encontra, do dilúvio, não pode ser uma cópia da deste último. O que é provável é que Moisés, que aprendera as doutrinas dos sacerdotes egípcios, haja tomado a estes a sua descrição.

eixo, o que acarreta outra mudança na obliquidade do equador sobre a eclíptica, o momento do equinócio avança cada ano de alguns minutos (25 minutos e 7 segundos). A esse avanço é que se deu o nome de *precessão dos equinócios* (do latim *praecessio,* ação de preceder).

Com o tempo, esses poucos minutos fazem horas, dias, meses e anos, resultando daí que o equinócio da primavera, que agora se verifica no mês de março, em dado tempo se verificará em fevereiro, depois em janeiro, depois em dezembro. Então o mês de dezembro terá a temperatura de março e março a de junho e assim por diante, até que, voltando ao mês de março, as coisas se encontrarão de novo no estado atual, o que se dará ao cabo de 25.868 anos, para recomeçar indefinidamente a mesma revolução.*

8. Desse movimento cônico do eixo, resulta que os polos da Terra não olham constantemente os mesmos pontos do céu; que a estrela polar não será sempre estrela polar; que os polos gradualmente se inclinam mais ou menos para o Sol e recebem dele raios mais ou menos diretos, donde se segue que a Islândia e a Lapônia, por exemplo, localizadas sob o círculo polar, poderão, em dado tempo, receber raios solares como se estivessem na latitude da Espanha e da Itália e que, na posição do extremo oposto, a Espanha e a Itália poderão ter a temperatura da Islândia e da Lapônia, e assim por diante, a cada renovação do período de 25.000 anos.**

---

* Nota de Allan Kardec: A precessão dos equinócios ocasiona outra mudança: a que se opera na posição dos signos do zodíaco. Girando a Terra ao derredor do Sol em um ano, à medida que ela avança, o Sol, cada mês, se encontra diante de uma constelação. Estas são em número de doze, a saber: *o Carneiro, o Touro, os Gêmeos, o Câncer, o Leão, a Virgem, a Balança, o Escorpião, o Sagitário, o Capricórnio, o Aquário e os Peixes.* São chamadas constelações zodiacais, ou signos do zodíaco, e formam um círculo no plano do equador terrestre. Conforme o mês do nascimento de um indivíduo dizia-se que ele nascera sob tal ou tal signo; daí os prognósticos da Astrologia. Mas, em virtude da precessão dos equinócios, acontece que os meses já não correspondem às mesmas constelações. Um que nasça no mês de julho já não está no signo do Leão, porém, no do Câncer. Cai assim a ideia supersticiosa da influência dos signos. (Cap. V, item 12.)

** Nota de Allan Kardec: O deslocamento gradual das linhas isotérmicas, fenômeno

9. Ainda não puderam ser determinadas com precisão as consequências deste movimento, porque somente se há podido observar uma pequena parte da sua revolução. A respeito, pois, não há mais do que presunções, algumas das quais com caráter de probabilidade.

Essas consequências são:

1ª O aquecimento e o resfriamento alternativos dos polos e, por conseguinte, a fusão dos gelos polares durante a metade do período de 25.000 anos e a nova formação deles durante a outra metade desse período. Resultaria daí não estarem os polos condenados a uma perpétua esterilidade, cabendo-lhes gozar a seu turno dos benefícios da fertilidade.

2ª O deslocamento gradativo do mar, fazendo-o invadir pouco a pouco umas terras e pôr a descoberto outras, para de novo as abandonar, voltando ao seu leito anterior. Esse movimento periódico, indefinidamente renovado, constituiria uma verdadeira maré universal de 25.000 anos.

A lentidão com que se opera esse movimento do mar torna-o quase imperceptível para cada geração. Faz-se, porém, sensível ao cabo de alguns séculos. Nenhum cataclismo súbito pode ele causar, porque os homens se retiram, de geração em geração, à proporção que o mar avança, e avançam pelas terras donde o mar se retira. É a essa causa, mais que provável, que alguns sábios atribuem o afastamento do mar de certas costas e a invasão de outras por ele.

10. O deslocamento demorado, gradual e periódico do mar é fato que a experiência comprova e numerosos exemplos confirmam, em todos os pontos do globo. Tem por efeito o entretenimento das forças produtivas da Terra. A longa imersão é para os terrenos um tempo de repouso, durante o qual eles recuperam os princípios vitais esgotados por uma não menos longa produção. Os imensos depósitos de matérias orgânicas, formados pela permanência das

---

que a Ciência reconhece de modo tão positivo como o do deslocamento do mar, é um fato material que apoia esta teoria.

águas durante séculos e séculos, são adubações naturais, periodicamente renovadas, e as gerações se sucedem sem se aperceberem de tais mudanças.*

Cataclismos futuros

11. As grandes comoções telúricas se têm produzido nas épocas

---

* Nota de Allan Kardec: Entre os fatos mais recentes que provam o deslocamento do mar, podem citar-se estes:

No golfo da Gasconha [ou Golfo de Biscaia, separa a costa oeste da França da costa norte da Espanha], entre o velho Soulac e a Torre de Cordouan, quando o mar está calmo, percebe-se no fundo da água trechos de muralha: são os restos da antiga e grande cidade de Noviomagus, invadida pelas ondas em 580. O rochedo de Cordouan, que se achava então ligado à margem, está agora a 12 quilômetros.

No mar da Mancha, sobre a costa do Havre, as águas dia a dia ganham terreno e minam as penedias de Sainte-Adresse, que pouco a pouco desmoronam. A dois quilômetros da costa entre S ainte-Adresse e o cabo de Hève, existe um banco que outrora se achava à vista e ligado à Terra firme. Antigos documentos atestam que nesse lugar, por sobre o qual hoje se navega, existia a aldeia de Saint-Denis-chef-de-Caux. Tendo o mar invadido, no século XIV, o terreno, a igreja foi tragada em 1378. Dizem que, com bom tempo, se lhe veem os restos no fundo do mar.

Em quase toda a extensão do litoral da Holanda, o mar só é contido a poder de diques, que de tempos a tempos se rompem. O antigo lago de Flevo, que se reuniu ao mar em 1225, forma hoje o golfo de *Zuyderzée*. Essa irrupção do oceano tragou muitas povoações.

Segundo isto, o território de Paris e da França toda seria de novo ocupado pelo mar, como já o foi muitas vezes, conforme o demonstram as observações geológicas. Então, as partes montanhosas formarão ilhas, como o são agora Jersey, Guernesey e a Inglaterra, outrora contíguas ao continente.

Navegar-se-á por sobre regiões que atualmente se percorrem de caminho de ferro; os navios aportarão a Montmartre, ao monte Valeriano, aos outeiros de Saint-Cloud e de Meudon; os bosques e florestas, agora lugares de passeio, ficarão sepultados nas águas, cobertos de limo e povoados de peixes, que substituirão as aves.

O dilúvio bíblico não pode ter tido essa causa, pois que foi repentina a invasão das águas e de curta duração a permanência delas, ao passo que, de outro modo, essa permanência houvera sido de muitos milhares de anos e ainda duraria, sem que os homens dessem por isso.

em que a crosta sólida da Terra, pela sua fraca espessura, quase nenhuma resistência oferecia à efervescência das matérias em ignição no seu interior. Tais comoções foram diminuindo à proporção que aquela crosta se consolidava. Numerosos vulcões já se acham extintos, outros os terrenos de formação posterior soterraram.

Ainda, certamente, poderão produzir-se perturbações locais, por efeito de erupções vulcânicas, da eclosão de alguns vulcões novos, de inundações repentinas de algumas regiões; poderão do mar surgir ilhas e outras ser por ele tragadas; mas passou o tempo dos cataclismos gerais, como os que assinalaram os grandes períodos geológicos. A Terra adquiriu uma estabilidade que, sem ser absolutamente invariável, coloca doravante o gênero humano ao abrigo de perturbações gerais, a menos que intervenham causas desconhecidas, a ela estranhas e que de modo nenhum se possam prever.*

12. Quanto aos cometas, estamos hoje perfeitamente tranquilizados com relação à influência que exercem, mais salutar do que nociva, por parecerem eles destinados a reabastecer os mundos, se assim nos podemos exprimir, trazendo-lhes os princípios vitais que eles armazenam em sua corrida pelo espaço e com o se aproximarem dos sóis. Assim, pois, seriam antes fontes de prosperidade, do que mensageiros de desgraças.

A natureza fluídica, já bem comprovada (cap. VI, itens 28 e seguintes), que lhes é própria afasta todo receio de choques violentos, porquanto, se um deles encontrasse a Terra, esta o atravessaria, como se passasse através de um nevoeiro.**

Ainda menos de temer é a cauda que arrastam, visto que essa mais não é do que a reflexão da luz solar na imensa atmosfera que

---

* N. E.: Em 15 de fevereiro de 2013, cai na Rússia (região dos Montes Urais) um meteoro. A rocha, estimada em dez toneladas, entrou na atmosfera e começou a se desfazer; a onda de choque causada por sua queda quebrou vidraças, balançou prédios, causando ferimentos em 1.100 pessoas. (Fonte: Jornal *O Globo*)

** N. E.: Hoje sabemos que o núcleo cometário é sólido, formado por gelo e rocha, e que um impacto direto com a Terra ou outro planeta qualquer poderia causar sérios danos.

os envolve, tanto assim que se mostra constantemente dirigida para o lado oposto ao sol, mudando de direção conformemente à posição deste astro. Essa matéria gasosa também poderia, em virtude da rapidez com que eles caminham, constituir uma espécie de cabeleira, semelhante à esteira deixada por um navio em marcha, ou à fumaça de uma locomotiva. Aliás, muitos cometas já se têm aproximado da Terra, sem lhe causarem qualquer dano. Em virtude das suas respectivas densidades, a Terra exerceria sobre o cometa uma atração maior do que a dele sobre ela. Somente uns restos de velhos preconceitos podem fazer que a presença de um cometa inspire terror.*

13. Deve-se igualmente lançar ao rol das hipóteses quiméricas a possibilidade do encontro da Terra com outro planeta. A regularidade e a invariabilidade das leis que presidem aos movimentos dos corpos celestes tornam carente de toda probabilidade semelhante encontro.**

A Terra, no entanto, terá um fim. Como? Isso ainda permanece no domínio das conjeturas; mas, visto estar ela ainda longe da perfeição que pode alcançar e da vetustez que lhe indicaria o declínio, seus habitantes atuais podem estar certos de que tal não se dará ao tempo deles. (Cap. VI, item 48 e seguintes.)

14. Fisicamente, a Terra teve as convulsões da sua infância; entrou agora num período de relativa estabilidade: na do progresso pacífico, que se efetua pelo regular retorno dos mesmos fenômenos físicos e pelo concurso inteligente do homem. *Está, porém, ainda, em pleno trabalho de gestação do progresso moral.* Aí residirá a causa das suas maiores comoções. *Até que a humanidade se haja avantajado*

---

* Nota de Allan Kardec: O cometa de 1861 atravessou a órbita da Terra num ponto do qual esta se achava a uma distância de apenas 20 horas. A Terra esteve, portanto, mergulhada na atmosfera dele, sem que daí resultasse nenhum acidente.
** N. E.: O movimento orbital dos planetas em torno do Sol é regido por três propriedades conhecidas como Leis de Kepler — 1a Lei: os planetas descrevem elipses das quais o Sol é um dos focos; 2ª Lei: as áreas percorridas pelo raio vetor (reta que une um planeta ao Sol), são proporcionais ao tempo gasto em percorrê-las; 3a Lei: os quadrados dos tempos de revolução são proporcionais aos cubos dos semieixos maiores das órbitas.

suficientemente em perfeição, pela inteligência e pela observância das Leis divinas, as maiores perturbações ainda serão causadas pelos homens, mais do que pela natureza, isto é, serão antes morais e sociais do que físicas.

Aumento ou diminuição do volume da Terra

15. O volume da Terra aumenta, diminui ou permanece estacionário?

Alguns, para sustentar que o volume da Terra aumenta, se fundam em que as plantas dão ao solo mais do que dele tiram, o que, se num sentido é exato, noutro não o é. As plantas se nutrem tanto, e até mais, das substâncias gasosas que haurem na atmosfera, quanto das que sugam pelas raízes. Ora, a atmosfera faz parte integrante do globo; os gases que a constituem provêm da decomposição dos corpos sólidos e estes, recompondo-se, retomam o que lhe haviam dado. É uma troca, ou, antes, uma perpétua transformação, de tal sorte que, operando-se o crescimento deles com o auxílio dos elementos constitutivos do globo, os despojos dos vegetais e dos animais, por muito consideráveis que sejam, não lhe aumentam de um átomo a massa. Se, por essa causa, a parte sólida do globo aumentasse de modo permanente, isso se daria à custa da atmosfera, que diminuiria de outro tanto e acabaria por se tornar imprópria à vida, se não recuperasse, pela decomposição dos corpos sólidos, o que perde pela composição deles.

Na origem da Terra, as primeiras camadas geológicas se formaram das matérias sólidas momentaneamente volatilizadas, por efeito da alta temperatura, e que, condensadas mais tarde pelo resfriamento, se precipitaram. Incontestavelmente, elas elevaram um pouco a superfície do solo, mas sem acrescentarem coisa alguma à massa total, pois que ali apenas havia um deslocamento de matéria. Quando, expurgada dos elementos que continha em suspensão, a atmosfera se encontrou no estado normal, as coisas tomaram o curso regular em que depois seguiram. Hoje, a menor modificação na constituição da atmosfera acarretaria, forçosamente, a destruição dos atuais habitantes da Terra, mas também é provável que novas raças se formassem noutras condições.

Considerada desse ponto de vista, a massa do globo, isto é, a soma das moléculas que compõem o conjunto de suas partes sólidas, líquidas e gasosas, é incontestavelmente a mesma, desde a sua origem. Se o globo experimentasse uma dilatação ou uma condensação, seu volume aumentaria ou diminuiria, sem que a massa sofresse qualquer alteração. Portanto, se a Terra aumentasse de massa, o fato seria efeito de uma causa estranha, pois que ela não poderia tirar de si mesma os elementos necessários ao seu aumento.

Há uma opinião segundo a qual o globo aumentaria de massa e de volume pelo afluxo da matéria cósmica interplanetária. Esta ideia nada tem de irracional, mas é por demais hipotética para ser admitida em princípio. Não passa de um sistema combatido por sistemas contrários, sobre os quais a Ciência ainda nada estabeleceu. Eis aqui, a tal respeito, a opinião do eminente Espírito que ditou os sábios estudos *uranográficos* insertos acima, no capítulo VI:

"Os mundos se esgotam pelo envelhecimento e tendem a dissolver-se para servir de elementos de formação a outros universos. Restituem pouco a pouco ao fluido cósmico universal do espaço o que dele tiraram para formar-se. Além disso, todos os corpos se gastam pelo atrito; o movimento rápido e incessante do globo através do fluido cósmico dá em resultado diminuir-se-lhe constantemente a massa, se bem que de quantidade inapreciável em determinado tempo.*

"A existência dos mundos pode, a meu ver, dividir-se em três períodos. — Primeiro período: condensação da matéria, período esse em que o volume do globo diminui consideravelmente, conservando-se a mesma massa. É o período da infância. — Segundo período: contração, solidificação da crosta; eclosão dos germens, desenvolvimento da vida até a aparição do tipo mais aperfeiçoado. Nesse momento, o globo está em toda a sua plenitude, é a época

---

* Nota de Allan Kardec: No seu movimento de translação em torno do Sol, a velocidade da Terra é de quatrocentas léguas por minuto. Sendo de nove mil léguas a sua circunferência, em seu movimento de rotação ao redor do seu eixo, cada ponto do Equador percorre 9.000 léguas em 24 horas, ou 6,3 léguas por minuto.

da virilidade; ele perde, mas muito pouco, os seus elementos constitutivos. À medida que seus habitantes progridem *espiritualmente*, passa ele ao período de decrescimento *material*; sofre perdas, não só em consequência do atrito, mas também pela desagregação das moléculas, como uma pedra dura que, corroída pelo tempo, acaba reduzida à poeira. Em seu duplo movimento de rotação e translação, ele entrega ao espaço parcelas fluidificadas da sua substância, até o momento em que se completa a sua dissolução.

"Mas, então, como o poder de atração está na razão direta da massa, não digo do volume, diminuída a massa do globo, modificam-se as suas condições de equilíbrio no espaço. Dominado por planetas mais poderosos, aos quais ele não pode fazer contrapeso, resultam daí desvios nos seus movimentos e, portanto, também profundas mudanças nas condições da vida em sua superfície. Assim, nascimento, vida e morte; ou infância, virilidade, decrepitude são as três fases por que passa toda aglomeração de matéria orgânica ou inorgânica. Indestrutível, só o Espírito, que não é matéria." (Galileu, *Sociedade de Paris*, 1868.)*

---

* N. E.: Ver Nota Explicativa, p. 407.

CAPÍTULO X
GÊNESE ORGÂNICA

- Formação primária dos seres vivos • Princípio vital
- Geração espontânea • Escala dos seres orgânicos
- O homem corpóreo

Formação primária dos seres vivos

1. Tempo houve em que não existiam animais; logo, eles tiveram começo. Cada espécie foi aparecendo, à proporção que o globo adquiria as condições necessárias à existência delas. Isto é positivo. Como se formaram os primeiros indivíduos de cada espécie? Compreende-se que, existindo um primeiro casal, os indivíduos se multiplicaram. Mas, esse primeiro casal, donde saiu? É um desses mistérios que entendem com o princípio das coisas e sobre os quais apenas se podem formular hipóteses. A Ciência ainda não pode resolver o problema; pode entretanto, pelo menos, encaminhá-lo para a solução.

2. É esta a questão primordial que se apresenta: cada espécie animal saiu de um *casal primitivo* ou de muitos casais criados, ou, se o preferirem, germinados simultaneamente em diversos lugares?

Esta última suposição é a mais provável. Pode-se mesmo dizer que ressalta da observação. Com efeito, o estudo das camadas geológicas atesta, nos terrenos de idêntica formação, e em proporções enormes, a presença das mesmas espécies em pontos do globo muito afastados uns dos outros. Essa multiplicação tão generalizada e, de certo modo, contemporânea, fora impossível com um único tipo primitivo.*

Doutro lado, a vida de um indivíduo, sobretudo de um indivíduo nascente, está sujeita a tantas vicissitudes, que toda uma criação poderia ficar comprometida, sem a pluralidade dos tipos, o que implicaria uma imprevidência inadmissível da parte do Criador supremo. Aliás, se, num ponto, um tipo se pode formar, em muitos outros pontos ele se poderia formar igualmente, por efeito da mesma causa.

Tudo, pois, concorre a provar que houve criação simultânea e múltipla dos primeiros casais de cada espécie animal e vegetal.

3. A formação dos primeiros seres vivos se pode deduzir, por analogia, da mesma lei em virtude da qual se formaram e formam todos os dias os corpos inorgânicos. À medida que se aprofunda o estudo das leis da natureza, as engrenagens que, de início, pareciam tão complicadas se vão simplificando e confundindo na grande lei de unidade que preside a toda a obra da criação. Isso se compreenderá melhor, quando estiver compreendida a formação dos corpos inorgânicos, que é o degrau

---

* N. E.: Segundo Charles Darwin [1809–1882, naturalista britânico, autor de *Sobre a origem das espécies por meio da seleção natural* (1859)], as espécies teriam evoluído pelo processo de seleção natural, ou seja, os indivíduos mais aptos a sobreviver em um determinado ambiente, apresentam mais probabilidade de gerar uma prole que herde suas características genéticas, que por sua vez sofrem imperceptíveis mutações genéticas de geração em geração. Ao longo de séculos, o acúmulo de pequenas mutações genéticas acaba resultando em grandes modificações e aperfeiçoamentos se compararmos com a primeira geração daquela espécie, podendo surgir até novas espécies, bem diversas da primeira.

A teoria mais aceita atualmente é, então, a de que todas as espécies do planeta estão de alguma forma interligadas, das mais simples às mais complexas.

primário daquela outra.

4. A Química considera elementares umas tantas substâncias, como o oxigênio, o hidrogênio, o azoto, o carbono, o cloro, o iodo, o flúor, o enxofre, o fósforo e todos os metais. Combinando-se, elas formam os corpos compostos: os óxidos, os ácidos, os álcalis, os sais e as inúmeras variedades que resultam da combinação destes.

A combinação de dois corpos para formar um terceiro exige especial concurso de circunstâncias: seja um determinado grau de calor, de sequidão, ou de umidade; seja o movimento ou o repouso; seja uma corrente elétrica etc. Se essas circunstâncias não se verificarem, a combinação não se operará.

5. Quando há combinação, os corpos componentes perdem suas propriedades características, enquanto o composto que deles resulta adquire outras, diferentes das daqueles. É assim, por exemplo, que o oxigênio e o hidrogênio, que são gases invisíveis, quimicamente combinados formam a água, que é líquida, sólida ou vaporosa, conforme a temperatura. Na água, a bem dizer, já não há oxigênio nem hidrogênio, mas um corpo novo. Decomposta essa água, os dois gases, tornados livres, recobram suas propriedades: já não há água. A mesma quantidade desse líquido pode ser assim, alternativamente, decomposta e recomposta, ao infinito.

6. A composição e decomposição dos corpos se dão em virtude do grau de afinidade que os princípios elementares guardam entre si.* A formação da água, por exemplo, resulta da afinidade recíproca que existe entre o oxigênio e o hidrogênio; mas, se se puser em contato com a água um corpo que tenha com o oxigênio mais afinidade do que a que este tem com o hidrogênio, a água se decompõe: o oxigênio é absorvido e o hidrogênio se liberta. Já não haverá água.

7. Os corpos compostos se formam sempre em proporções definidas, isto é, pela combinação de uma certa quantidade dos princípios constituintes. Assim, para formar a água, são necessárias uma parte

---

* N. E.: Eletronegatividade é a maior ou menor tendência de um átomo para receber elétrons e formar um íon negativo.

de oxigênio e duas de hidrogênio. Se duas partes de oxigênio forem combinadas com duas de hidrogênio, em vez de água ter-se-á o deutóxido de hidrogênio, líquido corrosivo, formado, no entanto, dos mesmos elementos que entram na composição da água, porém, noutra proporção.

8. Tal, em poucas palavras, a lei que preside à formação de todos os corpos da natureza. A inumerável variedade deles resulta de um número pequeno de princípios elementares combinados em proporções diferentes.

Por exemplo: o oxigênio, combinado em certas proporções, com o carbono, o enxofre, o fósforo, forma os ácidos carbônico, sulfúrico, fosfórico; o oxigênio e o ferro formam o óxido de ferro ou ferrugem; o oxigênio e o chumbo, ambos inofensivos, dão origem aos óxidos de chumbo, tais como o litargírio, o alvaiade, o mínio, que são venenosos. O oxigênio, com os metais chamados cálcio, sódio, potássio, forma a cal, a soda, a potassa. A cal, unida ao ácido carbônico, forma os carbonatos de cal ou pedras calcárias, tais como o mármore, a cré, as estalactites das grutas; unida ao ácido sulfúrico, forma o sulfato de cálcio ou gesso e o alabastro; ao ácido fosfórico, o fosfato de cálcio, base sólida, dos ossos; o cloro e o hidrogênio formam o ácido clorídrico ou hidroclórico; o cloro e o sódio formam o cloreto de sódio ou sal marinho.

9. Todas essas combinações e milhares de outras se obtêm artificialmente, em pequenas quantidades, nos laboratórios de Química; elas se operam em larga escala no grande laboratório da natureza. Em sua origem, a Terra não continha essas matérias em combinação, mas, apenas, volatilizados, seus princípios constitutivos. Quando as terras calcárias e outras, tornadas pedrosas com o tempo, se lhe depositaram na superfície, aquelas matérias não existiam inteiramente formadas; porém, no ar se encontravam, em estado gasoso, todas as substâncias primitivas. Precipitadas por efeito do resfriamento, essas substâncias, sob o império de circunstâncias favoráveis, se combinaram, segundo o grau de suas afinidades moleculares. Foi então que se formaram as diversas variedades de carbonatos, de sulfatos etc., a princípio em dissolução nas águas, depositadas, depois, na superfície do solo.

Suponhamos que, por uma causa qualquer, a Terra voltasse ao estado primitivo de incandescência: tudo se decomporia; os elementos se separariam; todas as substâncias fusíveis se fundiriam; todas as que são volatilizáveis se volatilizariam. Depois, outro resfriamento determinaria nova precipitação e de novo se formariam as antigas combinações.

10. Estas considerações provam quanto a Química era necessária para a inteligência da Gênese. Antes de se conhecerem as leis da afinidade molecular, não era possível compreender-se a formação da Terra. Esta ciência lançou grande luz sobre a questão, como o fizeram a Astronomia e a Geologia, doutros pontos de vista.

11. Na formação dos corpos sólidos, um dos mais notáveis fenômenos é o da cristalização, que consiste na forma regular que assumem certas substâncias, ao passarem do estado líquido, ou gasoso, ao estado sólido. Essa forma, que varia de acordo com a natureza da substância, é geralmente a de sólidos geométricos, tais como o prisma, o romboide, o cubo, a pirâmide. Toda gente conhece os cristais de açúcar cândi; os cristais de rocha, ou sílica cristalizada, são prismas de seis faces que terminam em pirâmide igualmente hexagonal. O diamante é carbono puro, ou carvão cristalizado. Os desenhos que no inverno se produzem sobre as vidraças são devidos à cristalização do vapor de água durante a congelação, sob a forma de agulhas prismáticas.

A disposição regular dos cristais corresponde à forma particular das moléculas de cada corpo. Essas partículas, para nós infinitamente pequenas, mas que não deixam por isso de ocupar um certo espaço, solicitadas umas para as outras pela atração molecular, se arrumam e justapõem segundo o exigem suas formas, de maneira a tomar cada uma o seu lugar em torno do núcleo ou primeiro centro de atração e a constituir um conjunto simétrico.

A cristalização só se opera em certas circunstâncias favoráveis, fora das quais ela não pode dar-se. São condições essenciais o grau da temperatura e o repouso absoluto. Compreende-se que um calor muito forte, mantendo afastadas as moléculas, não lhes permitiria condensarem-se e que a agitação, impossibilitando-lhes um arranjo simétrico, não lhes consentiria formar senão uma massa confusa e irregular, donde o não haver cristalização propriamente dita.

12. A lei que preside à formação dos minerais conduz naturalmente à formação dos corpos orgânicos.

A análise química mostra que todas as substâncias vegetais e animais são compostas dos mesmos elementos que os corpos inorgânicos. Desses elementos, são o oxigênio, o hidrogênio, o azoto e o carbono os que desempenham papel principal. Os outros entram acessoriamente. Como no reino mineral, a diferença de proporções na combinação dos referidos elementos produz todas as variedades de substâncias orgânicas e suas diversas propriedades, tais como: os músculos, os ossos, o sangue, a bile, os nervos, a matéria cerebral, a gordura, nos animais; a seiva, a madeira, as folhas, os frutos, as essências, os óleos, as resinas* etc., nos vegetais. Assim, na formação dos animais e das plantas, nenhum corpo especial entra que igualmente não se encontre no reino mineral.**

13. Alguns exemplos comuns darão a compreender as transformações que se operam no reino orgânico, pela só modificação dos elementos constitutivos.

No suco da uva, não há vinho, nem álcool, mas apenas água e açúcar. Quando o suco fica maduro e são propícias as condições, produz-se nele um trabalho íntimo a que se dá o nome de fermentação. Por esse

---

* N. E.: Os tecidos orgânicos que formam os músculos, os ossos, o sangue, o caule etc., são constituídos por células, seres vivos microscópicos que desempenham funções especializadas, necessárias ao funcionamento de cada órgão do ser a que pertencem.

** Nota de Allan Kardec: O quadro abaixo, da análise de algumas substâncias, mostra a diferença de propriedades que resulta da só diferença na proporção em que entram os elementos constituintes. Sobre cem partes, temos:

	Carbono	Hidrog.	Oxig.	Azoto
Açúcar de cana	42.470	6.900	50.630	—
Açúcar de uva	36.710	6.780	56.510	—
Álcool	51.980	13.700	34.320	—
Azeite de oliveira	77.210	13.360	9.430	—
Óleo de nozes	79.774	10.570	9.122	0.534
Gordura	78.996	11.700	9.304	—
Fibrina	53.360	7.021	19.685	19.934

trabalho, uma parte do açúcar se decompõe; o oxigênio, o hidrogênio e o carbono se separam e combinam nas proporções necessárias a produzir o álcool, de sorte que, em se bebendo suco de uva, não se bebe realmente álcool, pois que este ainda não existe. Ele se forma das partes constituintes da água e do açúcar, sem que haja, em suma, uma molécula a mais ou a menos.

No pão e nos legumes que se comem, não há certamente carne, nem sangue, nem osso, nem bile, nem matéria cerebral; entretanto, esses mesmos alimentos, decompondo-se e recompondo-se pelo trabalho da digestão, produzem aquelas diferentes substâncias tão só pela transmutação de seus elementos constitutivos.

Na semente de uma árvore, não há madeiras, folhas, flores ou frutos e fora erro pueril crer-se que a árvore inteira, sob microscópica forma, ali se encontra. Quase não há, sequer, na semente, oxigênio, hidrogênio e carbono em quantidade necessária a formar uma folha da árvore. A semente* contém um gérmen que desabrocha em favoráveis condições. Esse gérmen se desenvolve por efeito dos sucos que haure da Terra e dos gases que aspira do ar. Tais sucos, que não são lenho, nem folhas, nem flores, nem frutos, infiltrando-se na planta, lhe formam a seiva, como nos animais formam o sangue. Levada pela circulação a todas as partes do vegetal, a seiva, conforme o órgão a que vai ter e onde sofre uma elaboração especial, se transforma em lenho, folhas e frutos, como o sangue se transforma em carne, osso, bile etc. Contudo, são sempre os mesmos elementos: oxigênio, hidrogênio, azoto e carbono, diversamente combinados.

14. As diferentes combinações dos elementos, para formação das substâncias minerais, vegetais e animais, não podem, pois, operar-se, a não ser nos meios e em circunstâncias propícias; fora dessas circunstâncias, os princípios elementares estão numa espécie de inércia. Mas desde que as circunstâncias se tornam favoráveis, começa um

---

* N. E.: Na semente, como em todos os ovos que presidem à formação dos seres vivos, encontram-se presentes os genes que contêm o código genético com as informações necessárias à formação da planta.

trabalho de elaboração; as moléculas entram em movimento, agitam-se, atraem-se, aproximando-se e se separam em virtude da lei de afinidades e, por suas múltiplas combinações, compõem a infinita variedade das substâncias. Desapareçam essas condições e o trabalho subitamente cessa, para recomeçar quando elas de novo se apresentarem. É assim que a vegetação se ativa, enfraquece, para e prossegue, sob a ação do calor, da luz, da umidade, do frio ou da seca; que esta planta prospera, num clima ou num terreno, e se estiola ou perece noutros.

15. O que diariamente se passa às nossas vistas pode colocar--nos na pista do que se passou na origem dos tempos, porquanto as leis da natureza não variam.

Visto que são os mesmos os elementos constitutivos dos seres orgânicos e inorgânicos; que os sabemos a formar incessantemente, em dadas circunstâncias, as pedras, as plantas e os frutos, podemos concluir daí que os corpos dos primeiros seres vivos se formaram, como as primeiras pedras, pela reunião das moléculas elementares, em virtude da lei de afinidade, à medida que as condições da vitalidade do globo foram propícias a esta ou àquela espécie.

A semelhança de forma e de cores, na reprodução dos indivíduos de cada espécie, pode comparar-se à semelhança de forma de cada espécie de cristal. Justapondo-se, sob a ação da mesma lei, as moléculas produzem conjunto análogo.*

Princípio vital

16. Dizendo que as plantas e os animais são formados dos mesmos princípios constituintes dos minerais, falamos em sentido exclusivamente material, pois que aqui apenas do corpo se trata.

---

* N. E.: Hoje sabemos que os processos de reprodução de qualquer ser vivo dependem das informações contidas nos genes dos ascendentes do ser que está sendo gerado. Cada indivíduo, com as características e funções de seus órgãos, está relacionado com o ambiente em que vive, o que o torna melhor adaptado e garante a sobrevivência da sua espécie.

Sem falar do princípio inteligente, que é questão à parte, há, na matéria orgânica, um princípio especial, inapreensível e que ainda não pode ser definido: o *princípio vital*. Ativo no ser vivente, esse princípio se acha *extinto* no ser morto; mas nem por isso deixa de dar à substância propriedades que a distinguem das substâncias inorgânicas. A Química, que decompõe e recompõe a maior parte dos corpos inorgânicos, também conseguiu decompor os corpos orgânicos, porém, jamais chegou a reconstituir, sequer, uma folha morta, prova evidente de que há nestes últimos o que quer que seja, inexistente nos outros.

17. Será o princípio vital alguma coisa particular, que tenha existência própria? Ou, integrado no sistema da unidade do elemento gerador, apenas será um estado especial, uma das modificações do fluido cósmico, pela qual este se torne princípio de vida, como se torna luz, fogo, calor, eletricidade? É neste último sentido que as comunicações acima reproduzidas resolvem a questão. (Cap. VI, *Uranografia geral.*)

Seja, porém, qual for a opinião que se tenha sobre a natureza do princípio vital, o certo é que ele existe, pois que se lhe apreciam os efeitos. Pode-se, portanto, logicamente, admitir que, ao se formarem, os seres orgânicos assimilaram o princípio vital, por ser necessário à destinação deles; ou, se o preferirem, que esse princípio se desenvolveu em cada indivíduo, por efeito mesmo da combinação dos elementos, tal como se desenvolvem, dadas certas circunstâncias, o calor, a luz e a eletricidade.

18. Combinando-se sem o princípio vital, o oxigênio, o hidrogênio, o azoto e o carbono unicamente teriam formado um mineral ou corpo inorgânico; o princípio vital, modificando a constituição molecular desse corpo, dá-lhe propriedades especiais. Em lugar de uma molécula mineral, tem-se uma molécula de matéria orgânica.

A atividade do princípio vital é alimentada durante a vida pela ação do funcionamento dos órgãos, do mesmo modo que o calor, pelo movimento de rotação de uma roda. Cessada aquela ação, por motivo da morte, o princípio vital *se extingue*, como o calor, quando a roda deixa de girar. Mas o *efeito produzido* por esse princípio sobre o estado molecular do corpo subsiste, mesmo depois dele extinto, como a carbonização da madeira subsiste à extinção do calor. Na análise dos corpos orgânicos, a Química encontra os elementos que os constituem: oxigênio, hidrogênio, azoto e carbono; mas não pode reconstituir aqueles corpos, porque, já não existindo a causa, não lhe é possível reproduzir o efeito, ao passo que possível lhe é reconstituir uma pedra.

19. Tomamos para termo de comparação o calor que se desenvolve pelo movimento de uma roda, por ser um efeito vulgar, que todo mundo conhece, e mais fácil de compreender-se. Mais exato, no entanto, houvéramos sido, dizendo que, na combinação dos elementos para formarem os corpos orgânicos, desenvolve-se *eletricidade*. Os corpos orgânicos seriam, então, verdadeiras *pilhas elétricas*, que funcionam enquanto os elementos dessas pilhas se acham em condições de produzir eletricidade: é a vida; que deixam de funcionar, quando tais condições desaparecem: é a morte. Segundo essa maneira de ver, o princípio vital não seria mais do que uma espécie particular de eletricidade, denominada *eletricidade animal*, que durante a vida se desprende pela ação dos órgãos* e cuja produção cessa, quando da morte, por se extinguir tal ação.

Geração espontânea**

20. É natural se pergunte por que não mais se formam seres

---

* N. E.: Hoje sabemos que se refere às células. O metabolismo celular, na troca iônica da bomba de sódio e potássio, produz uma diferença de potencial elétrico, ou seja, produz eletricidade animalizada, pois que é realizada por um ser vivo, a célula. Com a morte da célula, cessa a produção de eletricidade resultante de seu metabolismo, do conjunto dos órgãos, do corpo como um todo.

** N. E.: Até meados do século XIX, os cientistas acreditavam que os seres vivos eram gerados espontaneamente do corpo de cadáveres em decomposição; que rãs, cobras e crocodilos eram gerados a partir do lodo dos rios. Essa hipótese, geração espontânea ou abiogênese, foi descartada.

vivos nas mesmas condições em que se formaram os primeiros que surgiram na Terra.*

Sobre esse ponto, não pode deixar de lançar luz a questão da geração espontânea, que tanto preocupa a Ciência, embora ainda esteja diversamente resolvida. O problema é este: formam-se, nos tempos atuais, seres orgânicos pela simples reunião dos elementos que os constituem, sem germens, previamente produzidos pelo modo ordinário de geração, ou, por outra, sem pais nem mães?

Os partidários da geração espontânea respondem afirmativamente, apoiando-se em observações diretas, que parecem concludentes. Pensam outros que todos os seres vivos se reproduzem uns pelos outros, firmados sobre o fato, que a experiência comprova, de que os germens de certas espécies vegetais e animais, mesmo dispersos, conservam latente vitalidade, durante longo tempo, até que as circunstâncias lhes favoreçam a eclosão. Esta maneira de entender deixa sempre em aberto a questão da formação dos primeiros tipos de cada espécie.

21. Sem discutir os dois sistemas, convém acentuar que o princípio da geração espontânea evidentemente só se pode aplicar aos seres das ordens mais ínfimas do reino vegetal e do reino animal, àqueles em os quais a vida começa a despontar, em organismo extremamente simples e, de certo modo, rudimentar. Foram esses, com efeito, os primeiros que apareceram na Terra e cuja formação houve de ser espontânea. Assistiríamos assim a uma criação permanente, análoga à que se produziu nas primeiras idades do mundo.

22. Mas, então, por que não se formam da mesma maneira os seres de complexa organização? Que esses seres não existiram sempre, é fato positivo; logo, tiveram um começo. Se o musgo, o líquen, o zoófito, o infusório, os vermes intestinais e outros podem produzir-se espontaneamente, por que não se dá o mesmo com as árvores, os peixes, os cães, os cavalos?

---

* N. E.: O planeta não apresenta as mesmas condições que possibilitaram a existência de seus primeiros habitantes.

Param aí, por enquanto, as investigações; desaparece o fio condutor e, até que ele seja encontrado, fica aberto o campo às hipóteses. Fora, pois, imprudente e prematuro apresentar meros sistemas como verdades absolutas.

23. Se a geração espontânea é fato demonstrado,* por muito limitado que seja, não deixa de constituir um fato capital, um marco de natureza a indicar o caminho para novas observações. Sabe-se que os seres orgânicos complexos não se produzem dessa maneira; mas, quem sabe como eles começaram? Quem conhece o segredo de todas as transformações? Vendo o carvalho sair da glande, quem pode afirmar que não exista um laço misterioso entre o pólipo e o elefante? (Item 25.)

No estado atual dos nossos conhecimentos, não podemos estabelecer a teoria da geração espontânea *permanente*, senão como hipótese, mas como hipótese provável e que um dia, talvez, tome lugar entre as verdades científicas incontestes.**

Escala dos seres orgânicos

24. Entre o reino vegetal e o reino animal, nenhuma delimitação há nitidamente marcada. Nos confins dos dois reinos estão os *zoófitos* ou *animais-plantas*, cujo nome indica que eles participam de um e outro: serve-lhes de traço de união.

Como os animais, as plantas nascem, vivem, crescem, nutrem-se, respiram, reproduzem-se e morrem. Como aqueles, precisam elas de luz, de calor e de água; estiolam-se e morrem, desde que lhes faltem esses elementos. A absorção de um ar viciado e de substâncias deletérias as envenena. Oferecem como caráter distintivo mais acentuado conservarem-se presas ao solo e tirarem dele a nutrição, sem se deslocarem.

---

* N. E.: Atualmente temos a Teoria da Evolução Química ou Molecular, que postula que a vida surgiu a partir do processo de evolução química de compostos inorgânicos, dando origem a moléculas orgânicas e, depois, às primeiras e mais simples formas de vida.

** Nota de Allan Kardec: *Revista espírita,* julho de 1868 o desenvolvimento da teoria da geração espontânea. [Artigo: *A geração espontânea e A Gênese.*]

O zoófito tem a aparência exterior da planta. Como planta, mantém-se preso ao solo; como animal, a vida nele se acha mais acentuada: tira do meio ambiente a sua alimentação.

Um degrau acima, o animal é livre e procura o alimento: em primeiro lugar, vêm as inúmeras variedades de pólipos, de corpos gelatinosos, sem órgãos bem definidos, só diferindo das plantas pela faculdade da locomoção; seguem-se, na ordem do desenvolvimento dos órgãos, da atividade vital e do instinto, os helmintos ou vermes intestinais; os moluscos, animais carnudos sem ossos, alguns deles nus, como as lesmas, os polvos, outros providos de conchas, como o caracol, a ostra; os crustáceos, cuja pele é revestida de uma crosta dura, como o caranguejo, a lagosta; os insetos, aos quais a vida assume prodigiosa atividade e se manifesta o instinto engenhoso, como a formiga, a abelha, a aranha. Alguns se metamorfoseiam, como a lagarta, que se transforma em elegante borboleta. Vem depois a ordem dos vertebrados, animais de esqueleto ósseo, ordem que abrange os peixes, os reptis, os pássaros; seguem-se, por fim, os mamíferos cuja organização é a mais completa.

25. Se se considerarem apenas os dois pontos extremos da cadeia, nenhuma analogia aparente haverá; mas, se se passar de um anel a outro sem solução de continuidade, chega-se, sem transição brusca, da planta aos animais vertebrados. Compreende-se então a possibilidade de que os animais de organização complexa não sejam mais do que uma transformação, ou, se quiserem, um desenvolvimento gradual, a princípio insensível, da espécie imediatamente inferior e, assim, sucessivamente, até o primitivo ser elementar. Entre a glande e o carvalho é grande a diferença; entretanto, se acompanharmos passo a passo o desenvolvimento da glande, chegaremos ao carvalho e já não nos admiraremos de que este proceda de tão pequena semente. Ora, se a glande encerra em latência os elementos próprios à formação de uma árvore gigantesca, por que não se daria o mesmo do ácaro ao elefante? (Item 23.)

De acordo com o que fica dito, percebe-se que não exista geração espontânea senão para os seres orgânicos elementares; as espécies superiores seriam produto das transformações sucessivas desses mesmos seres, realizadas à proporção que as condições atmosféricas se lhes foram tornando propícias. Adquirindo cada espécie a faculdade de reproduzir-se, os cruzamentos acarretaram inúmeras variedades. Depois, uma vez instalada em condições favoráveis, quem nos diz que os germens primitivos donde ela surgiu não desapareceram para sempre, por inúteis? Quem nos diz que o nosso ácaro atual seja idêntico ao que, de transformação em transformação, produziu o elefante? Explicar-se-ia assim porque não há geração espontânea entre os animais de complexa organização.

Esta teoria, sem estar admitida ainda, de maneira definitiva, é a que tende evidentemente a predominar hoje na ciência. Os observadores sérios aceitam-na como a mais racional.

O homem corpóreo

26. Do ponto de vista corpóreo e puramente anatômico, o homem pertence à classe dos mamíferos, dos quais unicamente difere por alguns matizes na forma exterior. Quanto ao mais, a mesma composição de todos os animais, os mesmos órgãos, as mesmas funções e os mesmos modos de nutrição, de respiração, de secreção, de reprodução. Ele nasce, vive e morre nas mesmas condições e, quando morre, seu corpo se decompõe, como tudo o que vive. Não há, em seu sangue, na sua carne, em seus ossos, um átomo diferente dos que se encontram no corpo dos animais. Como estes, ao morrer, o homem restitui à Terra o oxigênio, o hidrogênio, o azoto e o carbono que se haviam combinado para formá-lo; e esses elementos, por meio de novas combinações, vão formar outros corpos minerais, vegetais e animais. É tão grande a analogia que suas funções orgânicas são estudadas em certos animais, quando as experiências não podem ser feitas nele próprio.

27. Na classe dos mamíferos, o homem pertence à ordem dos *bímanos*. Logo abaixo dele vêm os *quadrúmanos* (animais de quatro mãos) ou macacos, alguns dos quais, como o orangotango, o chimpanzé, o jocó,* têm certos ademanes do homem, a tal ponto que, por muito tempo, foram denominados: *homens das florestas*. Como o homem, esses macacos caminham eretos, usam cajados, constroem choças e levam à boca, com a mão, os alimentos: sinais característicos.

28. Por pouco que se observe a escala dos seres vivos, do ponto de vista do organismo, é-se forçado a reconhecer que, desde o líquen até a árvore e desde o zoófito até o homem, há uma cadeia que se eleva gradativamente, sem solução de continuidade e seus anéis todos têm um ponto de contato com o anel precedente. *Acompanhando-se passo a passo a série dos seres, dir-se-ia que cada espécie é um aperfeiçoamento, uma transformação da espécie imediatamente inferior.* Visto que são idênticas às dos outros corpos as condições do corpo do homem, química e constitucionalmente; visto que ele nasce, vive e morre da mesma maneira, também nas mesmas condições que os outros se há de ele ter formado.

29. Ainda que isso lhe fira o orgulho, tem o homem que se resignar a não ver no *seu corpo material* mais do que o último anel da animalidade *na Terra*. Aí está o inexorável argumento dos fatos, contra o qual seria inútil protestar.

Todavia, quanto mais o corpo diminui de valor aos seus olhos, tanto mais cresce de importância o princípio espiritual. Se o primeiro o nivela ao bruto, o segundo o eleva a incomensurável altura. Vemos o limite extremo do animal: não vemos o limite a que chegará o Espírito do homem.

30. O materialismo pode por aí ver que o Espiritismo, longe de temer as descobertas da ciência e o seu positivismo, lhe vai ao encontro e os provoca, por possuir a certeza de que o princípio espiritual, que tem *existência própria*, em nada pode com elas sofrer.

O Espiritismo marcha ao lado do materialismo, no campo da matéria; admite tudo o que o segundo admite; mas avança para além

---

* N. E.: Nome de origem banto ou sudanesa dado por alguns autores ao chimpanzé e ao orangotango ou aos mamíferos antropomorfos em geral.

do ponto onde este último para. O Espiritismo e o materialismo são como dois viajantes que caminham juntos, partindo de um mesmo ponto; chegados a certa distância, diz um: "Não posso ir mais longe." O outro prossegue e descobre um novo mundo. Por que, então, há de o primeiro dizer que o segundo é louco, somente porque, entrevendo novos horizontes, se decide a transpor os limites onde ao outro convém deter-se? Também Cristóvão Colombo não foi tachado de louco, porque acreditava na existência de um mundo, para lá do oceano? Quantos a História não conta desses loucos sublimes, que hão feito que a humanidade avançasse e aos quais se tecem coroas, depois de se lhes haver atirado lama?

Pois bem! O Espiritismo, a loucura do século XIX, segundo os que se obstinam em permanecer na margem terrena, nos patenteia todo um mundo, mundo bem mais importante para o homem, do que a América, porquanto nem todos os homens vão à América, ao passo que todos, sem exceção de nenhum, vão ao dos Espíritos, fazendo incessantes travessias de um para o outro.

Galgado o ponto em que nos achamos com relação à Gênese, o materialismo se detém, enquanto o Espiritismo prossegue em suas pesquisas no domínio da *Gênese espiritual.*

CAPÍTULO XI
GÊNESE ESPIRITUAL

• Princípio espiritual • União do princípio espiritual à matéria
• Hipótese sobre a origem do corpo humano • Encarnação dos
Espíritos • Reencarnações • Emigrações e imigrações dos Espíritos
Raça adâmica • Doutrina dos anjos decaídos e da perda do paraíso

Princípio espiritual

1.   A existência do princípio espiritual é um fato que, por assim
dizer, não precisa de demonstração, do mesmo modo que o da
existência do princípio material. É, de certa forma, uma verdade
axiomática. Ele se afirma pelos seus efeitos, como a matéria pelos
que lhe são próprios.

De acordo com este princípio: "Todo efeito tendo uma causa, todo
efeito inteligente há de ter uma causa inteligente", ninguém há que
não faça distinção entre o movimento mecânico de um sino que o
vento agite e o movimento desse mesmo sino para dar um sinal, um

aviso, atestando, só por isso, que obedece a um pensamento, a uma intenção. Ora, não podendo acudir a ninguém a ideia de atribuir pensamento à matéria do sino, tem-se de concluir que o move uma inteligência à qual ele serve de instrumento para que ela se manifeste.

Pela mesma razão, ninguém terá a ideia de atribuir pensamento ao corpo de um homem morto. Se, pois, vivo, o homem pensa, é que há nele alguma coisa que não há quando está morto. A diferença que existe entre ele e o sino é que a inteligência, que faz com que este se mova, está fora dele, ao passo que está no homem a que faz que este obre.

2. O princípio espiritual é corolário da existência de Deus; sem esse princípio, Deus não teria razão de ser, visto que não se poderia conceber a soberana inteligência a reinar, pela eternidade afora, unicamente sobre a matéria bruta, como não se poderia conceber que um monarca terreno, durante toda a sua vida, reinasse exclusivamente sobre pedras. Não se podendo admitir Deus sem os atributos essenciais da Divindade: a justiça e a bondade, inúteis seriam essas qualidades, se Ele as houvesse de exercitar somente sobre a matéria.

3. Por outro lado, não se poderia conceber um Deus soberanamente justo e bom, a criar seres inteligentes e sensíveis, para lançá-los ao nada, após alguns dias de sofrimento sem compensações, a recrear-se na contemplação dessa sucessão indefinida de seres que nascem, sem que o hajam pedido, pensam por um instante, apenas para conhecerem a dor, e se extinguem para sempre, ao cabo de efêmera existência.

Sem a sobrevivência do ser pensante, os sofrimentos da vida seriam, da parte de Deus, uma crueldade sem objetivo. Eis por que o materialismo e o ateísmo são corolários um do outro; negando o efeito, não podem eles admitir a causa. O materialismo é, pois, consequente consigo mesmo, embora não o seja com a razão.

4. É inata no homem a ideia da perpetuidade do ser espiritual; essa ideia se acha nele em estado de intuição e de aspiração. O homem compreende que somente aí está a compensação às misérias da vida. Essa a razão por que sempre houve e haverá cada vez mais espiritualistas do que materialistas e mais devotos do que ateus.

À ideia intuitiva e à força do raciocínio o Espiritismo junta a sanção dos fatos, a prova material da existência do ser espiritual, da sua sobrevivência, da sua imortalidade e da sua individualidade. Torna precisa e define o que aquela ideia tinha de vago e de abstrato. Mostra o ser inteligente a atuar fora da matéria, quer depois, quer durante a vida do corpo.

5. São a mesma coisa o princípio espiritual e o princípio vital?

Partindo, como sempre, da observação dos fatos, diremos que, se o princípio vital fosse inseparável do princípio inteligente, haveria certa razão para que os confundíssemos. Mas, havendo, como há, seres que vivem e não pensam, quais as plantas; corpos humanos que ainda se revelam animados de vida orgânica quando já não há qualquer manifestação de pensamento; uma vez que no ser vivo se produzem movimentos vitais independentes de qualquer intervenção da vontade; que durante o sono a vida orgânica se conserva em plena atividade, enquanto a vida intelectual por nenhum sinal exterior se manifesta, é cabível se admita que a vida orgânica reside num princípio inerente à matéria, independente da vida espiritual, que é inerente ao Espírito. Ora, desde que a matéria tem uma vitalidade independente do Espírito e que o Espírito tem uma vitalidade independente da matéria, evidente se torna que essa dupla vitalidade repousa em dois princípios diferentes. (Cap. X, itens 16 a 19.)

6. Terá o princípio espiritual sua fonte de origem no elemento cósmico universal? Será ele apenas uma transformação, um modo de existência desse elemento, como a luz, a eletricidade, o calor etc.?

Se fosse assim, o princípio espiritual sofreria as vicissitudes da matéria; extinguir-se-ia pela desagregação, como o princípio vital; momentânea seria, como a do corpo, a existência do ser inteligente que, então, ao morrer, volveria ao nada, ou, o que daria na mesma, ao todo universal. Seria, numa palavra, a sanção das doutrinas materialistas.

As propriedades *sui generis* [peculiares] que se reconhecem ao princípio espiritual provam que ele tem existência própria, pois que, se sua origem estivesse na matéria, aquelas propriedades lhe faltariam. Desde que a inteligência e o pensamento não podem ser atributos da matéria, chega-se, remontando dos efeitos à causa, à conclusão de que o elemento material e o elemento espiritual são os dois princípios constitutivos do universo. Individualizado, o elemento espiritual constitui os seres chamados *Espíritos*, como, individualizado, o elemento material constitui os diferentes corpos da natureza, orgânicos e inorgânicos.

7. Admitido o ser espiritual e não podendo ele proceder da matéria, qual a sua origem, seu ponto de partida?

Aqui, falecem absolutamente os meios de investigação, como para tudo o que diz respeito à origem das coisas. O homem apenas pode comprovar o que existe; acerca de tudo o mais, apenas lhe é dado formular hipóteses e, quer porque esse conhecimento esteja fora do alcance da sua inteligência atual, quer porque lhe seja inútil ou prejudicial presentemente, Deus não lho outorga, nem mesmo pela revelação.

O que Deus permite que seus mensageiros lhe digam e o que, aliás, o próprio homem pode deduzir do princípio da soberana justiça, atributo essencial da Divindade, é que todos procedem do mesmo ponto de partida; que todos são criados simples e ignorantes, com igual aptidão para progredir pelas suas atividades individuais; que todos atingirão o grau máximo da perfeição com seus esforços pessoais; que todos, sendo filhos do mesmo Pai, são objeto de igual solicitude; que nenhum há mais favorecido ou melhor dotado do que os outros, nem dispensado do trabalho imposto aos demais para atingirem a meta.

8. Ao mesmo tempo que criou, desde toda a eternidade, mundos materiais, Deus há criado, desde toda a eternidade, seres espirituais. Se assim não fora, os mundos materiais careceriam de finalidade. Mais fácil seria conceberem-se os seres espirituais sem os mundos materiais, do que estes últimos sem aqueles. Os mundos materiais é que teriam de fornecer aos seres espirituais elementos de atividade para o desenvolvimento de suas inteligências.

9. Progredir é condição normal dos seres espirituais e a perfeição relativa o fim que lhes cumpre alcançar. Ora, havendo Deus criado desde toda a eternidade, e criando incessantemente, também desde toda a eternidade tem havido seres que atingiram o ponto culminante da escala.

Antes que existisse a Terra, mundos sem conta haviam sucedido a mundos e, quando a Terra saiu do caos dos elementos, o espaço estava povoado de seres espirituais em todos os graus de adiantamento, desde os que surgiam para a vida até os que, desde toda a eternidade, haviam tomado lugar entre os puros Espíritos, vulgarmente chamados anjos.

União do princípio espiritual à matéria

10. Tendo a matéria que ser objeto do trabalho do Espírito para desenvolvimento de suas faculdades, era necessário que ele pudesse atuar sobre ela, pelo que veio habitá-la, como o lenhador habita a floresta. Tendo a matéria que ser, no mesmo tempo, objeto e instrumento do trabalho, Deus, em vez de unir o Espírito à pedra rígida, criou, para seu uso, corpos organizados, flexíveis, capazes de receber todas as impulsões da sua vontade e de se prestarem a todos os seus movimentos.

O corpo é, pois, simultaneamente, o envoltório e o instrumento do Espírito e, à medida que este adquire novas aptidões, reveste outro invólucro apropriado ao novo gênero de trabalho que lhe cabe executar, tal qual se faz com o operário, a quem é dado instrumento menos grosseiro, à proporção que ele se vai mostrando apto a executar obra mais bem cuidada.

11. Para ser mais exato, é preciso dizer que é o próprio Espírito que modela o seu envoltório e o apropria às suas novas necessidades; aperfeiçoa-o e lhe desenvolve e completa o organismo, à medida que experimenta a necessidade de manifestar novas faculdades; numa palavra, talha-o de acordo com a sua inteligência. Deus fornece ao Espírito os materiais; cabe a ele empregá-los. É assim que as raças adiantadas têm um organismo ou, se quiserem, um aparelhamento cerebral mais aperfeiçoado do que as raças primitivas. Desse modo igualmente se explica o cunho especial que o caráter do Espírito imprime aos traços da fisionomia e às linhas do corpo. (Cap. VIII, item 7: Alma da Terra.)*

12. Desde que um Espírito nasce para a vida espiritual, tem, por adiantar-se, que fazer uso de suas faculdades, rudimentares a princípio. Por isso é que reveste um envoltório adequado ao seu estado de infância intelectual, envoltório que ele abandona para tomar outro, à proporção que se lhe aumentam as forças. Ora, como em todos os tempos houve mundos e esses mundos deram nascimento a corpos organizados próprios a receber Espíritos, em todos os tempos os Espíritos, qualquer que fosse o grau de adiantamento que houvessem alcançado, encontraram os elementos necessários à sua vida carnal.

13. Por ser exclusivamente material, o corpo sofre as vicissitudes da matéria. Depois de funcionar por algum tempo, ele se desorganiza e decompõe. O princípio vital, não mais encontrando elemento para sua atividade, se extingue e o corpo morre. O Espírito, para quem, este, carente de vida, se torna inútil, deixa-o, como se deixa uma casa em ruínas, ou uma roupa imprestável.

14. O corpo, conseguintemente, não passa de um envoltório destinado a receber o Espírito. Desde então, pouco importam a sua origem e os materiais que entraram na sua construção. Seja ou não o corpo do homem uma criação especial, o que não padece dúvida é que tem a formá-lo os mesmos elementos que o dos animais, a animá-lo o mesmo princípio vital, ou, por outra, a aquecê-lo o mesmo fogo, como tem a iluminá-lo a mesma luz e se acha sujeito às mesmas vicissitudes e às mesmas necessidades. É um ponto este que não sofre contestação.

A não se considerar, pois, senão a matéria, abstraindo do Espírito, o homem nada tem que o distinga do animal. Tudo, porém, muda de aspecto, logo que se estabelece distinção entre a *habitação* e o *habitante*.

Ou numa choupana, ou envergando as vestes de um campônio,

---

* N. E.: Ver Nota Explicativa, p. 407.

um nobre senhor não deixa de o ser. O mesmo se dá com o homem: não é a sua vestidura de carne que o coloca acima do bruto e faz dele um ser à parte; é o seu ser espiritual, seu Espírito.

Hipótese sobre a origem do corpo humano

15. Da semelhança, que há, de formas exteriores entre o corpo do homem e o do macaco, concluíram alguns fisiologistas que o primeiro é apenas uma transformação do segundo. Nada aí há de impossível, nem o que, se assim for, afete a dignidade do homem. Bem pode dar-se que corpos de macaco tenham servido de vestidura aos primeiros Espíritos humanos, forçosamente pouco adiantados, que viessem encarnar na Terra, sendo essa vestidura mais apropriada às suas necessidades e mais adequadas ao exercício de suas faculdades, do que o corpo de qualquer outro animal. Em vez de se fazer para o Espírito um invólucro especial, ele teria achado um já pronto. Vestiu-se então da pele do macaco, sem deixar de ser Espírito humano, como o homem não raro se reveste da pele de certos animais, sem deixar de ser homem.

Fique bem entendido que aqui unicamente se trata de uma hipótese, de modo algum posta como princípio, mas apresentada apenas para mostrar que a origem do corpo em nada prejudica o Espírito, que é o ser principal, e que a semelhança do corpo do homem com o do macaco não implica paridade entre o seu Espírito e o do macaco.

16. Admitida essa hipótese, pode dizer-se que, sob a influência e por efeito da atividade intelectual do seu novo habitante, o envoltório se modificou, embelezou-se nas particularidades, conservando a forma geral do conjunto (item 11). Melhorados, os corpos, pela procriação, se reproduziram nas mesmas condições, como sucede com as árvores de enxerto. Deram origem a uma espécie nova, que pouco a pouco se afastou do tipo primitivo, à proporção que o Espírito progrediu. O Espírito macaco, que não foi aniquilado, continuou a procriar, para seu uso, corpos de macaco, do mesmo modo que o fruto da árvore silvestre reproduz árvores dessa espécie, e o Espírito humano procriou corpos de homem, variantes do primeiro molde em que ele se meteu. O tronco se bifurcou: produziu um ramo, que por sua vez se tornou tronco.

Como na natureza não há transições bruscas, é provável que os primeiros homens aparecidos na Terra pouco diferissem do macaco pela forma exterior e não muito também pela inteligência. Em nossos dias ainda há selvagens que, pelo comprimento dos braços e dos pés e pela conformação da cabeça, têm tanta parecença com o macaco, que só lhes falta ser peludos, para se tornar completa a semelhança.

Encarnação dos Espíritos

17. O Espiritismo ensina de que maneira se opera a união do Espírito com o corpo, na encarnação.

Pela sua essência espiritual, o Espírito é um ser indefinido, abstrato, que não pode ter ação direta sobre a matéria, sendo-lhe indispensável um intermediário, que é o envoltório fluídico, o qual, de certo modo, faz parte integrante dele. É semimaterial esse envoltório, isto é, pertence à matéria pela sua origem e à espiritualidade pela sua natureza etérea. Como toda matéria, ele é extraído do fluido cósmico universal que, nessa circunstância, sofre uma modificação especial. Esse envoltório, denominado perispírito, faz de um ser abstrato, do Espírito, um ser concreto, definido, apreensível pelo pensamento. Torna-o apto a atuar sobre a matéria tangível, conforme se dá com todos os fluidos imponderáveis, que são, como se sabe, os mais poderosos motores.

O fluido perispirítico constitui, pois, o traço de união entre o espírito e a matéria. Enquanto aquele se acha unido ao corpo, serve-lhe ele de veículo ao pensamento, para transmitir o movimento às diversas partes do organismo, as quais atuam sob a impulsão da sua vontade e para fazer que repercutam no Espírito as sensações que os agentes exteriores produzam. Servem-lhe de fios condutores os nervos como, no telégrafo, ao fluido elétrico serve de condutor o fio metálico.

18. Quando o Espírito tem de encarnar num corpo humano em vias de formação, um laço fluídico, que mais não é do que uma expansão do seu perispírito, o liga ao gérmen que o atrai por uma força irresistível, desde o momento da concepção. À medida que o gérmen se desenvolve, o laço se encurta. Sob a influência do *princípio vital e material do gérmen*, o perispírito, que possui certas propriedades da matéria, se une, *molécula a molécula*, ao corpo em formação, donde o poder dizer-se que o Espírito, por intermédio do seu perispírito, se *enraíza*, de certa maneira, nesse gérmen, como uma planta na Terra. Quando o gérmen chega ao seu pleno desenvolvimento, completa é a união; nasce então o ser para a vida exterior.

Por um efeito contrário, a união do perispírito e da matéria carnal, que se efetuara sob a influência do princípio vital do gérmen, cessa, desde que esse princípio deixa de atuar, em consequência da desorganização do corpo. Mantida que era por uma força atuante, tal união se desfaz, logo que essa força deixa de atuar. Então, o perispírito se desprende, *molécula a molécula*, conforme se unira, e ao Espírito é restituída a liberdade. Assim, *não é a partida do Espírito que causa a morte do corpo; a morte é que determina a partida do Espírito.*

Dado que, um instante após a morte, completa é a integração do Espírito; que suas faculdades adquirem até maior poder de penetração, ao passo que o princípio de vida se acha extinto no corpo, provado evidentemente fica que são distintos o princípio vital e o princípio espiritual.

19. O Espiritismo, pelos fatos cuja observação ele faculta, dá a conhecer os fenômenos que acompanham essa separação, que, às vezes, é rápida, fácil, suave e insensível, ao passo que doutras é lenta, laboriosa, horrivelmente penosa, conforme o estado moral do Espírito, e pode durar meses inteiros.

20. Um fenômeno particular, que a observação igualmente assinala, acompanha sempre a encarnação do Espírito. Desde que este é apanhado no laço fluídico que o prende ao gérmen, entra em estado de perturbação, que aumenta, à medida que o laço se aperta, perdendo o Espírito, nos últimos momentos, toda a consciência de si próprio, de sorte que jamais presencia o seu nascimento. Quando a criança respira, começa o Espírito a recobrar as faculdades, que se desenvolvem à proporção que se formam e consolidam os órgãos que lhe hão de servir às manifestações.

21. Mas, ao mesmo tempo que o Espírito recobra a consciência de si mesmo, perde a lembrança do seu passado, sem perder as faculdades, as qualidades e as aptidões anteriormente adquiridas, que haviam ficado temporariamente em estado de latência e que, voltando à atividade, vão ajudá-lo a fazer mais e melhor do que antes. Ele renasce qual se fizera pelo seu trabalho anterior; o seu renascimento lhe é um novo ponto de partida, um novo degrau a subir. Ainda aí a bondade do Criador se manifesta, porquanto, adicionada aos amargores de uma nova existência, a lembrança, muitas vezes aflitiva e humilhante, do passado, poderia turbá-lo e lhe criar embaraços. Ele apenas se lembra do que aprendeu, por lhe ser isso útil. Se às vezes lhe é dado ter uma intuição dos acontecimentos passados, essa intuição é como a lembrança de um sonho fugitivo. Ei-lo, pois, novo homem por mais antigo que seja como Espírito. Adota novos processos, auxiliado pelas suas aquisições precedentes. Quando retorna à vida espiritual, seu passado se lhe desdobra diante dos olhos e ele julga de como empregou o tempo, se bem ou mal.

22. Não há, portanto, solução de continuidade na vida espiritual, sem embargo do esquecimento do passado. Cada Espírito é sempre o mesmo *eu*, antes, durante e depois da encarnação, sendo esta, apenas, uma fase da sua existência. O próprio esquecimento se dá tão só no curso da vida exterior de relação. Durante o sono, desprendido, em parte, dos liames carnais, restituído à liberdade e à vida espiritual, o Espírito se lembra, pois que, então, já não tem a visão tão obscurecida pela matéria.

23. Tomando-se a humanidade no grau mais ínfimo da escala espiritual, como se encontra entre os mais atrasados selvagens, perguntar-se-á se é aí o ponto inicial da alma humana.

Na opinião de alguns filósofos espiritualistas, o princípio inteligente, distinto do princípio material, se individualiza e elabora, passando pelos diversos graus da animalidade. É aí que a alma se ensaia para a vida e desenvolve, pelo exercício, suas primeiras faculdades. Esse seria para ela, por assim dizer, o período de incubação. Chegada ao grau de desenvolvimento que esse estado comporta, ela recebe as faculdades especiais que constituem a alma humana. Haveria assim filiação espiritual do animal para o homem, como há filiação corporal.

Este sistema, fundado na grande lei de unidade que preside à criação, corresponde, forçoso é convir, à justiça e à bondade do Criador; dá uma saída, uma finalidade, um destino aos animais, que deixam então de formar uma categoria de seres deserdados, para terem, no futuro que lhes está reservado, uma compensação a seus sofrimentos. O que constitui o homem espiritual não é a sua origem: são os atributos especiais de que ele se apresenta dotado ao entrar na humanidade, atributos que o transformam, tornando-o um ser distinto, como o fruto saboroso é distinto da raiz amarga que lhe deu origem. Por haver passado pela fieira da animalidade, o homem não deixaria de ser homem; já não seria animal, como o fruto não é a raiz, como o sábio não é o feto informe que o pôs no mundo.

Mas este sistema levanta múltiplas questões, cujos prós e contras não é oportuno discutir aqui, como não o é o exame das diferentes hipóteses que se têm formulado sobre este assunto. Sem, pois, pesquisarmos a origem do Espírito, sem procurarmos conhecer as fieiras pelas quais haja ele, porventura, passado, tomamo-lo *ao entrar na humanidade*, no ponto em que, dotado de senso moral e de livre-arbítrio, começa a pesar-lhe a responsabilidade dos seus atos.

24. A obrigação que tem o Espírito encarnado de prover ao alimento do corpo, à sua segurança, ao seu bem-estar, o força a empregar suas faculdades em investigações, a exercitá-las e desenvolvê-las. Útil, portanto, ao seu adiantamento é a sua união com a matéria. Daí o constituir uma necessidade a encarnação. Além disso, pelo trabalho inteligente que ele executa em seu proveito, sobre a matéria, auxilia a transformação e o progresso material do globo que lhe serve de habitação. É assim que, progredindo, colabora na obra do Criador, da qual se torna fator inconsciente.

25. Todavia, a encarnação do Espírito não é constante, nem perpétua: é transitória. Deixando um corpo, ele não retoma imediatamente

o. Durante mais ou menos considerável lapso de tempo, vive da
espiritual, que é sua vida normal, de tal sorte que insignificante
a ser o tempo que lhe duram as encarnações, se comparado ao
passa no estado de Espírito livre.

No intervalo de suas encarnações, o Espírito progride igualmente,
entido de que aplica ao seu adiantamento os conhecimentos e
periência que alcançou no decorrer da vida corporal; examina o
fez enquanto habitou a Terra, passa em revista o que aprendeu,
nhece suas faltas, traça planos e toma resoluções pelas quais conta
r-se em nova existência, com a ideia de melhor se conduzir. Desse
, cada existência representa um passo para a frente no caminho
rogresso, uma espécie de escola de aplicação.

6. Normalmente, a encarnação não é uma punição para o
rito, conforme pensam alguns, mas uma condição inerente
erioridade do Espírito e um meio de ele progredir. (*O céu e o
no*, cap. III, itens 8 e seguintes.)

A medida que progride moralmente, o Espírito se desmaterializa,
é, depura-se, com o subtrair-se à influência da matéria; sua
se espiritualiza, suas faculdades e percepções se ampliam; sua
idade se torna proporcional ao progresso realizado. Entretanto,
o atua em virtude do seu livre-arbítrio, pode ele, por negligência
ná vontade, retardar o seu avanço; prolonga, conseguintemente,
ração de suas encarnações materiais, que, então, se lhe tornam
a punição, pois que, por falta sua, ele permanece nas categorias
riores, obrigado a recomeçar a mesma tarefa. Depende, pois,
Espírito abreviar, pelo trabalho de depuração executado sobre si
mo, a extensão do período das encarnações.

7. O progresso material de um planeta acompanha o progresso
ral de seus habitantes. Ora, sendo incessante, como é a criação dos
ndos e dos Espíritos e progredindo estes mais ou menos rapida-
nte, conforme o uso que façam do livre-arbítrio, segue-se que há
ndos mais ou menos antigos, em graus diversos de adiantamento
to e moral, onde é mais ou menos material a encarnação e onde,
conseguinte, o trabalho, para os Espíritos, é mais ou menos rude.

Deste ponto de vista, a Terra é um dos menos adiantados. Povoada de Espíritos relativamente inferiores, a vida corpórea é aí mais penosa do que noutros orbes, havendo-os também mais atrasados, onde a existência é ainda mais penosa do que na Terra e em confronto com os quais esta seria, relativamente, um mundo ditoso.

28. Quando, em um mundo, os Espíritos hão realizado a soma de progresso que o estado desse mundo comporta, deixam-no para encarnar em outro mais adiantado, onde adquiram novos conhecimentos e assim por diante, até que, não lhes sendo mais de proveito algum a encarnação em corpos materiais, passam a viver exclusivamente da vida espiritual, na qual continuam a progredir, mas noutro sentido e por outros meios. Chegados ao ponto culminante do progresso, gozam da suprema felicidade. Admitidos nos conselhos do onipotente, conhecem-lhe o pensamento e se tornam seus mensageiros, seus ministros diretos no governo dos mundos, tendo sob suas ordens os Espíritos de todos os graus de adiantamento.

Assim, qualquer que seja o grau em que se achem na hierarquia espiritual, do mais ínfimo ao mais elevado, têm eles suas atribuições no grande mecanismo do universo; todos são úteis ao conjunto, ao mesmo tempo que a si próprios. Aos menos adiantados, como a simples serviçais, incumbe o desempenho, a princípio inconsciente, depois, cada vez mais inteligente, de tarefas materiais. Por toda parte, no mundo espiritual, atividade, em nenhum ponto a ociosidade inútil.

A coletividade dos Espíritos constitui, de certo modo, a alma do universo. Por toda parte, o elemento espiritual é que atua em tudo, sob o influxo do pensamento divino. Sem esse elemento, só há matéria inerte, carente de finalidade, de inteligência, tendo por único motor as forças materiais, cuja exclusividade deixa insolúveis uma imensidade de problemas. Com a ação do elemento espiritual *individualizado*, tudo tem uma finalidade, uma razão de ser, tudo se explica. Prescindindo da espiritualidade, o homem esbarra em dificuldades insuperáveis.

29. Quando a Terra se encontrou em condições climáticas apropriadas à existência da espécie humana, encarnaram nela Espíritos humanos. Donde vinham? Quer eles tenham sido criados naquele momento; quer tenham procedido, completamente formados, do espaço, de outros mundos, ou da própria Terra, a presença deles nesta, a partir de certa época, é um fato, pois que antes deles só animais havia. Revestiram-se de corpos adequados às suas necessidades especiais, às suas aptidões, e que, fisiologicamente, tinham as características da animalidade. Sob a influência deles e por meio do exercício de suas faculdades, esses corpos se modificaram e aperfeiçoaram: é o que a observação comprova. Deixemos então de lado a questão da origem, insolúvel por enquanto; consideremos o Espírito, não em seu ponto de partida, mas no momento em que, manifestando-se nele os primeiros germens do livre-arbítrio e do senso moral o vemos a desempenhar o seu papel humanitário, sem cogitarmos do meio onde haja transcorrido o período de sua infância, ou, se o preferirem, de sua incubação. Malgrado a analogia do seu envoltório com o dos animais, poderemos diferençá-lo destes últimos pelas faculdades intelectuais e morais que o caracterizam, como, debaixo das mesmas vestes grosseiras, distinguimos o rústico do homem civilizado.

30. Conquanto devessem ser pouco adiantados os primeiros que vieram, pela razão mesma de terem de encarnar em corpos muito imperfeitos, diferenças sensíveis haveria decerto entre seus caracteres e aptidões. Os que se assemelhavam, naturalmente se agruparam por analogia e simpatia. Achou-se a Terra, assim, povoada de Espíritos de diversas categorias, mais ou menos aptos ou rebeldes ao progresso. Recebendo os corpos a impressão do caráter do Espírito e procriando-se esses corpos na conformidade dos respectivos tipos, resultaram daí diferentes raças, quer quanto ao físico, quer quanto ao moral (item 11). Continuando a encarnar entre os que se lhes assemelhavam, os Espíritos similares perpetuaram o caráter distintivo, físico e moral, das raças e dos povos, caráter que só com o tempo desaparece, mediante a fusão e o progresso deles. (*Revista espírita*, julho de 1860: *Frenologia e Fisiognomonia*.)*

---

* N. E.: Ver Nota Explicativa, p. 407.

31. Podem comparar-se os Espíritos que vieram povoar a Terra a esses bandos de emigrantes de origens diversas, que vão estabelecer-se numa Terra virgem, onde encontram madeira e pedra para erguerem habitações, cada um dando à sua um cunho especial, de acordo com o grau do seu saber e com o seu gênio particular. Grupam-se então por analogia de origens e de gostos, acabando os grupos por formar tribos, em seguida povos, cada qual com costumes e caracteres próprios.

32. Não foi, portanto, uniforme o progresso em toda a espécie humana. Como era natural, as raças mais inteligentes adiantaram-se às outras, mesmo sem se levar em conta que muitos Espíritos recém-nascidos para a vida espiritual, vindo encarnar na Terra com os primeiros aí chegados, tornaram ainda mais sensível a diferença em matéria de progresso. Fora, com efeito, impossível atribuir-se a mesma ancianidade de criação aos selvagens, que mal se distinguem do macaco, e aos chineses, nem, ainda menos, aos europeus civilizados.

Entretanto, os Espíritos dos selvagens também fazem parte da humanidade e alcançarão um dia o nível em que se acham seus irmãos mais velhos. Mas *sem dúvida, não será em corpos da mesma raça física*, impróprios a um certo desenvolvimento intelectual e moral. Quando o instrumento já não estiver em correspondência com o progresso que hajam alcançado, eles emigrarão daquele meio, para encarnar noutro mais elevado e assim por diante, até que tenham conquistado todas as graduações terrestres, ponto em que deixarão a Terra, para passar a mundos mais avançados. (*Revista espírita*, abril de 1862: *Perfectibilidade da Raça Negra*.)

Reencarnações

33. O princípio da reencarnação é uma consequência necessária da lei de progresso. Sem a reencarnação, como se explicaria a diferença que existe entre o presente estado social e o dos tempos de barbárie? Se as almas são criadas ao mesmo tempo que os corpos, as que nascem hoje são tão novas, tão primitivas, quanto as que viviam há mil anos; acrescentemos que nenhuma conexão haveria entre elas, nenhuma relação necessária; seriam de todo estranhas umas às outras. Por que, então, as de hoje haviam de ser melhor dotadas por Deus, do que as que as precederam? Por que têm aquelas melhor compreensão? Por que possuem instintos mais apurados, costumes mais brandos? Por que têm a intuição de certas coisas, sem as haverem aprendido? Duvidamos de que alguém saia desses dilemas, a menos admita que Deus cria almas de diversas qualidades, de acordo com os tempos e lugares, proposição inconciliável com a ideia de uma justiça soberana. (Cap. II, item 10.)

Admiti, ao contrário, que as almas de agora já viveram em tempos distantes; que possivelmente foram bárbaras como os séculos em que estiveram no mundo, mas que progrediram; que para cada nova existência trazem o que adquiriram nas existências precedentes; que, por conseguinte, as dos tempos civilizados não são almas criadas mais perfeitas, porém que se aperfeiçoaram *por si mesmas* com o tempo, e tereis a única explicação plausível da causa do progresso social. (*O livro dos espíritos*, Parte 2ª, caps. IV e V.)

34. Pensam alguns que as diferentes existências da alma se efetuam, passando elas de mundo em mundo e não num mesmo orbe, onde cada Espírito viria uma única vez.

Seria admissível esta doutrina, se todos os habitantes da Terra estivessem no mesmo nível intelectual e moral. Eles então só poderiam progredir indo de um mundo a outro e nenhuma utilidade lhes adviria da encarnação na Terra. Desde que aí se notam a inteligência e a moralidade em todos os graus, desde a selvajaria que beira o animal até a mais adiantada civilização, é evidente que esse mundo constitui um vasto campo de progresso. Por que haveria o selvagem de ir procurar alhures o grau de progresso logo acima do em que ele está, quando esse grau se lhe acha ao lado e assim sucessivamente? Por que não teria podido o homem adiantado fazer os seus primeiros estágios senão em mundos inferiores, quando ao seu derredor estão seres análogos aos desses mundos? Quando, não só de povo a povo, mas no seio do mesmo povo e da mesma família, há diferentes graus de adiantamento? Se fosse assim, Deus houvera feito coisa inútil, colocando lado a lado a ignorância e o saber, a barbaria e a civilização, o bem e o mal, quando precisamente esse contato é que faz que os retardatários avancem.

Não há, pois, necessidade de que os homens mudem de mundo a cada etapa de aperfeiçoamento, como não há de que o estudante mude de colégio para passar de uma classe a outra. Longe de ser isso vantagem para o progresso, ser-lhe-ia um entrave, porquanto o Espírito ficaria privado do exemplo que lhe oferece a observação do que ocorre nos graus mais elevados e da possibilidade de reparar seus erros no mesmo meio e em presença dos a quem ofendeu, possibilidade que é, para ele, o mais poderoso modo de realizar o seu progresso moral. Após curta coabitação, dispersando-se os Espíritos e tornando-se estranhos uns aos outros, romper-se-iam os laços de família, à falta de tempo para se consolidarem.

Ao inconveniente moral se juntaria um inconveniente material. A natureza dos elementos, as leis orgânicas, as condições de existência variam, de acordo com os mundos; sob esse aspecto, não há dois perfeitamente idênticos. Os tratados de física, de Química, de Anatomia, de medicina, de botânica etc., para nada serviriam nos outros mundos; entretanto, não fica perdido o que neles se aprende; não só isso desenvolve a inteligência, como também as ideias que se colhem de tais obras auxiliam a aquisição de outras. (Cap. VI, itens 61 e seguintes.) se apenas uma única vez fizesse o Espírito a sua aparição, frequentemente brevíssima, num mesmo mundo, em cada imigração ele se acharia em condições inteiramente diversas; operaria de cada vez sobre elementos novos, com força e segundo leis que desconheceria, antes de ter tido tempo de elaborar os elementos conhecidos, de os estudar, de os aplicar. Teria de fazer, de cada vez, um novo aprendizado e essas mudanças contínuas representariam um obstáculo ao progresso. O Espírito, portanto, tem que permanecer no mesmo mundo, até que haja adquirido a soma de conhecimentos e o grau de perfeição que esse mundo comporta. (Item 31.)

Que os Espíritos deixem, por um mundo mais adiantado, aquele do qual nada mais podem auferir, é como deve ser e é. Tal o princípio. Se alguns há que antecipadamente deixam o mundo em que vinham encarnando, é isso devido a causas individuais que Deus pesa em sua sabedoria.

Tudo na Criação tem uma finalidade, sem o que Deus não seria nem prudente, nem sábio. Ora, se a Terra se destinasse a ser uma única etapa do progresso para cada indivíduo, que utilidade haveria, para os Espíritos das crianças que morrem em tenra idade, vir passar aí alguns anos, alguns meses, algumas horas, durante os quais nada podem haurir dele? O mesmo ocorre se pondere com referência aos idiotas e aos cretinos. Uma teoria somente é boa sob a condição de resolver todas as questões a que diz respeito. A questão das mortes prematuras há sido uma pedra de tropeço para todas as doutrinas, exceto para a Doutrina Espírita, que a resolveu de maneira racional e completa.

Para o progresso daqueles que cumprem na Terra uma missão normal, há vantagem real em volverem ao mesmo meio para aí continuarem o que deixaram inacabado, muitas vezes na mesma família ou em contato com as mesmas pessoas, a fim de repararem o mal que tenham feito, ou de sofrerem a pena de talião.

Emigrações e imigrações dos Espíritos

35. No intervalo de suas existências corporais, os Espíritos se encontram no estado de erraticidade e formam a população espiritual ambiente da Terra. Pelas mortes e pelos nascimentos, as duas populações, terrestre e espiritual, deságuam incessantemente uma na outra. Há, pois, diariamente, emigrações do mundo corpóreo para o mundo espiritual e imigrações deste para aquele: é o estado normal.

36. Em certas épocas, determinadas pela sabedoria divina, essas emigrações e imigrações se operam por massas mais ou menos consideráveis, em virtude das grandes revoluções que lhes ocasionam a partida simultânea em quantidades enormes, logo substituídas por equivalentes quantidades de encarnações. Os flagelos destruidores e os cataclismos devem, portanto, considerar-se como ocasiões de chegadas e partidas coletivas, meios providenciais de renovamento da população corporal do globo, de ela se retemperar pela introdução de novos elementos espirituais mais depurados. Na destruição, que por essas catástrofes se verifica, de grande número de corpos, nada mais há do que *rompimento de vestiduras*; nenhum Espírito perece; eles apenas mudam de planos; em vez de partirem isoladamente, partem em bandos, essa a única diferença, visto que, ou por uma causa ou por outra, fatalmente têm que partir, cedo ou tarde.

As renovações rápidas, quase instantâneas, que se produzem no elemento espiritual da população, por efeito dos flagelos destruidores, apressam o progresso social; sem as emigrações e imigrações que de tempos a tempos lhe vêm dar violento impulso, só com extrema lentidão esse progresso se realizaria.

É de notar-se que todas as grandes calamidades que dizimam as populações são sempre seguidas de uma era de progresso de ordem física, intelectual, ou moral e, por conseguinte, no estado social das nações que as experimentam. É que elas têm por fim operar uma remodelação na população espiritual, que é a população normal e ativa do globo.

37. Essa transfusão, que se efetua entre a população encarnada e desencarnada de um planeta, igualmente se efetua entre os mundos, quer individualmente, nas condições normais, quer por massas, em circunstâncias especiais. Há, pois, emigrações e imigrações coletivas de um mundo para outro, donde resulta a introdução, na população de um deles, de elementos inteiramente novos. Novas raças de Espíritos, vindo misturar-se às existentes, constituem novas raças de homens. Ora, como os Espíritos nunca mais perdem o que adquiriram, consigo trazem eles sempre a inteligência e a intuição dos conhecimentos que possuem, o que faz que imprimam o caráter que lhes é peculiar à raça corpórea que venham animar. Para isso, só necessitam de que novos corpos sejam criados para serem por eles usados. Uma vez que a espécie corporal existe, eles encontram sempre corpos prontos para os receber. Não são mais, portanto, do que novos habitantes. Chegando à Terra, integram-lhe, a princípio, a população espiritual; depois, encarnam, como os outros.

Raça adâmica

38. De acordo com o ensino dos Espíritos, foi uma dessas grandes imigrações, ou, se quiserem, uma dessas *colônias de Espíritos*, vinda de outra esfera, que deu origem à raça simbolizada na pessoa de Adão e, por essa razão mesma, chamada *raça adâmica*. Quando ela aqui chegou, a Terra já estava povoada desde tempos imemoriais, *como a América, quando aí chegaram os europeus.*

Mais adiantada do que as que a tinham precedido neste planeta, a raça adâmica é, com efeito, a mais inteligente, a que impele ao progresso todas as outras. A Gênese no-la mostra, desde os seus primórdios, industriosa, apta às artes e às ciências, sem haver passado aqui pela infância espiritual, o que não se dá com as raças primitivas, mas concorda com a opinião de que ela se compunha de Espíritos que já tinham progredido bastante. Tudo prova que a raça adâmica não é antiga na Terra e nada se opõe a que seja considerada como habitando este globo desde apenas alguns milhares de anos, o que não estaria em contradição nem com os fatos geológicos, nem com as observações antropológicas, antes tenderia a confirmá-las.

39. No estado atual dos conhecimentos, não é admissível a doutrina segundo a qual todo o gênero humano procede de uma individualidade única, de há seis mil anos somente a esta parte. Tomadas à ordem física e à ordem moral, as considerações que a contradizem se resumem no seguinte:

Do ponto de vista fisiológico, algumas raças apresentam característicos tipos particulares, que não permitem se lhes assinale uma origem comum. Há diferenças que evidentemente não são simples efeito do clima, pois que os brancos que se reproduzem nos países dos negros não se tornam negros e reciprocamente. O ardor do sol tosta e brune a epiderme, porém, nunca transformou um branco em negro, nem lhe achatou o nariz, ou mudou a forma dos traços da fisionomia, nem lhe tornou lanzudo e encarapinhado o cabelo comprido e sedoso. Sabe-se hoje que a cor do negro provém de um tecido especial subcutâneo,* peculiar à espécie.

---

* N. E.: A pele é praticamente idêntica em todos os grupos étnicos humanos. Nos

Há, pois, de se considerar as raças negras, mongólicas, caucásicas como tendo origem própria, como tendo nascido simultânea ou sucessivamente em diversas partes do globo. O cruzamento delas produziu as raças mistas secundárias. Os caracteres fisiológicos das raças primitivas constituem indício evidente de que elas procedem de tipos especiais. As mesmas considerações se aplicam, conseguintemente, assim aos homens, quanto aos animais, no que concerne à pluralidade dos troncos. (Cap. X, itens 2 e seguintes.)

40. Adão e seus descendentes são apresentados na Gênese como homens sobremaneira inteligentes, pois que, desde a segunda geração, constroem cidades, cultivam a Terra, trabalham os metais. São rápidos e duradouros seus progressos nas artes e nas ciências. Não se conceberia, portanto, que esse tronco tenha tido, como ramos, numerosos povos tão atrasados, de inteligência tão rudimentar, que ainda em nossos dias rastejam a animalidade, que hajam perdido todos os traços e, até, a menor lembrança do que faziam seus pais. Tão radical diferença nas aptidões intelectuais e no desenvolvimento moral atesta, com evidência não menor, uma diferença de origem.

41. Independentemente dos fatos geológicos, da população do globo se tira a prova da existência do homem na Terra, antes da época fixada pela Gênese.

Sem falar da cronologia chinesa, que remonta, dizem, a trinta mil anos,* documentos mais autênticos provam que o Egito, a índia e outros países já eram povoados e floresciam, pelo menos, três mil anos antes da Era Cristã, mil anos, portanto, depois da criação do primeiro homem, segundo a cronologia bíblica. Documentos e observações recentes não consentem hoje dúvida alguma quanto às relações que existiram entre a América e os antigos egípcios, donde

---

indivíduos de pele escura, os melanócitos produzem mais melanina que naqueles de pele clara. A responsável pela pigmentação da pele humana é a atividade química de melanócitos, que varia de acordo com o DNA de cada indivíduo.

* N. E.: Os vestígios humanos mais antigos encontrados na China datam de 1,7 milhão de anos. A dinastia Xia é considerada a primeira e data de 2000 a.C.

se tem de concluir que essa região já era povoada naquela época. Forçoso então seria admitir-se que, em mil anos, a posteridade de um único homem pôde povoar a maior parte da Terra. Ora, semelhante fecundidade estaria em antagonismo com todas as leis antropológicas.*

42. Ainda mais evidente se torna a impossibilidade, desde que se admita, com a Gênese, que o dilúvio destruiu *todo o gênero humano*, com exceção de Noé e de sua família, que não era numerosa, no ano de 1656 do mundo, ou seja, 2.348 anos antes da Era Cristã. Em realidade, pois, daquele patriarca é que dataria o povoamento da Terra. Ora, quando os hebreus se estabeleceram no Egito, 612 anos após o dilúvio, já o Egito era um poderoso império, que teria sido povoado, sem falar de outros países, em menos de seis séculos, só pelos descendentes de Noé, o que não é admissível.

Notemos, de passagem, que os egípcios acolheram os hebreus como estrangeiros. Seria de espantar que houvessem perdido a lembrança de uma tão próxima comunidade de origem, quando conservaram religiosamente os monumentos de sua história.

Rigorosa lógica, com os fatos a corroborá-la da maneira mais peremptória, mostra, pois, que o homem está na Terra desde tempo indeterminado, muito anterior à época que a Gênese assinala. O

---

*Nota de Allan Kardec: Na Exposição Universal de 1867, apresentaram-se antiguidades do México que nenhuma dúvida deixam sobre as relações que os povos desse país tiveram com os antigos egípcios. O Sr. Léon Méchedin, numa nota afixada no templo mexicano da Exposição, assim se exprimia:

"Não é conveniente se publiquem, prematuramente, as descobertas feitas, do ponto de vista da história do homem, pela recente expedição científica do México. Entretanto, nada se opõe a que o público saiba, desde já, que a exploração assinalou a existência de grande número de cidades desaparecidas com o tempo, mas que a picareta e o incêndio podem retirar de suas mortalhas. As escavações puseram a descoberto, por toda parte, três camadas de civilizações, que dão ao mundo americano uma antiguidade fabulosa."

É assim que todos os dias a Ciência opõe o desmentido dos fatos à doutrina que limita a 6.000 anos a aparição do homem na Terra e pretende fazê-lo derivar de um tronco único.

mesmo ocorre com a diversidade dos troncos primitivos, porquanto demonstrar a impossibilidade de uma proposição é demonstrar a proposição contrária. Se a Geologia descobre traços autênticos da presença do homem antes do grande período diluviano, ainda mais completa é a demonstração.

Doutrina dos anjos decaídos e da perda do paraíso*

43. Os mundos progridem, fisicamente, pela elaboração da matéria e, moralmente, pela purificação dos Espíritos que os habitam. A felicidade neles está na razão direta da predominância do bem sobre o mal e a predominância do bem resulta do adiantamento moral dos Espíritos. O progresso intelectual não basta, pois que com a inteligência podem eles fazer o mal.

Logo que um mundo tem chegado a um de seus períodos de transformação, a fim de ascender na hierarquia dos mundos, operam-se mutações na sua população encarnada e desencarnada. É quando se dão as grandes emigrações e imigrações (itens 34 e 35). Os que, apesar da sua inteligência e do seu saber, perseveraram no mal, sempre revoltados contra Deus e suas leis, se tornariam daí em diante um embaraço ao ulterior progresso moral, uma causa permanente de perturbação para a tranquilidade e a felicidade dos bons, pelo que são excluídos da humanidade a que até então pertenceram e tangidos para mundos menos adiantados, onde aplicarão a inteligência e a

---

* Nota de Allan Kardec: Quando, na *Revista espírita* de janeiro de 1862, publicamos um artigo sobre a interpretação da doutrina dos anjos decaídos, apresentamos essa teoria como simples hipótese, sem outra autoridade afora a de uma opinião pessoal controvertível, porque nos faltavam então elementos bastantes para uma afirmação peremptória. Expusemo-la a título de ensaio, tendo em vista provocar o exame da questão, decididos, porém, a abandoná-la ou modificá-la, se fosse preciso. Presentemente, essa teoria já passou pela prova do controle universal. Não só foi bem-aceita pela maioria dos espíritas, como a mais racional e a mais concorde com a soberana Justiça de Deus, mas também foi confirmada pela generalidade das instruções que os Espíritos deram sobre o assunto. O mesmo se verificou com a que concerne à origem da raça adâmica.

intuição dos conhecimentos que adquiriram ao progresso daqueles entre os quais passam a viver, ao mesmo tempo que expiarão, por uma série de existências penosas e por meio de árduo trabalho, suas passadas faltas e seu *voluntário* endurecimento.

Que serão tais seres, entre essas outras populações, para eles novas, ainda na infância da barbárie, senão anjos ou Espíritos decaídos, ali vindos em expiação? Não é, precisamente, para eles, um *paraíso perdido* a Terra *donde foram expulsos*? Essa Terra não lhes era um lugar de delícias, em comparação com o meio ingrato onde vão ficar relegados por milhares de séculos, até que hajam merecido libertar-se dele? A vaga lembrança intuitiva que guardam da Terra donde vieram é uma como longínqua miragem a lhes recordar o que *perderam por culpa própria*.

44. Ao mesmo tempo que os maus se afastam do mundo em que habitavam, Espíritos melhores aí os substituem, vindos quer da erraticidade, concernente a esse mundo, quer de um mundo menos adiantado, que mereceram abandonar; Espíritos esses para os quais a nova habitação é uma recompensa. Assim renovada e depurada a população espiritual dos seus piores elementos, ao cabo de algum tempo o estado moral do mundo se encontra melhorado.

São às vezes parciais essas mutações, isto é, circunscritas a um povo, a uma raça; doutras vezes, são gerais, quando chega para o globo o período de renovação.

45. A raça adâmica apresenta todos os caracteres de uma raça proscrita. Os Espíritos que a integram foram exilados para a Terra, já povoada, mas de homens primitivos, imersos na ignorância, que aqueles tiveram por missão fazer progredir, levando-lhes as luzes de uma inteligência desenvolvida. Não é esse, com efeito, o papel que essa raça há desempenhado até hoje? Sua superioridade intelectual prova que o mundo donde vieram os Espíritos que a compõem era mais adiantado do que a Terra. Havendo entrado esse mundo numa nova fase de progresso e não tendo tais Espíritos querido, pela sua obstinação, colocar-se à altura desse progresso, lá estariam deslocados e constituiriam um obstáculo à marcha providencial das coisas. Foram, em consequência, desterrados de lá e substituídos por outros que isso mereceram.

Relegando aquela raça para esta Terra de labor e de sofrimentos, teve Deus razão para lhe dizer: "Dela tirarás o alimento com o suor da tua fronte." Na sua mansuetude, prometeu-lhe que lhe enviaria um *Salvador*, isto é, um ser que a esclareceria sobre o caminho que lhe cumpria tomar, para sair desse lugar de miséria, desse *inferno*, e ganhar a felicidade dos eleitos. Esse salvador, ele lho enviou na pessoa do Cristo, que lhe ensinou a lei de amor e de caridade que ela, a raça, desconhecia e que seria a verdadeira âncora de salvação.

É igualmente com o objetivo de fazer que a humanidade se adiante em determinado sentido que Espíritos superiores, embora não tenham as qualidades do Cristo, encarnam de tempos a tempos na Terra para desempenhar missões especiais, proveitosas, simultaneamente, ao adiantamento pessoal deles, se as cumprirem de acordo com os desígnios do Criador.

46. Sem a reencarnação, a missão do Cristo seria um contrassenso, assim como a promessa feita por Deus. Suponhamos, com efeito, que a alma de cada homem seja criada por ocasião do nascimento do corpo e não faça mais do que aparecer e desaparecer da Terra: nenhuma relação haveria entre as que vieram desde Adão até Jesus Cristo, nem entre as que vieram depois; todas são estranhas umas às outras. A promessa que Deus fez de um salvador não poderia entender-se com os descendentes de Adão, uma vez que suas almas ainda não estavam criadas. Para que a missão do Cristo pudesse corresponder às palavras de Deus, fora mister se aplicassem às mesmas almas. Se estas são novas, não podem estar maculadas pela falta do primeiro pai, que é apenas pai carnal e não pai espiritual. A não ser assim, Deus houvera *criado* almas com a mácula de uma falta que não podia deixar nelas vestígio, pois que elas não existiam. A doutrina vulgar do pecado original implica, conseguintemente, a necessidade de uma relação entre as almas do tempo do Cristo e as do tempo de Adão; implica, portanto, a reencarnação.

Dizei que todas essas almas faziam parte da colônia de Espíritos exilados na Terra ao tempo de Adão e que se achavam manchadas dos vícios que lhes acarretaram ser excluídas de um mundo melhor e tereis a única interpretação racional do pecado original, pecado peculiar a cada indivíduo e não resultado da responsabilidade da falta de outrem a quem ele jamais conheceu. Dizei que essas almas ou Espíritos renascem diversas vezes na Terra para a vida corpórea, a fim de progredirem, depurando-se; que o Cristo veio esclarecer *essas mesmas almas*, não só acerca de suas vidas passadas, como também com relação às suas vidas ulteriores e então, mas só então, lhe dareis à missão um sentido real e sério, que a razão pode aceitar.

47. Um exemplo familiar, mas frisante pela analogia, ainda mais compreensíveis tornará os princípios que acabam de ser expostos.

A 24 de maio de 1861, a fragata *Ifigênia* transportou à Nova Caledônia* uma companhia disciplinar composta de 291 homens. À chegada, o comandante lhes baixou uma ordem do dia concebida assim:

"Pondo os pés nesta Terra longínqua, já sem dúvida compreendestes o papel que vos está reservado.

A exemplo dos bravos soldados da nossa marinha, que servem sob as vossas vistas, ajudar-nos-eis a levar com brilho o facho da civilização ao seio das tribos selvagens da Nova Caledônia. Não é uma bela e nobre missão, pergunto? Desempenhá-la-eis dignamente.

Escutai a palavra e os conselhos dos vossos chefes. Estou à frente deles. Entendei bem as minhas palavras.

A escolha do vosso comandante, dos vossos oficiais, dos vossos suboficiais e cabos constitui garantia certa de que todos os esforços serão tentados para fazer-vos excelentes soldados, digo mais: para vos elevar à altura de bons cidadãos e vos transformar em colonos honrados, *se o quiserdes*.

A nossa disciplina é severa e assim tem que ser. Colocada em nossas mãos, ela será firme e inflexível, ficai sabendo, do mesmo modo que, justa e paternal, saberá distinguir o erro do vício e da degradação..."

---

* N. E.: Território francês ultramarino.

Aí tendes um punhado de homens expulsos, pelo seu mau proceder, de um país civilizado e mandados, por punição, para o meio de um povo bárbaro. Que lhes diz o chefe? — "Infringistes as leis do vosso país; nele vos tornastes causa de perturbação e escândalo e fostes expulsos; mandam-vos para aqui, mas aqui podeis resgatar o vosso passado; podeis, pelo trabalho, criar-vos aqui uma posição honrosa e tornar-vos cidadãos honestos. Tendes uma bela missão a cumprir: levar a civilização a estas tribos selvagens. A disciplina será severa, mas justa, e saberemos distinguir os que procederem bem. Tendes nas mãos a vossa sorte; podeis melhorá-la, *se o quiserdes*, porque tendes o livre-arbítrio."

Para aqueles homens, lançados ao seio da selvajaria, a mãe-pátria não é um paraíso que eles perderam pelas suas próprias faltas e por se rebelarem contra a lei? Naquela Terra distante, não são eles anjos decaídos? A linguagem do chefe não é idêntica à de que usou Deus falando aos Espíritos exilados na Terra: "Desobedecestes às minhas leis e, por isso, eu vos expulsei do mundo onde podíeis viver ditosos e em paz. Aqui, estareis condenados ao trabalho; mas, podereis, pelo vosso bom procedimento, merecer perdão e reganhar a pátria que perdestes por vossa falta, isto é, o Céu?"

48. À primeira vista, a ideia de decaimento parece em contradição com o princípio segundo o qual os Espíritos não podem retrogradar. Deve-se, porém, considerar que não se trata de um retrocesso ao estado primitivo. O Espírito, ainda que numa posição inferior, nada perde do que adquiriu; seu desenvolvimento moral e intelectual é o mesmo, qualquer que seja o meio onde se ache colocado. Ele está na situação do homem do mundo condenado à prisão por seus delitos. Certamente, esse homem se encontra degradado, decaído, do ponto de vista social, mas não se torna nem mais estúpido, nem mais ignorante.

49. Será crível, perguntamos agora, que esses homens mandados para a Nova Caledônia vão transformar-se de súbito em modelos de virtude? Que vão abjurar repentinamente seus erros do passado? Para supor tal coisa, fora necessário desconhecer a humanidade. Pela mesma razão, os Espíritos da raça adâmica, uma vez transplantados para a Terra do exílio, não se despojaram instantaneamente do seu orgulho e de seus maus instintos; ainda por muito tempo conservaram as tendências que traziam, um resto da velha levedura. Ora, não é esse o pecado original?

CAPÍTULO XII
GÊNESE MOISAICA

• Os seis dias • Perda do paraíso

Os seis dias

1. CAPÍTULO 1. — 1. No começo criou Deus o Céu e a Terra. — 2. A Terra era uniforme e inteiramente nua; as trevas cobriam a face do abismo e o Espírito de Deus boiava sobre as águas. — 3. Ora, Deus disse: "Faça-se a luz e a luz foi feita." — 4. Deus viu que a luz era boa e separou a luz das trevas. — 5. Deu à luz o nome de dia e às trevas o nome de noite e da tarde e da manhã se fez o primeiro dia.

6. Disse Deus também: "Faça-se o firmamento no meio das águas e que ele separe das águas as águas." — 7. E Deus fez o firmamento e separou as águas que estavam debaixo do firmamento das que estavam acima do firmamento. E assim se fez. — 8. E Deus deu ao firmamento o nome de *céu*; da tarde e da manhã se fez o segundo dia.

9. Disse Deus ainda: "Reúnam-se num só lugar as águas que estão sob o *céu* e apareça o elemento árido." E assim se fez. — 10. Deus deu ao elemento árido o nome de *terra* e chamou *mar* a todas as águas reunidas. E viu que isso estava bem. — 11. Disse mais: "Produza a terra a erva verde que traz a semente e árvores frutíferas que deem frutos cada um de uma espécie, e que contenham em si mesmas as suas sementes, para se reproduzirem na terra." E assim se fez. — 12. A terra então produziu a erva verde que trazia consigo a sua semente, conforme a espécie, e árvores frutíferas que continham em si mesmas suas sementes, cada uma de acordo com a sua espécie. E Deus viu que estava bom. — 13. E da tarde e da manhã se fez o terceiro dia.

14. Deus disse também: "Façam-se corpos de luz no firmamento do céu, a fim de que separem o dia da noite e sirvam de sinais para marcar o tempo e as estações, os dias e os anos. — 15. Brilhem eles no firmamento do céu e iluminem a Terra." E assim se fez. — 16. Deus então fez dois grandes corpos luminosos, um, maior, para presidir ao dia, o outro, menor, para presidir à noite; fez também as estrelas. — 17. E os pôs no firmamento do céu, para brilharem sobre a Terra. — 18. Para presidirem ao dia e à noite e para separarem a luz das trevas. E Deus viu que estava bom. — 19. E da tarde e da manhã se fez o quarto dia.

20. Disse Deus ainda: "Produzam as águas animais vivos que nadem e pássaros que voem sobre a Terra debaixo do firmamento do céu." — 21. Deus então criou os grandes peixes e todos os animais que têm vida e movimento, que as águas produziram, cada um de uma espécie, e criou também todos os pássaros, cada um de uma espécie. Viu que estava bom. — 22. E os abençoou, dizendo: "Crescei e multiplicai-vos e enchei as águas do mar; e que os pássaros se multipliquem sobre a Terra." — 23. E da tarde e da manhã se fez o quinto dia.

24. Também disse Deus: "Produza a Terra animais vivos, cada um de sua espécie, os animais domésticos e os animais selvagens, em suas diferentes espécies." E assim se fez. — 25. Deus fez, pois, os

animais selvagens da Terra em suas espécies, os animais domésticos e todos os reptis, cada um de sua espécie. E Deus viu que estava bom. 26. Disse, em seguida: "Façamos o homem a nossa imagem e semelhança e que ele mande sobre os peixes do mar, os pássaros do céu, os animais, sobre toda a Terra e sobre todos os reptis que se movem na Terra." — 27. Deus então criou o homem à sua imagem e o criou à imagem de Deus e o criou macho e fêmea. — 28. Deus os abençoou e lhes disse: "Crescei e multiplicai-vos, enchei a Terra e sujeitai-a, dominai sobre os peixes do mar, sobre os pássaros do céu e sobre todos os animais que se movem na Terra." — 29. Disse Deus ainda: "Dei-vos todas as ervas que trazem sua semente à Terra e todas as árvores que encerram em si mesmas suas sementes, cada uma de uma espécie, a fim de que vos sirvam de alimento." — 30. E dei-as a todos os animais da Terra, a todos os pássaros do céu, a tudo o que se move na Terra e que é vivo e animado, a fim de que tenham com que se alimentar. E assim se fez. — 31. Deus viu todas as coisas que havia feito; eram todas muito boas. — 32. E da tarde e da manhã se fez o sexto dia.

CAPÍTULO 2. — 1. O Céu e a Terra ficaram, pois, acabados assim, com todos os seus ornamentos. — 2. Deus terminou no sétimo dia toda a obra que fizera e repousou nesse sétimo dia, após haver acabado todas as suas obras. — 3. Abençoou o sétimo dia e o santificou, porque cessara nesse dia de produzir todas as obras que criara. — 4. Tal a origem do Céu e da Terra e é assim que eles foram criados no dia que o senhor fez um e outro. — 5. E que criou todas as plantas dos campos antes que houvessem saído da Terra e todas as ervas das planícies antes que houvessem germinado. Porque o Senhor Deus ainda não tinha feito que chovesse sobre a Terra e não havia homem para lavrá-la. — 6. Mas da Terra se elevava uma fonte que lhe regava toda a superfície.

7. O Senhor Deus formou, pois, o homem do limo da Terra e lhe espalhou sobre o rosto um sopro de vida, e o homem se tornou vivente e animado.

2. Depois das explanações contidas nos capítulos precedentes sobre a origem e a constituição do universo, conformemente aos dados fornecidos pela ciência, quanto à parte material, e pelo Espiritismo, quanto à parte espiritual, convém ponhamos em confronto com tudo isso o próprio texto da Gênese de Moisés, a fim de que cada um faça a comparação e julgue com conhecimento de causa. Algumas explicações complementares bastarão para tornar compreensíveis as partes que precisam de esclarecimentos especiais.

3. Sobre alguns pontos, há, sem dúvida, notável concordância entre a Gênese moisaica e a doutrina científica, mas fora erro acreditar que basta se substituam os seis dias de 24 horas da Criação por seis períodos indeterminados, para se tornar completa a analogia. Não menor erro seria o acreditar-se que, afora o sentido alegórico de algumas palavras, a Gênese e a Ciência caminham lado a lado, sendo uma, como se vê, simples paráfrase da outra.

4. Notemos, em primeiro lugar, que, como já se disse (cap. VII, item 14), é inteiramente arbitrário o número de seis períodos geológicos, pois que se eleva a mais de vinte e cinco o das formações bem caracterizadas, número que, ademais, apenas determina as grandes fases gerais. Ele só foi adotado, em começo, para encaixar as coisas, o mais possível, no texto bíblico, numa época, aliás, pouco distante, em que se entendia que a Ciência devia ser controlada pela *Bíblia*. Essa a razão por que os autores da maior parte das teorias cosmogônicas, tendo em vista facilitar-lhe a aceitação, se esforçaram por pôr-se de acordo com o texto sagrado. Logo que se apoiou no método experimental, a ciência sentiu-se mais forte e se emancipou. Hoje, é ela que controla a *Bíblia*.

Doutro lado, a Geologia, tomando por ponto de partida unicamente a formação dos terrenos graníticos, não abrange, no cômputo de seus períodos, o estado primitivo da Terra. Tampouco se ocupa com o sol, com a Lua e com as estrelas, nem com o conjunto do universo, assuntos esses que pertencem à Astronomia. Para enquadrar tudo na gênese, cumpre se acrescente um primeiro período, que abarque essa ordem de fenômenos e ao qual se poderia chamar — *período astronômico*.

Além disso, nem todos os geólogos consideram o diluviano como formando um período distinto, mas como um fato transitório e passageiro, que não mudou sensivelmente o estado climático do globo, nem marcou uma fase nova para as espécies vegetais e animais, pois que, com poucas exceções, as mesmas espécies se encontram, assim antes, como depois do dilúvio. Pode-se, pois, abstrair desse período, sem menosprezo da verdade.

5. O quadro comparativo aqui abaixo, em que se acham resumidos os fenômenos que caracterizam cada um dos seis períodos, permite se considere o conjunto e se notem as relações e as diferenças que existem entre os referidos períodos e a gênese bíblica.

CIÊNCIA	GÊNESE
I. PERÍODO ASTRONÔMICO — Aglomeração da matéria cósmica universal, num ponto do espaço, em nebulosa que deu origem, pela condensação da matéria em diversos pontos, às estrelas, ao Sol, à Terra, à Lua e a todos os planetas. Estado primitivo, fluídico e incandescente da Terra. — Atmosfera imensa, carregada de toda a água em vapor e de todas as matérias volatilizáveis.	1° DIA — o Céu e a Terra. — A luz.
II. PERÍODO PRIMÁRIO — Endurecimento da superfície da Terra, pelo resfriamento; formação das camadas graníticas. — Atmosfera espessa e ardente, impenetrável aos raios solares. — Precipitação gradual da água e das matérias sólidas volatilizadas no ar. — Ausência completa de vida orgânica.	2° DIA — O firmamento. — Separação das águas que estão acima do firmamento das que lhe estão debaixo.

III. PERÍODO DE TRANSIÇÃO — As águas cobrem toda a superfície do globo. — Primeiros depósitos de sedimentos formados pelas águas. — Calor úmido. — O Sol começa a atravessar a atmosfera brumosa. — Primeiros seres organizados da mais rudimentar constituição. — Liquens, musgos, fetos, licopódios, plantas herbáceas. Vegetação colossal. — Primeiros animais marinhos: zoófitos, polipeiros, crustáceos. — Depósitos de hulha.	3º DIA — As águas que estão debaixo do firmamento se reúnem; aparece o elemento árido. — A Terra e os mares. — As plantas.
IV. PERÍODO SECUNDÁRIO — Superfície da Terra pouco acidentada; águas pouco profundas e paludosas. Temperatura menos ardente; atmosfera mais depurada. Consideráveis depósitos de calcários pelas águas. — Vegetação menos colossal; novas espécies; plantas lenhosas; primeiras árvores. — Peixes; cetáceos; animais aquáticos e anfíbios.	4º DIA — O Sol, a Lua e as estrelas.
V. PERÍODO TERCIÁRIO — Grandes intumescimentos da crosta sólida; formação dos continentes. Retirada das águas para os lugares baixos; formação dos mares. — Atmosfera depurada; temperatura atual produzida pelo calor solar. — Gigantescos animais terrestres. Vegetais e animais da atualidade. Pássaros.	5º DIA — Os peixes e os pássaros.
DILÚVIO UNIVERSAL	

VI. PERÍODO QUATERNÁRIO OU PÓS-DILUVIANO — Terrenos de aluvião. — Vegetais e animais da atualidade. — O homem.	6º DIA — Os animais terrestres. — O homem

6. Desse quadro comparativo, o primeiro fato que ressalta é que a obra de cada um dos seis dias não corresponde de maneira rigorosa, como o supõem muitos, a cada um dos seis períodos geológicos. A concordância mais notável se verifica na sucessão dos seres orgânicos, que é quase a mesma, com pequena diferença, e no aparecimento do homem, por último. É esse um fato importante.

Há também coincidência, não quanto à ordem numérica dos períodos, mas quanto ao fato em si, na passagem em que se lê que, ao terceiro dia, "as águas que estão debaixo do céu se reuniram num só lugar e apareceu o elemento árido". É a expressão do que ocorreu no período terciário, quando as elevações da crosta sólida puseram a descoberto os continentes e repeliram as águas, que foram formar os mares. Foi somente então que apareceram os animais terrestres,* segundo a Geologia e segundo Moisés.

7. Dizendo que a Criação foi feita em seis dias, terá Moisés querido falar de dias de 24 horas, ou terá empregado essa palavra no sentido de período, de duração? É mais provável a primeira hipótese, se nos ativermos ao texto acima, primeiramente, porque esse é o sentido próprio da palavra hebraica *iôm*, traduzida por *dia*. Depois, a referência à tarde e à manhã, como limitações de cada um dos seis dias, dá lugar a que se suponha haja ele querido falar de dias comuns. Não se pode conceber qualquer dúvida a tal respeito, estando dito, no versículo 5: "Ele deu à luz o nome de dia e às trevas o nome de noite; e da tarde e da manhã se fez o primeiro dia." Isto, evidentemente, só se pode aplicar ao dia de 24 horas, constituído

---

* N. E.: Anfíbios e insetos foram os primeiros animais presentes no planeta, sugiram no Período Devoniano, da Era Paleozoica.

de períodos de luz e de trevas. Ainda mais preciso se torna o sentido, quando ele diz, no versículo 17, falando do Sol, da Lua e das estrelas: "Colocou-as no firmamento do céu, para luzirem sobre a Terra; para presidirem ao dia e à noite e para separarem a luz das trevas. E da tarde e da manhã se fez o quarto dia."

Aliás, tudo, na Criação, era miraculoso e, desde que se envereda pela senda dos milagres, pode-se perfeitamente crer que a Terra foi feita em seis vezes 24 horas, sobretudo quando se ignoram as primeiras leis naturais. Todos os povos civilizados partilharam dessa crença, até o momento em que a Geologia surgiu a lhe demonstrar a impossibilidade.

8. Um dos pontos que mais criticados têm sido na gênese é o da criação do sol depois da luz. Tentaram explicá-lo, com o auxílio mesmo dos dados fornecidos pela Geologia, dizendo que, nos primeiros tempos de sua formação, por se achar carregada de vapores densos e opacos, a atmosfera terrestre não permitia se visse o sol que, assim, efetivamente não existia para a Terra. Semelhante explicação seria, porventura, admissível se, naquela época, já houvesse na Terra habitantes que verificassem a presença ou a ausência do sol. Ora, segundo o próprio Moisés, então, somente plantas havia, as quais, contudo, não teriam podido crescer e multiplicar-se sem o calor solar.

Há, pois, evidentemente, um anacronismo na ordem que Moisés estabeleceu para a criação do sol; mas, involuntariamente ou não, ele não errou, dizendo que a luz precedeu o Sol.

O Sol não é o princípio da luz universal; é uma concentração do elemento luminoso em um ponto, ou, por outra, do fluido que, em dadas circunstâncias, adquire as propriedades luminosas. Esse fluido, que é a causa, havia necessariamente de preceder ao sol, que é apenas um efeito. O Sol é *causa*, relativamente à luz que dele se irradia; é *efeito*, com relação à que recebeu.

Numa câmara escura, uma vela acesa é um pequeno sol. Que é que se fez para acender a vela? Desenvolveu-se a propriedade iluminante do fluido luminoso e concentrou-se num ponto esse fluido. A vela é a causa da luz que se difunde pela câmara; mas, se não existira o princípio luminoso antes da vela, esta não pudera ter sido acesa.

O mesmo se dá com o Sol. O erro provém da ideia falsa, alimentada por longo tempo, de que o universo inteiro começou com a Terra. Daí o não compreenderem que o sol pudesse ser criado depois da luz. Em princípio, pois, a asserção de Moisés é perfeitamente exata: é falsa no fazer crer que a Terra tenha sido criada antes do sol. Estando, pelo seu movimento de translação, sujeita a esse último, a Terra houve de ser formada depois dele. É o que Moisés não podia saber, pois que ignorava a lei de gravitação.*

Com a mesma ideia se depara na Gênese dos antigos persas. No primeiro capítulo do *Vendidad*,** Ormuzd,*** narrando a origem do mundo, diz: "Eu criei a luz que foi iluminar o sol, a Lua e as estrelas." (*Dicionário de mitologia universal*) A forma, aqui, é sem dúvida mais clara e mais científica do que em Moisés e não reclama comentários.

9. Moisés, evidentemente, partilhava das mais primitivas crenças sobre a cosmogonia. Como os do seu tempo, ele acreditava na solidez da abóbada celeste e em reservatórios superiores para as águas. Essa ideia se acha expressa sem alegoria, nem ambiguidade, neste passo (versículos 6 e seguintes): "Deus disse: 'Faça-se o firmamento no meio das águas para separar das águas as águas.' Deus fez o firmamento e separou as águas que estavam debaixo do firmamento das que estavam por cima do firmamento." (Veja-se:

---

* N. E.: A *lei da gravitação universal* foi formulada pelo cientista inglês Isaac Newton (1642–1727), que concluiu: "Duas partículas se atraem com forças cuja intensidade é diretamente proporcional ao produto de suas massas e inversamente proporcional ao quadrado da distância que as separa."

** N. E.: Um dos livros do *Avesta*, que são os textos sagrados do Zoroastrismo. Código de leis civis e religiosas.

*** N. E.: Aúra-Masda, Ormasde — deus supremo da Criação; princípio do bem, da harmonia, da beleza e da luz, na religião zoroastriana (antiga religião persa, fundada no século VII a.C. por Zoroastro, caracterizada pelo dualismo ético, cósmico e teogônico, que implica a luta primordial entre dois deuses, representantes do bem e do mal. O zoroastrismo influenciou em diversos aspectos doutrinários a tradição judaico-cristã).

cap. V, *Antigos e modernos sistemas do mundo*, itens 3 a 5.)

Segundo uma crença antiga, a água era tida como o princípio primitivo, o elemento gerador, pelo que Moisés não fala da criação das águas, parecendo que já elas existiam. "As trevas cobriam o abismo", isto é, as profundezas do espaço, que a imaginação imprecisamente figurava ocupada pelas águas e em trevas, antes da criação da luz. Eis aí por que Moisés diz: "O Espírito de Deus era levado (ou boiava) sobre as águas." Tida a Terra como formada no meio das águas, era preciso insulá-la. Imaginou-se então que Deus fizera o firmamento, uma abóbada sólida, para separar as águas de cima das que estavam sobre a Terra.

A fim de compreendermos certas partes da Gênese, faz-se indispensável que nos coloquemos no ponto de vista das ideias cosmogônicas da época que ela reflete.

10. Em face dos progressos da Física e da Astronomia, é insustentável semelhante doutrina.* Entretanto, Moisés atribui ao próprio Deus aquelas palavras. Ora, visto que elas exprimem um fato notoriamente falso, uma de duas: ou Deus se enganou na narrativa que fez da sua obra, ou essa narrativa não é de origem divina. Não sendo admissível a primeira hipótese, forçoso é concluir que Moisés apenas exprimiu suas próprias ideias. (Cap. I, item 3.)

11. Ele se houve com mais acerto, dizendo que Deus formou o homem do limo da Terra.** A Ciência, com efeito, mostra (cap. X) que o *corpo* do homem se compõe de elementos tomados à matéria inorgânica, ou, por outra, ao limo da terra.

A mulher formada de uma costela de Adão é uma alegoria, aparentemente pueril, se admitida ao pé da letra, mas profunda, quanto ao sentido. Tem por fim mostrar que a mulher é da mesma

---

* Nota de Allan Kardec: Embora muito grosseiro o erro de tal crença, com ela ainda se embalam presentemente as crianças, como se se tratara de uma verdade sagrada. Só a tremer ousam os educadores aventurar-se a uma tímida interpretação. Como quererem que isso não venha mais tarde a fazer incrédulos?

** Nota de Allan Kardec: O termo hebreu *haadam*, homem, do qual se compôs Adão e o termo *haadama*, Terra, têm a mesma raiz.

natureza que o homem, que é por conseguinte igual a este perante Deus e não uma criatura à parte, feita para ser escravizada e tratada qual hilota. Tendo-a como saída da própria carne do homem, a imagem da igualdade é bem mais expressiva, do que se ela fora tida como formada, separadamente, do mesmo limo. Equivale a dizer ao homem que ela é sua igual e não sua escrava, que ele a deve amar como parte de si mesmo.

12. Para espíritos incultos, sem nenhuma ideia das leis gerais, incapazes de apreender o conjunto e de conceber o infinito, essa criação milagrosa e instantânea apresentava qualquer coisa de fantástico que feria a imaginação. O quadro do universo tirado do nada em alguns dias, por um só ato da vontade criadora, era, para tais Espíritos, o sinal mais evidente do poder de Deus. Que configuração, com efeito, mais sublime e mais poética desse poder, do que a que estas palavras traçam: "Deus disse: 'Faça-se a luz e a luz foi feita!'" Deus, a criar o universo pela ação lenta e gradual das leis da natureza, lhes houvera parecido menor e menos poderoso. Fazia-se-lhes indispensável qualquer coisa de maravilhoso, que saísse dos moldes comuns, do contrário teriam dito que Deus não era mais hábil do que os homens. Uma teoria científica e racional da Criação os deixaria frios e indiferentes.

Não rejeitemos, pois, a Génese bíblica; ao contrário, estudemo-la, como se estuda a história da infância dos povos. Trata-se de uma época rica de alegorias, e seu sentido oculto se deve pesquisar; que se devem comentar e explicar com o auxílio das luzes da razão e da Ciência. Fazendo, porém, ressaltar as suas belezas poéticas e os seus ensinamentos velados pela forma imaginosa, cumpre se lhe apontem expressamente os erros, no próprio interesse da religião. Esta será muito mais respeitada, quando esses erros deixarem de ser impostos à fé, como verdade, e Deus parecerá maior e mais poderoso, quando não lhe envolverem o nome em fatos de pura invenção.

Perda do paraíso*

13. CAPÍTULO 2. — 8. Ora, o Senhor Deus plantara desde o começo um jardim de delícias, no qual pôs o homem que ele formara. — 9. O Senhor Deus também fizera sair da Terra toda espécie de árvores belas ao olhar e de fruto agradável ao paladar e, no meio do paraíso,** a árvore da vida, com a árvore da ciência do bem e do mal. (*Ele fez sair, Jeová Eloim, da Terra* [min haadama] *toda árvore bela de ver-se e boa para comer-se e a árvore da vida* [vehetz hachayim] *no meio do jardim e a árvore da ciência do bem e do mal.*)

15. O Senhor tomou, pois, do homem e o colocou em o paraíso de delícias, a fim de que o cultivasse e guardasse. — 16. Deu-lhe também esta ordem e lhe disse: "Come de todas as árvores do paraíso." (*Ele ordenou, Jeová Eloim, ao homem* [hal haadam] *dizendo: "De toda árvore do jardim podes comer.*) — 17. Mas, não comas absolutamente o fruto da árvore da ciência do bem e do mal; porquanto, logo que o comeres, morrerás com toda a certeza." (*E da árvore do bem e do mal* [oumehetz hadaat tob vara] *não comerás, pois que no dia em que dela comeres morrerás.*)

14. CAPÍTULO 3. — 1. Ora, a serpente era o mais astuto de todos os animais que o Senhor Deus formara na Terra. E ela disse à mulher: "Por que vos ordenou Deus que não comêsseis os frutos de todas as árvores do paraíso?" (*E a serpente* [nâhâsch] *era mais astuta do que todos os animais terrestres que Jeová Eloim havia feito; ela disse à mulher* [el haïscha]: "*Terá dito Eloim: 'Não comereis de nenhuma árvore do jardim?'*") — 2. A mulher respondeu: "Comemos dos frutos de todas as árvores que estão no paraíso." (*Disse ela, a mulher, à serpente: "Do fruto* (miperi)

---

* Nota de Allan Kardec: Em seguida a alguns versículos se acha a tradução literal do texto hebreu, exprimindo mais fielmente o pensamento primitivo. O sentido alegórico ressalta assim mais claramente.

** Nota de Allan Kardec: "Paraíso", do latim *paradïsus,* derivado do grego: *paradeisos,* jardim, vergel, lugar plantado de árvores. O termo hebreu empregado em *Gênesis* é *hagan,* que tem a mesma significação.

das árvores do jardim podemos comer.) — 3. Mas, quanto ao fruto da árvore que está no meio do paraíso, Deus nos ordenou que não comêssemos dele e que não lhe tocássemos, para que não corramos o perigo de morrer." — 4. A serpente replicou à mulher: "Certamente não morrereis. — 5. Mas é que Deus sabe que, assim houverdes comido desse fruto, vossos olhos se abrirão e sereis *como deuses*, conhecendo o bem e o mal."
6. A mulher considerou então que o fruto daquela árvore era bom de comer; que era belo e agradável à vista. E, tomando dele, o comeu e o deu a seu marido, que também comeu. (*Ela viu, a mulher, que ela era boa, a árvore como alimento, e que era desejável a árvore para compreender* [léaskil], *e tomou de seu fruto etc.*)
E como ouvissem a voz do Senhor Deus, que passeava à tarde pelo jardim, quando sopra um vento brando, eles se retiraram para o meio das árvores do paraíso, a fim de se ocultarem de diante da sua face.
Então o Senhor Deus chamou Adão e lhe disse: "Onde estás?" — 10. Adão lhe respondeu: "Ouvi a tua voz no paraíso e tive medo, porque estava nu, essa a razão por que me escondi." — 11. O Senhor lhe retrucou: "E como soubeste que estavas nu, senão porque comeste o fruto da árvore da qual eu vos proibi que comêsseis?" — 12. Adão lhe respondeu: A mulher que me deste por companheira me apresentou o fruto dessa árvore e eu dele comi." — 13. O Senhor Deus disse à mulher: "Por que fizeste isso?" Ela respondeu: "A serpente me enganou e eu comi desse fruto."
14. Então, o Senhor Deus disse à serpente: "Por teres feito isso, serás maldita entre todos os animais e todas as bestas da Terra; rojar-te-ás sobre o ventre e comerás a Terra por todos os dias de tua vida. — 15. Porei uma inimizade entre ti e a mulher, entre a sua raça e a tua. Ela te esmagará a cabeça e tu tentarás morder-lhe o calcanhar."
Deus disse também à mulher: "Afligir-te-ei com muitos males

durante a tua gravidez; parirás com dor; estarás sob a dominação de teu marido e ele te dominará."

Disse em seguida a Adão: "Por haveres escutado a voz de tua mulher e haveres comido do fruto da árvore de que te proibi que comesses, a Terra te será maldita por causa do que fizeste e só com muito trabalho tirarás dela com que te alimentes, durante toda a tua vida. — 18. Ela te produzirá espinhos e sarças e te alimentarás com a erva da Terra. — 19. E comerás o teu pão com o suor do teu rosto, até que voltes à Terra donde foste tirado, porque és pó e em pó te tornarás."

E Adão deu à sua mulher o nome de *Eva*, que significa "a vida", porque ela era a mãe de todos os viventes.

O Senhor Deus também fez para Adão e sua mulher vestiduras de peles com que os cobriu. — 22. E disse: "Eis aí, Adão feito *um de nós*, sabendo o bem e o mal. Impeçamos, pois, agora, que ele deite a mão à árvore da vida, que também tome do seu fruto e que, comendo desse fruto, viva eternamente." (*Ele disse, Jeová Eloim: "Eis aí, o homem foi como um de nós para o conhecimento do bem e do mal; agora ele pode estender a mão e tomar da árvore da vida* [veata pen ischlachyado velakach mehetz hachayim]; *comerá dela e viverá eternamente."*)

23. O Senhor Deus o fez sair do jardim de delícias, a fim de que fosse trabalhar no cultivo da Terra donde ele fora tirado. — 24. E, tendo-o expulsado, colocou querubins* diante do jardim de delícias, os quais faziam luzir uma espada de fogo, para guardarem o caminho que levava à árvore da vida.

15. Sob uma imagem pueril e às vezes ridícula, se nos ativermos à forma, a alegoria oculta frequentemente as maiores verdades. Haverá fábula mais absurda, à primeira vista, do que a de Saturno, o Deus que devorava pedras, tomando-as por seus filhos? Todavia, que de

---

* Nota de Allan Kardec: Do hebreu *cherub, keroub,* boi, charab, lavrar; anjos do segundo coro da primeira hierarquia, que eram representados com quatro asas, quatro faces e pés de boi.

mais profundamente filosófico e verdadeiro do que essa figura, se lhe procuramos o sentido moral! Saturno é a personificação do tempo; sendo todas as coisas obra do tempo, ele é o pai de tudo o que existe; mas, também, tudo se destrói com o tempo. Saturno a devorar pedras é o símbolo da destruição, pelo tempo, dos mais duros corpos, seus filhos, visto que se formaram com o tempo. E quem, segundo essa mesma alegoria, escapa a semelhante destruição? Somente Júpiter, símbolo da inteligência superior, do princípio espiritual, que é indestrutível. É mesmo tão natural essa imagem, que, na linguagem moderna, sem alusão à fábula antiga, se diz, de uma coisa que afinal se deteriorou, ter sido devorada pelo tempo, carcomida, devastada pelo tempo.

Toda a mitologia pagã, aliás, nada mais é, em realidade, do que um vasto quadro alegórico das diversas faces, boas e más, da humanidade. Para quem lhe busca o Espírito, é um curso completo da mais alta filosofia, como acontece com as modernas fábulas. O absurdo estava em tomarem a forma pelo fundo.

16. Outro tanto se dá com a Gênese, onde se tem que perceber grandes verdades morais debaixo das figuras materiais que, tomadas ao pé da letra, seriam tão absurdas como se, em nossas fábulas, tomássemos em sentido literal as cenas e os diálogos atribuídos aos animais.

Adão personifica a humanidade; sua falta individualiza a fraqueza do homem, em quem predominam os instintos materiais a que ele não sabe resistir.*

A árvore, como árvore de vida, é o emblema da vida espiritual; como árvore da ciência, é o da consciência, que o homem adquire, do bem e do mal, pelo desenvolvimento da sua inteligência e do livre-arbítrio, em virtude do qual ele escolhe entre um e outro. Assinala o ponto em que a alma do homem, deixando de ser guiada

---

* Nota de Allan Kardec: Está hoje perfeitamente reconhecido que a palavra hebreia *haadam* não é um nome próprio, mas significa o homem em geral, a humanidade, o que destrói toda a estrutura levantada sobre a personalidade de Adão.

unicamente pelos instintos, toma posse da sua liberdade e incorre na responsabilidade dos seus atos.

O fruto da árvore simboliza o objeto dos desejos materiais do homem; é a alegoria da cobiça e da concupiscência; concretiza, numa figura única, os motivos de arrastamento ao mal. O comer é sucumbir à tentação. A árvore se ergue no meio do jardim de delícias, para mostrar que a sedução está no seio mesmo dos prazeres e para lembrar que, se dá preponderância aos gozos materiais, o homem se prende à Terra e se afasta do seu destino espiritual.*

A morte de que ele é ameaçado, caso infrinja a proibição que se lhe faz, é um aviso das consequências inevitáveis, físicas e morais, decorrentes da violação das leis divinas que Deus lhe gravou na consciência. É por demais evidente que aqui não se trata da morte corporal, pois que, depois de cometida a falta, Adão ainda viveu longo tempo, mas sim da morte espiritual, ou, por outras palavras, da perda dos bens que resultam do adiantamento moral, perda figurada pela sua expulsão do jardim de delícias.

17. A serpente está longe hoje de ser tida como tipo da astúcia. Ela, pois, entra aqui mais pela sua forma do que pelo seu caráter, como alusão à perfídia dos maus conselhos, que se insinuam como a serpente e da qual, por essa razão, o homem, muitas vezes, não desconfia. Ademais, se a serpente, por haver enganado a mulher, é que foi condenada a andar de rojo sobre o ventre, dever-se-á deduzir que antes esse animal tinha pernas; mas, neste caso, não era serpente. Por que, então, se há de impor à fé ingênua e crédula das crianças,

---

* Nota de Allan Kardec: Em nenhum texto o fruto é especializado na *maçã*, palavra que só se encontra nas versões infantis. O termo do texto hebreu é *peri*, que tem as mesmas acepções que em francês, sem determinação de espécie e pode ser tomado em sentido material, moral, alegórico, em sentido próprio e figurado. Para os israelitas, não há interpretação obrigatória; quando uma palavra tem muitas acepções, cada um a entende como quer, contanto que a interpretação não seja contrária à gramática. O termo *peri* foi traduzido em latim por *malum*, que se aplica tanto à maçã, como a qualquer espécie de frutos. Deriva do grego *melon*, particípio do verbo *melo*, interessar, cuidar, atrair.

como verdades, tão evidentes alegorias, com o que, falseando-se-lhes o juízo, se faz que mais tarde venham a considerar a *Bíblia* um tecido de fábulas absurdas?

Deve-se, além disso, notar que o termo hebreu *nâhâsch*, traduzido por serpente, vem da raiz *nâhâsch*, que significa: *fazer encantamentos, adivinhar as coisas ocultas*, podendo, pois, significar: *encantador, adivinho*. Com esta acepção, ele é encontrado na própria *Gênesis, 44:5 e 15*, a propósito da taça que José mandou esconder no saco de benjamim: "A taça que roubaste é a em que meu senhor bebe e de que se serve para adivinhar (*nâhâsch*).* — ignoras que não há quem me iguale na ciência de adivinhar (*nâhâsch*)?" — No livro *Números, 23:23*: "Não há encantamentos (*nâhâsch*) em Jacó, nem adivinhos em Israel." Daí o haver a palavra *nâhâsch* tomado também a significação de *serpente*, réptil que os encantadores tinham a pretensão de encantar, ou de que se serviam em seus encantamentos.

A palavra *nâhâsch* só foi traduzida por *serpente* na versão dos *Setenta* — os quais, segundo Hutcheson, corromperam o texto hebreu em muitos lugares — versão essa escrita em grego antes do segundo século da Era Cristã. As suas inexatidões resultaram, sem dúvida, das modificações que a língua hebraica sofrera no intervalo transcorrido, porquanto o hebreu do tempo de Moisés era uma língua morta, que diferia do hebreu vulgar, tanto quanto o grego antigo e o árabe literário diferem do grego e do árabe modernos.**

É, pois, provável que Moisés tenha apresentado como sedutor da mulher o desejo de conhecer as coisas ocultas, suscitado pelo Espírito de adivinhação, o que concorda com o sentido primitivo da palavra *nâhâsch*, adivinhar, e, por outro lado, com estas palavras: "Deus sabe que, logo que houverdes comido desse fruto, vossos olhos se

---

* Nota de Allan Kardec: Deste fato se poderá inferir que os egípcios conheciam a mediunidade pelo copo de água? (*Revista espírita*, junho de 1868)

** Nota de Allan Kardec: O termo *nâhâsch* existia na língua egípcia, com a significação de negro, provavelmente porque os negros tinham o dom dos encantamentos e da adivinhação. Talvez também por isso é que as esfinges, de origem assíria, eram representadas por uma figura de negro.

abrirão e sereis como *deuses*. — Ela, a mulher, viu que era cobiçável a árvore para compreender (léaskil) e tomou do seu fruto." Não se deve esquecer que Moisés queria proscrever de entre os hebreus a arte da adivinhação praticada pelos egípcios, como o prova o haver proibido que aqueles interrogassem os mortos e o Espírito píton. (*O céu e o inferno*, cap. XI.)

18. A passagem que diz: "O senhor passeava pelo jardim à tarde, quando se levanta vento brando", é uma imagem ingênua e um tanto pueril, que a crítica não deixou de assinalar; mas nada tem que surpreenda, se nos reportamos à ideia que os hebreus dos tempos primitivos faziam de Deus. Para aquelas inteligências frustas, incapazes de conceber abstrações, Deus havia de ter uma forma concreta e eles tudo referiam à humanidade, como único ponto que conheciam. Moisés, por isso, lhes falava como a crianças, por meio de imagens sensíveis. No caso de que se trata, tem-se personificada a potência soberana, como os pagãos personificavam, em figuras alegóricas, as virtudes, os vícios e as ideias abstratas. Mais tarde, os homens despojaram da forma a ideia, do mesmo modo que a criança, tornada adulta, procura o sentido moral dos contos com que a acalentaram. Deve-se, portanto, considerar essa passagem como uma alegoria, figurando a Divindade a vigiar em pessoa os objetos da sua criação. O grande rabino Wogue a traduziu assim: "Eles ouviram *a voz* do eterno Deus, percorrendo o jardim, do lado donde vem o dia."

19. Se a falta de Adão consistiu literalmente em ter comido um fruto, essa falta não poderia, incontestavelmente, pela sua natureza quase pueril, justificar o rigor com que foi punida. Não se poderia tampouco admitir, racionalmente, que o fato seja qual geralmente o supõem; se o fosse, teríamos Deus, considerando-o irremissível crime, a condenar a sua própria obra, pois que Ele criara o homem para a propagação. Se Adão houvesse entendido assim a proibição de tocar no fruto da árvore e com ela se houvesse conformado escrupulosamente, onde estaria a humanidade e que teria sido feito dos desígnios do Criador?

Deus não criara Adão e Eva para ficarem sós na Terra; a prova disso está nas próprias palavras que lhes dirige logo depois de os ter formado, quando eles ainda estavam no paraíso terrestre: "Deus os abençoou e lhes disse: 'Crescei e multiplicai-vos, *enchei a Terra* e submetei-a ao vosso domínio.'" (Gênesis,1:28.) uma vez que a multiplicação era lei já no paraíso terrenal, a expulsão deles dali não pode ter tido como causa o fato suposto.

O que deu crédito a essa suposição foi o sentimento de vergonha que Adão e Eva manifestaram ante o olhar de Deus e que os levou a se ocultarem. Mas essa própria vergonha é uma figura por comparação: simboliza a confusão que todo culpado experimenta em presença de quem foi por ele ofendido.

20. Qual, então, em definitivo, a falta tão grande que mereceu acarretar a reprovação perpétua de todos os descendentes daquele que a cometeu? Caim, o fratricida, não foi tratado tão severamente. Nenhum teólogo a pode definir logicamente, porque todos, apegados à letra, giraram dentro de um círculo vicioso.

Sabemos hoje que essa falta não é um ato isolado, pessoal, de um indivíduo, mas que compreende, sob um único fato alegórico, o conjunto das prevaricações de que a humanidade da Terra, ainda imperfeita, pode tornar-se culpada e que se resumem nisto: *infração da Lei de Deus*. Eis por que a falta do primeiro homem, simbolizando este a humanidade, tem por símbolo um ato de desobediência.

·**21.** Dizendo a Adão que ele tiraria da Terra a alimentação com o suor de seu rosto, Deus simboliza a obrigação do trabalho; mas por que fez do trabalho uma punição? Que seria da inteligência do homem, se ele não a desenvolvesse pelo trabalho? Que seria da Terra, se não fosse fecundada, transformada, saneada pelo trabalho inteligente do homem?

Lá está dito (*Gênesis*, 2:5 e 7): "O senhor Deus ainda não havia feito chover sobre a Terra e não havia nela homens que a cultivassem. O senhor formou então, do limo da Terra, o homem." Essas palavras, aproximadas destas outras: "*Enchei a Terra*", provam que o homem, desde a sua origem, estava destinado a ocupar *toda a Terra e a cultivá-la*, assim como, ademais, que o paraíso não era um lugar circunscrito a um canto do globo. Se a cultura da Terra houvesse de ser uma consequência da falta de Adão, seguir-se-ia que, se Adão não tivesse pecado, a Terra permaneceria inculta e os desígnios de Deus não se teriam cumprido.

Por que disse ele à mulher que, em consequência de haver cometido a falta, pariria com dor? Como pode a dor do parto ser um castigo, quando é um efeito do organismo e quando está provado que é uma necessidade fisiológica? Como pode ser punição uma coisa que se produz segundo as leis da natureza? É o que os teólogos absolutamente ainda não explicaram e que não poderão explicar, enquanto não abandonarem o ponto de vista em que se colocaram. Entretanto, podem justificar-se aquelas palavras que parecem tão contraditórias.

22. Notemos, antes de tudo, que, se no momento de serem criados os dois, as almas de Adão e Eva tivessem vindo do nada, como ainda se ensina, eles haviam de ser bisonhos em todas as coisas; haviam, pois, de ignorar o que é morrer. Estando *sós* na Terra, como estavam, enquanto viveram no paraíso, não tinham assistido à morte de ninguém. Como, então, teriam podido compreender em que consistia a ameaça de morte que Deus lhes fazia? Como teria Eva podido compreender que parir com dor seria uma punição, visto que, tendo acabado de nascer para a vida, ela jamais tivera filhos e era a única mulher existente no mundo?

Nenhum sentido, portanto, deviam ter, para Adão e Eva, as palavras de Deus. Mal surgidos do nada, eles não podiam saber como nem por que haviam surgido dali; não podiam compreender nem o Criador nem o motivo da proibição que lhes era feita. Sem nenhuma experiência das condições da vida, pecaram como crianças que agem sem discernimento, o que ainda mais incompreensível torna a terrível responsabilidade que Deus fez pesar sobre eles e sobre a humanidade inteira.

23. Entretanto, o que constitui para a teologia um beco sem saída, o Espiritismo o explica sem dificuldade e de maneira racional, pela anterioridade da alma e pela pluralidade das existências, lei sem a qual tudo é mistério e anomalia na vida do homem. Com efeito, admitamos que Adão e Eva já tivessem vivido e tudo logo se justifica: Deus não lhes fala como a crianças, mas como a seres em estado de o compreenderem e que o compreendem, prova evidente de que ambos trazem aquisições anteriormente realizadas. Admitamos, ademais, que hajam vivido em um mundo mais adiantado e menos material do que o nosso, onde o trabalho do Espírito substituía o do corpo; que, por se haverem rebelado contra a Lei de Deus, figurada na desobediência, tenham sido afastados de lá e exilados, por punição, para a Terra, onde o homem, pela natureza do globo, é constrangido a um trabalho corporal e reconheceremos que a Deus assistia razão para lhes dizer: "No mundo onde, daqui em diante, ides viver, cultivareis a Terra e dela tirareis o alimento, com o suor da vossa fronte"; e, à mulher: "Parirás com dor", porque tal é a condição desse mundo. (Cap. XI, item 31 e seguintes.)

O paraíso terrestre, cujos vestígios têm sido inutilmente procurados na Terra, era, por conseguinte, a figura do mundo ditoso, onde vivera Adão, ou, antes, a raça dos Espíritos que ele personifica. A expulsão do paraíso marca o momento em que esses Espíritos vieram encarnar entre os habitantes do mundo terráqueo e a mudança de situação foi a consequência da expulsão. O anjo que, empunhando uma espada flamejante, veda a entrada do paraíso simboliza a impossibilidade em que se acham os Espíritos dos mundos inferiores, de penetrar nos mundos superiores, antes que o mereçam pela sua depuração. (Veja-se, adiante, o cap. XIV, itens 8 e seguintes.)

24. CAPÍTULO 4. 13. Caim, depois do assassínio de Abel, responde ao senhor: "A minha iniquidade é extremamente grande, para que me possa ser perdoada. — 14. Vós me expulsais hoje de cima da Terra e eu me irei ocultar da vossa face. Irei fugitivo e vagabundo pela Terra e qualquer um então que me encontre matar-me-á." — 15. O senhor lhe respondeu: "Não, isto não se dará, porquanto severamente punido será quem matar Caim." E o senhor pôs um sinal sobre Caim, a fim de que não o matassem os que viessem a encontrá-lo.

16. Tendo-se retirado de diante do Senhor, Caim ficou

vagabundo pela Terra e habitou a região oriental do Éden.
— 17. Havendo conhecido sua mulher, ela concebeu e pariu Enoque. Ele construiu (vaïehi bônê; literalmente: estava construindo) uma cidade a que chamou *Enoque* (Enoquia) do nome de seu filho. (*Gênesis*, 4:13 a 16.)

25. Se nos apegarmos à letra da Gênese, eis as consequências a que chegaremos: Adão e Eva estavam sós no mundo, depois de expulsos do paraíso terrestre; só posteriormente tiveram os dois filhos Caim e Abel. Ora, tendo-se Caim retirado para outra região depois de haver assassinado o irmão, não tornou a ver seus pais, que de novo ficaram isolados. Só muito mais tarde, na idade de cento e trinta anos, foi que Adão teve um terceiro filho, que se chamou set, depois desse nascimento, ele ainda viveu, segundo a genealogia bíblica, oitocentos anos, e teve mais filhos e filhas.

Quando, pois, Caim foi estabelecer-se a leste do Éden, somente havia na Terra três pessoas: seu pai e sua mãe, e ele, *sozinho*, de seu lado. Entretanto, Caim teve mulher e um filho. Que mulher podia ser essa e onde pudera ele desposá-la? O texto hebreu diz: *Ele estava construindo uma cidade* e não: *ele construiu*, o que indica ação presente e não ulterior. Mas uma cidade pressupõe a existência de habitantes, visto não ser de presumir que Caim a fizesse para si, sua mulher e seu filho, nem que a pudesse edificar sozinho.

Dessa própria narrativa, portanto, se tem de inferir que a região era povoada. Ora, não podia sê-lo pelos descendentes de Adão, que então se reduziam a um só: Caim.

Aliás, a presença de outros habitantes ressalta igualmente destas palavras de Caim: "Serei fugitivo e vagabundo e quem quer que me encontre matar-me-á", e da resposta que Deus lhe deu. Quem poderia ele temer que o matasse e que utilidade teria o sinal que Deus lhe pôs para preservá-lo de ser morto, uma vez que ele a ninguém iria encontrar? Ora, se havia na Terra outros homens afora a família de Adão, é que esses homens aí estavam antes dele, donde se deduz esta consequência, tirada do texto mesmo do *Gênesis*: Adão não é nem o primeiro, nem o único pai do gênero humano. (Cap. XI, item 34.)*

26. Eram necessários os conhecimentos que o Espiritismo ministrou acerca das relações do princípio espiritual com o princípio material, acerca da natureza da alma, da sua criação em estado de simplicidade e de ignorância, da sua união com o corpo, da sua indefinida marcha progressiva através de sucessivas existências e através dos mundos, que são outros tantos degraus da senda do aperfeiçoamento, acerca da sua gradual libertação da influência da matéria, mediante o uso do livre-arbítrio, da causa dos seus pendores bons ou maus e de suas aptidões, do fenômeno do nascimento e da morte, da situação do Espírito na erraticidade e, finalmente, do futuro como prêmio de seus esforços por se melhorar e da sua perseverança no bem, para que se fizesse luz sobre todas as partes da Gênese espiritual.

Graças a essa luz, o homem sabe doravante donde vem, para onde vai, por que está na Terra e por que sofre. Sabe que tem nas mãos o seu futuro e que a duração do seu cativeiro neste mundo unicamente dele depende. Despida da alegoria acanhada e mesquinha, a Gênese se lhe apresenta grande e digna da majestade, da bondade e da justiça do Criador. Considerada desse ponto de vista, ela confundirá a incredulidade e triunfará.

---

* Nota de Allan Kardec: Não é nova esta ideia. La Peyrère, sábio teólogo do século XVII, em seu livro *Preadamitas,* escrito em latim e publicado em 1655, extraiu do texto original da *Bíblia*, adulterado pelas traduções, a prova evidente de que a Terra era habitada antes da vinda de Adão e essa opinião é hoje a de muitos eclesiásticos esclarecidos.

248

OS MILAGRES SEGUNDO O ESPIRITISMO

CAPÍTULO XIII
CARACTERES DOS MILAGRES

• Os milagres no sentido teológico • O Espiritismo não faz milagres
• Faz Deus milagres? • O sobrenatural e as religiões

Os milagres no sentido teológico

1. Na acepção etimológica, a palavra *milagre* (de *miracŭlum*, admirar) significa: *prodígio, maravilha; coisa extraordinária.* A Academia definiu-a deste modo: *Um ato do poder divino contrário às leis da natureza, conhecidas.*

Na acepção usual, essa palavra perdeu, como tantas outras, a significação primitiva. De geral, que era, se tornou de aplicação restrita a uma ordem particular de fatos. No entender das massas, um *milagre* implica a ideia de um fato extranatural; no sentido teológico, é uma derrogação das leis da natureza, por meio da qual Deus manifesta o seu poder. Tal, com efeito, a acepção vulgar, que se tornou o sentido próprio, de modo que só por comparação e por metáfora a palavra se aplica às circunstâncias ordinárias da vida.

Um dos caracteres do milagre propriamente dito é o ser inexplicável, por isso mesmo que se realiza com exclusão das leis naturais. É tanto essa a ideia que se lhe associa, que, se um fato milagroso vem a encontrar explicação, se diz que já não constitui milagre, por muito espantoso que seja. O que, para a Igreja, dá valor aos milagres é, precisamente, a origem sobrenatural deles e a impossibilidade de serem explicados. Ela se firmou tão bem sobre esse ponto, que o assimilarem-se os milagres aos fenômenos da natureza constitui para ela uma heresia, um atentado contra a fé, tanto assim que excomungou e até queimou muita gente por não ter querido crer em certos milagres.

Outro caráter do milagre é o ser insólito, isolado, excepcional. Logo que um fenômeno se reproduz, quer espontânea, quer voluntariamente, é que está submetido a uma lei e, desde então, seja ou não seja conhecida a lei, já não pode haver milagres.

2. Aos olhos dos ignorantes, a Ciência faz milagres todos os dias. Se um homem, que se ache realmente morto, for chamado à vida por intervenção divina, haverá verdadeiro milagre, por ser esse um fato contrário às leis da natureza. Mas se em tal homem houver apenas aparências de morte, se lhe restar uma *vitalidade latente* e a Ciência, ou uma ação magnética, conseguir reanimá-lo, para as pessoas esclarecidas ter-se-á dado um fenômeno natural, mas, para o vulgo ignorante, o fato passará por miraculoso. Lance um físico, do meio de certas campinas, um papagaio elétrico e faça que o raio caia sobre uma árvore e certamente esse novo prometeu* será tido por armado de diabólico poder. Houvesse, porém, Josué** detido

---

* N. E.: Na mitologia grega é um dos Titãs, roubou o fogo sagrado dos deuses e transmitiu-o aos homens. Zeus, para puni-lo, acorrentou-o ao Cáucaso, onde uma águia comia-lhe o fígado, que se regenerava incessantemente. Foi libertado por Hércules.

** N. E.: Também chamado de Oseias. Depois da morte de Moisés, Josué liderou o povo de Israel na conquista de Canaã e foi responsável por conduzir os israelitas à Terra Prometida. Sua liderança é narrada no *Livro de Josué*, em que se destaca

o movimento do sol, ou, antes, da Terra e teríamos aí o verdadeiro milagre, porquanto nenhum magnetizador existe dotado de bastante poder para operar semelhante prodígio.

Foram fecundos em milagres os séculos de ignorância, porque se considerava sobrenatural tudo aquilo cuja causa não se conhecia. À proporção que a Ciência revelou novas leis, o círculo do maravilhoso se foi restringindo; mas como a Ciência ainda não explorara todo o vasto campo da natureza, larga parte dele ficou reservada para o maravilhoso.

3. Expulso do domínio da materialidade, pela Ciência, o maravilhoso se encastelou no da espiritualidade, onde encontrou o seu último refúgio. Demonstrando que o elemento espiritual é uma das forças vivas da natureza, força que incessantemente atua em concorrência com a força material, o Espiritismo faz que voltem ao rol dos efeitos naturais os que dele haviam saído, porque, como os outros, também tais efeitos se acham sujeitos a leis. Se for expulso da espiritualidade, o maravilhoso já não terá razão de ser e só então se poderá dizer que passou o tempo dos milagres. (Cap. I, item 18.)

O Espiritismo não faz milagres

4. O Espiritismo, pois, vem, a seu turno, fazer o que cada ciência fez no seu advento: revelar novas leis e explicar, conseguintemente, os fenômenos compreendidos na alçada dessas leis.

Esses fenômenos, é certo, se prendem à existência dos Espíritos e à intervenção deles no mundo material e isso é, dizem, o em que consiste o sobrenatural. Mas, então, fora mister se provasse que os Espíritos e suas manifestações são contrárias às leis da natureza; que aí não há, nem pode haver, a ação de uma dessas leis.

O Espírito mais não é do que a alma sobrevivente ao corpo; é o ser principal, pois que não morre, ao passo que o corpo é simples

---

a tomada da cidade de Jericó entre outros fatos que contaram com prodigiosa intervenção divina, como no dia em que o sol e a Lua chegaram a parar durante a batalha de Josué em defesa dos gibeonitas, contra o ataque de reis cananeus.

acessório sujeito à destruição. Sua existência, portanto, é tão natural depois, como durante a encarnação; está submetido às leis que regem o princípio espiritual, como o corpo o está às que regem o princípio material; mas como estes dois princípios têm necessária afinidade, como reagem incessantemente um sobre o outro, como da ação simultânea deles resultam o movimento e a harmonia do conjunto, segue-se que a espiritualidade e a materialidade são duas partes de um mesmo todo, tão natural uma quanto a outra, não sendo, pois, a primeira uma exceção, uma anomalia na ordem das coisas.

5. Durante a sua encarnação, o Espírito atua sobre a matéria por intermédio do seu corpo fluídico ou perispírito, dando-se o mesmo quando ele não está encarnado. Como Espírito e na medida de suas capacidades, faz o que fazia como homem; apenas, por já não ter o corpo carnal para instrumento, serve-se, quando necessário, dos órgãos materiais de um encarnado, que vem a ser o a que se chama *médium*. Procede então como um que, não podendo escrever por si mesmo, se vale de um secretário, ou que, não sabendo uma língua, recorre a um intérprete. O secretário e o intérprete são os *médiuns* de um encarnado, do mesmo modo que o médium é o secretário ou o intérprete de um Espírito.

6. Já não sendo o mesmo que no estado de encarnação o meio em que atuam os Espíritos e os modos por que atuam, diferentes são os efeitos, que parecem sobrenaturais unicamente porque se produzem com o auxílio de agentes que não são os de que nos servimos. Desde, porém, que esses agentes estão na natureza e as manifestações se dão em virtude de certas leis, nada há de sobrenatural, ou de maravilhoso. Antes de se conhecerem as propriedades da eletricidade, os fenômenos elétricos passavam por prodígios para certa gente; desde que se tornou conhecida a causa, desapareceu o maravilhoso. O mesmo ocorre com os fenômenos espíritas, que não são mais aberrantes das leis naturais do que os fenômenos elétricos, acústicos, luminosos e outros, que serviram de fundamento a uma imensidade de crenças supersticiosas.

7. Entretanto, dir-se-á, admitis que um Espírito pode levantar uma mesa e mantê-la no espaço sem ponto de apoio; não está aí uma derrogação da lei da gravidade? — Sim, da lei conhecida. Conhecemse, porém, todas as leis? Antes que se houvesse experimentado a força ascensional de alguns gases, quem diria que uma pesada máquina, transportando muitos homens, poderia triunfar da força de atração? Ao vulgo, isso não pareceria maravilhoso, diabólico? Aquele que se houvera proposto, há um século, a transmitir uma mensagem a 500 léguas e receber a resposta dentro de alguns minutos, teria passado por louco; se o fizesse, teriam acreditado estar o diabo às suas ordens, porquanto, então, só o diabo era capaz de andar tão depressa. Hoje, no entanto, não só se reconhece possível o fato, como ele parece naturalíssimo. Por que, pois, um fluido desconhecido careceria da propriedade de contrabalançar, em dadas circunstâncias, o efeito da gravidade, como o hidrogênio contrabalança o peso do balão? É, efetivamente, o que sucede, no caso de que se trata. (*O livro dos médiuns*, 2ª Parte, cap. IV.)

8. Uma vez que estão no quadro dos da natureza, os fenômenos espíritas se hão produzido em todos os tempos; mas, precisamente, porque não podiam ser estudados pelos meios materiais de que dispõe a ciência vulgar, permaneceram muito mais tempo do que outros no domínio do sobrenatural, donde o Espiritismo agora os tira.

Baseado em aparências inexplicadas, o sobrenatural deixa livre curso à imaginação que, a vagar pelo desconhecido, gera as crenças supersticiosas. Uma explicação racional, fundada nas leis da natureza, reconduzindo o homem ao terreno da realidade, fixa um ponto de parada aos transviamentos da imaginação e destrói as superstições. Longe de ampliar o domínio do sobrenatural, o Espiritismo o restringe até os seus limites extremos e lhe arrebata o último refúgio. Se é certo que ele faz crer na possibilidade de alguns fatos, não menos certo é que, por outro lado, impede a crença em diversos outros, porque demonstra, no campo da espiritualidade, a exemplo da ciência no da materialidade, o que é possível e o que não o é. Todavia, como não alimenta a pretensão de haver dito a última palavra seja sobre o que for, nem mesmo sobre o que é da sua competência, ele não se apresenta como absoluto regulador do possível e deixa de parte os conhecimentos reservados ao futuro.

9. Os fenômenos espíritas consistem nos diferentes modos de manifestação da alma ou Espírito, quer durante a encarnação, quer no estado de erraticidade. É pelas manifestações que produz que a alma revela sua existência, sua sobrevivência e sua individualidade; julga-se dela pelos seus efeitos; sendo natural a causa, o efeito também o é. São esses efeitos que constituem objeto especial das pesquisas e do estudo do Espiritismo, a fim de chegar-se a um conhecimento tão completo quanto possível, assim da natureza e dos atributos da alma, como das leis que regem o princípio espiritual.

10. Para os que negam a existência do princípio espiritual independente, que negam, por conseguinte, a da alma individual e sobrevivente, a natureza toda está na matéria tangível; todos os fenômenos que concernem à espiritualidade são, para esses negadores, sobrenaturais e, portanto, quiméricos. Não admitindo a causa não podem eles admitir os efeitos e, quando estes são patentes, os atribuem à imaginação, à ilusão, à alucinação e se negam a aprofundá-los. Daí, a opinião preconcebida em que se acastelam e que os torna inaptos a apreciar judiciosamente o Espiritismo, porque parte do princípio de negação de tudo o que não seja material.

11. Do fato, porém, de o Espiritismo admitir os efeitos, que são corolário da existência da alma, não se segue que admita todos os efeitos qualificados de maravilhosos e que se proponha a justificá-los e dar-lhes crédito; que se faça campeão de todos os devaneios, de todas as utopias, de todas as excentricidades sistemáticas, de todas as lendas miraculosas. Fora preciso conhecê-lo muito pouco, para pensar assim. Seus adversários julgam opor-lhe um argumento irreplicável, quando, depois de haverem feito eruditas pesquisas sobre os convulsionários de Saint-Médard,* sobre os camisardos das

---

* N. E.: Em 1729, no Cemitério de Saint-Médard, junto ao túmulo do diácono Francisco de Paris, morto em 1727 e considerado homem muito caridoso, começaram a ocorrer milagres, pessoas passaram a visitar o túmulo e lá sofriam convulsões e se autoinfligiam torturas.

Cevenas,* ou sobre as religiosas de Loudun,** chegaram a descobrir fatos patentes de embuste, que ninguém contesta. Mas essas histórias serão, porventura, o Evangelho do Espiritismo? Já terão seus adeptos negado que o charlatanismo haja explorado em proveito próprio alguns fatos; que a imaginação os tenha criado; que o fanatismo os haja exagerado muitíssimo? Ele é tão solidário com as extravagâncias que se cometam em seu nome, como a ciência o é com os abusos da ignorância e a verdadeira religião com os abusos do fanatismo. Muitos críticos julgam do Espiritismo pelos contos de fadas e pelas lendas populares, ficções daqueles contos. O mesmo seria julgar da História pelos romances históricos ou pelas tragédias.

12. Os fenômenos espíritas são as mais das vezes espontâneos e se produzem sem nenhuma ideia preconcebida da parte das pessoas com quem eles se dão e que, em regra, são as que neles menos pensam. Alguns há que, em certas circunstâncias, podem ser provocados pelos agentes denominados *médiuns*. No primeiro caso, o médium é *inconsciente* do que se produz por seu intermédio; no segundo, age com conhecimento de causa, donde a classificação de *médiuns conscientes* e médiuns inconscientes. Estes últimos são os mais numerosos e se encontram com frequência entre os mais obstinados incrédulos que, assim, praticam o Espiritismo sem o saberem, nem quererem. Por isso mesmo, os fenômenos espontâneos revestem capital importância, visto não se poder suspeitar da boa-fé dos que os obtêm. Dá-se aqui o que se dá com o sonambulismo que, em certos indivíduos, é natural e involuntário, enquanto noutros é provocado pela ação magnética.***

Resultem, porém, ou não esses fenômenos de um ato da vontade,

---

* N. E.: Protestantes franceses que foram expatriados por pegarem em armas após a revogação do Édito de Nantes (1685); eram assim chamados por vestir camisa sobre suas roupas.

** N. E.: A Possessão das Freiras de Loudun foi um suposto conjunto de possessões demoníacas que ocorreram em Loudun, França, em 1634; as freiras sofreram convulsões e proferiram linguagem abusiva.

*** Nota de Allan Kardec: *O livro dos médiuns,* 2ª Parte, cap. V; *Revista espírita*: dezembro de 1865; agosto de 1865.

a causa primária é exatamente a mesma e não se afasta uma linha das leis naturais. Os médiuns, portanto, nada absolutamente produzem de sobrenatural; por conseguinte, *nenhum milagre* fazem. As próprias curas instantâneas não são mais milagrosas, do que os outros efeitos, dado que resultam da ação de um agente fluídico, que desempenha o papel de agente terapêutico, suas propriedades não deixam de ser naturais por terem sido ignoradas até agora. É, pois, totalmente impróprio o epíteto de *taumaturgos* que a crítica ignorante dos princípios do Espiritismo há dado a certos médiuns. A qualificação de *milagres* emprestada, por comparação, a esta espécie de fenômenos, somente pode induzir em erro sobre o verdadeiro caráter deles.

13. A intervenção de inteligências ocultas nos fenômenos espíritas não os torna mais milagrosos do que todos os outros fenômenos devidos a agentes invisíveis, porque esses seres ocultos que povoam os espaços são uma das forças da natureza, força cuja ação é incessante sobre o mundo material, tanto quanto sobre o mundo moral.

Esclarecendo-nos acerca dessa força, o Espiritismo faculta a elucidação de uma imensidade de coisas inexplicadas e inexplicáveis por qualquer outro meio e que, por isso, passaram por prodígios nos tempos idos. Do mesmo modo que o magnetismo, ele revela uma lei, senão desconhecida, pelo menos mal compreendida; ou, melhor dizendo, conheciam-se os efeitos, porque eles em todos os tempos se produziram, porém não se conhecia a lei e foi o desconhecimento desta que gerou a superstição. Conhecida essa lei, desaparece o maravilhoso e os fenômenos entram na ordem das coisas naturais. Eis por que tanto operam um milagre os espíritas quando fazem que uma mesa se mova sozinha, ou que os mortos escrevam, como um milagre opera o médico, quando faz que um moribundo reviva, ou o físico, quando faz que o raio caia. Aquele que pretendesse, com o auxílio desta ciência, *fazer milagres* seria ou um ignorante do assunto, ou um enganador de tolos.

14. Pois que o Espiritismo repudia toda pretensão às coisas miraculosas, haverá, fora dele, milagres, na acepção usual desta palavra? Digamos, primeiramente, que, dos fatos reputados milagrosos, ocorridos antes do advento do Espiritismo e que ainda no presente ocorrem, a maior parte, senão todos, encontram explicação nas novas leis que ele veio revelar. Esses fatos, portanto, se compreendem, embora sob outro nome, na ordem dos fenômenos espíritas e, como tais, nada têm de sobrenatural. Fique, porém, bem entendido que nos referimos aos fatos autênticos e não aos que, com a denominação de milagres, são produto de uma indigna trampolinice, com o fito de explorar a credulidade. Tampouco nos referimos a certos fatos lendários que podem ter tido, originariamente, um fundo de verdade, mas que a superstição ampliou até o absurdo. Sobre esses fatos é que o Espiritismo projeta luz, fornecendo meios de apartar do erro a verdade.

Faz Deus milagres?

15. Quanto aos milagres propriamente ditos, Deus, visto que nada lhe é impossível, pode fazê-los. Mas fá-los? Ou, por outras palavras; derroga as leis que dele próprio emanaram? Não cabe ao homem prejulgar os atos da Divindade, nem os subordinar à fraqueza do seu entendimento. Contudo, em face das coisas divinas, temos, para critério do nosso juízo, os atributos mesmos de Deus. Ao poder soberano reúne ele a soberana sabedoria, donde se deve concluir que não faz coisa alguma inútil.

Por que, então, faria milagres? Para atestar o seu poder, dizem. Mas o poder de Deus não se manifesta de maneira muito mais imponente pelo grandioso conjunto das obras da criação, pela sábia previdência que essa criação revela, assim nas partes mais gigantescas, como nas mínimas, e pela harmonia das leis que regem o mecanismo do universo, do que por algumas pequeninas e pueris derrogações que todos os prestímanos sabem imitar? Que se diria de um sábio mecânico que, para provar a sua habilidade, desmantelasse um relógio construído pelas suas mãos, obra-prima de ciência, a fim de mostrar que pode desmanchar o que fizera? Seu saber, ao contrário, não ressalta muito mais da regularidade e da precisão do movimento da sua obra?

Não é, pois, da alçada do Espiritismo a questão dos milagres; mas, ponderando que Deus não faz coisas inúteis, emite a seguinte opinião: *Não sendo necessários os milagres para a glorificação de Deus, nada no universo se produz fora do âmbito das leis gerais.* Deus não faz milagres, porque, sendo, como são, perfeitas as suas leis, não lhe é necessário derrogá-las. Se há fatos que não compreendemos, é que ainda nos faltam os conhecimentos necessários.

16. Admitido que Deus houvesse alguma vez, por motivos que nos escapam, derrogado acidentalmente leis por ele estabelecidas, tais leis já não seriam imutáveis. Mesmo, porém, que semelhante derrogação seja possível, ter-se-á, pelo menos, de reconhecer que só ele, Deus, dispõe desse poder; sem se negar ao Espírito do mal a onipotência, não se pode admitir lhe seja dado desfazer a obra divina, operando, de seu lado, prodígios capazes de seduzir até os eleitos, pois que isso implicaria a ideia de um poder igual ao de Deus. É, no entanto, o que ensinam. Se Satanás tem o poder de sustar o curso das leis naturais, que são obra de Deus, sem a permissão deste, mais poderoso é ele do que a Divindade. Logo, Deus não possui a onipotência e se, como pretendem, delega poderes a Satanás, para mais facilmente induzir os homens ao mal, falta-lhe a soberana bondade. Em ambos os casos, há negação de um dos atributos sem os quais Deus não seria Deus.

Daí vem a Igreja distinguir os bons milagres, que procedem de Deus, dos maus milagres, que procedem de Satanás. Mas como diferençá-los? Seja satânico ou divino um milagre, haverá sempre uma derrogação de leis emanadas unicamente de Deus. Se um indivíduo é curado por suposto milagre, quer seja Deus quem o opere, quer Satanás, não deixará por isso de ter havido a cura. Forçoso se torna fazer pobríssima ideia da inteligência humana para se pretender que semelhantes doutrinas possam ser aceitas nos dias de hoje.

Reconhecida a possibilidade de alguns fatos considerados miraculosos, há de se concluir que, seja qual for a origem que se lhes atribua, eles são efeitos naturais de que se podem utilizar *Espíritos desencarnados* ou *encarnados*, como de tudo, como da própria inteligência e dos conhecimentos científicos de que disponham, para o bem ou para o mal, conforme neles preponderem a bondade ou a perversidade. Valendo-se do saber que haja adquirido, pode um ser perverso fazer coisas que passem por prodígios aos olhos dos ignorantes; mas quando tais efeitos dão em resultado um bem qualquer, fora ilógico atribuir-se-lhes uma origem diabólica.

17. Mas a religião, dizem, se apoia em fatos que nem explicados, nem explicáveis são. Inexplicados, talvez; inexplicáveis, é questão muito outra. Que sabe o homem das descobertas e dos conhecimentos que o futuro lhe reserva? Sem falar do milagre da criação, o maior de todos sem contestação possível, já pertencente ao domínio da lei universal, não vemos reproduzirem-se hoje, sob o império do magnetismo, do sonambulismo, do Espiritismo, os êxtases, as visões, as aparições, as percepções a distância, as curas instantâneas, as suspensões, as comunicações orais e outras com os seres do mundo invisível, fenômenos esses conhecidos desde tempos imemoráveis, tidos outrora por maravilhosos e que presentemente se demonstra pertencerem à ordem das coisas naturais, de acordo com a lei constitutiva dos seres? Os livros sagrados estão cheios de fatos desse gênero, qualificados de sobrenaturais; como, porém, outros análogos e ainda mais maravilhosos se encontram em todas as religiões pagãs da Antiguidade, se a veracidade de uma religião dependesse do número e da natureza de tais fatos, não se saberia dizer qual a que devesse prevalecer.

O sobrenatural e as religiões

18. Pretender-se que o sobrenatural é o fundamento de toda religião, que ele é o fecho de abóbada do edifício cristão, é sustentar perigosa tese. Assentar exclusivamente as verdades do Cristianismo sobre a base do maravilhoso é dar-lhe fraco alicerce, cujas pedras facilmente se soltam. Essa tese, de que se constituíram defensores eminentes teólogos, leva direito à conclusão de que, em breve tempo, já não haverá religião possível, nem mesmo a cristã, desde que se chegue a demonstrar que é natural o que se considerava sobrenatural,

visto que, por mais que se acumulem argumentos, não se logrará sustentar a crença de que um fato é miraculoso, depois de se haver provado que não o é. Ora, a prova existe de que um fato não constitui exceção às leis naturais, logo que pode ser explicado por essas mesmas leis e que, podendo reproduzir-se por intermédio de um indivíduo qualquer, deixa de ser privilégio dos santos. O de que necessitam as religiões não é do *sobrenatural*, mas do *princípio espiritual*, que erradamente costumam confundir com o maravilhoso e sem o qual não há religião possível.

O Espiritismo considera de um ponto mais elevado a religião cristã; dá-lhe base mais sólida do que a dos milagres: as imutáveis leis de Deus, a que obedecem assim o princípio espiritual, como o princípio material. Essa base desafia o tempo e a ciência, pois que o tempo e a ciência virão sancioná-la.

Deus não se torna menos digno da nossa admiração, do nosso reconhecimento, do nosso respeito, por não haver derrogado suas leis, grandiosas, sobretudo, pela imutabilidade que as caracteriza. Não se faz mister o sobrenatural, para que se preste a Deus o culto que lhe é devido. A natureza não é de si mesma tão imponente, que dispense se lhe acrescente seja o que for para provar a suprema potestade? Tanto menos incrédulos topará a religião, quanto mais a razão a sancionar em todos os pontos. O Cristianismo nada tem que perder com semelhante sanção; ao contrário, só tem que ganhar. Se alguma coisa o há prejudicado na opinião de muitas pessoas, foi precisamente o abuso do sobrenatural e do maravilhoso.

19. Se tomarmos a palavra *milagre* em sua acepção etimológica, no sentido de *coisa admirável*, teremos milagres incessantemente sob as vistas. Aspiramo-los no ar e calcamo-los aos pés, porque tudo então é milagre na natureza.

Querem dar ao povo, aos ignorantes, aos pobres de Espírito uma ideia do poder de Deus? Mostrem-no na sabedoria infinita que preside a tudo, no admirável organismo de tudo o que vive, na frutificação das plantas, na apropriação de todas as partes de cada ser às suas necessidades, de acordo com o meio onde ele é posto a viver. Mostrem-lhes a ação de Deus na vergôntea de um arbusto, na flor que desabrocha, no Sol que tudo vivifica. Mostrem-lhes a sua bondade na solicitude que dispensa a todas as criaturas, por mais ínfimas que sejam, a sua previdência, na razão de ser de todas as coisas, entre as quais nenhuma inútil se conta, no bem que sempre decorre de um mal aparente e temporário. Façam-lhes compreender, principalmente, que o mal real é obra do homem e não de Deus; não procurem espavori-los com o quadro das penas eternas, em que acabam não mais crendo e que os levam a duvidar da bondade de Deus; antes, deem-lhes coragem, mediante a certeza de poderem um dia redimir-se e reparar o mal que hajam praticado. Apontem-lhes as descobertas da ciência como revelações das leis divinas e não como obras de Satanás. Ensinem-lhes, finalmente, a ler no livro da natureza, constantemente aberto diante deles; nesse livro inesgotável, em cada uma de cujas páginas se acham inscritas a sabedoria e a bondade do Criador. Eles, então, compreenderão que um ser tão grande, que com tudo se ocupa, que por tudo vela, que tudo prevê, forçosamente dispõe do poder supremo. Vê-lo-á o lavrador, ao sulcar o seu campo; e o desditoso, nas suas aflições, o bendirá dizendo: se sou infeliz, é por culpa minha. Então, os homens serão verdadeiramente religiosos, racionalmente religiosos, sobretudo, muito mais do que acreditando em pedras que suam sangue, ou em estátuas que piscam os olhos e derramam lágrimas.

CAPÍTULO XIV
OS FLUIDOS

I. *Natureza e propriedades dos fluidos*
• Elementos fluídicos. Formação e propriedades do perispírito • Ação dos Espíritos sobre os fluidos. Criações fluídicas.
Fotografia do pensamento• Qualidades dos fluidos
II. *Explicação de alguns fenômenos considerados sobrenaturais*
Vista espiritual ou psíquica. Dupla vista. Sonambulismo. Sonhos
Catalepsia. Ressurreições • Curas • Aparições. Transfigurações
Manifestações físicas. Mediunidade • Obsessões e possessões

I. natureza e propriedades dos fluidos

Elementos fluídicos

1. A Ciência resolveu a questão dos milagres que mais particularmente derivam do elemento material, quer explicando-os, quer lhes demonstrando a impossibilidade, em face das leis que regem a matéria. Mas os fenômenos em que prepondera o elemento espiritual, esses, não podendo ser explicados unicamente por meio das leis da natureza, escapam às investigações da ciência. Tal a razão por que eles, mais do que os outros, apresentam os caracteres *aparentes* do maravilhoso. É, pois, nas leis que regem a vida espiritual que se pode encontrar a explicação dos milagres dessa categoria.

2. O fluido cósmico universal é, como já foi demonstrado, a matéria elementar primitiva, cujas modificações e transformações constituem a inumerável variedade dos corpos da natureza. (Cap. X.) como princípio elementar do universo, ele assume dois estados distintos: o de eterização ou imponderabilidade, que se pode considerar o primitivo estado normal, e o de materialização ou de ponderabilidade, que é, de certa maneira, consecutivo àquele. O ponto intermédio é o da transformação do fluido em matéria tangível. Mas, ainda aí, não há transição brusca, porquanto podem considerar-se os nossos fluidos imponderáveis* como termo médio entre os dois estados. (Cap. VI, itens 10 e seguintes.)

Cada um desses dois estados dá lugar, naturalmente, a fenômenos especiais: ao segundo pertencem os do mundo visível e ao primeiro os do mundo invisível. Uns, os chamados *fenômenos materiais*, são da alçada da ciência propriamente dita, os outros, qualificados *de fenômenos espirituais* ou *psíquicos*, porque se ligam de modo especial à existência dos Espíritos, cabem nas atribuições do Espiritismo. Como, porém, a vida espiritual e a vida corporal se acham incessantemente em contato, os fenômenos das duas categorias muitas vezes se produzem simultaneamente. No estado de encarnação, o homem somente pode perceber os fenômenos psíquicos que se prendem à vida corpórea; os do domínio espiritual escapam aos sentidos materiais e só podem ser percebidos no estado de Espírito.**

3. No estado de eterização, o fluido cósmico não é uniforme;

---

* N. E.: Os gases são exemplo desse fluido, invisíveis, embora possam ser detectados e pesados.

** Nota de Allan Kardec: A denominação de fenômeno *psíquico* exprime com mais exatidão o pensamento, do que a de fenômeno espiritual, dado que esses fenômenos repousam sobre as propriedades e os atributos da alma, ou, melhor, dos fluidos perispíríticos, inseparáveis da alma. Esta qualificação os liga mais intimamente à ordem dos fatos naturais regidos por leis; pode-se, pois, admiti-los como efeitos psíquicos, sem os admitir a título de milagres.

sem deixar de ser etéreo, sofre modificações tão variadas em gênero e mais numerosas talvez do que no estado de matéria tangível. Essas modificações constituem fluidos distintos que, embora procedentes do mesmo princípio, são dotados de propriedades especiais e dão lugar aos fenômenos peculiares ao mundo invisível.

Dentro da relatividade de tudo, esses fluidos têm para os espíritos, que também são fluídicos, uma aparência tão material quanto a dos objetos tangíveis para os encarnados e são, para eles, os Espíritos, o que são para nós as substâncias do mundo terrestre. Os Espíritos os elaboram e combinam para produzirem determinados efeitos, como fazem os homens com os seus materiais, ainda que por processos diferentes.

Lá, porém, como neste mundo, somente aos Espíritos mais esclarecidos é dado compreender o papel que desempenham os elementos constitutivos do mundo onde eles se acham. Os ignorantes do mundo invisível são tão incapazes de explicar a si mesmos os fenômenos a que assistem e para os quais muitas vezes concorrem maquinalmente, como os ignorantes da Terra o são para explicar os efeitos da luz ou da eletricidade, para dizer de que modo é que veem e escutam.

4.   Os elementos fluídicos do mundo espiritual escapam aos nossos instrumentos de análise e à percepção dos nossos sentidos, feitos para perceberem a matéria tangível e não a matéria etérea. Alguns há, pertencentes a um meio diverso a tal ponto do nosso, que deles só podemos fazer ideia mediante comparações tão imperfeitas como aquelas mediante as quais um cego de nascença procura fazer ideia da teoria das cores.

Mas entre tais fluidos, há os tão intimamente ligados à vida corporal, que, de certa forma, pertencem ao meio terreno. Em falta de observação direta, seus efeitos podem observar-se, como se observam os do fluido do ímã, fluido que jamais se viu, podendo-se adquirir sobre a natureza deles conhecimentos de alguma precisão. É essencial esse estudo, porque está nele a chave de uma imensidade de fenômenos que não se conseguem explicar unicamente com as leis da matéria.

5. A pureza absoluta, da qual nada nos pode dar ideia, é o ponto de partida do fluido universal; o ponto oposto é o em que ele se transforma em matéria tangível. Entre esses dois extremos, dão-se inúmeras transformações, mais ou menos aproximadas de um e de outro. Os fluidos mais próximos da materialidade, os menos puros, conseguintemente, compõem o que se pode chamar *a atmosfera espiritual da Terra*. É desse meio, onde igualmente vários são os graus de pureza, que os Espíritos encarnados e desencarnados, deste planeta, haurem os elementos necessários à economia de suas existências. Por muito sutis e impalpáveis que nos sejam esses fluidos, não deixam por isso de ser de natureza grosseira, em comparação com os fluidos etéreos das regiões superiores.

O mesmo se dá na superfície de todos os mundos, salvo as diferenças de constituição e as condições de vitalidade próprias de cada um. Quanto menos material é a vida neles, tanto menos afinidades têm os fluidos espirituais com a matéria propriamente dita.

Não é rigorosamente exata a qualificação de *fluidos espirituais*, pois que, em definitivo, eles são sempre matéria mais ou menos quintessenciada. De realmente *espiritual*, só a alma ou princípio inteligente. Dá-se-lhes essa denominação por comparação apenas e, sobretudo, pela afinidade que eles guardam com os Espíritos. Pode dizer-se que são a matéria do mundo espiritual, razão por que são chamados *fluidos espirituais*.

6. Quem conhece, aliás, a constituição íntima da matéria tangível? Ela talvez somente seja compacta em relação aos nossos sentidos; prová-lo-ia a facilidade com que a atravessam os fluidos espirituais e os Espíritos, aos quais não oferece maior obstáculo, do que o que os corpos transparentes oferecem à luz.*

Tendo por elemento primitivo o fluido cósmico etéreo, à matéria

---

* N. E.: Hoje, sabemos que a matéria parece ser compacta e impenetrável em razão da repulsão elétrica que existe entre os átomos que a constituem, impedindo que os seres e objetos materiais se interpenetrem. No mais, a massa do átomo se concentra no seu núcleo, seríamos então uma grande aglomerado de moléculas.

tangível há de ser possível, desagregando-se, voltar ao estado de eterização, do mesmo modo que o diamante, o mais duro dos corpos, pode volatilizar-se em gás impalpável. *Na realidade, a solidificação da matéria não é mais do que um estado transitório do fluido universal, que pode volver ao seu estado primitivo, quando deixam de existir as condições de coesão.*

Quem sabe mesmo se, no estado de tangibilidade, a matéria não é suscetível de adquirir uma espécie de eterização que lhe daria propriedades particulares? Certos fenômenos, que parecem autênticos, tenderiam a fazer supor esse estado. Ainda não conhecemos senão as fronteiras do mundo invisível; o porvir, sem dúvida, nos reserva o conhecimento de novas leis, que nos permitirão compreender o que se nos conserva em mistério.

Formação e propriedades do perispírito

7.   O perispírito, ou corpo fluídico dos Espíritos, é um dos mais importantes produtos do fluido cósmico; é uma condensação desse fluido em torno de um foco de inteligência ou *alma*. Já vimos que também o corpo carnal tem seu princípio de origem nesse mesmo fluido condensado e transformado em matéria tangível. No perispírito, a transformação molecular se opera diferentemente, porquanto o fluido conserva a sua imponderabilidade e suas qualidades etéreas. O corpo perispirítico e o corpo carnal têm pois origem no mesmo elemento primitivo; ambos são matéria, ainda que em dois estados diferentes.

8.   Do meio onde se encontra é que o Espírito extrai o seu perispírito, isto é, esse envoltório ele o forma dos fluidos ambientes. Resulta daí que os elementos constitutivos do perispírito naturalmente variam, conforme os mundos. Dando-se Júpiter como orbe muito adiantado em comparação com a Terra, como um orbe onde a vida corpórea não apresenta a materialidade da nossa, os envoltórios perispirituais hão de ser lá de natureza muito mais quintessenciada do que aqui. Ora, assim como não poderíamos existir naquele mundo com o nosso corpo carnal, também os nossos Espíritos não poderiam

nele penetrar com o perispírito terrestre que os reveste. Emigrando da Terra, o Espírito deixa aí o seu invólucro fluídico e toma outro apropriado ao mundo onde vai habitar.

9. A natureza do envoltório fluídico está sempre em relação com o grau de adiantamento moral do Espírito. Os Espíritos inferiores não podem mudar de envoltório a seu bel-prazer, pelo que não podem passar, à vontade, de um mundo para outro. Alguns há, portanto, cujo envoltório fluídico, se bem que etéreo e imponderável com relação à matéria tangível, ainda é por demais pesado, se assim nos podemos exprimir, com relação ao mundo espiritual, para não permitir que eles saiam do meio que lhes é próprio. Nessa categoria se devem incluir aqueles cujo perispírito é tão grosseiro, que eles o confundem com o corpo carnal, razão por que continuam a crer-se vivos. Esses Espíritos, cujo número é avultado, permanecem na superfície da Terra, como os encarnados, julgando-se entregues às suas ocupações terrenas. Outros um pouco mais desmaterializados não o são, contudo, suficientemente, para se elevarem acima das regiões terrestres.*

Os Espíritos superiores, ao contrário, podem vir aos mundos inferiores, e, até, encarnar neles. Tiram, dos elementos constitutivos do mundo onde entram, os materiais para a formação do envoltório fluídico ou carnal apropriado ao meio em que se encontrem. Fazem como o nobre que despe temporariamente suas vestes, para envergar os trajes plebeus, sem deixar por isso de ser nobre.

É assim que os Espíritos da categoria mais elevada podem manifestar-se aos habitantes da Terra ou encarnar em missão entre estes. Tais Espíritos trazem consigo, não o invólucro, mas a lembrança, por intuição, das regiões donde vieram e que, em pensamento, eles veem. São videntes entre cegos.

10. A camada de fluidos espirituais que cerca a Terra se pode comparar às camadas inferiores da atmosfera, mais pesadas, mais

---

* Nota de Allan Kardec: Exemplos de Espíritos que ainda se julgam deste mundo: *Revista espírita,* dezembro de 1859; novembro de 1864; abril de 1865.

compactas, menos puras, do que as camadas superiores. Não são homogêneos esses fluidos; são uma mistura de moléculas de diversas qualidades, entre as quais necessariamente se encontram as moléculas elementares que lhes formam a base, porém, mais ou menos alteradas. Os efeitos que esses fluidos produzem estarão na razão da *soma* das partes puras que eles encerram. Tal, por comparação, o álcool retificado, ou misturado, em diferentes proporções, com água ou outras substâncias: seu peso específico aumenta, por efeito dessa mistura, ao mesmo tempo que sua força e sua inflamabilidade diminuem, embora no todo continue a haver álcool puro.

Os Espíritos chamados a viver naquele meio tiram dele seus perispíritos; porém, *conforme seja mais ou menos depurado o Espírito, seu perispírito se formará das partes mais puras ou das mais grosseiras do fluido peculiar ao mundo onde ele encarna.* O Espírito produz aí, sempre por comparação e não por assimilação, o efeito de um reativo químico que atrai a si as moléculas que a sua natureza pode assimilar.

Resulta disso este fato capital: *a constituição íntima do perispírito não é idêntica em todos os Espíritos encarnados ou desencarnados que povoam a Terra ou o espaço que a circunda.* O mesmo já não se dá com o corpo carnal, que, como foi demonstrado, se forma dos mesmos elementos, qualquer que seja a superioridade ou a inferioridade do Espírito. Por isso, em todos, são os mesmos os efeitos que o corpo produz, semelhantes as necessidades; ao passo que diferem em tudo o que respeita ao perispírito.

Também resulta que: *o envoltório perispirítico de um Espírito se modifica com o progresso moral que este realiza em cada encarnação, embora ele encarne no mesmo meio; que os Espíritos superiores, encarnando excepcionalmente, em missão, num mundo inferior, têm perispírito menos grosseiro do que o dos indígenas* desse mundo.*

---

* N. E.: É preciso salientar que no século XIX as teorias raciais estavam em voga, dando *status* científico às desigualdades entre os seres humanos; Kardec, porém, codificou toda uma doutrina — o Espiritismo —, que tem como base a igualdade entre os homens, pois que todos somos Espíritos em busca de evolução, as raças

11. O meio está sempre em relação com a natureza dos seres que têm de nele viver: os peixes, na água; os seres terrestres, no ar; os seres espirituais no fluido espiritual ou etéreo, mesmo que estejam na Terra. *O fluido etéreo está para as necessidades do Espírito, como a atmosfera para as dos encarnados.* Ora, do mesmo modo que os peixes não podem viver no ar; que os animais terrestres não podem viver numa atmosfera muito rarefeita para seus pulmões, os Espíritos inferiores não podem suportar o brilho e a impressão dos fluidos mais etéreos. Não morreriam no meio desses fluidos, porque o Espírito não morre, mas uma força instintiva os mantêm afastados dali, como a criatura terrena se afasta de um fogo muito ardente ou de uma luz muito deslumbrante. Eis aí por que não podem sair do meio que lhes é apropriado à natureza; para mudarem de meio, precisam antes mudar de natureza, despojar-se dos instintos materiais que os retêm nos meios materiais; numa palavra, que se depurem e moralmente se transformem. Então, gradualmente se identificam com um meio mais depurado, que se lhes torna uma necessidade, como os olhos, para quem viveu longo tempo nas trevas, insensivelmente se habituam à luz do dia e ao fulgor do Sol.

12. Assim, tudo no universo se liga, tudo se encadeia; tudo se acha submetido à grande e harmoniosa lei de unidade, desde a mais compacta materialidade, até a mais pura espiritualidade. A Terra é qual vaso donde se escapa uma fumaça densa que vai clareando à medida que se eleva e essas parcelas rarefeitas se perdem no espaço infinito.

A potência divina refulge em todas as partes desse grandioso conjunto e, no entanto, quer-se que Deus, não contente com o que há feito, venha perturbar essa harmonia! Que se rebaixe ao papel de mágico, produzindo efeitos pueris, dignos de um prestidigitador! E ousa-se, ainda por cima, dar-lhe como rival em habilidade o próprio Satanás! Não haveria modo de amesquinhar mais a majestade divina e admiram-se de que a incredulidade progrida.

Tendes razão de dizer: "A fé vai-se.", mas a que se vai é a fé em tudo

---

seriam apenas "roupagens" que vestimos durante determinada encarnação.

o que aberra do bom senso e da razão; é a fé idêntica à que outrora levava a dizerem: "Vão-se os deuses!" A fé, porém, nas coisas sérias, a fé em Deus e na imortalidade, essa está sempre vivaz no coração do homem e, por mais sufocada que tenha sido sob o amontoado de histórias pueris com que a oprimiram, ela se reerguerá mais forte, desde que se sinta libertada, tal como a planta que, comprimida, se levanta de novo, logo que a banham os raios do sol!

Efetivamente, tudo é milagre na natureza, porque tudo é admirável e dá testemunho da sabedoria divina! Esses milagres se patenteiam a toda gente, a todos os que têm olhos de ver e ouvidos de ouvir e não em proveito apenas de alguns! Não! Milagres não há no sentido que comumente emprestam a essa palavra, porque tudo decorre das leis eternas da Criação, leis essas perfeitas.

Ação dos Espíritos sobre os fluidos. Criações fluídicas. Fotografia do pensamento

13. Os fluidos espirituais, que constituem um dos estados do fluido cósmico universal, são, a bem dizer, a atmosfera dos seres espirituais; o elemento donde eles tiram os materiais sobre que operam; o meio onde ocorrem os fenômenos especiais, perceptíveis à visão e à audição do Espírito, mas que escapam aos sentidos carnais, impressionáveis somente à matéria tangível; o meio onde se forma a luz peculiar ao mundo espiritual, diferente, pela causa e pelos efeitos da luz ordinária; finalmente, o veículo do pensamento, como o ar o é do som.

14. Os Espíritos atuam sobre os fluidos espirituais, não manipulando-os como os homens manipulam os gases, mas empregando o pensamento e a vontade. Para os Espíritos, o pensamento e a vontade são o que é a mão para o homem. Pelo pensamento, eles imprimem àqueles fluidos tal ou qual direção, os aglomeram, combinam ou dispersam, organizam com eles conjuntos que apresentam uma aparência, uma forma, uma coloração determinadas; mudam-lhes as propriedades, como um químico muda a dos gases ou de outros corpos, combinando-os segundo certas leis. É a grande oficina ou laboratório da vida espiritual.

Algumas vezes, essas transformações resultam de uma intenção; doutras, são produto de um pensamento inconsciente. Basta que o Espírito pense uma coisa, para que esta se produza, como basta que modele uma ária, para que esta repercuta na atmosfera.

É assim, por exemplo, que um Espírito se faz visível a um encarnado que possua a vista psíquica, sob as aparências que tinha quando vivo na época em que o segundo o conheceu, embora haja ele tido, depois dessa época, muitas encarnações. Apresenta-se com o vestuário, os sinais exteriores — enfermidades, cicatrizes, membros amputados etc. — Que tinha então. Um decapitado se apresentará sem a cabeça. Não quer isso dizer que haja conservado essas aparências, certo que não, porquanto, como Espírito, ele não é coxo, nem maneta, nem zarolho, nem decapitado; o que se dá é que, retrocedendo o seu *pensamento* à época em que tinha tais defeitos, seu perispírito lhes toma instantaneamente as aparências, que deixam de existir logo que o mesmo pensamento cessa de agir naquele sentido. Se, pois, de uma vez ele foi negro e branco de outra, apresentar-se-á como branco ou negro, conforme a encarnação a que se refira a sua evocação e à que se transporte o seu pensamento.

Por análogo efeito, o pensamento do Espírito cria fluidicamente os objetos que ele esteja habituado a usar. Um avarento manuseará ouro, um militar trará suas armas e seu uniforme, um fumante o seu cachimbo, um lavrador a sua charrua e seus bois, uma mulher velha a sua roca. Para o Espírito, que é, também ele, fluídico, esses objetos fluídicos são tão reais, como o eram, no estado material, para o homem vivo; mas, pela razão de serem criações do pensamento, a existência deles é tão fugitiva quanto a deste.*

15. Sendo os fluidos o veículo do pensamento, este atua sobre os fluidos como o som sobre o ar; eles nos trazem o pensamento, como o ar nos traz o som. Pode-se pois dizer, sem receio de errar, que há, nesses fluidos, ondas e raios de pensamentos, que se cruzam sem se

---

* Nota de Allan Kardec: *Revista espírita,* junho de 1859. *O livro dos médiuns,* 2ª Parte, cap. VIII.

confundirem, como há no ar ondas e vibrações sonoros.

Há mais: criando *imagens fluídicas*, o pensamento se reflete no envoltório perispirítico, como num espelho; toma nele corpo e aí de certo modo se *fotografa*. Tenha um homem, por exemplo, a ideia de matar a outro: embora o corpo material se lhe conserve impassível, seu corpo fluídico é posto em ação pelo pensamento e reproduz todos os matizes deste último; executa fluidicamente o gesto, o ato que intentou praticar. O pensamento cria a imagem da vítima e a cena inteira é pintada, como num quadro, tal qual se lhe desenrola no Espírito.

Desse modo é que os mais secretos movimentos da alma repercutem no envoltório fluídico; que uma alma pode ler noutra alma como num livro e ver o que não é perceptível aos olhos do corpo. Contudo, vendo a intenção, pode ela pressentir a execução do ato que lhe será a consequência, mas não pode determinar o instante em que o mesmo ato será executado, nem lhe assinalar os pormenores, nem, ainda, afirmar que ele se dê, porque circunstâncias ulteriores poderão modificar os planos assentados e mudar as disposições. Ele não pode ver o que ainda não esteja no pensamento do outro; o que vê é a preocupação habitual do indivíduo, seus desejos, seus projetos, seus desígnios bons ou maus.

Qualidades dos fluidos

16. Tem consequências de importância capital e direta para os encarnados a ação dos Espíritos sobre os fluidos espirituais. Sendo esses fluidos o veículo do pensamento e podendo este modificar-lhes as propriedades, é evidente que eles devem achar-se impregnados das qualidades boas ou más dos pensamentos que os fazem vibrar, modificando-se pela pureza ou impureza dos sentimentos. Os maus pensamentos corrompem os fluidos espirituais, como os miasmas deletérios corrompem o ar respirável. Os fluidos que envolvem os Espíritos maus, ou que estes projetam são, portanto, viciados, ao passo que os que recebem a influência dos bons Espíritos são tão puros quanto o comporta o grau da perfeição moral destes.

17. Fora impossível fazer-se uma enumeração ou classificação dos bons e dos maus fluidos, ou especificar-lhes as respectivas qualidades, por ser tão grande quanto a dos pensamentos a diversidade deles.

Os fluidos não possuem qualidades *sui generis*, mas as que adquirem no meio onde se elaboram; modificam-se pelos eflúvios desse meio, como o ar pelas exalações, a água pelos sais das camadas que atravessa. Conforme as circunstâncias, suas qualidades são, como as da água e do ar, temporárias ou permanentes, o que os torna muito especialmente apropriados à produção de tais ou tais efeitos.

Também carecem de denominações particulares. Como os odores, eles são designados pelas suas propriedades, seus efeitos e tipos originais. Sob o ponto de vista moral, trazem o cunho dos sentimentos de ódio, de inveja, de ciúme, de orgulho, de egoísmo, de violência, de hipocrisia, de bondade, de benevolência, de amor, de caridade, de doçura etc. Sob o aspecto físico, são excitantes, calmantes, penetrantes, adstringentes, irritantes, dulcificantes, soporíficos, narcóticos, tóxicos, reparadores, expulsivos; tornam-se força de transmissão, de propulsão etc. O quadro dos fluidos seria, pois, o de todas as paixões, das virtudes e dos vícios da humanidade e das propriedades da matéria, correspondentes aos efeitos que eles produzem.

18. Sendo apenas Espíritos encarnados, os homens têm uma parcela da vida espiritual, visto que vivem dessa vida tanto quanto da vida corporal; primeiramente, durante o sono e, muitas vezes, no estado de vigília. O Espírito, encarnado, conserva, com as qualidades que lhe são próprias, o seu perispírito que, como se sabe, não fica circunscrito pelo corpo, mas irradia ao seu derredor e o envolve como que de uma atmosfera fluídica.

Pela sua união íntima com o corpo, o perispírito desempenha preponderante papel no organismo. Pela sua expansão, põe o Espírito encarnado em relação mais direta com os Espíritos livres e também com os Espíritos encarnados.

O pensamento do encarnado atua sobre os fluidos espirituais, como o dos desencarnados, e se transmite de Espírito a Espírito pelas mesmas vias e, conforme seja bom ou mau, saneia ou vicia os fluidos ambientes.

Desde que estes se modificam pela projeção dos pensamentos do Espírito, seu invólucro perispirítico, que é parte constituinte do seu ser e que recebe de modo direto e permanente a impressão de seus pensamentos, há de, ainda mais, guardar a de suas qualidades boas ou más. Os fluidos viciados pelos eflúvios dos maus Espíritos podem depurar-se pelo afastamento destes, cujos perispíritos, porém, serão sempre os mesmos, enquanto o Espírito não se modificar por si próprio.

Sendo o perispírito dos encarnados de natureza idêntica à dos fluidos espirituais, ele os assimila com facilidade, como uma esponja se embebe de um líquido. Esses fluidos exercem sobre o perispírito uma ação tanto mais direta, quanto, por sua expansão e sua irradiação, o perispírito com eles se confunde.

Atuando esses fluidos sobre o perispírito, este, a seu turno, reage sobre o organismo material com que se acha em contato molecular. Se os eflúvios são de boa natureza, o corpo ressente uma impressão salutar; se são maus, a impressão é penosa. Se são permanentes e enérgicos, os eflúvios maus podem ocasionar desordens físicas; não é outra a causa de certas enfermidades.

Os meios onde superabundam os maus Espíritos são, pois, impregnados de maus fluidos que o encarnado absorve pelos poros perispiríticos, como absorve pelos poros do corpo os miasmas pestilenciais.

19. Assim se explicam os efeitos que se produzem nos lugares de reunião. Uma assembleia é um foco de irradiação de pensamentos diversos. É como uma orquestra, um coro de pensamentos, onde cada um emite uma nota. Resulta daí uma multiplicidade de correntes e de eflúvios fluídicos cuja impressão cada um recebe pelo sentido espiritual, como num coro musical cada um recebe a impressão dos sons pelo sentido da audição.

Mas, do mesmo modo que há radiações sonoras, harmoniosas ou dissonantes, também há pensamentos harmônicos ou discordantes. Se o conjunto é harmonioso, agradável é a impressão; penosa, se aquele é discordante. Ora, para isso, não se faz mister que o pensamento se exteriorize por palavras; quer ele se externe, quer não, a irradiação existe sempre.

Tal a causa da satisfação que se experimenta numa reunião simpática, animada de pensamentos bons e benévolos. Envolve-a uma como salubre atmosfera moral, onde se respira à vontade; sai-se reconfortado dali, porque impregnado de salutares eflúvios fluídicos. Basta, porém, que se lhe misturem alguns pensamentos maus, para produzirem o efeito de uma corrente de ar gelado num meio tépido, ou o de uma nota desafinada num concerto. Desse modo também se explica a ansiedade, o indefinível mal-estar que se experimenta numa reunião antipática, onde malévolos pensamentos provocam correntes de fluido nauseabundo.

20. O pensamento, portanto, produz uma espécie de efeito físico que reage sobre o moral, fato este que só o Espiritismo podia tornar compreensível. O homem o sente instintivamente, visto que procura as reuniões homogêneas e simpáticas, onde sabe que pode haurir novas forças morais, podendo-se dizer que, em tais reuniões, ele recupera as perdas fluídicas que sofre todos os dias pela irradiação do pensamento, como recupera, por meio dos alimentos, as perdas do corpo material. É que, com efeito, o pensamento é uma emissão que ocasiona perda real de fluidos espirituais e, conseguintemente, de fluidos materiais, de maneira tal que o homem precisa retemperar-se com os eflúvios que recebe do exterior.

Quando se diz que um médico opera a cura de um doente, por meio de boas palavras, enuncia-se uma verdade absoluta, pois que um pensamento bondoso traz consigo fluidos reparadores que atuam sobre o físico, tanto quanto sobre o moral.

21. Dir-se-á que se podem evitar os homens sabidamente mal-intencionados. É fora de dúvida; mas, como fugiremos à influência dos maus Espíritos que pululam em torno de nós e por toda parte se insinuam, sem serem vistos?

O meio é muito simples, porque depende da vontade do homem, que traz consigo o necessário preservativo. Os fluidos se combinam pela semelhança de suas naturezas; os dessemelhantes se repelem;

há incompatibilidade entre os bons e os maus fluidos, como entre o óleo e a água.

Que se faz quando está viciado o ar? Procede-se ao seu saneamento, cuida-se de depurá-lo, destruindo o foco dos miasmas, expelindo os eflúvios malsãos, por meio de mais fortes correntes de ar salubre. À invasão, pois, dos maus fluidos, cumpre se oponham os fluidos bons e, como cada um tem no seu próprio perispírito uma fonte fluídica permanente, todos trazem consigo o remédio aplicável. Trata-se apenas de purificar essa fonte e de lhe dar qualidades tais, que se constitua para as más influências um *repulsor*, em vez de ser uma força atrativa. O perispírito, portanto, é uma couraça a que se deve dar a melhor têmpera possível. Ora, como as suas qualidades guardam relação com as da alma, importa se trabalhe por melhorá-la, pois que são as imperfeições da alma que atraem os Espíritos maus.

As moscas são atraídas pelos focos de corrupção; destruídos esses focos, elas desaparecerão. Os maus Espíritos, igualmente, vão para onde o mal os atrai; eliminado o mal, eles se afastarão. *Os Espíritos realmente bons, encarnados ou desencarnados, nada têm que temer da influência dos maus.*

II. explicação de alguns fenômenos considerados sobrenaturais

22. Vista espiritual ou psíquica. Dupla vista. Sonambulismo. Sonhos

O perispírito é o traço de união entre a vida corpórea e a vida espiritual. É por seu intermédio que o Espírito encarnado se acha em relação contínua com os desencarnados; é, em suma, por seu intermédio, que se operam no homem fenômenos especiais, cuja causa fundamental não se encontra na matéria tangível e que, por essa razão, parecem sobrenaturais.

É nas propriedades e nas irradiações do fluido perispirítico que se tem de procurar a causa da *dupla vista*, ou *vista espiritual*, a que também se pode chamar *vista psíquica*, da qual muitas pessoas são dotadas, frequentemente a seu mau grado, assim como da vista sonambúlica.

O perispírito é o órgão sensitivo do Espírito, por meio do qual este percebe coisas espirituais que escapam aos sentidos corpóreos. Pelos órgãos do corpo, a visão, a audição e as diversas sensações são localizadas e limitadas à percepção das coisas materiais; pelo sentido espiritual, ou *psíquico*, elas se generalizam: o Espírito vê, ouve e sente, por todo o seu ser, tudo o que se encontra na esfera de irradiação do seu fluido perispirítico.

No homem, tais fenômenos constituem a manifestação da vida espiritual; é a alma a atuar fora do organismo. Na dupla vista ou percepção pelo sentido psíquico, ele não vê com os olhos do corpo, embora, muitas vezes, por hábito, dirija o olhar para o ponto que lhe chama a atenção. Vê com os olhos da alma e a prova está em que vê perfeitamente bem com os olhos fechados e vê o que está muito além do alcance do raio visual. Lê o pensamento figurado no raio fluídico (Item 15).*

23. Embora, durante a vida, o Espírito se encontre preso ao corpo pelo perispírito, não se lhe acha tão escravizado, que não possa alongar a cadeia que o prende e transportar-se a um ponto distante, quer sobre a Terra, quer do espaço. Repugna ao Espírito estar ligado ao corpo, porque a sua vida normal é a de liberdade e a vida corporal é a do servo preso à gleba.

Ele, por conseguinte, se sente feliz em deixar o corpo, como o pássaro em se encontrar fora da gaiola, pelo que aproveita todas as ocasiões que se lhe oferecem para dela se escapar, de todos os instantes em que a sua presença não é necessária à vida de relação. Tem-se então o fenômeno a que se dá o nome de *emancipação da alma*, fenômeno que se produz sempre durante o sono. De todas as vezes que o corpo repousa, que os sentidos ficam inativos, o Espírito se desprende. (*O livro dos Espíritos*, Parte 2ª, cap. VIII.)

---

* Nota de Allan Kardec: Fatos de dupla vista e lucidez sonambúlica relatados na *Revista espírita*: janeiro de 1858; novembro de 1858; julho de 1861; novembro de 1865.

Nesses momentos ele vive da vida espiritual, enquanto que o corpo vive apenas da vida vegetativa; acha-se, em parte, no estado em que se achará após a morte: percorre o espaço, confabula com os amigos e outros Espíritos, livres ou *encarnados* também.

O laço fluídico que o prende ao corpo só por ocasião da morte se rompe definitivamente; a separação completa somente se dá por efeito da extinção absoluta da atividade vital. Enquanto o corpo vive, o Espírito, a qualquer distância que esteja, é instantaneamente chamado à sua prisão, desde que a sua presença aí se torne necessária. Ele, então, retoma o curso da vida exterior de relação. Por vezes, ao despertar, conserva das suas peregrinações uma lembrança, uma imagem mais ou menos precisa, que constitui o sonho. Quando nada, traz delas intuições que lhe sugerem ideias e pensamentos novos e justificam o provérbio: A noite é boa conselheira.

Assim igualmente se explicam certos fenômenos característicos do sonambulismo natural e magnético, da catalepsia, da letargia, do êxtase etc., e que mais não são do que manifestações da vida espiritual.*

24. Pois que a visão espiritual não se opera por meio dos olhos do corpo, segue-se que a percepção das coisas não se verifica mediante a luz ordinária: de fato, a luz material é feita para o mundo material; para o mundo espiritual, uma luz especial existe, cuja natureza desconhecemos, porém que é, sem dúvida, uma das propriedades do fluido etéreo, adequada às percepções visuais da alma. Há, portanto, luz material e luz espiritual. A primeira emana de focos circunscritos aos corpos luminosos; a segunda tem o seu foco em toda parte: tal a razão por que não há obstáculo para a visão espiritual, que não é embaraçada nem pela distância, nem pela opacidade da matéria, não existindo para ela a obscuridade. O mundo espiritual é, pois, iluminado pela luz espiritual, que tem seus efeitos próprios, como o mundo material é iluminado pela luz solar.

---

* Nota de Allan Kardec: Casos de letargia e de catalepsia: *Revista espírita*: "Senhora Schwabenhaus", setembro de 1858; "A jovem cataléptica da Suábia", janeiro de 1866.

25. Assim, envolta no seu perispírito, a alma tem consigo o seu princípio luminoso. Penetrando a matéria por virtude da sua essência etérea, não há, para a sua visão, corpos opacos.

Entretanto, a vista espiritual não é idêntica, quer em extensão, quer em penetração, para todos os Espíritos. Somente os Espíritos puros a possuem em todo o seu poder. Nos inferiores ela se acha enfraquecida pela relativa grosseria do perispírito, que se lhe interpõe qual nevoeiro.

Manifesta-se em diferentes graus, nos Espíritos encarnados, pelo fenômeno da segunda vista, tanto no sonambulismo natural ou magnético, quanto no estado de vigília. Conforme o grau de poder da faculdade, diz-se que a lucidez é maior ou menor. Com o auxílio dessa faculdade é que certas pessoas veem o interior do organismo humano e descrevem as causas das enfermidades.

26. A vista espiritual, portanto, faculta percepções especiais que, não tendo por sede os órgãos materiais, se operam em condições muito diversas das que decorrem da vida corporal. Efetuando-se fora do organismo, tem ela uma mobilidade que derrui todas as previsões. Indispensável se torna estudá-la em seus efeitos e em suas causas e não assimilando-a à vista ordinária, que ela não se destina a suprir, salvo casos excepcionais, que se não poderiam tomar como regra.

27. Necessariamente incompleta e imperfeita é a vista espiritual nos Espíritos encarnados e, por conseguinte, sujeita a aberrações. Tendo por sede a própria alma, o estado desta há de influir nas percepções que aquela vista faculte. Segundo o grau de desenvolvimento, as circunstâncias e o estado moral do indivíduo, pode ela dar, quer durante o sono, quer no estado de vigília: 1o a percepção de certos fatos materiais e reais, como o conhecimento de alguns que ocorram a grande distância, os detalhes descritivos de uma localidade, as causas de uma enfermidade e os remédios convenientes; 2o a percepção de coisas igualmente reais do mundo espiritual, como a presença dos Espíritos; 3o imagens fantásticas criadas pela imaginação, análogas às criações fluídicas do pensamento (veja-se, acima, o item 14). Estas criações se acham sempre em relação com as disposições morais do

Espírito que as gera. É assim que o pensamento de pessoas fortemente imbuídas de certas crenças religiosas e com elas preocupadas lhes apresenta o inferno, suas fornalhas, suas torturas e seus demônios, tais quais essas pessoas os imaginam. Às vezes, é toda uma epopeia. Os pagãos viam o olimpo e o tártaro, como os cristãos veem o inferno e o paraíso. Se, ao despertarem, ou ao saírem do êxtase, conservam lembrança exata de suas visões, os que as tiveram tomam-nas como realidades confirmativas de suas crenças, quando tudo não passa de produto de seus próprios pensamentos.* Cumpre, pois, se faça uma distinção muito rigorosa nas visões extáticas, antes que se lhes dê crédito. A tal propósito, o remédio para a excessiva credulidade é o estudo das leis que regem o mundo espiritual.

28. Os sonhos propriamente ditos apresentam os três caracteres das visões acima descritas. Às duas primeiras categorias dessas visões pertencem os sonhos de previsões, pressentimentos e avisos.** na terceira, isto é, nas criações fluídicas do pensamento, é que se pode deparar com a causa de certas imagens fantásticas, que nada têm de real, com relação à vida corpórea, mas que apresentam às vezes, para o Espírito, uma realidade tal, que o corpo lhe sente o contrachoque, havendo casos em que os cabelos embranquecem sob a impressão de um sonho. Podem essas criações ser provocadas: pela exaltação das crenças; por lembranças retrospectivas; por gostos, desejos, paixões, temor, remorsos; pelas preocupações habituais; pelas necessidades do corpo, ou por um embaraço nas funções do organismo; finalmente, por outros Espíritos, com objetivo benévolo ou maléfico, conforme a sua natureza.***

---

* Nota de Allan Kardec: Podem explicar-se assim as visões da irmã Elmerich que, reportando-se ao tempo da paixão do Cristo, diz ter visto coisas materiais, que nunca existiram, senão nos livros que ela leu; as da Sra. Cantanille (*Revista espírita* de agosto de 1866) e uma parte das de Swedenborg.

** Nota de Allan Kardec: Veja-se, abaixo, o cap. XVI, *Teoria da presciência,* itens 1 a 3.

*** Nota de Allan Kardec: *Revista espírita,* junho de 1866; setembro de 1866. *O livro dos Espíritos,* Parte 2ª, cap. VIII, questão 400.

Catalepsia. Ressurreições

29. A matéria inerte é insensível; o fluido perispirítico igualmente o é, mas transmite a sensação ao centro sensitivo, que é o Espírito. As lesões dolorosas do corpo repercutem, pois, no Espírito, qual choque elétrico, por intermédio do fluido perispiritual, que parece ter nos nervos os seus fios condutores. É o influxo nervoso dos fisiologistas que, desconhecendo as relações desse fluido com o princípio espiritual, ainda não puderam achar explicação para todos os efeitos.

A interrupção pode dar-se pela separação de um membro, ou pela secção de um nervo, mas, também, parcialmente ou de maneira geral e sem nenhuma lesão, nos momentos de emancipação, de grande sobre-excitação ou preocupação do Espírito. Nesse estado, o Espírito não pensa no corpo e, em sua febril atividade, atrai a si, por assim dizer, o fluido perispiritual que, retirando-se da superfície, produz aí uma insensibilidade momentânea. Poder-se-ia também admitir que, em certas circunstâncias, no próprio fluido perispiritual uma modificação molecular se opera, que lhe tira temporariamente a propriedade de transmissão. É por isso que, muitas vezes, no ardor do combate, um militar não percebe que está ferido e que uma pessoa, cuja atenção se acha concentrada num trabalho, não ouve o ruído que se lhe faz em torno. Efeito análogo, porém mais pronunciado, se verifica nalguns sonâmbulos, na letargia e na catalepsia. Finalmente, do mesmo modo também se pode explicar a insensibilidade dos convulsionários e de muitos mártires. (*Revista espírita*, janeiro de 1868: "Estudo sobre os Aïssaouas".)

A paralisia já não tem absolutamente a mesma causa: aí o efeito é todo orgânico; são os próprios nervos, os fios condutores que se tornam inaptos à circulação fluídica; são as cordas do instrumento que se alteraram.

30. Em certos estados patológicos, quando o Espírito há deixado o corpo e o perispírito só por alguns pontos se lhe acha aderido, apresenta ele, o corpo, todas as aparências da morte e enuncia-se uma verdade absoluta, dizendo que a vida aí está por um fio. Semelhante estado pode durar mais ou menos tempo; podem mesmo algumas partes do corpo entrar em decomposição, sem que, no entanto, a vida se ache definitivamente extinta. Enquanto não se haja rompido o último fio, pode o Espírito, quer por uma ação enérgica, da sua *própria* vontade, quer por *um influxo fluídico estranho*, igualmente forte, ser chamado a volver ao corpo. É como se explicam certos fatos de prolongamento da vida contra todas as probabilidades e algumas supostas ressurreições. É a planta a renascer, como às vezes se dá, de uma só fibrila da raiz. Quando, porém, as últimas moléculas do corpo fluídico se têm destacado do corpo carnal, ou quando este último há chegado a um estado irreparável de degradação, impossível se torna todo regresso à vida.*

Curas

31. Como se há visto, o fluido universal é o elemento primitivo do corpo carnal e do perispírito, os quais são simples transformações dele. Pela identidade da sua natureza, esse fluido, condensado no perispírito, pode fornecer princípios reparadores ao corpo; o Espírito, encarnado ou desencarnado, é o agente propulsor que infiltra num corpo deteriorado uma parte da substância do seu envoltório fluídico. A cura se opera mediante a substituição de uma molécula *malsã* por uma molécula *sã*. O poder curativo estará, pois, na razão direta da pureza da substância inoculada; mas, depende também da energia da vontade que, quanto maior for, tanto mais abundante emissão fluídica provocará e tanto maior força de penetração dará ao fluido. Depende ainda das intenções daquele que deseje realizar a cura, *seja homem ou Espírito*. Os fluidos que emanam de uma fonte impura são quais substâncias medicamentosas alteradas.

32. São extremamente variados os efeitos da ação fluídica sobre os doentes, de acordo com as circunstâncias. Algumas vezes é lenta e reclama tratamento prolongado, como no magnetismo ordinário; doutras vezes é rápida, como uma corrente elétrica. Há pessoas

---

* Nota de Allan Kardec: Exemplos: *Revista espírita,* "O doutor Cardon", agosto de 1863; *Uma Ressurreição* (A mulher corsa), maio de 1866.

dotadas de tal poder, que operam curas instantâneas nalguns doentes, por meio apenas da imposição das mãos, ou, até, exclusivamente por ato da vontade. Entre os dois polos extremos dessa faculdade, há infinitos matizes. Todas as curas desse gênero são variedades do magnetismo e só diferem pela intensidade e pela rapidez da ação. O princípio é sempre o mesmo: o fluido, a desempenhar o papel de agente terapêutico e cujo efeito se acha subordinado à sua qualidade e a circunstâncias especiais.

33. A ação magnética pode produzir-se de muitas maneiras:

1o) pelo próprio fluido do magnetizador; é o magnetismo propriamente dito, ou *magnetismo humano*, cuja ação se acha adstrita à força e, sobretudo, à qualidade do fluido;

2o) pelo fluido dos Espíritos, atuando diretamente e *sem intermediário* sobre um encarnado, seja para o curar ou acalmar um sofrimento, seja para provocar o sono sonambúlico espontâneo, seja para exercer sobre o indivíduo uma influência física ou moral qualquer. É o *magnetismo espiritual*, cuja qualidade está na razão direta das qualidades do Espírito;*

3o) pelos fluidos que os Espíritos derramam sobre o magnetizador, que serve de veículo para esse derramamento. É o *magnetismo misto, semiespiritual*, ou, se o preferirem, *humano-espiritual*. Combinado com o fluido humano, o fluido espiritual lhe imprime qualidades de que ele carece. Em tais circunstâncias, o concurso dos Espíritos é amiúde espontâneo, porém, as mais das vezes, provocado por um apelo do magnetizador.

34. É muito comum a faculdade de curar pela influência fluídica e pode desenvolver-se por meio do exercício; mas, a de curar instantaneamente, pela imposição das mãos, essa é mais rara e o seu grau máximo se deve considerar excepcional. No entanto, em épocas diversas e no seio de quase todos os povos, surgiram indivíduos que a possuíam em grau eminente. Nestes últimos tempos, apareceram

---

* Nota de Allan Kardec: Exemplos: *Revista espírita,* fevereiro de 1863; abril de 1865; setembro de 1865.

muitos exemplos notáveis, cuja autenticidade não sofre contestação. Uma vez que as curas desse gênero assentam num princípio natural e que o poder de operá-las não constitui privilégio, o que se segue é que elas não se operam fora da natureza e que só são miraculosas na aparência.*

Aparições. Transfigurações

35. Para nós, o perispírito, no seu estado normal, é invisível; mas, como é formado de substância etérea, o Espírito, em certos casos, pode, por ato da sua vontade, fazê-lo passar por uma modificação molecular que o torna momentaneamente visível. É assim que se produzem as *aparições*, que não se dão, do mesmo modo que os outros fenômenos, fora das leis da natureza. Nada tem esse de mais extraordinário, do que o do vapor que, quando muito rarefeito, é invisível, mas que se torna visível, quando condensado.

Conforme o grau de condensação do fluido perispirítico, a aparição é às vezes vaga e vaporosa; doutras vezes, mais nitidamente definida; doutras, enfim, com todas as aparências da matéria tangível. Pode, mesmo, chegar, até, à tangibilidade real, ao ponto de o observador se enganar com relação à natureza do ser que tem diante de si.

São frequentes as aparições vaporosas, forma sob a qual muitos indivíduos, depois de terem morrido, se apresentam às pessoas que lhes são afeiçoadas. As aparições tangíveis são mais raras, se bem haja delas numerosíssimos casos, perfeitamente autenticados. Se o Espírito quer dar-se a conhecer, imprime ao seu envoltório todos os sinais exteriores que tinha quando vivo.**

36. É de notar-se que as aparições tangíveis só têm da matéria carnal as aparências; não poderiam ter dela as qualidades. Em virtude

---

* Nota de Allan Kardec: Casos de curas instantâneas relatados na *Revista espírita*: O príncipe de *Hohenlohe,* dezembro de 1866; sobre as curas do sr. Jacob, outubro e novembro de 1866; outubro e novembro de 1867; *Simonet,* agosto de 1867; *O alcaide Hassan,* outubro de 1867; *O cura Gassner,* novembro de 1867.

** Nota de Allan Kardec: *O livro dos médiuns,* 2ª Parte, caps. VI e VII.

da sua natureza fluídica, não podem ter a coesão da matéria, porque, em realidade, não há nelas carne. Formam-se instantaneamente e instantaneamente desaparecem, ou se evaporam pela desagregação das moléculas fluídicas.* os seres que se apresentam nessas condições não nascem, nem morrem, como os outros homens. São vistos e deixam de ser vistos, sem que se saiba donde vêm, como vieram, nem para onde vão. Ninguém os poderia matar, nem prender, nem encarcerar, visto carecerem de corpo carnal. Atingiriam o vácuo os golpes que se lhes desferissem.

Tal o caráter dos *agêneres*, com os quais se pode confabular, sem suspeitar de que eles o sejam, mas que não demoram longo tempo entre os humanos e não podem tornar-se comensais de uma casa, nem figurar entre os membros de uma família.**

Ao demais, denotam sempre, em suas atitudes, qualquer coisa de estranho e de insólito que deriva ao mesmo tempo da materialidade e da espiritualidade: neles, o olhar é simultaneamente vaporoso e brilhante, carece da nitidez do olhar através dos olhos da carne; a linguagem, breve e quase sempre sentenciosa, nada tem do brilho e da volubilidade da linguagem humana; a aproximação deles causa uma sensação singular e indefinível de surpresa, que inspira uma espécie de temor; e quem com eles se põe em contato, embora os tome por indivíduos quais todos os outros, é levado a dizer involuntariamente: Ali está uma criatura singular.***

37. Sendo o mesmo o perispírito, assim nos encarnados, como nos desencarnados, um Espírito encarnado, por efeito completamente

---

* N. E.: As materializações prolongadas, quais as verificadas por William Crookes, não eram, então, conhecidas.

** N. E.: Segundo a *Bíblia,* este fato se deu na família de Tobias. (Ver *O livro de Tobias.*)

*** Nota de Allan Kardec: Exemplos de aparições vaporosas ou tangíveis e de agêneres: *Revista espírita,* janeiro de 1858; outubro de 1858; fevereiro de 1859; março de 1859; janeiro de 1859; novembro de 1859; agosto de 1859; abril de 1860; maio de 1860; julho de 1861; abril de 1866; "O lavrador Martinho, apresentado a Luís XVIII, detalhes completos", dezembro de 1866.

idêntico, pode, num momento de liberdade, aparecer em ponto diverso do em que repousa seu corpo, com os traços que lhe são habituais e com todos os sinais de sua identidade. Foi esse fenômeno, do qual se conhecem muitos casos autênticos, que deu lugar à crença nos homens duplos.*

38. Um efeito peculiar aos fenômenos dessa espécie consiste em que as aparições vaporosas e, mesmo, tangíveis, não são perceptíveis a toda gente, indistintamente. Os Espíritos só se mostram quando o querem e a quem também o querem. Um Espírito, pois, poderia aparecer, numa assembleia, a um ou a muitos dos presentes e não ser visto pelos demais. Dá-se isso, porque as percepções desse gênero se efetuam por meio da vista espiritual, e não por intermédio da vista carnal; pois não só aquela não é dada a toda gente, como pode, se for conveniente, ser retirada, pela só vontade do Espírito, àquele a quem ele não queira mostrar-se, como pode dá-la, momentaneamente, se entender necessário.

À condensação do fluido perispirítico nas aparições, indo mesmo até a tangibilidade, faltam as propriedades da matéria ordinária: se tal não se desse, as aparições seriam perceptíveis pelos olhos do corpo e, então, todas as pessoas presentes as perceberiam.**

39. Podendo o Espírito operar transformações na contextura do seu envoltório perispirítico e irradiando-se esse envoltório em torno do corpo qual atmosfera fluídica, pode produzir-se na superfície mesma do corpo um fenômeno análogo ao das aparições. Pode a imagem real do corpo apagar-se mais ou menos completamente, sob a camada fluídica, e assumir outra aparência; ou, então, vistos através

---

* Nota de Allan Kardec: Exemplos de aparições de pessoas vivas: *Revista espírita* de dezembro de 1858; fevereiro de 1859; agosto de 1859; novembro de 1860.

** Nota de Allan Kardec: Devem acolher-se com extrema reserva as narrativas de aparições puramente individuais que, em certos casos, poderiam não passar de efeito de uma imaginação sobre-excitada e, porventura, de uma invenção com fins interesseiros. Convém, pois, levar em conta, muito escrupulosamente, as circunstâncias, a honradez da pessoa, assim como o interesse que ela possa ter em abusar da credulidade de indivíduos excessivamente confiantes.

da camada fluídica modificada, os traços primitivos podem tomar outra expressão. Se, saindo do Terra a Terra, o Espírito encarnado se identifica com as coisas do mundo espiritual, pode a expressão de um semblante feio tornar-se bela, radiosa e até luminosa; se, ao contrário, o Espírito é presa de paixões más, um semblante belo pode tomar um aspecto horrendo.

Assim se operam as *transfigurações*, que refletem sempre qualidades e sentimentos predominantes no Espírito. O fenômeno resulta, portanto, de uma transformação fluídica; é uma espécie de aparição perispirítica, que se produz sobre o próprio corpo do vivo e, algumas vezes, no momento da morte, em lugar de se produzir ao longe, como nas aparições propriamente ditas. O que distingue as aparições desse gênero é o serem, geralmente, perceptíveis por todos os assistentes e com os olhos do corpo, precisamente por se basearem na matéria carnal visível, ao passo que, nas aparições puramente fluídicas, não há matéria tangível.*

Manifestações físicas. Mediunidade

40. Os fenômenos das mesas girantes e falantes, da suspensão etérea de corpos pesados, da escrita mediúnica, tão antigos quanto o mundo, porém vulgares hoje, facultam a explicação de alguns outros, análogos e espontâneos, aos quais, pela ignorância da lei que os rege, se atribuía caráter sobrenatural e miraculoso. Tais fenômenos têm por base as propriedades do fluido perispirítico, quer dos encarnados, quer dos Espíritos livres.

41. Por meio do seu perispírito é que o Espírito atuava sobre o seu corpo vivo; ainda por intermédio desse mesmo fluido é que ele se manifesta; atuando sobre a matéria inerte, é que produz ruídos, movimentos de mesa e outros objetos, que os levanta, derriba ou transporta. Nada tem de surpreendente esse fenômeno, se considerarmos que, entre nós, os mais possantes motores se encontram nos

---

* Nota de Allan Kardec: Exemplo e teoria da transfiguração: *Revista espírita,* março de 1859. (*O livro dos médiuns,* 2ª Parte, cap. VII.)

fluidos mais rarefeitos e mesmo imponderáveis, como o ar, o vapor e a eletricidade.

É igualmente com o concurso do seu perispírito que o Espírito faz que os médiuns escrevam, falem, desenhem. Já não dispondo de corpo tangível para agir ostensivamente quando quer manifestar-se, ele se serve do corpo do médium, cujos órgãos toma de empréstimo, corpo ao qual faz que atue como se fora o seu próprio, mediante o eflúvio fluídico que verte sobre ele.

42. Pelo mesmo processo atua o Espírito sobre a mesa, quer para que esta se mova, sem que o seu movimento tenha significação determinada, quer para que dê pancadas inteligentes, indicativas das letras do alfabeto, a fim de formarem palavras e frases, fenômeno esse denominado *tiptologia*. A mesa não passa de um instrumento de que o Espírito se utiliza, como se utiliza do lápis para escrever. Para esse efeito, dá-lhe ele uma vitalidade momentânea, por meio do fluido que lhe inocula, porém *absolutamente não se identifica com ela*.

Praticam um ato ridículo as pessoas que, tomadas de emoção ao manifestar-se um ser que lhes é caro, abraçam a mesa; é exatamente como se abraçassem a bengala de que um amigo se sirva para bater no chão. O mesmo fazem os que dirigem a palavra à mesa, como se o Espírito se achasse metido na madeira, ou como se a madeira se houvesse tornado Espírito.

Quando comunicações são transmitidas por esse meio, deve-se imaginar que o Espírito está, não na mesa, mas ao lado, *tal qual estaria se vivo se achasse* e como seria visto, se no momento pudesse tornar-se visível. O mesmo ocorre nas comunicações pela escrita: ver-se-ia o Espírito ao lado do médium, dirigindo-lhe a mão ou transmitindo-lhe pensamentos por meio de uma corrente fluídica.

43. Quando a mesa se destaca do solo e flutua no espaço sem ponto de apoio, o Espírito não a ergue com a força de um braço; envolve-a e penetra-a de uma espécie de atmosfera fluídica que neutraliza o efeito da gravitação, como faz o ar com os balões e papagaios. O fluido que se infiltra na mesa dá-lhe momentaneamente maior leveza específica. Quando fica pregada ao solo, ela se acha numa situação análoga à da campânula pneumática sob a qual se fez o vácuo. Não há aqui mais que simples comparações destinadas a mostrar a analogia dos efeitos e não a semelhança absoluta das causas. (*O livro dos médiuns*, 2ª Parte, cap. IV.)

Compreende-se, depois do que fica dito, que não há para o Espírito, maior dificuldade em arrebatar uma pessoa, do que em arrebatar uma mesa, em transportar um objeto de um lugar para outro, ou em atirá-lo seja onde for. Todos esses fenômenos se produzem em virtude da mesma lei.*

Quando as pancadas são ouvidas na mesa ou algures, não é que o Espírito esteja a bater com a mão, ou com qualquer objeto. Ele apenas dirige sobre o ponto donde vem o ruído um jato de fluido e este produz o efeito de um choque elétrico. Tão possível lhe é modificar o ruído, como a qualquer pessoa modificar os sons produzidos pelo ar.**

---

* Nota de Allan Kardec: Tal o princípio dos fenômenos de transporte, fenômeno este muito real, mas que não convém se admita, senão com extrema reserva, porquanto é um dos que mais se prestam à imitação e à trapaçaria. Devem tomar-se em séria consideração a honradez irrecusável da pessoa que os obtém, seu absoluto desinteresse, material e moral, e o concurso das circunstâncias acessórias. Importa, sobretudo, desconfiar da produção de tais efeitos, quando eles se deem com excessiva facilidade e ter por suspeitos os que se renovem com extrema frequência e, por assim dizer, à vontade. Os prestidigitadores fazem coisas mais extraordinárias.

Não menos positivo é o fato do erguimento de uma pessoa; mas, tem que ser muito mais raro, porque mais difícil de ser imitado. É sabido que o Sr. Home se elevou mais de uma vez até ao teto, dando assim volta à sala. Dizem que São Cupertino possuía a mesma faculdade, não sendo o fato mais miraculoso com este do que com aquele.

** Nota de Allan Kardec: Casos de manifestações materiais e de perturbações operadas pelos Espíritos: *Revista espírita, Manifestações físicas* (A moça dos panoramas), janeiro de 1858; "Senhorita Clairon", fevereiro de 1858; "Espírito batedor de Bergzabern" (narração completa), maio a julho de 1858; "Dibbelsdorf", agosto de 1858; "Padeiro de Dieppe", março de 1860; "Fabricante de São Petersburgo", abril de 1860; "Rua des Noyers", agosto de 1860; "Espírito batedor do Aube", janeiro de 1861; "Flagelo do século XVI, janeiro de 1864; "Poitiers", maio de 1864 e maio de 1865; "Irmã Maria", junho de 1864; "Marselha", abril de 1865; "Fives", agosto de 1865; "Os ratos de Équihem", fevereiro de 1866.

44. Fenômeno muito frequente na mediunidade é a aptidão de certos médiuns para escrever em língua que lhes é estranha; a explanar, oralmente ou por escrito, assuntos que lhes estão fora do alcance da instrução recebida. Não é raro o caso de alguns que escrevem correntemente sem nunca terem aprendido a escrever; de outros que compõem poesias, sem jamais na vida terem sabido fazer um verso; de outros que desenham, pintam, esculpem, compõem música, tocam um instrumento, sem conhecerem desenho, pintura, escultura, ou a arte musical. Ocorre frequentemente o fato de um médium escrevente reproduzir com perfeição a grafia e a assinatura que os Espíritos, que por ele se comunicam, tinham quando vivos, se bem não as haja ele conhecido.

Nada, porém, apresenta esse fenômeno de mais maravilhoso, do que o de se fazer que uma criança escreva, guiando-se-lhe a mão; pode-se, dessa maneira, conseguir que ela execute tudo o que se queira. Pode-se fazer que qualquer pessoa escreva num idioma que ela ignore, ditando-se-lhe as palavras letra por letra. Compreende-se que o mesmo se possa dar com a mediunidade, desde que se atente na maneira por que os Espíritos se comunicam com os médiuns que, para eles, mais não são do que instrumentos passivos. Se, porém, o médium tem o mecanismo, se venceu as dificuldades práticas, se lhe são familiares as expressões, se, finalmente, possui no cérebro os elementos daquilo que o Espírito quer fazê-lo executar, ele se acha na posição do homem que sabe ler e escrever correntemente; o trabalho se torna mais fácil e mais rápido; ao Espírito já não resta senão transmitir seus pensamentos ao intérprete, para que este os reproduza pelos meios de que dispõe.

A aptidão de um médium para coisas que lhe são estranhas também tem frequentemente suas raízes nos conhecimentos que ele possuiu noutra existência e dos quais seu Espírito conservou a intuição. Se, por exemplo, ele foi poeta ou músico, mais facilidade encontrará para assimilar o pensamento poético ou musical que um Espírito queira fazê-lo expressar. A língua que ele hoje ignora pode ter-lhe sido familiar noutra existência, donde maior aptidão sua para escrever mediunicamente nessa língua.*

---

* Nota de Allan Kardec: A aptidão, que algumas pessoas denotam para línguas

Obsessões e possessões

45. Pululam em torno da Terra os maus Espíritos, em consequência da inferioridade moral de seus habitantes. A ação malfazeja desses Espíritos é parte integrante dos flagelos com que a humanidade se vê a braços neste mundo. A obsessão que é um dos efeitos de semelhante ação, como as enfermidades e todas as atribulações da vida, deve, pois, ser considerada como provação ou expiação e aceita com esse caráter.

Chama-se obsessão à ação persistente que um Espírito mau exerce sobre um indivíduo. Apresenta caracteres muito diferentes, que vão desde a simples influência moral, sem perceptíveis sinais exteriores, até a perturbação completa do organismo e das faculdades mentais. Ela oblitera todas as faculdades mediúnicas. Na mediunidade audiente e psicográfica, traduz-se pela obstinação de um Espírito em querer manifestar-se, com exclusão de qualquer outro.

46. Assim como as enfermidades resultam das imperfeições físicas que tornam o corpo acessível às perniciosas influências exteriores, a obsessão decorre sempre de uma imperfeição moral, que dá ascendência a um Espírito mau. A uma causa física, opõe-se uma força física; a uma causa moral preciso é se contraponha uma força moral. Para preservá-lo das enfermidades, fortifica-se o corpo; para garanti-la contra a obsessão, tem-se que fortalecer a alma; donde, para o obsidiado, a necessidade de trabalhar por se melhorar a si próprio, o que as mais das vezes basta para livrá-lo do obsessor, sem o socorro de terceiros. Necessário se torna este socorro, quando a obsessão degenera em subjugação e em possessão, porque nesse caso o paciente não raro perde a vontade e o livre-arbítrio.

Quase sempre a obsessão exprime vingança tomada por um Espírito e cuja origem frequentemente se encontra nas relações que o obsidiado

---

que elas manejam, sem, por assim dizer, as haver aprendido, não tem como origem senão a lembrança intuitiva do que souberam noutra existência. O caso do poeta Méry, relatado na *Revista espírita* de novembro de 1864, é uma prova do que dizemos. É evidente que, se na sua mocidade, Méry fora médium, teria escrito em latim tão facilmente como em francês e toda gente houvera visto nesse fato um prodígio.

manteve com o obsessor, em precedente existência.

Nos casos de obsessão grave, o obsidiado fica como que envolto e impregnado de um fluido pernicioso, que neutraliza a ação dos fluidos salutares e os repele. É daquele fluido que importa desembaraçá-lo. Ora, um fluido mau não pode ser eliminado por outro igualmente mau. Por meio de ação idêntica à do médium curador, nos casos de enfermidade, *preciso se faz expelir um fluido mau com o auxílio de um fluido melhor*.

Nem sempre, porém, basta esta ação mecânica; cumpre, sobretudo, *atuar sobre o ser inteligente*, ao qual é preciso se possua o direito de falar com autoridade, que, entretanto, falece a quem não tenha superioridade moral. Quanto maior esta for, tanto maior também será aquela.

Mas, ainda não é tudo: para assegurar a libertação da vítima, indispensável se torna que o Espírito perverso seja levado a renunciar aos seus maus desígnios; que se faça que o arrependimento desponte nele, assim como o desejo do bem, por meio de instruções habilmente ministradas, em evocações particularmente feitas com o objetivo de dar-lhe educação moral. Pode-se então ter a grata satisfação de libertar um encarnado e de converter um Espírito imperfeito.

O trabalho se torna mais fácil quando o obsidiado, compreendendo a sua situação, para ele concorre com a vontade e a prece. Outro tanto não sucede quando, seduzido pelo Espírito que o domina, se ilude com relação às qualidades deste último e se compraz no erro a que é conduzido, porque, então, longe de a secundar, o obsidiado repele toda assistência. É o caso da fascinação, infinitamente mais rebelde sempre, do que a mais violenta subjugação. (*O livro dos médiuns*, 2ª Parte, cap. XXIII.)

Em todos os casos de obsessão, a prece é o mais poderoso meio de que se dispõe para demover de seus propósitos maléficos o obsessor.

47. Na obsessão, o Espírito atua exteriormente, com a ajuda do seu perispírito, que ele identifica com o do encarnado, ficando este afinal enlaçado por uma como teia e constrangido a proceder contra a sua vontade.

Na possessão, em vez de agir exteriormente, o Espírito atuante se substitui, por assim dizer, ao Espírito encarnado; toma-lhe o corpo para domicílio, sem que este, no entanto, seja abandonado pelo seu dono, pois que isso só se pode dar pela morte. A possessão, conseguintemente, é sempre temporária e intermitente, porque um Espírito desencarnado não pode tomar definitivamente o lugar de um encarnado, pela razão de que a união molecular do perispírito e do corpo só se pode operar no momento da concepção. (Cap. XI, item 18.)

De posse momentânea do corpo do encarnado, o Espírito se serve dele como se seu próprio fora: fala pela sua boca, vê pelos seus olhos, opera com seus braços, conforme o faria se estivesse vivo. Não é como na mediunidade falante, em que o Espírito encarnado fala transmitindo o pensamento de um desencarnado; no caso da possessão é mesmo o último que fala e obra; quem o haja conhecido em vida, reconhece-lhe a linguagem, a voz, os gestos e até a expressão da fisionomia.

48. Na obsessão há sempre um Espírito malfeitor. Na possessão pode tratar-se de um Espírito bom que queira falar e que, para causar maior impressão nos ouvintes, *toma* do corpo de um encarnado, que voluntariamente lho empresta, como emprestaria seu fato a outro encarnado. Isso se verifica sem qualquer perturbação ou incômodo, durante o tempo em que o Espírito encarnado se acha em liberdade, como no estado de emancipação, conservando-se este último ao lado do seu substituto para ouvi-lo.

Quando é mau o Espírito possessor, as coisas se passam de outro modo. Ele não toma moderadamente o corpo do encarnado, arrebata-o, se este não possui bastante *força moral para lhe resistir*. Fá-lo por maldade para com este, a quem tortura e martiriza de todas as formas, indo ao extremo de tentar exterminá-lo, já por estrangulação, já atirando-o ao fogo ou a outros lugares perigosos. Servindo-se dos órgãos e dos membros do infeliz paciente, blasfema, injuria e maltrata os que o cercam; entrega-se a excentricidades e a atos que apresentam todos os caracteres da loucura furiosa.

São numerosos os fatos deste gênero, em diferentes graus de intensidade, e não derivam de outra causa muitos casos de loucura. Amiúde, há também desordens patológicas, que são meras consequências e contra as quais nada adiantam os tratamentos médicos, enquanto subsiste a causa originária. Dando a conhecer essa fonte donde provém uma parte das misérias humanas, o Espiritismo indica o remédio a ser aplicado: atuar sobre o autor do mal que, sendo um ser inteligente, deve ser tratado por meio da inteligência.*

49. São as mais das vezes individuais a obsessão e a possessão; mas, não raro são epidêmicas. Quando sobre uma localidade se lança uma revoada de maus Espíritos, é como se uma tropa de inimigos a invadisse. Pode então ser muito considerável o número dos indivíduos atacados.**

---

* Nota de Allan Kardec: Casos de cura de obsessões e de possessões: *Revista espírita,* dezembro de 1863; janeiro de 1864; junho de 1864; janeiro de 1865; junho de 1865; fevereiro de 1868; junho de 1867.

** Nota de Allan Kardec: Foi exatamente desse gênero a epidemia que, faz alguns anos, atacou a aldeia de Morzine na Saboia. Veja-se o relato completo dessa epidemia na *Revista espírita* de dezembro de 1862; janeiro, fevereiro, abril e maio de 1863.

CAPÍTULO XV
OS MILAGRES DO EVANGELHO

Superioridade da natureza de Jesus • Sonhos • Estrela dos magos • Dupla vista • Curas • Possessos • Ressurreições • Jesus caminha sobre a água • Transfiguração • Tempestade aplacada
Bodas de Caná • Multiplicação dos pães • Tentação de Jesus
Prodígios por ocasião da morte de Jesus • Aparição de Jesus, após sua morte • Desaparecimento do corpo de Jesus

Superioridade da natureza de Jesus

1.   Os fatos que o Evangelho relata e que foram até hoje considerados milagrosos pertencem, na sua maioria, à ordem dos *fenômenos psíquicos*, isto é, dos que têm como causa primária as faculdades e os atributos da alma. Confrontando-os com os que ficaram descritos e explicados no capítulo precedente, reconhecer-se-á sem dificuldade que há entre eles identidade de causa e de efeito. A História registra outros análogos, em todos os tempos e no seio de todos os povos,

pela razão de que, desde que há almas encarnadas e desencarnadas, os mesmos efeitos forçosamente se produziram. Pode-se, é certo, contestar, no que concerne a este ponto, a veracidade da História; mas, hoje, eles se produzem às nossas vistas e, por assim dizer, à vontade e por indivíduos que nada têm de excepcionais. O só fato da reprodução de um fenômeno, em condições idênticas, basta para provar que ele é possível e se acha submetido a uma lei, não sendo, portanto, miraculoso.

O princípio dos fenômenos psíquicos repousa, como já vimos, nas propriedades do fluido perispiritual, que constitui o agente magnético; nas manifestações da vida espiritual durante a vida corpórea e depois da morte; e, finalmente, no estado constitutivo dos Espíritos e no papel que eles desempenham como força ativa da natureza. Conhecidos estes elementos e comprovados os seus efeitos, tem-se, como consequência, de admitir a possibilidade de certos fatos que eram rejeitados enquanto se lhes atribuía uma origem sobrenatural.

2. Sem nada prejulgar quanto à natureza do Cristo, natureza cujo exame não entra no quadro desta obra, considerando-o apenas um Espírito superior, não podemos deixar de reconhecê-lo um dos de ordem mais elevada e colocado, por suas virtudes, muitíssimo acima da humanidade terrestre. Pelos imensos resultados que produziu, a sua encarnação neste mundo forçosamente há de ter sido uma dessas missões que a Divindade somente a seus mensageiros diretos confia, para cumprimento de seus desígnios. Mesmo sem supor que ele fosse o próprio Deus, mas unicamente um enviado de Deus para transmitir sua palavra aos homens, seria mais do que um profeta, porquanto seria um Messias divino.

Como homem, tinha a organização dos seres carnais; porém, como Espírito puro, desprendido da matéria, havia de viver mais da vida espiritual, do que da vida corporal, de cujas fraquezas não era passível. A sua superioridade com relação aos homens não derivava das qualidades particulares do seu corpo, mas das do seu Espírito, que dominava de modo absoluto a matéria e da do seu perispírito, tirado da parte mais quintessenciada dos fluidos terrestres (cap. XIV, item 9). Sua alma, provavelmente, não se achava presa ao corpo, senão pelos laços estritamente indispensáveis. Constantemente desprendida, ela decerto lhe dava *dupla vista*, não só permanente, como de excepcional penetração e superior de muito à que de ordinário possuem os homens comuns. O mesmo havia de dar-se, nele, com relação a todos os fenômenos que dependem dos fluidos perispirituais ou psíquicos. A qualidade desses fluidos lhe conferia imensa força magnética, secundada pelo incessante desejo de fazer o bem.

Agiria como *médium* nas curas que operava? Poder-se-á considerá-lo poderoso médium curador? Não, porquanto o médium é um intermediário, um instrumento de que se servem os Espíritos desencarnados e o Cristo não precisava de assistência, pois que era ele quem assistia os outros. Agia por si mesmo, em virtude do seu poder pessoal, como o podem fazer, em certos casos, os encarnados, na medida de suas forças. Que Espírito, ao demais, ousaria insuflar-lhe seus próprios pensamentos e encarregá-lo de os transmitir? Se algum influxo estranho recebia, esse só de Deus lhe poderia vir. Segundo definição dada por um Espírito, ele era *médium de Deus*.

Sonhos

3. José, diz o Evangelho, foi avisado por um anjo, que lhe apareceu em sonho e que lhe aconselhou fugisse para o Egito com o menino. (Mateus, 2:19 a 23.)

Os avisos por meio de sonhos desempenham grande papel nos livros sagrados de todas as religiões. Sem garantir a exatidão de todos os fatos narrados e sem os discutir, o fenômeno em si mesmo nada tem de anormal, sabendo-se, como se sabe, que, durante o sono, é quando o Espírito, desprendido dos laços da matéria, entra momentaneamente na vida espiritual, onde se encontra com os que lhe são conhecidos. É com frequência essa a ocasião que os Espíritos protetores aproveitam para se manifestar a seus protegidos e lhes dar conselhos mais diretos. São numerosos os casos de avisos em sonho, porém, não se deve inferir daí que todos os sonhos são avisos, nem, ainda menos, que tem uma significação tudo o que se vê em sonho.

Cumpre se inclua entre as crenças supersticiosas e absurdas a arte de interpretar os sonhos. (Cap. XIV, itens 27 e 28.)

Estrela dos magos

4. Diz-se que uma estrela apareceu aos magos que foram adorar a Jesus; que ela lhes ia à frente indicando-lhes o caminho e que se deteve quando eles chegaram. (Mateus, 2:1 a 12.)

Não se trata de saber se o fato que Mateus narra é real, ou se não passa de uma figura indicativa de que os magos foram guiados de forma misteriosa ao lugar onde estava o menino, dado que não há meio algum de verificação; trata-se de saber se é possível um fato de tal natureza.

O que é certo é que, naquela circunstância, a luz não podia ser uma estrela. Na época em que o fato ocorreu, era possível acreditassem que fosse, porquanto então se cria serem as estrelas pontos luminosos pregados no firmamento e suscetíveis de cair sobre a Terra; não hoje, quando se conhece a natureza das estrelas.

Entretanto, por não ter como causa a que lhe atribuíram, não deixa de ser possível o fato da aparição de uma luz com o aspecto de uma estrela. Um Espírito pode aparecer sob forma luminosa, ou transformar uma parte do seu fluido perispirítico em foco luminoso. Muitos fatos desse gênero, modernos e perfeitamente autênticos, não procedem de outra causa, que nada apresenta de sobrenatural. (Cap. XIV, itens 13 e seguintes.)

Dupla vista
Entrada de Jesus em Jerusalém

5. Quando eles se aproximaram de Jerusalém e chegaram a Betfagé, perto do Monte das Oliveiras, Jesus enviou dois de seus discípulos, dizendo-lhes: "Ide a essa aldeia que está à vossa frente e, lá chegando, encontrareis amarrada uma jumenta e junto dela o seu jumentinho; desamarrai-a e trazei-mos. — Se alguém vos disser qualquer coisa, respondei que o senhor precisa deles e logo deixará que os conduzais." — Ora, tudo isso se deu, a fim de que se cumprisse esta palavra do profeta: — Dizei à filha de Sião: "Eis o teu rei, que vem a ti, cheio de doçura, montado numa jumenta e com o jumentinho da que está sob o jugo." (*Zacarias*, 9:9 e 10.)

Os discípulos então foram e fizeram o que Jesus lhes ordenara. — E, tendo trazido a jumenta e o jumentinho, a cobriram com suas vestes e o fizeram montar. (*Mateus*, 21:1 a 7.)

Beijo de Judas

6. "Levantai-vos, vamos, que já está perto daqui aquele que me há de trair." — Ainda não acabara de dizer essas palavras e eis que Judas, um dos doze, chegou e com ele uma tropa de gente armada de espadas e varapaus, enviada pelos príncipes dos sacerdotes e pelos anciãos do povo. — Ora, o que o traía lhes dera um sinal para o reconhecerem, dizendo-lhes: "Aquele a quem eu beijar é esse mesmo o que procurais; apoderai-vos dele." — Logo, pois, se aproximou de Jesus e lhe disse: "Mestre, eu te saúdo; e o beijou." — Jesus lhe respondeu: "Meu amigo, que vieste fazer aqui?" Ao mesmo tempo, os outros, avançando, se lançaram a Jesus e dele se apoderaram. (*Mateus*, 26:46 a 50.)

Pesca milagrosa

7. Um dia, estando Jesus à margem do lago de Genesaré, como a multidão o comprimisse para ouvir a palavra de Deus — viu Ele duas barcas atracadas à borda do lago e das quais os pescadores haviam desembarcado e lavavam suas redes. — Entrou numa dessas barcas, que era de Simão, e lhe pediu que a afastasse um pouco da margem; e, tendo-se sentado, ensinava ao povo de dentro da barca.

Quando acabou de falar, disse a Simão: "Avança para o mar e lança as tuas redes de pescar." — Respondeu-lhe Simão: "Mestre, trabalhamos a noite toda e nada apanhamos; contudo, pois que mandas, lançarei a rede." — Tendo-a lançado, apanharam tão grande quantidade de peixes, que a rede se rompeu. — Acenaram para os companheiros que estavam na outra barca, a fim de que viessem ajudá-los. Eles vieram e encheram de tal modo as barcas, que por pouco estas não se afundaram. (Lucas, 5:1 a 7.)

Vocação de Pedro, André, Tiago, João e Mateus

8. Caminhando ao longo do mar da Galileia, viu Jesus dois irmãos, Simão, chamado Pedro, e André, seu irmão, que lançavam suas redes ao mar, pois que eram pescadores; — e lhes disse: "Segui-me e eu farei de vós pescadores de homens." — Logo eles deixaram suas redes e o seguiram.

Daí, continuando, viu dois outros irmãos, Tiago, filho de Zebedeu, e João, seu irmão, que estavam numa barca com Zebedeu, pai de ambos, os quais estavam a consertar suas redes, e os chamou. — Eles imediatamente deixaram as redes e o pai e o seguiram. (*Mateus*, 4:18 a 22.)

Saindo dali, Jesus, ao passar, viu um homem sentado à banca dos impostos, chamado Mateus, ao qual disse: "Segue-me; e o homem logo se levantou e o seguiu." (*Mateus*, 4:9.)

9. Nada apresentam de surpreendentes estes fatos, desde que se conheça o poder da dupla vista e a causa, muito natural, dessa faculdade. Jesus a possuía em grau elevado e pode dizer-se que ela constituía o seu estado normal, conforme o atesta grande número de atos da sua vida, os quais, hoje, têm a explicá-los os fenômenos magnéticos e o espiritismo.

A pesca qualificada de miraculosa igualmente se explica pela dupla vista. Jesus não produziu espontaneamente peixes onde não os havia; ele viu, com a vista da alma, como teria podido fazê-lo um lúcido vígil, o lugar onde se achavam os peixes e disse com segurança aos pescadores que lançassem aí suas redes.

A acuidade do pensamento e, por conseguinte, certas previsões decorrem da vista espiritual. Quando Jesus chama a si Pedro, André, Tiago, João e Mateus, é que lhes conhecia as disposições íntimas e sabia que eles o acompanhariam e que eram capazes de desempenhar a missão que tencionava confiar-lhes. E mister se fazia que eles próprios tivessem intuição da missão que iriam desempenhar para, sem hesitação, atenderem ao chamamento de Jesus. O mesmo se deu quando, por ocasião da ceia, ele anunciou que um dos doze o trairia e o apontou, dizendo ser aquele que punha a mão no prato; e deu-se também, quando predisse que Pedro o negaria.

Em muitos passos do *Evangelho* se lê: "Mas Jesus, conhecendo-lhes os pensamentos, lhes diz..." Ora, como poderia Ele conhecer os pensamentos dos seus interlocutores, senão pelas irradiações fluídicas desses pensamentos e, ao mesmo tempo, pela vista espiritual que lhe permitia ler-lhes no foro íntimo?

Muitas vezes, supondo que um pensamento se acha sepultado nos refolhos da alma, o homem não suspeita que traz em si um espelho onde se reflete aquele pensamento, um revelador na sua própria irradiação fluídica, impregnada dele. Se víssemos o mecanismo do mundo invisível que nos cerca, as ramificações dos fios condutores do pensamento, a ligarem todos os seres inteligentes, corporais e incorpóreos, os eflúvios fluídicos carregados das marcas do mundo moral, os quais, como correntes aéreas, atravessam o espaço, muito menos surpreendidos ficaríamos diante de certos efeitos que a ignorância atribui ao acaso. (Cap. XIV, itens 15, 22 e seguintes.)

Curas
Perda de sangue
10. Então, uma mulher, que havia doze anos sofria de uma hemorragia — que sofrera muito nas mãos dos médicos e que, tendo gasto todos os seus haveres, nenhum alívio conseguira — como ouvisse falar de Jesus, veio com a multidão atrás dele e lhe tocou as vestes, porquanto, dizia: "Se eu conseguir ao menos lhe tocar nas vestes, ficarei curada." — No mesmo instante o fluxo sanguíneo lhe cessou e ela sentiu em seu corpo que estava curada daquela enfermidade.

Logo, Jesus, *conhecendo em si mesmo a virtude que dele saíra*, se voltou no meio da multidão e disse: "Quem me tocou as vestes?"

— Seus discípulos lhe disseram: "Vês que a multidão te aperta de todos os lados e perguntas quem te tocou?" — Ele olhava em torno de si à procura daquela que o tocara.

A mulher, que sabia o que se passara em si, tomada de medo e pavor, veio lançar-se-lhe aos pés e lhe declarou toda a verdade. — Disse-lhe Jesus: "Minha filha, tua fé te salvou; vai em paz e fica curada da tua enfermidade." (*Marcos*, 5:25 a 34.)

11. Estas palavras: conhecendo em si mesmo a virtude que dele saíra, são significativas. Exprimem o movimento fluídico que se operara de Jesus para a doente; ambos experimentaram a ação que acabara de produzir-se. É de notar-se que o efeito não foi provocado por nenhum ato da vontade de Jesus; não houve magnetização, nem imposição das mãos. Bastou a irradiação fluídica normal para realizar a cura.

Mas por que essa irradiação se dirigiu para aquela mulher e não para outras pessoas, uma vez que Jesus não pensava nela e tinha a cercá-lo a multidão?

É bem simples a razão. Considerado como matéria terapêutica, o fluido tem que atingir a matéria orgânica, a fim de repará-la; pode então ser dirigido sobre o mal pela vontade do curador, ou atraído pelo desejo ardente, pela confiança, numa palavra: pela fé do doente. Com relação à corrente fluídica, o primeiro age como uma bomba calcante e o segundo como uma bomba aspirante. Algumas vezes, é necessária a simultaneidade das duas ações; doutras, basta uma só. O segundo caso foi o que ocorreu na circunstância de que tratamos.

Razão, pois, tinha Jesus para dizer: "Tua fé te salvou." Compreende-se que a fé a que Ele se referia não é uma virtude mística, qual a entendem muitas pessoas, mas uma verdadeira força atrativa, de sorte que aquele que não a possui opõe à corrente fluídica uma força repulsiva, ou, pelo menos, uma força de inércia, que paralisa a ação. Assim sendo, também, se compreende que, apresentando-se ao curador dois doentes da mesma enfermidade, possa um ser curado e outro não. É este um dos mais importantes princípios da mediunidade curadora e que explica certas anomalias aparentes, apontando-lhes uma causa muito natural. (Cap. XIV, itens 31 a 33.)

Cego de Betsaida

12. Tendo chegado a Betsaida, trouxeram-lhe um cego e lhe pediam que o tocasse. Tomando o cego pela mão, Ele o levou para fora da cidade, passou-lhe saliva nos olhos e, havendo-lhe imposto as mãos, lhe perguntou se via alguma coisa. — O homem, olhando, disse: "Vejo a andar homens que me parecem árvores." — Jesus lhe colocou de novo as mãos sobre os olhos e ele começou a ver melhor. Afinal, ficou tão perfeitamente curado, que via distintamente todas as coisas. — Ele o mandou para casa, dizendo-lhe: "Vai para tua casa; se entrares na cidade, a ninguém digas o que se deu contigo." (*Marcos*, 8:22 a 26)

13. Aqui, é evidente o efeito magnético; a cura não foi instantânea, porém gradual e consequente a uma ação prolongada e reiterada, se bem que mais rápida do que na magnetização ordinária. A primeira sensação que o homem teve foi exatamente a que experimentam os cegos ao recobrarem a vista. Por um efeito de óptica, os objetos lhes parecem de tamanho exagerado.

Paralítico

14. Tendo subido para uma barca, Jesus atravessou o lago e veio à sua cidade (Cafarnaum). — Como lhe apresentassem um paralítico deitado em seu leito, Jesus, notando-lhe a fé, disse ao paralítico: "Meu filho, tem confiança; perdoados te são os teus pecados."

Logo alguns escribas disseram entre si: "Este homem blasfema."

— Jesus, *tendo percebido o que eles pensavam*, perguntou-lhes: "Por que alimentais maus pensamentos em vossos corações? — Pois, que é mais fácil dizer: — Teus pecados te são perdoados, ou dizer: Levanta-te e anda?

Ora, para que saibais que o Filho do Homem tem na Terra o poder de remitir os pecados: Levanta-te, disse então ao paralítico, toma o teu leito e vai para tua casa."

O paralítico se levantou imediatamente e foi para sua casa. Vendo aquele milagre, o povo se encheu de temor e rendeu graças a Deus, por haver concedido tal poder aos homens. (*Mateus*, 9:1 a 8.)

15. Que significariam aquelas palavras: "Teus pecados te são remitidos" e em que podiam elas influir para a cura? O Espiritismo lhes dá a explicação, como a uma infinidade de outras palavras incompreendidas até hoje. Por meio da pluralidade das existências, ele ensina que os males e aflições da vida são muitas vezes expiações do passado, bem como que sofremos na vida presente as consequências das faltas que cometemos em existência anterior e, assim, até que tenhamos pago a dívida de nossas imperfeições, pois que as existências são solidárias umas com as outras.

Se, portanto, a enfermidade daquele homem era uma expiação do mal que ele praticara, o dizer-lhe Jesus: "Teus pecados te são remitidos" equivalia a dizer-lhe: "Pagaste a tua dívida; a fé que agora possuis elidiu a causa da tua enfermidade; conseguintemente, mereces ficar livre dela." Daí o haver dito aos escribas: "Tão fácil é dizer: Teus pecados te são perdoados, como: levanta-te e anda." Cessada a causa, o efeito tem que cessar. É precisamente o caso do encarcerado a quem se declara: "Teu crime está expiado e perdoado", o que equivaleria a se lhe dizer: "Podes sair da prisão."

Os dez leprosos

16. Um dia, indo ele para Jerusalém, passava pelos confins da Samaria e da Galileia — e, estando prestes a entrar numa aldeia, dez leprosos vieram ao seu encontro e, conservando-se afastados, clamaram em altas vozes: "Jesus, senhor nosso, tem piedade de nós." — Dando com eles, disse-lhes Jesus: "Ide mostrar-vos aos sacerdotes." Quando iam a caminho, ficaram curados.

Um deles, vendo-se curado, voltou sobre seus passos, glorificando a Deus em altas vozes; — e foi lançar-se aos pés de Jesus, com o rosto em Terra, a lhe render graças. Esse era samaritano. Disse então Jesus: "Não foram curados todos dez? Onde estão os outros nove? — Nenhum deles houve que voltasse e glorificasse a Deus, a não ser este estrangeiro?" — E disse a esse: "Levanta-te; vai; tua fé te salvou." (Lucas, 17:11 a 19.)

17. Os samaritanos eram cismáticos,* mais ou menos como os protestantes com relação aos católicos, e os judeus os tinham em desprezo, como heréticos. Curando indistintamente os judeus e os samaritanos, dava Jesus, ao mesmo tempo, uma lição e um exemplo de tolerância; e fazendo ressaltar que só o samaritano voltara a glorificar a Deus, mostrava que havia nele maior soma de verdadeira fé e de reconhecimento, do que nos que se diziam ortodoxos. Acrescentando: "Tua fé te salvou", fez ver que Deus considera o que há no âmago do coração e não a forma exterior da adoração. Entretanto, também os outros tinham sido curados. Fora mister que tal se verificasse, para que ele pudesse dar a lição que tinha em vista e tornar-lhes evidente a ingratidão. Quem sabe, porém, o que daí lhes haja resultado; quem sabe se eles terão se beneficiado da graça que lhes foi concedida? Dizendo ao samaritano: "Tua fé te salvou", dá Jesus a entender que o mesmo não aconteceu aos outros.

Mão seca

18. De outra vez entrou Jesus no templo e aí encontrou um homem que tinha seca uma das mãos. — E eles o observavam para ver se ele o curaria em dia de sábado, para terem um motivo de o acusar. — Então, disse ele ao homem que tinha a mão seca: "Levanta-te e coloca-te ali no meio." — Depois, disse-lhes: "É permitido em dia de sábado fazer o bem ou mal, salvar a vida ou tirá-la?" Eles permaneceram em silêncio. — Ele, porém, encarando-os com indignação, tanto o afligia a dureza de seus corações, disse ao homem: "Estende a tua mão." Ele a estendeu e ela se tornou sã.

Logo os fariseus saíram e se reuniram contra ele em conciliábulo com os herodianos, sobre o meio de o perderem. — Mas Jesus se retirou com seus discípulos para o mar, acompanhando-o

---

* N. E.: Aqueles que se separaram do corpo ou da comunhão de uma religião.

grande multidão de povo da Galileia e da Judeia — de Jerusalém, da Idumeia e de além Jordão; e os das cercanias de Tiro e de Sídon, tendo ouvido falar das coisas que ele fazia, vieram em grande número ao seu encontro. (*Marcos*, 3:1 a 8.)

A mulher curvada

19. Todos os dias de sábado Jesus ensinava numa sinagoga. — Um dia, viu ali uma mulher possuída de um Espírito que a punha doente, havia dezoito anos; era tão curvada, que não podia olhar para cima. — Vendo-a, Jesus a chamou e lhe disse: "Mulher, estás livre da tua enfermidade." — Impôs-lhe ao mesmo tempo as mãos e ela, endireitando-se, rendeu graças a Deus.

Mas o chefe da sinagoga, indignado por haver Jesus feito uma cura em dia de sábado, disse ao povo: "Há seis dias destinados ao trabalho; vinde nesses dias para serdes curados e não nos dias de sábado."

O Senhor, tomando a palavra, disse-lhe: "Hipócrita, qual de vós não solta da carga o seu boi ou seu jumento em dia de sábado e não o leva a beber? — Por que então não se deveria libertar, em dia de sábado, dos laços que a prendiam, esta filha de Abraão, que Satanás conservara atada durante dezoito anos?"

A estas palavras, todos os seus adversários ficaram confusos e todo o povo encantado de vê-lo praticar tantas ações gloriosas. (Lucas, 13:10 a 17.)

20. Este fato prova que naquela época a maior parte das enfermidades era atribuída ao demônio e que todos confundiam, como ainda hoje, os possessos com os doentes, mas em sentido inverso, isto é, hoje, os que não acreditam nos maus Espíritos confundem as obsessões com as moléstias patológicas.

O paralítico da piscina

21. Depois disso, tendo chegado a festa dos judeus, Jesus foi a Jerusalém. — Ora, havia em Jerusalém a piscina das ovelhas, que se chama em hebreu *Betesda*, a qual tinha cinco galerias — onde, em grande número, se achavam deitados doentes, cegos, coxos e os que tinham ressecados os membros, todos à espera de que as águas fossem agitadas — porque, o anjo do senhor, em certa época, descia àquela piscina e lhe movimentava a água e aquele que fosse o primeiro a entrar nela, depois de ter sido movimentada a água, ficava curado, qualquer que fosse a sua doença.

Ora, estava lá um homem que se achava doente havia trinta e oito anos. — Jesus, tendo-o visto deitado e sabendo-o doente desde longo tempo, perguntou-lhe: "Queres ficar curado?" — O doente respondeu: "Senhor, não tenho ninguém que me lance na piscina depois que a água for movimentada; e, durante o tempo que levo para chegar lá, outro desce antes de mim." — Disse-lhe Jesus: "Levanta-te, toma o teu leito e vai-te." — No mesmo instante o homem se achou curado e, tomando de seu leito, pôs-se a andar. Ora, aquele dia era um sábado.

Disseram então os judeus ao que fora curado: "Não te é permitido levares o teu leito." — Respondeu o homem: "Aquele que me curou disse: toma o teu leito e anda." — Perguntaram-lhe eles então: "Quem foi esse que te disse: 'Toma o teu leito e anda?'" — Mas nem mesmo o que fora curado sabia quem o curara, porquanto Jesus se retirara do meio da multidão que lá estava.

Depois, encontrando aquele homem no templo, Jesus lhe disse: "Vês que foste curado; não tornes de futuro a pecar, para que te não aconteça coisa pior."

O homem foi ter com os judeus e lhes disse que fora Jesus quem o curara. — Era por isso que os judeus perseguiam a Jesus, porque ele fazia essas coisas em dia de sábado. — Então, Jesus lhes disse: "Meu Pai não cessa de trabalhar até ao presente e eu também trabalho incessantemente." (João, 5:1 a 17.)

22. "Piscina" (da palavra latina *piscis*, peixe), entre os romanos, eram chamados os reservatórios ou viveiros onde se criavam peixes.

Mais tarde, o termo se tornou extensivo aos tanques destinados a banhos em comum.

A piscina de Betesda, em Jerusalém, era uma cisterna, próxima ao Templo, alimentada por uma fonte natural, cuja água parece ter tido propriedades curativas. Era, sem dúvida, uma fonte intermitente que, em certas épocas, jorrava com força, agitando a água. Segundo a crença vulgar, esse era o momento mais propício às curas. Talvez que, na realidade, ao brotar da fonte a água, mais ativas fossem as suas propriedades, ou que a agitação que o jorro produzia na água fizesse vir à tona a vasa* salutar para algumas moléstias. Tais efeitos são muito naturais e perfeitamente conhecidos hoje; mas, então, as ciências estavam pouco adiantadas e à maioria dos fenômenos incompreendidos se atribuíam uma causa sobrenatural. Os judeus, pois, tinham a agitação da água como devida à presença de um anjo e tanto mais fundadas lhes pareciam essas crenças, quanto viam que, naquelas ocasiões, mais curativa se mostrava a água.

Depois de haver curado aquele paralítico, disse-lhe Jesus: "Para o futuro não tornes a pecar, a fim de que não te aconteça coisa pior." Por essas palavras, deu-lhe a entender que a sua doença era uma punição e que, se ele não se melhorasse, poderia vir a ser de novo punido e com mais rigor, doutrina essa inteiramente conforme à do Espiritismo.

23. Jesus como que fazia questão de operar suas curas em dia de sábado, para ter ensejo de protestar contra o rigorismo dos fariseus no tocante à guarda desse dia. Queria mostrar-lhes que a verdadeira piedade não consiste na observância das práticas exteriores e das formalidades; que a piedade está nos sentimentos do coração. Justificava-se, declarando: "Meu Pai não cessa de trabalhar até ao presente e eu também trabalho incessantemente." Quer dizer: Deus não interrompe suas obras, nem sua ação sobre as coisas da natureza,

---

* N .E.: Espécie de lama, fina e inconsistente, característica de certos fundos oceânicos, constituída por carapaças microscópicas de animais ou elementos minerais.

em dia de sábado. Ele não deixa de fazer que se produza tudo quanto é necessário à vossa alimentação e à vossa saúde; eu lhe sigo o exemplo.

Cego de nascença

24. Ao passar, viu Jesus um homem que era cego desde que nascera; — e seus discípulos lhe fizeram esta pergunta: "Mestre, foi pecado desse homem, ou dos que o puseram no mundo, que deu causa a que ele nascesse cego?" — Jesus lhes respondeu: "Não é por pecado dele, nem dos que o puseram no mundo; mas, para que nele se patenteiem as obras do poder de Deus. É preciso que eu faça as obras daquele que me enviou, enquanto é dia; vem depois a noite, na qual ninguém pode fazer obras. — Enquanto estou no mundo, sou a luz do mundo."

Tendo dito isso, cuspiu no chão e, havendo feito lama com a sua saliva, ungiu com essa lama os olhos do cego — e lhe disse: "Vai lavar-te na piscina de Siloé", que significa *Enviado*. Ele foi, lavou-se e voltou vendo claro.

Seus vizinhos e os que o viam antes a pedir esmolas diziam: "Não é este o que estava assentado e pedia esmola?" Uns respondiam: "É ele"; outros diziam: "Não, é um que se parece com ele." O homem, porém, lhes dizia: "Sou eu mesmo." — Perguntaram-lhe então: "Como se te abriram os olhos?" — Ele respondeu: "Aquele homem que se chama Jesus fez um pouco de lama e passou nos meus olhos, dizendo: 'Vai à piscina de Siloé e lava-te.' Fui, lavei-me e vejo." — Disseram-lhe: "Onde está ele?" Respondeu o homem: "Não sei."

Levaram então aos fariseus o homem que estivera cego. — Ora, fora num dia de sábado que Jesus fizera aquela lama e lhe abrira os olhos.

Também os fariseus o interrogaram para saber como recobrara a vista. Ele lhes disse: "Ele me pôs lama nos olhos, eu me lavei e vejo." — Ao que alguns fariseus retrucaram: "Esse homem não é enviado de Deus, pois que não guarda o sábado." Outros, porém, diziam: "Como poderia um homem mau fazer prodígios tais?" Havia, a propósito, dissensão entre eles.

Disseram de novo ao que fora cego: "E tu, que dizes desse homem que te abriu os olhos?" Ele respondeu: "Digo que é um profeta." — Mas os judeus não acreditaram que aquele homem houvesse estado cego e que houvesse recobrado a vista, enquanto não fizeram vir o pai e a mãe dele — e os interrogaram assim: "É este o vosso filho, que dizeis ter nascido cego? Como é que ele agora vê?" — O pai e a mãe responderam: "Sabemos que esse é nosso filho e que nasceu cego; — não sabemos, porém, como agora vê e tampouco sabemos quem lhe abriu os olhos. Interrogai-o; ele já tem idade, que responda por si mesmo."

Seu pai e sua mãe falavam desse modo, porque temiam os judeus, visto que estes já haviam resolvido em comum *que quem quer que reconhecesse a Jesus como o Cristo seria expulso da sinagoga.* — Foi o que obrigou o pai e a mãe do rapaz a responderem: "Ele já tem idade; interrogai-o."

Chamaram segunda vez o homem que estivera cego e lhe disseram: "Glorifica a Deus; sabemos que esse homem é um pecador." Ele lhes respondeu: "Se é um pecador, não sei, tudo o que sei é que estava cego e agora vejo." — Tornaram a perguntar-lhe: "Que te fez ele e como te abriu os olhos?" — Respondeu o homem: "Já vo-lo disse e bem o ouvistes; por que quereis ouvi-lo segunda vez? Será que queirais tornar-vos seus discípulos?" — Ao que eles o carregaram de injúrias e lhe disseram: "Sê tu seu discípulo; quanto a nós, somos discípulos de Moisés. — Sabemos que Deus falou a Moisés, ao passo que este não sabemos donde saiu."

O homem lhes respondeu: "É de espantar que não saibais donde ele é e que me tenha aberto os olhos. — Ora, sabemos que Deus não exalça os pecadores; mas, àquele que o honre e faça a sua vontade, a esse Deus exalça. — Desde que o mundo existe, jamais se ouviu dizer que alguém tenha aberto os olhos a um cego de nascença. — Se esse homem não fosse um enviado de Deus, nada poderia fazer de tudo o que tem feito."

Disseram-lhe os fariseus: "Tu és todo pecado, desde o ventre de tua mãe, e queres ensinar-nos a nós?" E o expulsaram. (*João*, 9:1 a 34.)

25. Esta narrativa, tão simples e singela, traz em si evidente o cunho da veracidade. Nada aí há de fantasista, nem de maravilhoso. É uma cena da vida real apanhada em flagrante. A linguagem do cego é exatamente a desses homens simples, nos quais o bom senso supre a falta de saber e que retrucam com bonomia aos argumentos de seus adversários, expendendo razões a que não faltam justeza, nem oportunidade. O tom dos fariseus, por outro lado, é o dos orgulhosos que nada admitem acima de suas inteligências e que se enchem de indignação à só ideia de que um homem do povo lhes possa fazer observações. Afora a cor local dos nomes, dir-se-ia ser do nosso tempo o fato.

Ser expulso da sinagoga equivalia a ser posto fora da Igreja. Era uma espécie de excomunhão. Os espíritas, cuja doutrina é a do Cristo de acordo com o progresso das luzes atuais, são tratados como os judeus que reconheciam em Jesus o messias. Excomungando-os, a Igreja os põe fora de seu seio, como fizeram os escribas e os fariseus com os seguidores do Cristo. Assim, aí está um homem que é expulso porque não pode admitir seja um possesso do demônio aquele que o curara e porque rende graças a Deus pela sua cura!

Não é o que fazem com os espíritas? Obter dos Espíritos salutares conselhos, a reconciliação com Deus e com o bem, curas, tudo isso é obra do diabo e sobre os que isso conseguem lança-se anátema. Não se têm visto padres declararem, do alto do púlpito, que é *melhor uma pessoa conservar-se incrédula do que recobrar a fé por meio do Espiritismo*? Não há os que dizem a doentes que estes não deviam ter procurado curar-se com os espíritas que possuem esse dom, porque esse dom é satânico? Não há os que pregam que os necessitados não devem aceitar o pão que os espíritas distribuem, por ser do diabo esse pão? Que outra coisa diziam ou faziam os padres judeus e os fariseus? Aliás, fomos avisados de que tudo hoje tem que se passar como ao tempo do Cristo.

A pergunta dos discípulos: "Foi algum pecado deste homem que deu causa a que ele *nascesse* cego?" Revela que eles tinham a intuição de uma existência anterior, pois, do contrário, ela careceria de sentido, visto que um pecado somente pode ser causa de uma enfermidade de *nascença*, se cometido antes do nascimento, portanto, numa existência anterior. Se Jesus considerasse falsa semelhante ideia, ter-lhes-ia dito: "Como houvera este homem podido pecar antes de ter nascido?" Em vez disso, porém, diz que aquele homem estava cego, não por ter pecado, mas para que nele se patenteasse o poder de Deus, isto é, para que servisse de instrumento a uma manifestação do poder de Deus. Se não era uma expiação do passado, era uma provação apropriada ao progresso daquele Espírito, porquanto Deus, que é justo, não lhe imporia um sofrimento sem utilidade.

Quanto ao meio empregado para a sua cura, evidentemente aquela espécie de lama feita de saliva e Terra nenhuma virtude podia encerrar, a não ser pela ação do fluido curativo de que fora impregnada. É assim que as mais insignificantes substâncias, como a água, por exemplo, podem adquirir qualidades poderosas e efetivas, sob a ação do fluido espiritual ou magnético, ao qual elas servem de *veículo*, ou, se quiserem, de *reservatório*.

Numerosas curas operadas por Jesus

26. Jesus ia por toda a Galileia, ensinando nas sinagogas, pregando o Evangelho do reino e curando todos os langores e todas as enfermidades no meio do povo. — tendo-se a sua reputação espalhado por toda a Síria; traziam-lhe os que estavam doentes e afligidos por dores e males diversos, os possessos, os lunáticos, os paralíticos e ele a todos curava. — Acompanhava-o grande multidão da Galileia, de Decápolis, de Jerusalém, da Judeia e de além Jordão. (*Mateus*, 4:23 a 25.)

27. De todos os fatos que dão testemunho do poder de Jesus, os mais numerosos são, não há contestar, as curas. Queria ele provar dessa forma que o verdadeiro poder é o daquele que faz o bem; que o seu objetivo era ser útil e não satisfazer à curiosidade dos indiferentes, por meio de coisas extraordinárias.

Aliviando os sofrimentos, prendia a si as criaturas pelo coração e fazia prosélitos mais numerosos e sinceros, do que se apenas os maravilhasse com espetáculos para os olhos. Daquele modo, fazia-se amado, ao passo que se se limitasse a produzir surpreendentes fatos materiais, conforme os fariseus reclamavam, a maioria das pessoas não teria visto nele senão um feiticeiro, ou um mágico hábil, que *os desocupados iriam apreciar para se distraírem.*

Assim, quando João Batista manda, por seus discípulos, perguntar-lhe se ele era o Cristo, a sua resposta não foi: "Eu o sou", como qualquer impostor houvera podido dizer. Tampouco lhes fala de prodígios, nem de coisas maravilhosas; responde-lhes simplesmente: "Ide dizer a João: os cegos veem, os doentes são curados, os surdos ouvem, o Evangelho é anunciado aos pobres." O mesmo era que dizer: "Reconhecei-me pelas minhas obras; julgai da árvore pelo fruto", porquanto era esse o verdadeiro caráter da sua missão divina.

28. O Espiritismo, igualmente, pelo bem que faz é que prova a sua missão providencial. Ele cura os males físicos, mas cura, sobretudo, as doenças morais e são esses os maiores prodígios que lhe atestam a procedência. Seus mais sinceros adeptos não são os que se sentem tocados pela observação de fenômenos extraordinários, mas os que dele recebem a consolação para suas almas; os a quem liberta das torturas da dúvida; aqueles a quem levantou o ânimo na aflição, que hauriram forças na certeza, que lhes trouxe, acerca do futuro, no conhecimento do seu ser espiritual e de seus destinos. Esses os de fé inabalável, porque sentem e compreendem.

Os que no Espiritismo unicamente procuram efeitos materiais, não lhe podem compreender a força moral. Daí vem que os incrédulos, que apenas o conhecem pelos fenômenos cuja causa primária não admitem, consideram os espíritas meros prestidigitadores e charlatães. Não será, pois, por meio de prodígios que o Espiritismo triunfará da incredulidade será pela multiplicação dos seus benefícios morais, porquanto, se é certo que os incrédulos não admitem os prodígios, não menos certo é que conhecem, como toda gente, o sofrimento e as aflições e ninguém recusa alívio e consolação.

Possessos

29. Vieram em seguida a Cafarnaum e Jesus, entrando primeiramente, em dia de sábado, na sinagoga, os instruía. — Admiravam-se da sua doutrina, porque ele os instruía como tendo autoridade e não como os escribas.

Ora, achava-se na sinagoga um homem possesso de um Espírito impuro, que exclamou: — "Que há entre ti e nós, Jesus de Nazaré? Vieste para nos perder? Sei quem és: és o santo de Deus." — Jesus, porém, falando-lhe ameaçadoramente, disse: "Cala-te e sai desse homem." — Então, o Espírito impuro, agitando o homem em violentas convulsões, saiu dele.

Ficaram todos tão surpreendidos que uns aos outros perguntavam: "Que é isto? Que nova doutrina é esta? Ele dá ordem com império, até os Espíritos impuros, e estes lhe obedecem." (Marcos, 1:21 a 27.)

30. Tendo eles saído, apresentaram-lhe um homem mudo, possesso do demônio. — Expulso o demônio, o mudo falou, e o povo tomado de admiração, dizia: "Jamais se viu coisa semelhante em Israel."

Mas os fariseus, ao contrário, diziam: "É pelo príncipe dos demônios que ele expele os demônios." (Mateus, 9:32 a 34.)

31. Quando ele foi vindo ao lugar onde estavam os outros discípulos, viu em torno destes uma grande multidão e muitos escribas que com eles disputavam. — Logo que deu com Jesus, todo o povo se tomou de espanto e temor e correram todos a saudá-lo.

Perguntou ele então: "Sobre que disputáveis em assembleia?" — Um homem, do meio do povo, tomando a palavra, disse: "mestre, trouxe-te meu filho, que está possesso de um Espírito mudo; — em todo lugar onde dele se apossa, atira-o por Terra e o menino espuma, rilha os dentes e se torna todo seco. Pedi a teus discípulos que o expulsassem, mas eles não puderam." Disse-lhes Jesus: "Ó gente incrédula, até quando estarei convosco? Até quando vos suportarei? Trazei-mo." — Trouxeram-lho e ainda não havia ele posto os olhos em Jesus, e o Espírito entrou a agitá-lo violentamente; ele caiu no chão e se pôs a rolar espumando.

Jesus perguntou ao pai do menino: "Desde quando isto lhe sucede?" — "Desde pequenino, diz o pai. — E o Espírito o tem lançado, muitas vezes, ora à água, ora ao fogo, para fazê-lo perecer; se alguma coisa puderes, tem compaixão de nós e socorre-nos."

Respondeu-lhe Jesus: "Se puderes crer, tudo é possível àquele que crê." — Logo exclamou o pai do menino, banhado em lágrimas: "Senhor, creio, ajuda-me na minha incredulidade."

Jesus, vendo que o povo acorria em multidão, falou em tom de ameaça ao Espírito impuro, dizendo-lhe: "Espírito surdo e mudo sai desse menino e não entres mais nele." — Então, o Espírito, soltando grande grito e agitando o menino em violentas convulsões, saiu, ficando como morto o menino, de sorte que muitos diziam que ele morrera. — Mas Jesus, tomando-lhe as mãos e amparando-o, fê-lo levantar-se.

Quando Jesus voltou para casa, seus discípulos lhe perguntaram, em particular: "Por que não pudemos nós expulsar esse demônio?" — Ele respondeu: "Os demônios desta espécie não podem ser expulsos senão pela prece e pelo jejum." (*Marcos*, 9:13 a 28.)

32. Apresentaram-lhe então um possesso cego e mudo e ele o curou, de modo que o possesso começou a falar e a ver: — todo o povo ficou presa de admiração e dizia: "Não é esse o filho de Davi?"

Mas os fariseus, isso ouvindo, diziam: "Este homem expulsa os demônios com o auxílio de Belzebu, príncipe dos demônios."

Jesus, conhecendo-lhes os pensamentos, disse-lhes: "Todo reino que se dividir contra si mesmo será arruinado e toda cidade ou casa que se divide contra si mesma não pode subsistir. — Se Satanás expulsa a Satanás, ele está dividido contra si mesmo, como, pois, o seu reino poderá subsistir? — E, se é por Belzebu que eu expulso os demônios, por quem os expulsarão vossos filhos? Por isso, eles próprios serão os vossos juízes. — Se eu expulso os demônios pelo Espírito de Deus, é que o reino de Deus veio até vós." (*Mateus*, 12:22 a 28.)

33. Com as curas, as libertações de possessos figuram entre os mais numerosos atos de Jesus. Alguns há, entre os fatos dessa natureza, como os acima narrados, no item 30, em que a possessão não é evidente. Provavelmente, naquela época, como ainda hoje acontece, atribuía-se à influência dos demônios todas as enfermidades cuja causa se não conhecia, principalmente a mudez, a epilepsia e a catalepsia. Outros há, todavia, em que nada tem de duvidosa a ação dos maus Espíritos, casos esses que guardam com os de que somos testemunhas tão frisante analogia, que neles se reconhecem todos os sintomas de tal gênero de afecção. A prova da participação de uma inteligência oculta, em tal caso, ressalta de um fato material: são as múltiplas curas radicais obtidas, nalguns centros espíritas, pela só evocação e doutrinação dos Espíritos obsessores, sem magnetização, nem medicamentos e, muitas vezes, na ausência do paciente e a grande distância deste. A imensa superioridade do Cristo lhe dava tal autoridade sobre os Espíritos imperfeitos, chamados então demônios, que lhe bastava ordenar se retirassem para que não pudessem resistir a essa injunção. (Cap. XIV, item 46.)

34. O fato de serem alguns maus Espíritos mandados meter-se em corpos de porcos é o que pode haver de menos provável. Aliás, seria difícil explicar a existência de tão numeroso rebanho de porcos num país onde esse animal era tido em horror e nenhuma utilidade oferecia para a alimentação. Um Espírito, porque mau, não deixa de ser um Espírito humano, embora tão imperfeito que continue a fazer mal, depois de desencarnar, como o fazia antes, e é contra todas as leis da natureza que lhe seja possível fazer morada no corpo de um animal. No fato, pois, a que nos referimos, temos que reconhecer a existência de uma dessas ampliações tão comuns nos tempos de ignorância e de superstição; ou, então, será uma alegoria destinada a caracterizar os pendores imundos de certos Espíritos.

35. Parece que, ao tempo de Jesus, eram em grande número, na Judeia, os obsidiados e os possessos, donde a oportunidade que ele teve de curar a muitos. Sem dúvida, os Espíritos maus haviam invadido aquele país e causado uma epidemia de possessões. (Cap. XIV, item 49.)

Sem apresentarem caráter epidêmico, as obsessões individuais são muitíssimo frequentes e se apresentam sob os mais variados aspectos que, entretanto, por um conhecimento amplo do Espiritismo, facilmente se descobrem. Podem, não raro, trazer consequências danosas à saúde, seja agravando afecções orgânicas já existentes, seja ocasionando-as. Um dia, virão a ser, incontestavelmente, arroladas entre as causas patológicas que requerem, pela sua natureza especial, especiais meios de tratamento. Revelando a causa do mal, o Espiritismo rasga nova senda à arte de curar e fornece à ciência meio de alcançar êxito onde até hoje quase sempre vê malogrados seus esforços, pela razão de não atender à primordial causa do mal. (*O livro dos médiuns*, 2ª Parte, cap. XXIII.)

36. Os fariseus diziam que por influência dos demônios é que Jesus expulsava os demônios; segundo eles, o bem que Jesus fazia era obra de Satanás; não refletiam que, se Satanás expulsasse a si mesmo, praticaria rematada insensatez. É de notar-se que os fariseus daquele tempo já pretendessem que toda faculdade transcendente e, por esse motivo, reputada sobrenatural, era obra do demônio, pois que, na opinião deles, era do demônio que Jesus recebia o poder de que dispunha. É esse mais um ponto de semelhança daquela com a época atual e tal doutrina é ainda a que a Igreja procura fazer que prevaleça hoje, contra as manifestações espíritas.*

---

* Nota de Allan Kardec: Nem todos os teólogos, porém, adotam opiniões tão absolutas sobre a doutrina demoníaca. Aqui está uma cujo valor o clero não pode contestar, emitida por um eclesiástico, Monsenhor Freyssinous, bispo de Hermópolis, na seguinte passagem das suas Conferências sobre a religião, tomo 2º, p. 341 (Paris, 1825):

"Se Jesus operasse seus milagres pelo poder do demônio, este houvera trabalhado pela destruição do seu império e teria empregado contra si próprio o seu

Ressurreições
A filha de Jairo

37. Tendo Jesus passado novamente, de barca, para a outra margem, logo que desembarcou, grande multidão se lhe apinhou ao derredor. Então, um chefe de sinagoga, chamado Jairo veio ao seu encontro e, ao aproximar-se dele, se lhe lançou aos pés, — a suplicar com grande instância, dizendo: "Tenho uma filha que está no momento extremo; vem impor-lhe as mãos para a curar e lhe salvar a vida."
Jesus foi com ele, acompanhado de grande multidão, que o comprimia.

Quando Jairo ainda falava, vieram pessoas que lhe eram subordinadas e lhe disseram: "Tua filha está morta; por que hás de dar ao Mestre o incômodo de ir mais longe?" — Jesus, porém, ouvindo isso, disse ao chefe da sinagoga: "Não te aflijas, crê apenas." — E a ninguém permitiu que o acompanhasse, senão a Pedro, Tiago e João, irmão de Tiago.
Chegando à casa do chefe da sinagoga, viu ele uma aglomeração confusa de pessoas que choravam e soltavam grandes gritos. — Entrando, disse-lhes ele: "Por que fazeis tanto alarido e por que chorais? *Esta menina não está morta, está apenas adormecida.*" — Zombavam dele. Tendo feito que toda a gente saísse, chamou o pai e mãe da menina e os que tinham vindo em sua companhia e entrou no lugar onde a menina se achava deitada. — tomou-lhe a mão e disse: "*Talitha cumi*",

---

poder. Certamente, um demônio que procurasse destruir o reinado do vício para implantar o da virtude, seria um demônio muito singular. Eis por que Jesus, para repelir a absurda acusação dos judeus, lhes dizia: "Se opero prodígios em nome do demônio, o demônio está dividido consigo mesmo, trabalha, conseguintemente, por se destruir a si próprio!" Resposta que não admite réplica.

É precisamente o argumento que os espíritas opõem aos que atribuem ao demônio os bons conselhos que os Espíritos lhes dão. O demônio agiria então como um ladrão profissional que restituísse tudo o que houvesse roubado e exortasse os outros ladrões a se tornarem pessoas honestas.

isto é: "Minha filha, levanta-te, eu te ordeno." — No mesmo instante a menina se levantou e se pôs a andar, pois contava doze anos, e ficaram todos maravilhados e espantados. (*Marcos*, 5:21 a 43.)

O filho da viúva de Naim

38. No dia seguinte, dirigiu-se Jesus para uma cidade chamada Naim; acompanhavam-no seus discípulos e grande multidão. — Quando estava perto da porta da cidade, aconteceu que levavam a sepultar um morto, que era filho único de sua mãe e essa mulher era viúva; estava com ela grande número de pessoas da cidade. — tendo-a visto, o senhor se tomou de compaixão para com ela e lhe disse: "Não chores." — Depois, aproximando-se, tocou o esquife e os que o conduziam pararam. Então, disse ele: "Mancebo, levanta-te, eu o ordeno." — Imediatamente, o moço se sentou e começou a falar. E Jesus o restituiu à sua mãe. Todos os que estavam presentes ficaram tomados de espanto e glorificavam a Deus, dizendo: "Um grande profeta surgiu entre nós e Deus visitou o seu povo." — O rumor desse milagre que ele fizera se espalhou por toda a Judeia e por todas as regiões circunvizinhas. (Lucas, 7:11 a 17.)

39. Contrário seria às leis da natureza e, portanto, milagroso, o fato de voltar à vida corpórea um indivíduo que se achasse realmente morto. Ora, não há mister se recorra a essa ordem de fatos, para ter-se a explicação das ressurreições que Jesus operou.

Se, mesmo na atualidade, as aparências enganam por vezes os profissionais, quão mais frequentes não haviam de ser os acidentes daquela natureza, num país onde nenhuma precaução se tomava contra eles e onde o sepultamento era imediato.* É, pois, de todo

---

* Nota de Allan Kardec: Uma prova desse costume se nos depara nos Atos dos Apóstolos, 5:5 e seguintes.

"Ananias, tendo ouvido aquelas palavras, caiu e rendeu o Espírito e todos os que ouviram falar disso foram presas de grande temor. — Logo, alguns rapazes

ponto provável que, nos dois casos acima, apenas síncope ou letargia houvesse. O próprio Jesus declara positivamente, com relação à filha de Jairo: *"Esta menina"*, disse ele, *"não está morta, está apenas adormecida."*

Dado o poder fluídico que ele possuía, nada de espantoso há em que esse fluido vivificante, acionado por uma vontade forte, haja reanimado os sentidos em torpor; que haja mesmo feito voltar ao corpo o Espírito, prestes a abandoná-lo, uma vez que o laço perispirítico ainda se não rompera definitivamente. Para os homens daquela época, que consideravam morto o indivíduo desde que deixara de respirar, havia ressurreição em casos tais; mas, o que na realidade havia era *cura* e não ressurreição, na acepção legítima do termo.

40. A ressurreição de Lázaro, digam o que disserem, de nenhum modo infirma este princípio. Ele estava, dizem, havia quatro dias no sepulcro; sabe-se, porém, que há letargias que duram oito dias e até mais. Acrescentam que já cheirava mal, o que é sinal de decomposição. Esta alegação também nada prova, dado que em certos indivíduos há decomposição parcial do corpo, mesmo antes da morte, havendo em tal caso cheiro de podridão. A morte só se verifica quando são atacados os órgãos essenciais à vida.

E quem podia saber que Lázaro já cheirava mal? Foi sua irmã Maria quem o disse. Mas como o sabia ela? Por haver já quatro dias que Lázaro fora enterrado, ela o supunha; nenhuma certeza, entretanto, podia ter. (Cap. XIV, item 29.)*

---

lhe vieram buscar o corpo e, tendo-o levado, o enterraram. — Passadas umas três horas, sua mulher (Safira), que nada sabia do que se dera, entrou. — E Pedro lhe disse... etc. — No mesmo instante, ela lhe caiu aos pés e rendeu o Espírito. Aqueles rapazes, voltando, a encontraram morta e, levando-a, enterraram-na junto do marido."

* Nota de Allan Kardec: O fato seguinte prova que a decomposição precede algumas vezes a morte. No Convento do Bom Pastor, fundado em Toulon, pelo padre Marin, capelão dos cárceres, e destinado às decaídas que se arrependem, encontrava-se uma rapariga que suportara os mais terríveis sofrimentos com a calma e a impassibilidade de uma vítima expiatória. Em meio de suas dores parecia sorrir

Jesus caminha sobre a água

41. Logo, fez Jesus que seus discípulos tomassem a barca e passassem para a outra margem antes dele, que ficava a despedir o povo. — Depois de o ter despedido, subiu a um monte para orar e, tendo caído a noite, achou-se ele sozinho naquele lugar.

Entrementes, a barca era fortemente açoitada pelas ondas, em meio do mar, por ser contrário o vento. — Mas na quarta vigília da noite, Jesus foi ter com eles, caminhando por sobre o mar.*

— Quando eles o viram andando sobre o mar, turbaram-se e diziam: "É um fantasma e se puseram a gritar amedrontados." Jesus então lhes falou, dizendo: "Tranquilizai-vos, sou eu, não tenhais medo."

Pedro lhe respondeu: "Senhor, se és tu, manda que eu vá ao teu encontro, caminhando sobre as águas." Disse-lhe Jesus: "Vem." Pedro, descendo da barca, caminhava sobre a água ao encontro de Jesus. Mas vindo um grande vento ele teve medo; e como começasse a submergir, clamou: "Senhor, salva-me." Logo, Jesus, estendendo-lhe a mão, disse: "Homem de pouca fé! Por que duvidaste?" — E, tendo subido para a barca, cessou o vento. — Então, os que estavam na barca, aproximando-se dele, o adoraram, dizendo: "És verdadeiramente filho de Deus." (*Mateus*, 14:22 a 33.)

42. Este fenômeno encontra explicação natural nos princípios acima expostos, cap. XIV, item 43.

Exemplos análogos provam que ele nada tem de impossível, nem de miraculoso, pois que se produz sob a ação das leis da natureza. Pode operar-se de duas maneiras.

---

para uma visão celestial. Como Santa Teresa, pedia lhe fosse dado sofrer mais, embora suas carnes já se achassem em frangalhos, com a gangrena a lhe devastar todos os membros. Por sábia providência, os médicos tinham recomendado que fizessem a inumação do corpo, logo após o trespasse. Coisa singular! Mal a doente exalou o último suspiro, cessou todo o trabalho de decomposição; desapareceram as exalações cadaverosas, de sorte que durante 36 horas pôde o corpo ficar exposto às preces e à veneração da comunidade.

* Nota de Allan Kardec: O lago de Genesaré ou de Tiberíades.

Jesus, embora estivesse vivo, pôde aparecer sobre a água, com uma forma tangível, estando alhures o seu corpo. É a hipótese mais provável. Fácil é mesmo descobrir-se na narrativa alguns sinais característicos das aparições tangíveis. (Cap. XIV, itens 35 a 37.)

Por outro lado, também pode ter sucedido que seu corpo fosse sustentado e neutralizada a sua gravidade pela mesma força fluídica que mantém no espaço uma mesa, sem ponto de apoio. Idêntico efeito se produz muitas vezes com os corpos humanos.

Transfiguração

43. Seis dias depois, tendo chamado de parte a Pedro, Tiago e João, Jesus os levou consigo a um alto monte afastado* e se transfigurou diante deles. — Enquanto orava, seu rosto pareceu inteiramente outro; suas vestes se tornaram brilhantemente luminosas e brancas qual a neve, como não há pisoeiro na Terra que possa fazer alguma tão alva. — E eles viram aparecer Elias e Moisés, a entreter palestra com Jesus.

Então, disse Pedro a Jesus: "Mestre, estamos bem aqui; façamos três tendas: uma para ti, outra para Moisés, outra para Elias." — É que ele não sabia o que dizia, tão espantado estava.

Ao mesmo tempo, apareceu uma nuvem que os cobriu; e, dessa nuvem, uma voz partiu, fazendo ouvir estas palavras: "Este é meu filho bem-amado; escutai-o." Logo, olhando para todos os lados, a ninguém mais viram, senão a Jesus, que ficara a sós com eles.

Quando desciam do monte, ordenou-lhes ele que a ninguém falassem do que tinham visto, até que o Filho do Homem ressuscitasse dentre os mortos. — E eles conservaram em segredo o fato, inquirindo uns dos outros o que teria ele querido dizer com estas palavras: "Até que o Filho do Homem tenha ressuscitado dentre os mortos." (*Marcos*, 9:1 a 9.)

44. É ainda nas propriedades do fluido perispirítico que se

---

* Nota de Allan Kardec: O Monte Tabor, a sudoeste do lago de Tabarich e a 11 quilômetros a sudeste de Nazaré, com cerca de 1.000 metros de altura.

encontra a explicação deste fenômeno. A transfiguração, explicada no cap. XIV, item 39, é um fato muito comum que, em virtude da irradiação fluídica, pode modificar a aparência de um indivíduo; mas, a pureza do perispírito de Jesus permitiu que seu Espírito lhe desse excepcional fulgor. Quanto à aparição de Moisés e Elias cabe inteiramente no rol de todos os fenômenos do mesmo gênero. (Cap. XIV, itens 35 e seguintes.)

De todas faculdades que Jesus revelou, nenhuma se pode apontar estranha às condições da humanidade e que se não encontre comumente nos homens, porque estão todas na ordem da natureza. Pela superioridade, porém, da sua essência moral e de suas qualidades fluídicas, aquelas faculdades atingiam nele proporções muito acima das que são vulgares. Posto de lado o seu envoltório carnal, ele nos patenteava o estado dos puros Espíritos.

Tempestade aplacada

45. Certo dia, tendo tomado uma barca com seus discípulos, disse-lhes ele: "Passemos à outra margem do lago." Partiram então. Durante a travessia, ele adormeceu. — Então, um grande turbilhão de vento se abateu de súbito sobre o lago, de sorte que, enchendo-se de água a barca, eles se viam em perigo. Aproximaram-se, pois, dele e o despertaram, dizendo-lhe: "Mestre, perecemos." Jesus, levantando-se, falou, ameaçador, aos ventos e às ondas agitadas e uns e outras se aplacaram, sobrevindo grande calma. Ele então lhes disse: "Onde está a vossa fé?" Eles, porém, cheios de temor e admiração, perguntavam uns aos outros: "Quem é este que assim dá ordens ao vento e às ondas, e eles lhe obedecem?" (Lucas, 8:22 a 25.)

46. Ainda não conhecemos bastante os segredos da natureza para dizer se há ou não inteligências ocultas presidindo à ação dos elementos. Na hipótese de haver, o fenômeno em questão poderia ter resultado de um ato de autoridade sobre essas inteligências e provaria um poder que a nenhum homem é dado exercer.

Como quer que seja, o fato de estar Jesus a dormir tranquilamente, durante a tempestade, atesta de sua parte uma segurança que se pode explicar pela circunstância de que seu Espírito *via* não haver perigo nenhum e que a tempestade ia amainar.

Bodas de Caná

47. Este milagre, referido unicamente no Evangelho de João, é apresentado como o primeiro que Jesus operou e, nessas condições, devera ter sido um dos mais notados. Entretanto, bem fraca impressão parece haver produzido, pois que nenhum outro evangelista dele trata. Fato tão extraordinário era para deixar espantados, no mais alto grau, os convivas e, sobretudo, o dono da casa, os quais, todavia, parece que não o perceberam.

Considerado em si mesmo, pouca importância tem o fato, em comparação com os que, verdadeiramente, atestam as qualidades espirituais de Jesus. Admitido que as coisas hajam ocorrido, conforme foram narradas, é de notar-se seja esse, de tal gênero, o único fenômeno que se tenha produzido. Jesus era de natureza extremamente elevada, para se ater a efeitos puramente materiais, próprios apenas a aguçar a curiosidade da multidão que, então, o teria nivelado a um mágico. Ele sabia que as coisas úteis lhe conquistariam mais simpatias e lhe granjeariam mais adeptos, do que as que facilmente passariam por fruto de grande habilidade e destreza (Item 27).

Se bem que, a rigor, o fato se possa explicar, até certo ponto, por uma ação fluídica que houvesse, como o magnetismo oferece muitos exemplos, mudado as propriedades da água, dando-lhe o sabor do vinho, pouco provável é se tenha verificado semelhante hipótese, dado que, em tal caso, a água, tendo do vinho unicamente o sabor, houvera conservado a sua coloração, o que não deixaria de ser notado. Mais racional é se reconheça aí uma daquelas parábolas tão frequentes nos ensinos de Jesus, como a do filho pródigo, a do festim de bodas, do mau rico, da figueira que secou e tantas outras que, todavia, se apresentam com caráter de fatos ocorridos. Provavelmente, durante o repasto, terá ele aludido ao vinho e à água, tirando de ambos um ensinamento. Justificam esta opinião as palavras que a respeito lhe dirige o mordomo: "Toda gente serve em primeiro lugar o vinho bom e, depois que todos o têm bebido muito, serve o menos fino; tu, porém, guardas até agora o bom vinho."

Entre duas hipóteses, deve-se preferir a mais racional e os espíritas não são tão crédulos que por toda parte vejam manifestações, nem tão absolutos em suas opiniões, que pretendam explicar tudo por meio dos fluidos.

Multiplicação dos pães

48. A multiplicação dos pães é um dos milagres que mais têm intrigado os comentadores e alimentado, ao mesmo tempo, as zombarias dos incrédulos. Sem se darem ao trabalho de lhe perscrutar o sentido alegórico, para estes últimos ele não passa de um conto pueril. entretanto, a maioria das pessoas sérias há visto na narrativa desse fato, embora sob forma diferente da ordinária, uma parábola, em que se compara o alimento espiritual da alma ao alimento do corpo.

Pode-se, todavia, perceber nela mais do que uma simples figura e admitir, de certo ponto de vista, a realidade de um fato material, sem que, para isso, seja preciso se recorra ao prodígio. É sabido que uma grande preocupação de Espírito, bem como a atenção fortemente presa a uma coisa fazem esquecer a fome. Ora, os que acompanhavam a Jesus eram criaturas ávidas de ouvi-lo; nada há, pois, de espantar em que, fascinadas pela sua palavra e também, talvez, pela poderosa ação magnética que ele exercia sobre os que o cercavam, elas não tenham experimentado a necessidade material de comer.

Prevendo esse resultado, Jesus nenhuma dificuldade teve para tranquilizar os discípulos, dizendo-lhes, na linguagem figurada que lhe era habitual e admitido que realmente houvessem trazido alguns pães, que estes bastariam para matar a fome à multidão. Simultaneamente, ministrava aos referidos discípulos um ensinamento, com o lhes dizer: "Dai-lhes vós mesmos de comer." Ensinava-lhes assim que também eles podiam alimentar por meio da palavra.

Desse modo, a par do sentido moral alegórico, produziu-se um efeito fisiológico, natural e muito conhecido. O prodígio, no caso, está no ascendente da palavra de Jesus, poderosa bastante para cativar a atenção de uma multidão imensa, ao ponto de fazê-la esquecer-se de comer. Esse poder moral comprova a superioridade de Jesus, muito mais do que o fato puramente material da multiplicação dos pães, que tem de ser considerada como alegoria.

Esta explicação, aliás, o próprio Jesus a confirmou nas duas passagens seguintes.

O fermento dos fariseus

49. Ora, tendo seus discípulos passado para o outro lado do mar, esqueceram-se de levar pães. — Jesus lhes disse: "Tende o cuidado de precatar-vos do fermento dos fariseus e dos saduceus." — Eles, porém, pensavam e diziam entre si: "É porque não trouxemos pães."

Jesus, conhecendo-lhes os pensamentos, disse: "Homens de pouca fé, por que haveis de estar cogitando de não terdes trazido pães? Ainda não compreendeis e não vos lembrais quantos cestos levastes? — Como não compreendereis que não é do pão que eu vos falava, quando disse que vos guardásseis do fermento dos fariseus e saduceus?"

Eles então compreenderam que ele não lhes dissera que se preservassem do fermento que se põe no pão, mas da doutrina dos fariseus e dos saduceus. (Mateus, 16:5 a 12.)

O pão do céu

50. No dia seguinte, o povo, que permanecera do outro lado do mar, notou que lá não chegara outra barca e que Jesus não entrara na que seus discípulos tomaram, que os discípulos haviam partido sós — e como tinham chegado depois outras barcas de Tiberíades, perto do lugar onde o senhor, após render graças, os alimentara com cinco pães; — e como verificassem por fim que Jesus não estava lá, tampouco seus discípulos, entraram naquelas barcas e foram para Cafarnaum, em busca de Jesus. — E, tendo-o encontrado além do mar, disseram-lhe:

"Mestre, quando vieste para cá?"

Jesus lhes respondeu: "Em verdade, em verdade vos digo que me procurais, não por causa dos milagres que vistes, mas por que eu vos dei pão a comer e ficastes saciados. — trabalhai por ter, não o alimento que perece, mas o que dura para a vida eterna e que o Filho do Homem vos dará, porque foi nele que Deus, o Pai, imprimiu seu selo e seu caráter."

Perguntaram-lhe eles: "Que devemos fazer para produzir obras de Deus?" — Respondeu-lhes Jesus: "A obra de Deus é que creiais no que ele enviou." Perguntaram-lhe então: Que milagre operarás que nos faça crer, vendo-o? Que farás de extraordinário? — Nossos pais comeram o maná no deserto, conforme está escrito: ele lhes deu de comer o pão do céu.

Jesus lhes respondeu: "Em verdade, em verdade vos digo que Moisés não vos deu o pão do céu; meu Pai é quem dá o verdadeiro pão do céu — porquanto o pão de Deus é aquele que desceu do céu e que dá vida ao mundo."

Disseram eles então: "Senhor, dá-nos sempre desse pão."

Jesus lhes respondeu: *"Eu sou o pão da vida; aquele que vem a mim não terá fome e aquele que em mim crê não terá sede.* — Mas eu já vos disse: vós me tendes visto e não credes.

Em verdade, em verdade vos digo: aquele que crê em mim tem a vida eterna. — Eu sou o pão da vida. — Vossos pais comeram o maná do deserto e morreram. — Aqui está o pão que desceu do céu, a fim de que quem dele comer não morra." (*João*, 6:22 a 36 e 47 a 50.)

51. Na primeira passagem, lembrando o fato precedentemente operado, Jesus dá claramente a entender que não se tratara de pães materiais, pois, a não ser assim, careceria de objeto a comparação por ele estabelecida com o fermento dos fariseus: *"Ainda não compreendeis,* diz ele, e não vos recordais de que cinco pães bastaram para cinco mil pessoas e que dois pães foram bastantes para quatro mil? Como não compreendestes que não era de pão que eu vos falava, quando vos dizia que vos preservásseis do fermento dos fariseus?" Esse confronto nenhuma razão de ser teria, na hipótese de uma multiplicação material. O fato fora de si mesmo muito extraordinário para ter impressionado fortemente a imaginação dos discípulos, que, entretanto, pareciam não mais lembrar-se dele.

É também o que não menos claramente ressalta, do que Jesus expendeu sobre o pão do céu, empenhado em fazer que seus ouvintes compreendessem o verdadeiro sentido do alimento espiritual. "trabalhai, diz ele, não por conseguir o alimento que perece, mas pelo que se conserva para a vida eterna e que o Filho do Homem vos dará." Esse alimento é a sua palavra, pão que desceu do céu e dá vida ao mundo. "Eu sou, declara ele, o pão da vida; *aquele que vem a mim não terá fome e aquele que em mim crê nunca terá sede.*"

Tais distinções, porém, eram por demais sutis para aquelas naturezas rudes, que somente compreendiam as coisas tangíveis. Para eles, o maná, que alimentara o corpo de seus antepassados, era o verdadeiro pão do céu; aí é que estava o milagre. Se, portanto, houvesse ocorrido materialmente o fato da multiplicação dos pães, como teria ele impressionado tão fracamente aqueles mesmos homens, a cujo benefício essa multiplicação se operara poucos dias antes, ao ponto de perguntarem a Jesus: "Que milagre farás para que, vendo-o, te creiamos? Que farás de extraordinário?" Eles entendiam por milagres os prodígios que os fariseus pediam, isto é, sinais que aparecessem no céu por ordem de Jesus, como pela varinha de um mágico. Ora, o que Jesus fazia era extremamente simples e não se afastava das leis da natureza; as próprias curas não revelavam caráter muito singular, nem muito extraordinário. Para eles, os milagres espirituais não apresentavam grande vulto.

Tentação de Jesus

52. Jesus, transportado pelo diabo ao pináculo do Templo, depois ao cume de uma montanha e por ele tentado, constitui uma daquelas parábolas que lhe eram familiares e que a credulidade pública transformou em fatos materiais.*

---

* Nota de Allan Kardec: A explicação que se segue é reprodução textual do ensino que a esse respeito deu um Espírito.

53. "Jesus não foi arrebatado. Ele apenas quis fazer que os homens compreendessem que a humanidade se acha sujeita a falir e que deve estar sempre em guarda contra as más inspirações a que, pela sua natureza fraca, é impelida a ceder. A tentação de Jesus é, pois, uma figura e fora preciso ser cego para tomá-la ao pé da letra. Como pretenderíeis que o messias, o verbo de Deus encarnado, tenha estado submetido, por algum tempo, embora muito curto fosse este, às sugestões do demônio e que, como o diz o Evangelho de Lucas, o demônio o houvesse deixado *por algum tempo*, o que daria a supor que o Cristo continuou submetido ao poder daquela entidade? Não; compreendei melhor os ensinos que vos foram dados. O Espírito do mal nada poderia sobre a essência do bem. Ninguém diz ter visto Jesus no cume da montanha, nem no pináculo do Templo. Certamente, tal fato teria sido de natureza a se espalhar por todos os povos. A tentação, portanto, não constituiu um ato material e físico. Quanto ao ato moral, admitiríeis que o Espírito das trevas pudesse dizer àquele que conhecia sua própria origem e o seu poder: "Adora-me, que te darei todos os reinos da Terra?" Desconheceria então o demônio aquele a quem fazia tais oferecimentos? Não é provável. Ora, se o conhecia, suas propostas eram uma insensatez, pois ele não ignorava que seria repelido por aquele que viera destruir-lhe o império sobre os homens.

"Compreendei, portanto, o sentido dessa parábola, que outra coisa aí não tendes, do mesmo modo que nos casos do *Filho Pródigo* e do *Bom Samaritano*. Aquela mostra os perigos que correm os homens, se não resistem à voz íntima que lhes clama sem cessar: 'Podes ser mais do que és; podes possuir mais do que possuis; podes engrandecer-te, adquirir muito; cede à voz da ambição e todos os teus desejos serão satisfeitos'. Ela vos mostra o perigo e o meio de o evitardes, dizendo às más inspirações: *Retira-te, Satanás* ou, por outras palavras: *Vai-te, tentação!*

"As duas outras parábolas que lembrei mostram o que ainda pode esperar aquele que, por muito fraco para expulsar o demônio, lhe sucumbiu às tentações. Mostram a misericórdia do pai de família, pousando a mão sobre a fronte do filho arrependido e concedendo-lhe, com amor, o perdão implorado. Mostram o culpado, o cismático, o homem repelido por seus irmãos, valendo mais, aos olhos do Juiz supremo, do que os que o desprezam, por praticar ele as virtudes que a lei de amor ensina.

"Pesai bem os ensinamentos que os Evangelhos contêm; sabei distinguir o que ali está em sentido próprio, ou em sentido figurado, e os erros que vos hão cegado durante tanto tempo se apagarão pouco a pouco, cedendo lugar à brilhante luz da Verdade." — *João Evangelista*, Bordeaux, 1862.

Prodígios por ocasião da morte de Jesus

54. Ora, desde a sexta hora do dia até a nona, toda a Terra se cobriu de trevas.

Ao mesmo tempo, o véu do Templo se rasgou em dois, de alto a baixo; a Terra tremeu; as pedras se fenderam; — os sepulcros se abriram e muitos corpos de santos, que estavam no sono da morte, ressuscitaram; — e, saindo de seus túmulos após a ressurreição, vieram à cidade santa e foram vistos por muitas pessoas. (Mateus, 27:45, 51 a 53.)

55. É singular que tais prodígios, operando-se no momento mesmo em que a atenção da cidade se fixava no suplício de Jesus, que era o acontecimento do dia, não tenham sido notados, pois que nenhum historiador os menciona. Parece impossível que um tremor de Terra e o ficar *toda a Terra* envolta em trevas durante três horas, numa região onde o céu é sempre de perfeita limpidez, hajam podido passar despercebidos.

A duração de tal obscuridade teria sido quase a de um eclipse do Sol, mas os eclipses dessa espécie só se produzem na lua nova, e a morte de Jesus ocorreu em fase de lua cheia, a 14 de Nissan, dia da Páscoa dos judeus.

O obscurecimento do Sol também pode ser produzido pelas manchas que se lhe notam na superfície. Em tal caso, o brilho da luz se enfraquece sensivelmente, porém, nunca ao ponto de determinar obscuridade e trevas. Admitido que um fenômeno desse gênero se houvesse dado, ele decorreria de uma causa perfeitamente natural.*

Quanto aos mortos que ressuscitaram, possivelmente *algumas pessoas* tiveram visões ou viram aparições, o que não é excepcional. Entretanto, como então não se conhecia a causa desse fenômeno, supuseram que as figuras vistas saíam dos sepulcros.

Compungidos com a morte de seu Mestre, os discípulos de Jesus sem dúvida ligaram a essa morte alguns fatos particulares, aos quais noutra ocasião nenhuma atenção houveram prestado. Bastou, talvez, que um fragmento de rochedo se haja destacado naquele momento, para que pessoas inclinadas ao maravilhoso tenham visto nesse fato um prodígio e, ampliando-o, tenham dito que as pedras se fenderam.

Jesus é grande pelas suas obras e não pelos quadros fantásticos de que um entusiasmo pouco ponderado entendeu de cercá-lo.

Aparição de Jesus após sua morte

56. Mas Maria (Madalena) se conservou fora, perto do sepulcro, a derramar lágrimas. E, estando a chorar, como se abaixasse para olhar dentro do sepulcro — viu dois anjos vestidos de branco, assentados no lugar onde estivera o corpo de Jesus, um à cabeceira, o outro do lado dos pés. — Disseram-lhe eles: "Mulher, por que choras?" Ela respondeu: "É que levaram o meu senhor e não sei onde o puseram."

Tendo dito isto, voltou-se e viu a Jesus de pé, *sem saber, entretanto que fosse Jesus.* — Este então lhe disse: "Mulher, por que

---

* Nota de Allan Kardec: Há constantemente, na superfície do Sol, manchas físicas, que lhe acompanham o movimento de rotação e hão servido para determinar-se a duração desse movimento. Às vezes, porém, essas manchas aumentam em número, em extensão e em intensidade. É então que se produz uma diminuição da luz e do calor solares. O aumento do número das manchas parece coincidir com certos fenômenos astronômicos e com a posição relativa de alguns planetas, o que lhes determina o reaparecimento periódico. É muito variável a duração daquele obscurecimento; por vezes não vai além de duas ou três horas, mas, em 535, houve um que durou catorze meses.

choras? A quem procuras?" Ela, pensando fosse o jardineiro, lhe disse: "Senhor, se foste tu quem o tirou, dize-me onde o puseste e eu o levarei."

Disse-lhe Jesus: "Maria." Logo ela se voltou e disse: "*Rabboni*", isto é: "Meu senhor." — Jesus lhe respondeu: "Não me toques, porquanto ainda não subi para meu Pai; mas vai ter com meus irmãos e dize-lhes de minha parte: "Subo a meu Pai e vosso Pai, a meu Deus e vosso Deus."

Maria Madalena foi então dizer aos discípulos que vira o senhor e que este lhe dissera aquelas coisas. (João, 20:11 a 18.)

57. Naquele mesmo dia, indo dois deles para um burgo chamado Emaús, distante de Jerusalém sessenta estádios* — falavam entre si de tudo o que se passara. — E aconteceu que, quando conversavam e discorriam sobre isso, Jesus se lhes juntou e se pôs a caminhar com eles; — *seus olhos, porém, estavam tolhidos, a fim de que não o pudessem reconhecer.* — Ele disse: "De que vínheis falando a caminhar e por que estais tão tristes?"

Um deles, chamado Cleofas, tomando a palavra disse: "Serás em Jerusalém o único estrangeiro que não saiba do que aí se passou estes últimos dias?" — "Que foi?", perguntou ele. Responderam-lhe: "A respeito de Jesus de Nazaré, que foi um poderoso profeta diante de Deus e diante de toda a gente, e acerca do modo por que os príncipes dos sacerdotes e os nossos senadores o entregaram para ser condenado à morte e o crucificaram. — Ora, nós esperávamos fosse ele quem resgatasse a Israel, no entanto, já estamos no terceiro dia depois que tais coisas se deram. — É certo que algumas mulheres das que estavam conosco nos espantaram, pois que, tendo ido ao seu sepulcro antes do romper do dia, nos vieram dizer que anjos mesmos lhes apareceram, dizendo-lhes que ele está

---

* N. E.: Antiga unidade de medida itinerária igual a um oitavo de milha romana, ou 185 metros. Correspondiam sessenta estádios a 11 quilômetros, aproximadamente.

vivo. — E alguns dos nossos, tendo ido também ao sepulcro, encontraram todas as coisas conforme as mulheres haviam referido; mas, quanto a ele, não o encontraram."

Disse-lhes então Jesus: "Ó insensatos, de coração tardo a crer em tudo o que os profetas hão dito! Não era preciso que o Cristo sofresse todas essas coisas e que entrasse assim na sua glória?" — E, a começar de Moisés, passando em seguida por todos os profetas, lhes explicava o que em todas as Escrituras fora dito dele.

Ao aproximarem-se do burgo para onde se dirigiam, ele deu mostras de que ia mais longe. — Os dois o obrigaram a deter-se, dizendo-lhe: "Fica conosco, que já é tarde e o dia está em declínio." Ele entrou com os dois. — Estando com eles à mesa tomou do pão, abençoou-o e lhes deu. — *Abriram-se-lhes ao mesmo tempo os olhos e ambos o reconheceram; Ele, porém, lhes desapareceu das vistas.*

Então, disseram um ao outro: "Não é verdade que o nosso coração ardia dentro de nós, quando ele pelo caminho nos falava, explicando-nos as Escrituras?" — E, erguendo-se no mesmo instante, voltaram a Jerusalém e viram que os onze apóstolos e os que continuavam com eles estavam reunidos — e diziam: "O senhor em verdade ressuscitou e apareceu a Simão." — Então, também eles narraram o que lhes acontecera em caminho e como o tinham reconhecido ao partir o pão.

Enquanto assim confabulavam, *Jesus se apresentou no meio deles e lhes disse*: "A paz seja convosco; sou eu, não vos assusteis." — Mas, na perturbação e no medo de que foram tomados, eles imaginaram estar vendo *um Espírito.*

E Jesus lhes disse: "Por que vos turbais? Por que se elevam tantos pensamentos nos vossos corações? — Olhai para as minhas mãos e para os meus pés e reconhecei que sou eu mesmo. Tocai-me e considerai que um Espírito não tem carne, nem osso, como vedes que eu tenho." — Dizendo isso, mostrou-lhes as mãos e os pés.

Mas como eles ainda não acreditavam, tão transportados de alegria e de admiração se achavam, disse-lhes: "Tendes aqui alguma coisa que se coma?" — Eles lhe apresentaram um pedaço de peixe assado e um favo de mel. — Ele comeu diante deles e, tomando os restos, lhes deu, dizendo: "Eis que, estando ainda convosco, eu vos dizia que era necessário se cumprisse tudo o que de mim foi escrito na lei de Moisés, nos profetas e nos salmos."

Ao mesmo tempo lhes abriu o Espírito, a fim de que entendessem as Escrituras — e lhes disse: "É assim que está escrito e assim era que se fazia necessário sofresse o Cristo e ressuscitasse dentre os mortos ao terceiro dia; — e que se pregasse em seu nome a penitência e a remissão dos pecados em todas as nações, a começar por Jerusalém. — Ora, vós sois testemunhas dessas coisas. — Vou enviar-vos o dom de meu Pai, o qual vos foi prometido; mas, por enquanto, permanecei na cidade, até que eu vos haja revestido da força do Alto." (Lucas, 24:13 a 49.)

58. Ora, Tomé, um dos doze apóstolos, chamado Dídimo, não se achava com eles quando veio Jesus. — Os outros discípulos então lhe disseram: "Vimos o senhor." Ele, porém, lhes disse: "Se eu não vir nas suas mãos as marcas dos cravos que as atravessaram e não puser o dedo no buraco feito pelos cravos e minha mão no rasgão do seu lado, não acreditarei, absolutamente."

Oito dias depois, estando ainda os discípulos no mesmo lugar e com eles Tomé, Jesus se apresentou, achando-se fechadas as portas, e, colocando-se no meio deles, disse-lhes: "A paz seja convosco."

Disse em seguida a Tomé: "Põe aqui o teu dedo e olha minhas mãos; estende também a tua mão e mete-a no meu lado e não sejas incrédulo, mas fiel." — Tomé lhe respondeu: "Meu Senhor e meu Deus!" — Jesus lhe disse: "Tu creste, Tomé, porque viste; ditosos os que creram sem ver." (João, 20: 24 a 29.)

59. Jesus também se mostrou depois aos seus discípulos à margem do mar de Tiberíades, mostrando-se desta forma: Simão Pedro e Tomé, chamado Dídimo, Natanael, que era de Caná, na Galileia, os filhos de Zebedeu e dois outros de seus discípulos estavam juntos. — Disse-lhes Simão Pedro: "Vou pescar." Os outros disseram: "Também nós vamos contigo." Foram-se e entraram numa barca; mas, naquela noite, nada apanharam.

Ao amanhecer, *Jesus apareceu à margem sem que seus discípulos conhecessem que era Ele.* — Disse-lhes então: "Filhos, nada tendes que se coma?" Responderam-lhe: "Não." Disse-lhes ele: "Lançai a rede do lado direito da barca e achareis." Eles a lançaram logo e quase não a puderam retirar, tão carregada estava de peixes.

Então, o discípulo a quem Jesus amava disse a Pedro: "É o senhor." Simão Pedro, ao ouvir que era o senhor, vestiu-se (pois que estava nu) e se atirou ao mar. — Os outros discípulos vieram com a barca, e, como não estavam distantes da praia mais de duzentos côvados, puxaram daí a rede cheia de peixes. (João, 21:1 a 8.)

60. Depois disso, ele os conduziu para Betânia e, tendo levantado as mãos, os abençoou — e, tendo-os abençoado, se separou deles e foi arrebatado ao céu.

61. Quanto a eles, depois de o terem adorado, voltaram para Jerusalém, cheios de alegria. — Estavam constantemente no Templo, louvando e bendizendo a Deus. Amém. (Lucas, 24:50 a 53.)

Todos os evangelistas narram as aparições de Jesus, após sua morte, com circunstanciados pormenores que não permitem se duvide da realidade do fato. Elas, aliás, se explicam perfeitamente pelas leis fluídicas e pelas propriedades do perispírito e nada de anômalo apresentam em face dos fenômenos do mesmo gênero, cuja história, antiga e contemporânea, oferece numerosos exemplos, sem lhes faltar sequer a tangibilidade. Se notarmos as circunstâncias em que se deram as suas diversas aparições, nele reconheceremos, em tais ocasiões, todos os caracteres de um ser fluídico. Aparece inopinadamente e do mesmo modo desaparece; uns o veem, outros não, sob aparências que não o tornam reconhecível nem sequer aos seus discípulos; mostra-se em recintos fechados, onde um corpo carnal não poderia penetrar; sua própria linguagem carece da vivacidade da de um ser corpóreo; fala em tom breve e sentencioso, peculiar aos Espíritos que se manifestam daquela maneira; todas as suas atitudes, numa palavra, denotam alguma coisa que não é do mundo terreno. Sua presença causa simultaneamente surpresa e medo; ao vê-lo, seus discípulos não lhe falam com a mesma liberdade de antes; sentem que já não é um homem.

Jesus, portanto, se mostrou com o seu corpo perispirítico, o que explica que só tenha sido visto pelos que ele quis que o vissem. Se estivesse com o seu corpo carnal, todos o veriam, como quando estava vivo. Ignorando a causa originária do fenômeno das aparições, seus discípulos não se apercebiam dessas particularidades, a que, provavelmente, não davam atenção. Desde que viam o senhor e o tocavam, haviam de achar que aquele era o seu corpo ressuscitado. (Cap. XIV, itens 14 e 35 a 38.)

62. Ao passo que a incredulidade rejeita todos os fatos que Jesus produziu, por terem uma aparência sobrenatural, e os considera, sem exceção, lendários, o Espiritismo dá explicação natural à maior parte desses fatos. Prova a possibilidade deles, não só pela teoria das leis fluídicas, como pela identidade que apresentam com análogos fatos produzidos por uma imensidade de pessoas nas mais vulgares condições. Por serem, de certo modo, tais fatos do domínio público, eles nada provam, em princípio, com relação à natureza excepcional de Jesus.*

---

* Nota de Allan Kardec: Os inúmeros fatos contemporâneos de curas, aparições, possessões, dupla vista e outros, que se encontram relatados na *Revista espírita* e lembrados nas observações acima, oferecem, até quanto aos pormenores, tão flagrante analogia com os que o Evangelho narra, que ressalta evidente a identidade dos efeitos e das causas. Não se compreende que o mesmo fato tivesse hoje uma causa natural e que essa causa fosse sobrenatural outrora; diabólica com uns e divina com outros. Se fora possível pô-los aqui em confronto uns com os outros,

63. O maior milagre que Jesus operou, o que verdadeiramente atesta a sua superioridade, foi a revolução que seus ensinos produziram no mundo, malgrado a exiguidade dos seus meios de ação.

Com efeito, Jesus, obscuro, pobre, nascido na mais humilde condição, no seio de um povo pequenino, quase ignorado e sem preponderância política, artística ou literária, apenas durante três anos prega a sua doutrina; em todo esse curto espaço de tempo é desatendido e perseguido pelos seus concidadãos; vê-se obrigado a fugir para não ser lapidado; é traído por um de seus apóstolos, renegado por outro, abandonado por todos no momento em que cai nas mãos de seus inimigos. Só fazia o bem e isso não o punha ao abrigo da malevolência, que dos próprios serviços que ele prestava tirava motivos para o acusar. Condenado ao suplício que só aos criminosos era infligido, morre ignorado do mundo, visto que a História daquela época nada diz a seu respeito.* Nada escreveu; entretanto, ajudado por alguns homens tão obscuros quanto ele, sua palavra bastou para regenerar o mundo; sua doutrina matou o paganismo onipotente e se tornou o facho da civilização. Tinha contra si tudo o que causa o malogro das obras dos homens, razão por que dizemos que o triunfo alcançado pela sua doutrina foi o maior dos seus milagres, ao mesmo tempo que prova ser divina a sua missão. Se, em vez de princípios sociais e regeneradores, fundados sobre o futuro espiritual do homem, ele apenas houvesse legado à posteridade alguns fatos maravilhosos, talvez hoje mal o conhecessem de nome.

Desaparecimento do corpo de Jesus

64. O desaparecimento do corpo de Jesus após sua morte há sido objeto de inúmeros comentários. Atestam-no os quatro evangelistas, baseados nas narrativas das mulheres que foram ao sepulcro no terceiro dia depois da crucificação e lá não o encontraram. Viram alguns,

---

a comparação mais fácil se tornaria; não o permitem, porém, o número deles e os desenvolvimentos que a narrativa reclamaria.

* Nota de Allan Kardec: Dele unicamente fala o historiador judeu Flávio Josefo, que, aliás, diz bem pouca coisa.

nesse desaparecimento, um fato milagroso, atribuindo-o outros a uma subtração clandestina.

Segundo outra opinião, Jesus não teria tido um corpo carnal, mas apenas um corpo fluídico; não teria sido, em toda a sua vida, mais do que uma aparição tangível; numa palavra: uma espécie de agênere. Seu nascimento, sua morte e todos os atos materiais de sua vida teriam sido apenas aparentes. Assim foi que, dizem, seu corpo, voltado ao estado fluídico, pôde desaparecer do sepulcro e com esse mesmo corpo é que ele se teria mostrado depois de sua morte.

É fora de dúvida que semelhante fato não se pode considerar radicalmente impossível, dentro do que hoje se sabe acerca das propriedades dos fluidos; mas, seria, pelo menos, inteiramente excepcional e em formal oposição ao caráter dos agêneres. (Cap. XIV, item 36.) trata-se, pois, de saber se tal hipótese é admissível, se os fatos a confirmam ou contradizem.

65. A estada de Jesus na Terra apresenta dois períodos: o que precedeu e o que se seguiu à sua morte. No primeiro, desde o momento da concepção até o nascimento, tudo se passa, pelo que respeita à sua mãe, como nas condições ordinárias da vida.*, ** Desde o seu nascimento até a sua morte, tudo, em seus atos, na sua linguagem e nas diversas circunstâncias da sua vida, revela os caracteres inequívocos da corporeidade. São acidentais os fenômenos de ordem psíquica que nele se produzem e nada têm de anômalos, pois que se explicam pelas propriedades do perispírito e se dão, em graus diferentes, noutros indivíduos. Depois de sua morte, ao contrário, tudo nele revela o ser fluídico. É tão marcada a diferença entre os dois estados, que não podem ser assimilados.

O corpo carnal tem as propriedades inerentes à matéria propriamente dita, propriedades que diferem essencialmente das dos fluidos

---

* Nota de Allan Kardec: Não falamos do mistério da encarnação, com o qual não temos que nos ocupar aqui e que será examinado ulteriormente.
** N. E.: Kardec, em vida, não pôde cumprir esta promessa, visto que, no ano seguinte, ao dar publicação a esta obra, foi chamado à pátria espiritual.

etéreos; naquela, a desorganização se opera pela ruptura da coesão molecular. Ao penetrar no corpo material, um instrumento cortante lhe divide os tecidos; se os órgãos essenciais à vida são atacados, cessa-lhes o funcionamento e sobrevém a morte, isto é, a do corpo. Não existindo nos corpos fluídicos essa coesão, a vida aí já não repousa no jogo de órgãos especiais e não se podem produzir desordens análogas àquelas. Um instrumento cortante ou outro qualquer penetra num corpo fluídico como se penetrasse numa massa de vapor, sem lhe ocasionar qualquer lesão. Tal a razão por que *não podem morrer* os corpos dessa espécie e por que os seres fluídicos, designados pelo nome de *agêneres*, não podem ser mortos.

Após o suplício de Jesus, seu corpo se conservou inerte e sem vida; foi sepultado como o são de ordinário os corpos e todos o puderam ver e tocar. Após a sua ressurreição, quando quis deixar a Terra, não morreu de novo; seu corpo se elevou, desvaneceu e desapareceu, sem deixar qualquer vestígio, prova evidente de que aquele corpo era de natureza diversa da do que pereceu na cruz; donde forçoso é concluir que, se foi possível que Jesus morresse, é que carnal era o seu corpo.

Por virtude das suas propriedades materiais, o corpo carnal é a sede das sensações e das dores físicas, que repercutem no centro sensitivo ou Espírito. Quem sofre não é o corpo, é o Espírito recebendo o contragolpe das lesões ou alterações dos tecidos orgânicos. Num corpo sem Espírito, absolutamente nula é a sensação. Pela mesma razão, o Espírito, sem corpo material, não pode experimentar os sofrimentos, visto que estes resultam da alteração da matéria, donde também forçoso é se conclua que, se Jesus sofreu materialmente, do que não se pode duvidar, é que ele tinha um corpo material de natureza semelhante ao de toda gente.

66. Aos fatos materiais juntam-se fortíssimas considerações morais.

Se as condições de Jesus, durante a sua vida, fossem as dos seres fluídicos, ele não teria experimentado nem a dor, nem as necessidades do corpo. Supor que assim haja sido é tirar-lhe o mérito da vida de privações e de sofrimentos que escolhera, como exemplo de resignação. Se tudo nele fosse aparente, todos os atos de sua vida, a reiterada predição de sua morte, a cena dolorosa do Jardim das oliveiras, sua prece a Deus para que lhe afastasse dos lábios o cálice de amarguras, sua paixão, sua agonia, tudo, até o último brado, no momento de entregar o Espírito, não teria passado de vão simulacro, para enganar com relação à sua natureza e fazer crer num sacrifício ilusório de sua vida, numa comédia indigna de um homem simplesmente honesto, indigna, portanto, e com mais forte razão de um ser tão superior. Numa palavra: ele teria abusado da boa-fé dos seus contemporâneos e da posteridade. Tais as consequências lógicas desse sistema, consequências inadmissíveis, porque o rebaixariam moralmente, em vez de o elevarem.*

Jesus, pois, teve, como todo homem, um corpo carnal e um corpo fluídico, o que é atestado pelos fenômenos materiais e pelos fenômenos psíquicos que lhe assinalaram a existência.

67. Não é nova essa ideia sobre a natureza do corpo de Jesus. No quarto século, Apolinário, de Laodiceia, chefe da seita dos *apolinaristas*, pretendia que Jesus não tomara um corpo como o nosso, mas um corpo *impassível*, que descera do céu ao seio da santa virgem e que não nascera dela; que, assim, Jesus não nascera, não sofrera e não morrera, senão em *aparência*. Os apolinaristas foram anatematizados no concílio de Alexandria, em 360; no de Roma, em 374; e no de Constantinopla, em 381.

Tinham a mesma crença os *docetas* (do grego *dokéo*, aparecer), seita numerosa dos *Gnósticos*, que subsistiu durante os três primeiros séculos.**

---

* N. E.: Diante das comunicações e dos fenômenos surgidos após a partida de Kardec, concluiu-se que não houve realmente vão simulacro, como igualmente não houve simulacro de Jesus, após a sua morte, ao pronunciar as palavras que foram registradas por lucAs, 24:39: — "Sou eu mesmo, apalpai-me e vede, porque um Espírito não tem carne nem osso, como vedes que eu tenho."
** N. E.: Não somente foram anatematizados os apolinaristas, mas também os reencarnacionistas e os que se põem em comunicação com os mortos.

AS PREDIÇÕES SEGUNDO O ESPIRITISMO

CAPÍTULO XVI
TEORIA DA PRESCIÊNCIA

1. Como é possível o conhecimento do futuro? Compreende-se a possibilidade da previsão dos acontecimentos que devam resultar do estado presente; porém, não a dos que nenhuma relação guardem com esse estado, nem, ainda menos, a dos que são comumente atribuídos ao acaso. Não existem as coisas futuras, dizem; elas ainda se encontram no nada; como, pois, se há de saber que se darão? São, no entanto, em grande número os casos de predições realizadas, donde forçosa se torna a conclusão de que ocorre aí um fenômeno para cuja explicação falta a chave, porquanto não há efeito sem causa. É essa causa que vamos tentar descobrir e é ainda o Espiritismo, já de si mesmo chave de tantos mistérios, que no-la fornecerá, mostrando-nos, ao demais, que o próprio fato das predições não se produz com exclusão das leis naturais.

Tomemos, para comparação, um exemplo nas coisas usuais. Ele nos ajudará a compreender o princípio que teremos de desenvolver.

2. Suponhamos um homem colocado no cume de uma alta montanha, a observar a vasta extensão da planície em derredor. Nessa situação, o espaço de uma légua pouca coisa será para ele, que poderá facilmente apanhar, de um golpe de vista, todos os acidentes do terreno, de um extremo a outro da estrada que lhe esteja diante dos olhos. O viajor, que pela primeira vez percorra essa estrada, sabe que, caminhando, chegará ao fim dela. Constitui isso uma simples previsão da consequência que terá a sua marcha. Entretanto, os acidentes do terreno, as subidas e descidas, os cursos de água que terá de transpor, os bosques que haja de atravessar, os precipícios em que poderá cair, as casas hospitaleiras onde lhe será possível repousar, os ladrões que o espreitem para roubá-lo, tudo isso independe da sua pessoa; é para ele o desconhecido, o futuro, porque a sua vista não vai além da pequena área que o cerca. Quanto à duração, mede-a pelo tempo que gasta em perlustrar o caminho. Tirai-lhe os pontos de referência e a duração desaparecerá. Para o homem que está em cima da montanha e que o acompanha com o olhar, tudo aquilo está presente. Suponhamos que esse homem desce do seu ponto de observação e, indo ao encontro do viajante, lhe diz: "Em tal momento, encontrarás tal coisa, serás atacado e socorrido." Estará predizendo o futuro, mas, futuro para o viajante, não para ele, autor da previsão, pois que, para ele, esse futuro é presente.

3. Se, agora, sairmos do âmbito das coisas puramente materiais e entrarmos, pelo pensamento, no domínio da vida espiritual, veremos o mesmo fenômeno produzir-se em maior escala. Os Espíritos desmaterializados são como o homem da montanha; o espaço e a duração não existem para eles. Mas a extensão e a penetração da vista são proporcionadas à depuração deles e à elevação que alcançaram na hierarquia espiritual. Com relação aos Espíritos inferiores, aqueles são quais homens munidos de possantes telescópios, ao lado de outros que apenas dispõem dos olhos. Nos Espíritos inferiores, a visão é circunscrita, não só porque eles dificilmente podem afastar-se do globo a que se acham presos, como também porque a grosseria de seus perispíritos lhes vela as coisas distantes, do mesmo modo que um nevoeiro as oculta aos olhos do corpo.

Bem se compreende, pois, que, de conformidade com o grau de sua perfeição, possa um Espírito abarcar um período de alguns anos, de alguns séculos, mesmo de muitos milhares de anos, porquanto, que é um século em face do infinito? Diante dele, os acontecimentos não se desenrolam sucessivamente, como os incidentes da estrada diante do viajor: ele vê simultaneamente o começo e o fim do período; todos os eventos que, nesse período, constituem o futuro para o homem da Terra são o presente para ele, que poderia então vir dizer-nos com certeza: tal coisa acontecerá em tal época, porque essa coisa ele a vê como o homem da montanha vê o que espera o viajante no curso da viagem. Se assim não procede, é porque poderia ser prejudicial ao homem o conhecimento do futuro, conhecimento que lhe pearia o livre-arbítrio, paralisá-lo-ia no trabalho que lhe cumpre executar a bem do seu progresso. O se lhe conservarem desconhecidos o bem e o mal com que topará constitui para o homem uma prova.

Se tal faculdade, mesmo restrita, se pode contar entre os atributos da criatura, em que grau de potencialidade não existirá no Criador, que abrange o infinito? Para o Criador, o tempo não existe: o princípio e o fim dos mundos lhe são o presente. Dentro desse panorama imenso, que é a duração da vida de um homem, de uma geração, de um povo?

4. Entretanto, como o homem tem de concorrer para o progresso geral, como certos acontecimentos devem resultar da sua cooperação, pode convir que, em casos especiais, ele pressinta esses acontecimentos, a fim de lhes preparar o encaminhamento e de estar pronto a agir, em chegando a ocasião. Por isso é que Deus, às vezes, permite se levante uma ponta do véu; mas, sempre com fim útil, nunca para satisfação de vã curiosidade. Tal missão pode, pois, ser conferida, não a todos os Espíritos, porquanto muitos há que do futuro não conhecem mais do que os homens, porém a alguns Espíritos bastante adiantados para desempenhá-la. Ora, é de notar-se que as revelações dessa espécie são sempre feitas espontaneamente e jamais, ou, pelo menos, muito raramente, em resposta a uma pergunta direta.

5. Pode também semelhante missão ser confiada a certos

homens, desta maneira: Aquele a quem é dado o encargo de revelar uma coisa oculta recebe, à sua revelia e por inspiração dos Espíritos que a conhecem, a revelação dela e a transmite maquinalmente, sem se aperceber do que faz. É sabido, ao demais, que, assim durante o sono, como em estado de vigília, nos êxtases da dupla vista, a alma se desprende e adquire, em grau mais ou menos alto, as faculdades do Espírito livre. Se for um Espírito adiantado, se, sobretudo, houver recebido, como os profetas, uma missão especial para esse efeito, gozará, nos momentos de emancipação da alma, da faculdade de abarcar, por si mesmo, um período mais ou menos extenso, e verá, como presente, os sucessos desse período. Pode então revelá-los no mesmo instante, ou conservar lembrança deles ao despertar. Se os sucessos hajam de permanecer secretos, ele os esquecerá, ou apenas guardará uma vaga intuição do que lhe foi revelado, bastante para o guiar instintivamente.

6. É assim que em certas ocasiões essa faculdade se desenvolve providencialmente, na iminência de perigos, nas grandes calamidades, nas revoluções, e é assim também que a maioria das seitas perseguidas adquire numerosos *videntes*. É ainda por isso que se veem os grandes capitães avançar resolutamente contra o inimigo, certos da vitória; que homens de gênio, como, por exemplo, Cristóvão Colombo, caminham para uma meta, anunciando previamente, por assim dizer, o instante em que a alcançarão. É que eles viram, essa meta, que, para seus Espíritos, deixou de ser o desconhecido.

Nada, pois, tem de sobrenatural o dom da predição, mais do que uma imensidade de outros fenômenos. Ele se funda nas propriedades da alma e na lei das relações do mundo visível com o mundo invisível, que o Espiritismo veio dar a conhecer.

A teoria da presciência talvez não resolva de modo absoluto todos os casos que se possam apresentar de revelação do futuro, mas não se pode deixar de convir em que lhe estabelece o princípio fundamental.

7. Muitas vezes, as pessoas dotadas da faculdade de prever, seja no estado de êxtase, seja no de sonambulismo, veem os acontecimentos como que desenhados num quadro, o que também se poderia explicar pela fotografia do pensamento. Atravessando o pensamento o espaço, como os sons atravessam o ar, um sucesso que esteja no dos Espíritos que trabalham para que ele se dê, ou no dos homens cujos atos devam provocá-lo, pode formar uma imagem para o vidente; mas, como a sua realização pode ser apressada ou retardada por um concurso de circunstâncias, este último vê o fato, sem poder, todavia, determinar o momento em que se dará. Não raro acontece que aquele pensamento não passa de um projeto, de um desejo, que se não concretizem em realidade, donde os frequentes erros de fato e de data nas previsões. (Cap. XIV, itens 13 e seguintes.)

8. Para compreendermos as coisas espirituais, isto é, para fazermos delas ideia tão clara como a que fazemos de uma paisagem que tenhamos ante os olhos, falta-nos em verdade um sentido, exatamente como ao cego de nascença falta um que lhe faculte compreender os efeitos da luz, das cores e da vista, sem o contato. Daí se segue que somente por esforço da imaginação e por meio de comparações com coisas materiais que nos sejam familiares chegamos a consegui-lo. As coisas materiais, porém, não nos podem dar das coisas espirituais senão ideias muito imperfeitas, razão por que não se devem tomar ao pé da letra essas comparações e crer, por exemplo, que a extensão das faculdades perceptivas dos Espíritos depende da efetiva elevação deles, nem que eles precisem estar em cima de uma montanha ou acima das nuvens para abrangerem o tempo e o espaço.

Tal faculdade lhes é inerente ao estado de espiritualização, ou, se o preferirem, de desmaterialização. Quer isto dizer que a espiritualização produz um efeito que se pode comparar, se bem muito imperfeitamente, ao da visão de conjunto que tem o homem colocado sobre a montanha. Esta comparação objetivava simplesmente mostrar que acontecimentos pertencentes ainda, para uns, ao futuro, estão, para outros, ao presente e podem assim ser preditos, o que não implica que o efeito se produza de igual maneira.

Para, portanto, gozar dessa percepção, não precisa o Espírito transportar-se a um ponto qualquer do espaço. Pode possuí-la em toda a sua plenitude aquele que na Terra se acha ao nosso lado, tanto quanto se achasse a mil léguas de distância, ao passo que nós nada vemos além do nosso horizonte visual. Não se operando a visão, nos Espíritos, do mesmo modo, nem com os mesmos elementos que no homem, muito diverso é o horizonte visual dos primeiros. Ora, é precisamente esse o sentido que nos falece para o concebermos. *O Espírito, ao lado do encarnado, é como o vidente ao lado do cego.*

9. Devemos, além disso, ponderar que essa percepção não se limita ao que diz respeito à extensão; que ela abrange a penetração de todas as coisas. É, repetimo-lo, uma faculdade inerente e proporcionada ao estado de desmaterialização. A encarnação *amortece-a*, sem, contudo, a anular completamente, porque a alma não fica encerrada no corpo como numa caixa. O encarnado a possui, embora sempre em grau menor do que quando se acha completamente desprendido; é o que confere a certos homens um poder de penetração que a outros falece inteiramente; maior agudeza de visão moral; compreensão mais fácil das coisas extramateriais.

O Espírito encarnado não somente percebe, como também se lembra do que viu no estado de Espírito livre e essa lembrança é como um quadro que se lhe desenha na mente. Na encarnação, ele vê, mas vagamente, como através de um véu; no estado de liberdade, vê e concebe claramente. *O princípio da visão não lhe é exterior, está nele*; essa a razão por que não precisa da luz exterior. Por efeito do desenvolvimento moral, alarga-se o círculo das ideias e da concepção; por efeito da desmaterialização gradual do perispírito, este se purifica dos elementos grosseiros que lhe alteravam a delicadeza das percepções, o que torna fácil compreender-se que a ampliação de todas as faculdades acompanha o progresso do Espírito.

10. O grau da extensão das faculdades do Espírito é que, na encarnação, o torna mais ou menos apto a conceber as coisas espirituais. Essa aptidão, todavia, não é corolário forçoso do desenvolvimento da inteligência; a ciência vulgar não a dá, tanto assim que há homens de grande saber tão cegos para as coisas espirituais, quanto outros o são para as coisas materiais; são-lhes refratários, porque não as compreendem, o que significa que *ainda* não progrediram em tal sentido, ao passo que outros, de instrução e inteligência vulgares, as aprendem com a maior facilidade, o que prova que já tinham de tais coisas uma intuição prévia. É, para estes, uma lembrança retrospectiva do que viram e souberam, quer na erraticidade, quer em suas existências anteriores, como alguns têm a intuição das línguas e das ciências de que já foram conhecedores.

11. Quanto ao futuro do Espiritismo, os Espíritos, como se sabe, são unânimes em afirmar o seu triunfo próximo, a despeito dos obstáculos que lhe criem. Fácil lhes é essa previsão, primeiramente, porque a sua propagação é obra pessoal deles: concorrendo para o movimento, ou dirigindo-o, eles naturalmente sabem o que devem fazer; em segundo lugar, basta-lhes entrever um período de curta duração: veem, nesse período, ao longo do caminho, os poderosos auxiliares que Deus lhe suscita e que não tardarão a manifestar-se.

Transportem-se os espíritas, embora sem serem Espíritos desencarnados, a trinta anos apenas para diante, ao seio da geração que surge; daí considerem o que se passa hoje com o Espiritismo; acompanhem-lhe a marcha progressiva e verão consumir-se em vãos esforços os que se creem destinados a derrocá-lo. Verão que esses tais pouco a pouco desaparecem de cena e que, paralelamente, a árvore cresce e alonga cada dia mais as suas raízes.

12. As mais das vezes, os acontecimentos vulgares da vida privada são consequência da maneira de proceder de cada um: este, de acordo com as suas capacidades, com a sua habilidade, com a sua perseverança, prudência e energia, terá êxito naquilo em que outro verá malogrados todos os seus esforços, por efeito da sua inaptidão, de sorte que se pode dizer que cada um é o artífice do seu próprio futuro, futuro que jamais se encontra sujeito a uma cega fatalidade, independente da sua personalidade. Conhecendo-se o caráter de um indivíduo, facilmente se lhe pode predizer a sorte que o espera no caminho por onde haja ele enveredado.

13. Os acontecimentos que envolvem interesses gerais da humanidade têm a regulá-los a providência. Quando uma coisa está nos desígnios de Deus, ela se cumpre a despeito de tudo, ou por um meio, ou por outro. Os homens concorrem para que ela se execute; nenhum, porém, é indispensável, pois, do contrário, o próprio Deus estaria à mercê das suas criaturas. Se faltar aquele a quem incumba a missão de a executar, outro será dela encarregado. Não há missão fatal; o homem tem sempre a liberdade de cumprir ou não a que lhe foi confiada e que ele voluntariamente aceitou. Se não o faz, perde os benefícios que daí lhe resultariam e assume a responsabilidade dos atrasos que possam resultar da sua negligência ou da sua má vontade. Se se tornar um obstáculo a que ela se cumpra, está em Deus afastá-lo com um sopro.

14. Pode, portanto, ser certo o resultado final de um acontecimento, por se achar este nos desígnios de Deus; como, porém, quase sempre, os pormenores e o modo de execução se encontram subordinados às circunstâncias e ao livre-arbítrio dos homens, podem ser eventuais as sendas e os meios. Está nas possibilidades dos Espíritos prevenir-nos do conjunto, se convier que sejamos avisados; mas, para determinarem lugar e data, fora mister conhecessem previamente a decisão que tomará este ou aquele indivíduo. Ora, se essa decisão ainda não lhe estiver na mente, poderá, tal venha ela a ser, apressar ou demorar a realização do fato, modificar os meios secundários de ação, embora o mesmo resultado chegue sempre a produzir-se. É assim, por exemplo, que, pelo conjunto das circunstâncias, podem os Espíritos prever que uma guerra se acha mais ou menos próxima, que é inevitável, sem, contudo, poderem predizer o dia em que começará, nem os incidentes pormenorizados que possam ser modificados pela vontade dos homens.

15. Para determinação da época dos acontecimentos futuros, será preciso, ao demais, se leve em conta uma circunstância inerente à natureza mesma dos Espíritos.

O tempo, como o espaço, não pode ser avaliado senão com o auxílio de pontos de referências que o dividam em períodos que se contem. Na Terra, a divisão natural do tempo em dias e anos tem a marcá-la o levantar e o pôr do sol, assim como a duração do movimento de translação do planeta terreno. As unidades de medida

351

do tempo necessariamente variam conforme os mundos, pois que são diferentes os períodos astronômicos. Assim, por exemplo, em Júpiter, os dias equivalem a dez das horas terrestres e os anos a mais de doze anos nossos.

Há, pois, para cada mundo, um modo diferente de computar-se a duração, de acordo com a natureza das revoluções astrais que nele se efetuam. Já haverá aí uma dificuldade para que Espíritos que não conheçam o nosso mundo determinem datas com relação a nós. Além disso, fora dos mundos, não existem tais meios de apreciação. Para um Espírito, no espaço, não há levantar nem pôr de sol a marcar os dias, nem revolução periódica a marcar os anos; só há, para ele, a duração e o espaço infinitos. (Cap. VI, itens 1 e seguintes.) Aquele, portanto, que jamais houvesse vindo à Terra nenhum conhecimento possuiria dos nossos cálculos que, aliás, lhe seriam completamente inúteis. Mais ainda: aquele que jamais houvesse encarnado em nenhum mundo, nenhuma noção teria das frações da duração. Quando um Espírito estranho à Terra vem aqui manifestar-se, não pode assinar datas aos acontecimentos, senão identificando-se com os nossos usos; ora, isso sem dúvida lhe é possível, porém, as mais das vezes, ele nenhuma utilidade descobre nessa identificação.

16. Os Espíritos, que formam a população invisível do nosso globo, onde eles já viveram e onde continuam a imiscuir-se na nossa vida, estão naturalmente identificados com os nossos hábitos, cuja lembrança conservam na erraticidade. Poderão, por conseguinte, com maior facilidade, determinar datas aos acontecimentos futuros, desde que os conheçam; mas, além de que isso nem sempre lhes é permitido, eles se veem impedidos pela razão de que, sempre que as circunstâncias de minúcias estão subordinadas ao livre-arbítrio e à decisão eventual do homem, nenhuma data precisa existe realmente, senão depois que o acontecimento se tenha dado.

Eis aí por que as predições circunstanciadas não podem apresentar cunho de certeza e somente como prováveis devem ser acolhidas, mesmo que não tragam eiva que as torne *legitimamente suspeitas*. Por isso mesmo, os Espíritos verdadeiramente ponderados nada nunca predizem para épocas determinadas, limitando-se a prevenir-nos do seguimento das coisas que convenha conheçamos. Insistir por obter informes precisos é expor-se às mistificações dos Espíritos levianos que predizem tudo o que se queira, sem se preocuparem com a verdade, divertindo-se com os terrores e as decepções que causem.

17. A forma geralmente empregada até agora nas predições faz delas verdadeiros enigmas, as mais das vezes indecifráveis. Essa forma misteriosa e cabalística, de que Nostradamus nos oferece o tipo mais completo, lhes dá certo prestígio perante o vulgo, que tanto mais valor lhes atribui, quanto mais incompreensíveis se mostrem. Pela sua ambiguidade, elas se prestam a interpretações muito diferentes, de tal sorte que, conforme o sentido que se atribua a certas palavras alegóricas ou convencionais, conforme a maneira por que se efetue o cálculo, singularmente complicado, das datas e, com um pouco de boa vontade, nelas se encontra quase tudo o que se queira.

Seja como for, não se pode deixar de convir em que algumas apresentam caráter sério e confundem pela sua veracidade. É provável que a forma velada tenha tido, em certo tempo, sua razão de ser e mesmo sua necessidade.

Hoje, as circunstâncias são outras; o positivismo do século dar--se-ia mal com a linguagem sibilina. Daí vem que presentemente as predições já não se revestem dessas formas singulares; nada têm de místicas as que os Espíritos fazem; eles usam a linguagem de toda gente, como o teriam feito quando vivos na Terra, porque não deixaram de pertencer à humanidade. Avisam-nos das coisas futuras, pessoais ou gerais, quando necessário, na medida da perspicácia de que são dotados, como o fariam conselheiros e amigos. Suas previsões, pois, são antes advertências, do que predições propriamente ditas, as quais implicariam numa fatalidade absoluta. Além disso, quase sempre motivam a opinião que manifestam, por não quererem que o homem anule a sua razão sob uma fé cega e desejarem que este último lhe aprecie a exatidão.

18. A humaniadade contemporânea também conta seus profetas. Mais de um escritor, poeta, literato, historiador ou filósofo hão traçado, em seus escritos, a marcha futura de acontecimentos a cuja realização agora assistimos.

Essa aptidão, sem dúvida, decorre, muitas vezes, da retidão do juízo, no deduzir as consequências lógicas do presente; mas, doutras vezes, também resulta de uma especial clarividência inconsciente, ou de uma inspiração vinda do exterior. O que tais homens fizeram quando vivos, podem, com razão mais forte e maior exatidão, fazer no estado de Espíritos livres, quando não têm a visão espiritual obscurecida pela matéria.

CAPÍTULO XVII
PREDIÇÕES DO EVANGELHO

Ninguém é profeta em sua Terra • Morte e paixão de Jesus • Perseguição aos apóstolos • Cidades impenitentes • Ruína do Templo e de Jerusalém • Maldição contra os fariseus • Minhas palavras não passarão • A pedra angular • Parábola dos vinhateiros homicidas • Um só rebanho e um só pastor • Advento de Elias Anunciação do Consolador • segundo advento do Cristo • Sinais precursores • Vossos filhos e vossas filhas profetizarão • Juízo final

Ninguém é profeta em sua Terra

1. Tendo vindo à sua Terra natal, instruía-os nas sinagogas, de sorte que, tomados de espanto, diziam: "donde lhe vieram essa sabedoria e esses milagres? — Não é o filho daquele carpinteiro? Não se chama Maria, sua mãe, e seus irmãos Tiago, José, Simão e Judas? Suas irmãs não se acham todas entre nós? Donde então lhe vêm todas essas coisas?" — E assim faziam dele objeto de escândalo.

Mas Jesus lhes disse: "*Um profeta só não é honrado em sua Terra e na sua casa.*" — E não fez lá muitos milagres devido à incredulidade deles. (Mateus, 13:54 a 58.)

2. Enunciou Jesus dessa forma uma verdade que se tornou provérbio, que é de todos os tempos e à qual se poderia dar maior amplitude, dizendo que *ninguém é profeta em vida.*

Na linguagem usual, essa máxima se aplica ao crédito de que alguém goza entre os seus e entre aqueles em cujo seio vive, à confiança que lhes inspira pela superioridade do saber e da inteligência. Se ela sofre exceções, são raras estas e, em nenhum caso, absolutas. O princípio de tal verdade reside numa consequência natural da fraqueza humana e pode explicar-se deste modo:

O hábito de se verem desde a infância, em todas as circunstâncias ordinárias da vida, estabelece entre os homens uma espécie de igualdade material que, muitas vezes, faz que a maioria deles se negue a reconhecer superioridade moral num de quem foram companheiros ou comensais, que saiu do mesmo meio que eles e cujas primeiras fraquezas todos testemunharam. Sofre-lhes o orgulho com o terem de reconhecer o ascendente do outro. Quem quer que se eleve acima do nível comum está sempre em luta com o ciúme e a inveja. Os que se sentem incapazes de chegar à altura em que aquele se encontra esforçam-se para rebaixá-lo, por meio da difamação, da maledicência e da calúnia; tanto mais forte gritam, quanto menores se acham, crendo que se engrandecem e o eclipsam pelo arruído que promovem. Tal foi e será a História da humanidade, enquanto os homens não houverem compreendido a sua natureza espiritual e alargado seu horizonte moral. Por aí se vê que semelhante preconceito é próprio dos Espíritos acanhados e vulgares, que tomam suas personalidades por ponto de aferição de tudo.

Doutro lado, toda gente, em geral, faz dos homens apenas conhecidos pelo espírito um ideal que cresce à medida que os tempos e os lugares se vão distanciando. Eles são como que despojados de todo cunho de humanidade; parece que não devem ter falado, nem sentido como os demais; que a linguagem de que usaram e seus pensamentos hão de ter ressoado constantemente no diapasão da sublimidade, sem se lembrarem, os que tal imaginam, que o Espírito não poderia permanecer constantemente em estado de tensão e de perpétua superexcitação. No contato da vida privada, vê-se por demais que o homem material em nada se distingue do vulgo. O homem corpóreo, que os sentidos humanos percebem, quase que apaga o homem espiritual, do qual somente o espírito se percebe. *De longe, apenas se veem os relâmpagos do gênio; de perto, veem-se as paradas do espírito.*

Depois da morte, nenhuma comparação mais sendo possível, unicamente o homem espiritual subsiste e tanto maior parece, quanto mais longínqua se torna a lembrança do homem corporal. É por isso que aqueles cuja passagem pela Terra se assinalou por obras de real valor são mais apreciados depois de mortos do que quando vivos. São julgados com mais imparcialidade, porque, já tendo desaparecido os invejosos e os ciosos, cessaram os antagonismos pessoais. A posteridade é juiz desinteressado no apreciar a obra do Espírito; aceita-a sem entusiasmo cego, se é boa, e a rejeita sem rancor, se é má, abstraindo da individualidade que a produziu.

Tanto menos podia Jesus escapar às consequências deste princípio, inerente à natureza humana, quanto pouco esclarecido era o meio em que ele vivia, meio esse constituído de criaturas votadas inteiramente à vida material. Nele, seus compatriotas apenas viam o filho do carpinteiro, o irmão de homens tão ignorantes quanto ele e, assim sendo, não percebiam o que lhe dava superioridade e o investia do direito de os censurar. Verificando então que a sua palavra tinha menos autoridade sobre os seus, que o desprezavam, do que sobre os estranhos, preferiu ir pregar para os que o escutavam e aos quais inspirava simpatia.

Pode-se fazer ideia dos sentimentos que para com Ele nutriam os que lhe eram aparentados, pelo fato de que seus próprios irmãos, acompanhados de sua mãe, foram a uma reunião onde ele se encontrava, para dele *se apoderarem*, dizendo que *perdera o juízo*. (Marcos, 3:20 e 21, 31 a 35; *O evangelho segundo o espiritismo*, cap. XIV.)

Assim, de um lado, os sacerdotes e os fariseus o acusavam de trabalhar pelo demônio; de outro, era tachado de louco pelos seus parentes mais próximos. Não é o que se dá em nossos dias com relação aos espíritas? E deverão estes queixar-se de que os seus concidadãos não os tratem melhor do que os de Jesus o tratavam? O que há de estranhável é que, no século XIX e no seio de nações civilizadas, se dê o que, há dois mil anos, nada tinha de espantoso, por parte de um povo ignorante.

Morte e paixão de Jesus

3. (Após a cura do lunático) — Todos ficaram admirados do grande poder de Deus. E, estando todos presa de admiração pelo que Jesus fazia, disse ele a seus discípulos: "Guardai bem nos vossos corações o que vos vou dizer. O Filho do Homem tem que ser entregue às mãos dos homens." — Eles, porém, não entendiam essa linguagem; ela lhes era de tal modo oculta que nada compreendiam daquilo e temiam mesmo interrogá-lo a respeito. (Lucas, 9:44 e 45.)

4. A partir de então, começou Jesus a revelar a seus discípulos que tinha de ir a Jerusalém; que aí tinha de sofrer muito da parte dos senadores, dos escribas e dos príncipes dos sacerdotes; que tinha de ser morto e de ressuscitar ao terceiro dia. (Mateus, 16:21.)

5. Estando na Galileia, disse-lhes Jesus: "O Filho do Homem tem que ser entregue às mãos dos homens; — estes lhe darão morte e ele ressuscitará ao terceiro dia, o que os afligiu extremamente." (Mateus, 17:21 e 22.)

6. Ora, indo Jesus a Jerusalém, chamou de parte seus doze discípulos e lhes disse: "Vamos para Jerusalém e o Filho do Homem será entregue aos príncipes dos sacerdotes e aos escribas, que o condenarão à morte — e o entregarão aos gentios, a fim de que o tratem com zombarias, o açoitem e crucifiquem; e ele ressuscitará ao terceiro dia." (*Mateus*, 20:17 a 19.)

7. Em seguida, tomando de parte os doze apóstolos, disse-lhes

Jesus: "Eis que vamos a Jerusalém e tudo o que os profetas escreveram acerca do Filho do Homem vai cumprir-se — porquanto ele será entregue aos gentios, zombarão dele, açoitá-lo-ão e lhe escarrarão no rosto. — Depois que o tiverem açoitado, matá-lo-ão e ele ressuscitará ao terceiro dia."
Mas eles nada compreenderam de tudo isso; aquela linguagem lhes era oculta e não entendiam o que ele lhes dizia. (Lucas, 18:31 a 34.)
8. Ora, tendo concluído todos esses discursos, Jesus disse a seus discípulos: "Sabeis que a Páscoa se fará daqui a dois dias e que o Filho do Homem será entregue para ser crucificado."
Ao mesmo tempo, os príncipes dos sacerdotes e os anciãos do povo se reuniram na corte do sumo sacerdote chamado Caifás — e entraram a consultar-se mutuamente, à procura de um meio de se apoderarem habilmente de Jesus e de fazê-lo morrer. — Diziam: "É absolutamente necessário que não seja durante a festa, para que não se levante qualquer tumulto no seio do povo." (Mateus, 26:1 a 5.)
9. No mesmo dia, alguns fariseus vieram dizer-lhe: "Vai-te, sai deste lugar, pois Herodes quer dar-te à morte." — Ele respondeu: "Ide dizer a essa raposa: Ainda tenho que expulsar os demônios e restituir a saúde aos doentes, hoje e amanhã; no terceiro dia, serei consumado." (*Lucas*, 13:31 e 32.)

Perseguição aos apóstolos
10. "Guardai-vos dos homens, porquanto eles vos farão comparecer nas suas assembleias, e vos farão açoitar nas suas sinagogas; e sereis apresentados, por minha causa, aos governadores e aos reis, para lhes servir de testemunhas, bem como às nações." (Mateus, 10:17 e 18.)
11. "Eles vos expulsarão das sinagogas e vem o tempo em que aquele que vos fizer morrer julgará fazer coisa agradável a Deus. — tratar-vos-ão desse modo, porque não conhecem nem a meu Pai, nem a mim. — Ora, digo-vos estas coisas, a

fim de que, quando houver chegado o tempo, vos lembreis de que eu vo-las disse." (João, 16:1 a 4.)

12. "Sereis traídos e entregues aos magistrados por vossos pais e vossas mães, por vossos irmãos, por vossos parentes, por vossos amigos e darão morte a muitos de vós. — Sereis odiados de toda gente, por causa de meu nome. — Entretanto, não se perderá um só cabelo de vossa cabeça. — Pela vossa paciência é que possuireis vossas almas." (Lucas, 21:16 a 19.)

13. (Martírio de Pedro) — "Em verdade, em verdade vos digo que, quando éreis mais moços, vos cingíeis a vós mesmos e íeis onde queríeis; mas quando fordes velhos, estendereis as mãos e outro vos cingirá e conduzirá onde não querereis ir." — Ora, ele dizia isso para assinalar de que morte Pedro havia de glorificar a Deus. (João, 21:18 e 19.)

Cidades impenitentes

14. Começou então a reprochar as cidades onde fizera muitos milagres, por não terem feito penitência.

"Ai de ti, Corazim, ai de ti Betsaida, porque, se os milagres que foram feitos dentro de vós tivessem sido feitos em Tiro e em Sídon, há muito tempo teriam elas feito penitência com saco e cinzas. — Declaro-vos por isso que, no dia do juízo, Tiro e Sídon serão tratadas menos rigorosamente do que vós."

"E tu, Cafarnaum, elevar-te-ás sempre até o céu? Serás abaixada até o fundo do inferno, porque, se os milagres que foram feitos dentro de ti houvessem sido feitos em Sodoma, esta ainda talvez subsistisse hoje. — Declaro-te por isso que, no dia do julgamento, a cidade de Sodoma será tratada menos rigorosamente do que tu." (Mateus, 11:20 a 24.)

Ruína do Templo e de Jerusalém

15. Quando Jesus saiu do Templo para ir embora, seus discípulos se acercaram dele para lhe fazerem notar a estrutura e a grandeza daquele edifício. — Ele, porém, lhes disse: "Vedes todas estas construções? Digo-vos, em verdade, que serão de tal maneira destruídas, que não ficará pedra sobre pedra." (Mateus, 24:1 e 2.)

16. Em seguida, tendo chegado perto de Jerusalém, contemplando a cidade, ele chorou por ela, dizendo: — "Ah! Se, ao menos neste dia que ainda te é concedido, reconhecesses aquele que te pode proporcionar paz! Mas, agora, tudo isto se acha oculto aos teus olhos. — tempo virá, pois, para ti, desgraçada, em que teus inimigos te cercarão de trincheiras, te encerrarão e apertarão de todos os lados; — em que te deitarão por Terra, a ti e aos teus filhos que estão dentro de ti, e não te deixarão pedra sobre pedra, porque não reconheceste o tempo em que Deus te visitou." (Lucas, 19:41 a 44.)

17. "Entretanto, é preciso que eu continue a andar hoje e amanhã e o dia seguinte, porquanto necessário é que nenhum profeta sofra morte noutra parte, que não em Jerusalém.
Jerusalém, Jerusalém! Que matas os profetas e apedrejas os que te são enviados, quantas vezes hei querido reunir teus filhos, como uma galinha reúne sob as asas seus pintinhos, e não o quiseste! — Aproxima-se o tempo em que vossa casa ficará deserta. Ora, eu, em verdade, vos digo que doravante não me tornareis a ver, até que digais: Bendito seja o que vem em nome do Senhor." (Lucas, 13:33 a 35.)

18. "Quando virdes um exército cercando Jerusalém, sabei que está próxima a sua destruição. — Fujam para as montanhas os que estiverem na Judeia, retirem-se os que estiverem dentro dela e nela não entrem os que estiverem na região circunvizinha. — Porquanto, esses dias serão os da vingança, a fim de que se cumpra tudo o que está na Escritura. — Ai das que estiverem grávidas nesses dias, visto que este país será acabrunhado de males e a cólera do céu cairá sobre este povo. — Serão passados a fio de espada; serão levados em cativeiro para todas as nações e Jerusalém será calcada aos pés pelos gentios, até que se haja preenchido o tempo das nações." (Lucas, 21:20 a 24.)

19. (Jesus avançando para o suplício) — Ora, acompanhava-o grande multidão de povo e de mulheres a bater nos peitos e a chorar. — Jesus, então, voltando-se, disse: "Filhas de Jerusalém, não choreis por mim; chorai antes por vós mesmas e pelos vossos filhos — porquanto virá tempo em que se dirá: 'Ditosas as estéreis, as entranhas que não geraram filhos e os seios que não amamentaram.' — Todos se porão a dizer às montanhas: 'Caí sobre nós!' e às colinas: 'Cobri-nos!' — Pois, se tratam deste modo o lenho verde, como será tratado o lenho seco?" (Lucas, 23:27 a 31.)

20. A faculdade de pressentir as coisas porvindouras é um dos atributos da alma e se explica pela teoria da presciência. Jesus a possuía, como todos os outros, em grau eminente. Pôde, portanto, prever os acontecimentos que se seguiriam à sua morte, sem que nesse fato algo haja de sobrenatural, pois que o vemos reproduzir-se aos nossos olhos, nas mais vulgares condições. Não é raro que indivíduos anunciem com precisão o instante em que morrerão; é que a alma deles, no estado de desprendimento, está como o homem da montanha (cap. XVI, item 1): abarca a estrada a ser percorrida e lhe vê o termo.

21. Tanto mais assim havia de dar-se com Jesus, quanto, tendo consciência da missão que viera desempenhar, sabia que a morte no suplício forçosamente lhe seria a consequência. A visão espiritual, permanente nele, assim como a penetração do pensamento, haviam de mostrar-lhe as circunstâncias e a época fatal. Pela mesma razão podia prever a ruína do Templo, a de Jerusalém, as desgraças que se iam abater sobre seus habitantes e a dispersão dos judeus.

Maldição contra os fariseus

22. (João Batista) — Vendo muitos fariseus e saduceus que acorriam para ser batizados, ele lhes disse: "Raça de víboras, quem vos ensinou a fugir da cólera que há de cair sobre vós? — Produzi então dignos frutos de penitência; não penseis em dizer de vós para convosco: 'Temos Abraão por pai', porquanto eu vos declaro que Deus pode fazer que destas próprias pedras nasçam filhos a Abraão. — O machado já está posto à raiz das árvores e toda árvore que não der bons frutos será cortada e lançada ao fogo." (Mateus, 3:7 a 10.)

23. "Ai de vós, escribas e fariseus hipócritas, porque fechais aos homens o reino dos céus; lá não entrais e ainda vos opondes a que outros entrem!

Ai de vós, escribas e fariseus hipócritas, que, a pretexto das vossas longas orações, devorais as casas das viúvas; tereis por isso um julgamento mais rigoroso!

Ai de vós, escribas e fariseus hipócritas, que percorreis o mar e a Terra para fazer um prosélito e que, depois de o haverdes conseguido, o tornais duas vezes mais digno do inferno do que vós mesmos!

Ai de vós, condutores de cegos, que dizeis: 'Se um homem jura pelo templo, isso nada vale; quem quer, porém, que jure pelo ouro do templo, fica obrigado a cumprir o seu juramento!' — insensatos e cegos que sois! A qual se deve mais estimar: ao ouro, ou ao templo que santifica o ouro? — Se um homem, dizeis, jura pelo altar, isso nada vale; mas aquele que jurar pelo dom que esteja sobre o altar fica obrigado a cumprir o seu juramento. — Cegos que sois! A qual se deve mais estimar, ao dom ou ao altar que santifica o dom? — Aquele, pois, que jura pelo altar jura não só pelo altar, como por tudo o que está sobre o altar; — e aquele que jura pelo templo jura por aquele que o habita; — e aquele que jura pelo céu jura pelo trono de Deus e por aquele que aí se assenta.

Ai de vós, escribas e fariseus hipócritas, que pagais o dízimo da hortelã, do endro e do cominho e que tendes abandonado o que há de mais importante na lei, a saber: a justiça, a misericórdia e a fé! Essas as coisas que deveis praticar, sem, contudo, omitirdes as outras. — Guias cegos, que tendes grande cuidado em coar o que bebeis, por medo de engolir um mosquito, e que, no entanto, engolis um camelo!

Ai de vós, escribas e fariseus hipócritas, que limpais por fora o copo e o prato e que estais por dentro cheios de rapina e impureza! — Fariseus cegos! Limpai primeiro o interior do copo e do prato, a fim de que também o exterior fique limpo. Ai de vós, escribas e fariseus hipócritas, que vos assemelhais a sepulcros caiados, que por fora parecem belos aos olhos dos homens, mas que, por dentro, estão cheios de ossadas de mortos e de toda espécie de podridão! — Assim, por fora pareceis justos, enquanto que, por dentro, estais cheios de hipocrisia e de iniquidade.

Ai de vós, escribas e fariseus hipócritas, que erigis túmulos aos profetas e adornais os monumentos dos justos — e que dizeis: 'Se existíssemos no tempo de nossos pais, não nos teríamos associado a eles para derramar o sangue dos profetas!' — Acabais, pois, assim, de encher a medida de vossos pais. — Serpentes, raça de víboras, como podereis evitar a condenação ao inferno? — Eis que vou enviar-vos profetas, homens de sabedoria e escribas e matareis a uns, crucificareis a outros e a outros açoitareis nas vossas sinagogas e os perseguireis de cidade em cidade — a fim de que recaia sobre vós todo o sangue inocente que há sido derramado na Terra, desde o sangue de Abel, o justo, até o de Zacarias, filho de Baraquias, que matastes entre o templo e o altar! — Digo-vos, em verdade, que tudo isso virá recair sobre esta raça que existe hoje." (Mateus, 23:13 a 36.)

Minhas palavras não passarão

24. Então, aproximando-se dele, seus discípulos lhe disseram: "Sabes que, ouvindo o que acabaste de dizer, os fariseus se escandalizaram?" — Ele respondeu: *Toda planta que meu Pai celestial não plantou será arrancada. — Deixa-os; são cegos a conduzir cegos; se um cego guia outro cego, cairão ambos no barranco.*" (Mateus, 15:12 a 14.)

25. "O Céu e a Terra passarão, mas as minhas palavras não passarão." (Mateus, 24:35.)

26. As palavras de Jesus não passarão, porque serão verdadeiras em todos os tempos. Será eterno o seu código de moral, porque consagra as condições do bem que conduz o homem ao seu destino eterno. Mas terão as suas palavras chegado até nós puras de toda ganga e de falsas interpretações? Apreenderam-lhes o Espírito todas as seitas cristãs? Nenhuma as terá desviado do verdadeiro sentido, em consequência dos preconceitos e da ignorância das leis da natureza? Nenhuma as transformou em instrumento de dominação, para servir às suas ambições e aos seus interesses materiais, em degrau, não para se elevar ao céu, mas para elevar-se na Terra? Terão todas adotado como regra de proceder a prática das virtudes, prática da qual fez Jesus condição expressa de salvação? Estarão todas isentas das apóstrofes que ele dirigiu aos fariseus de seu tempo? Todas, finalmente, serão, assim em teoria, como na prática, expressão pura da sua doutrina?

Sendo uma só, e única, a verdade não pode achar-se contida em afirmações contrárias e Jesus não pretendeu imprimir duplo sentido às suas palavras. Se, pois, as diferentes seitas se contradizem; se umas consideram verdadeiro o que outras condenam como heresias, impossível é que todas estejam com a verdade. Se todas houvessem apreendido o sentido verdadeiro do ensino evangélico, todas se teriam encontrado no mesmo terreno e não existiriam seitas.

O que *não passará* é o verdadeiro sentido das palavras de Jesus; o que *passará* é o que os homens construíram sobre o sentido falso que deram a essas mesmas palavras.

Tendo por missão transmitir aos homens o pensamento de Deus, somente a sua doutrina, *em toda a pureza*, pode exprimir esse pensamento. Por isso foi que ele disse: *Toda planta que meu Pai celestial não plantou será arrancada.*

A pedra angular

27. "Não lestes jamais isto nas Escrituras: A pedra que os edificadores rejeitaram se tornou a principal pedra do ângulo? foi o que o senhor fez e nossos olhos o veem com admiração.

— Por isso eu vos declaro que o reino de Deus vos será tirado e será dado a um povo que dele tirará frutos. — Aquele que se deixar cair sobre essa pedra se despedaçará e ela esmagará aquele sobre quem cair."

Tendo ouvido de Jesus essas palavras, os príncipes dos sacerdotes reconheceram que era deles que o mesmo Jesus falava. — Quiseram então apoderar-se dele, mas tiveram medo do povo que o considerava um profeta. (Mateus, 21:42 a 46.)

28. A palavra de Jesus se tornou a pedra angular, isto é, a pedra de consolidação do novo edifício da fé, erguido sobre as ruínas do antigo. Havendo os judeus, os príncipes dos sacerdotes e os fariseus rejeitado essa pedra, ela os esmagou, do mesmo modo que esmagará os que, depois, a desconheceram, ou lhe desfiguraram o sentido em prol de suas ambições.

Parábola dos vinhateiros homicidas

29. Havia um pai de família que, tendo plantado uma vinha, a cercou com uma sebe e, cavando a Terra, construiu uma torre. Arrendou-a depois a uns vinhateiros e partiu para um país distante.

Ora, estando próximo o tempo dos frutos, enviou ele seus servos aos vinhateiros, para recolher o fruto da sua vinha. — Os vinhateiros, apoderando-se dos servos, deram num, mataram outro e a outro apedrejaram. Enviou-lhes ele outros servos em maior número do que os primeiros e eles os trataram da mesma maneira. — Por fim, enviou-lhes seu próprio filho, dizendo de si para si: "Ao meu filho eles terão algum respeito." — Mas os vinhateiros, ao verem o filho, disseram entre si: "Aqui está o herdeiro; vinde, matemo-lo e ficaremos donos da sua herança." — E, com isso, pegaram dele, lançaram-no fora da vinha e o mataram.

Quando o dono da vinha vier, como tratará esses vinhateiros? — Responderam-lhe: "Fará que pereçam miseravelmente esses malvados e arrendará a vinha a outros vinhateiros, que lhe entreguem os frutos na estação própria." (Mateus, 21:33 a 41.)

30. O pai de família é Deus; a vinha que Ele plantou é a lei que estabeleceu; os vinhateiros a quem arrendou a vinha são os homens que devem ensinar e praticar a lei; os servos que enviou aos arrendatários são os profetas que estes últimos massacraram; seu filho, enviado por último, é Jesus, a quem eles igualmente eliminaram. Como tratará o senhor os seus mandatários prevaricadores da lei? Tratá-los-á como seus enviados foram por eles tratados e chamará outros arrendatários que lhe prestem melhores contas de sua propriedade e do proceder do seu rebanho.

Assim aconteceu com os escribas, com os príncipes dos sacerdotes e com os fariseus; assim será, quando ele vier de novo pedir a cada um contas do que fez da sua doutrina; retirará toda a autoridade ao que dela houver abusado, porquanto ele quer que seu campo seja administrado de acordo com a sua vontade.

Ao cabo de dezoito séculos, tendo chegado à idade viril, a humanidade está suficientemente madura para compreender o que o Cristo apenas esflorou, porque então, como ele próprio o disse, não o teriam compreendido. Ora, a que resultado chegaram os que, durante esse longo período, tiveram a seu cargo a educação religiosa da mesma humanidade? Ao de verem que a indiferença sucedeu à fé e que a incredulidade se alçou em doutrina. Em nenhuma outra época, com efeito, o ceticismo e o Espírito de negação estiveram mais espalhados em todas as classes da sociedade.

Mas se algumas das palavras do Cristo se apresentam encobertas pelo véu da alegoria, pelo que concerne à regra de proceder, às relações de homem para homem, aos princípios morais a que ele expressamente condicionou a salvação, seus ensinos são claros, explícitos, sem ambiguidade. (*O evangelho segundo o espiritismo*, cap. XV.)

Que fizeram das suas máximas de caridade, de amor e de tolerância; das recomendações que fez a seus apóstolos para que convertessem os homens *pela brandura e pela persuasão*; da simplicidade, da humildade, do desinteresse e de todas as virtudes que ele exemplificou? Em seu nome, os homens se anatematizaram mutuamente e reciprocamente se amaldiçoaram; estrangularam-se em nome daquele que disse: "Todos os homens são irmãos." Do Deus infinitamente justo, bom e misericordioso que ele revelou, fizeram um Deus cioso, cruel, vingativo e parcial; àquele Deus, de paz e de verdade, sacrificaram nas fogueiras, pelas torturas e perseguições, muito maior número de vítimas, do que as que em todos os tempos os pagãos sacrificaram aos seus falsos deuses; venderam-se as orações e as graças do céu em nome daquele que expulsou do Templo os vendedores e que disse a seus discípulos: "Dai de graça o que de graça recebestes."

Que diria o Cristo, se viesse hoje entre nós? Se visse os que se dizem seus representantes a ambicionar as honras, as riquezas, o poder e o fausto dos príncipes do mundo, ao passo que ele, mais rei do que todos os reis da Terra, fez a sua entrada em Jerusalém montado num jumento? Não teria o direito de dizer-lhes: "Que fizestes dos meus ensinos, vós que incensais o bezerro de ouro, que dais a maior parte das vossas preces aos ricos, reservando uma parte insignificante aos pobres, sem embargo de haver eu dito: os primeiros serão os últimos e os últimos serão os primeiros no reino dos céus?" Mas, se ele não está carnalmente entre nós, está em Espírito e, como o senhor da parábola, virá pedir contas aos seus vinhateiros do produto da sua vinha, quando chegar o tempo da colheita.

Um só rebanho e um só pastor

31. "Tenho ainda outras ovelhas que não são deste aprisco; é preciso que também a essas eu conduza; elas escutarão a minha voz e haverá um só rebanho e um único pastor." (João, 10:16.)

32. Por essas palavras, Jesus claramente anuncia que os homens um dia se unirão por uma crença única; mas como poderá efetuar-se essa união? Difícil parecerá isso, tendo-se em vista as diferenças que existem entre as religiões, o antagonismo que elas alimentam entre seus adeptos, a obstinação que manifestam em se acreditarem na posse exclusiva da verdade. Todas querem a unidade, mas cada uma se lisonjeia de que essa unidade se fará em seu proveito e nenhuma admite a possibilidade de fazer qualquer concessão, no que respeita às suas crenças.

Entretanto, a unidade se fará em religião, como já tende a fazer-se socialmente, politicamente, comercialmente, pela queda das barreiras que separam os povos, pela assimilação dos costumes, dos usos, da linguagem.* Os povos do mundo inteiro já confraternizam, como os das províncias de um mesmo império. Pressente-se essa unidade e todos a desejam. Ela se fará pela força das coisas, porque há de tornar-se uma necessidade, para que se estreitem os laços da fraternidade entre as nações; far-se-á pelo desenvolvimento da razão humana, que se tornará apta a compreender a puerilidade de todas as dissidências; pelo progresso das ciências, a demonstrar cada dia mais os erros materiais sobre que tais dissidências assentam e a destacar pouco a pouco das suas fiadas as pedras estragadas. Demolindo nas religiões o que é obra dos homens e fruto de sua ignorância das leis da natureza, a ciência não poderá destruir, malgrado a opinião de alguns, o que é obra de Deus e eterna verdade. Afastando os acessórios, ela prepara as vias para a unidade.

A fim de chegarem a esta, as religiões terão que encontrar-se num terreno neutro, se bem que comum a todas; para isso, todas terão que fazer concessões e sacrifícios mais ou menos importantes, conformemente à multiplicidade dos seus dogmas particulares. Mas, em virtude do processo de imutabilidade que todas professam, a iniciativa das concessões não poderá partir do campo oficial; em lugar de tomarem no alto o ponto de partida, tomá-lo-ão embaixo por iniciativa individual. Desde algum tempo, um movimento se vem operando de descentralização, tendente a adquirir irresistível força. O princípio da imutabilidade, que as religiões hão sempre considerado uma égide conservadora, t ornar-se-á elemento de destruição, dado que, imobilizando-se, ao passo que a sociedade caminha para a frente, os cultos serão ultrapassados e depois absorvidos pela corrente das ideias de progressão.

A imobilidade, em vez de ser uma força, torna-se uma causa de

---

* N. E.: Kardec pressentia a supressão das barreiras linguísticas vinte anos antes do aparecimento do Esperanto, quando Zamenhof tinha somente sete anos. Hoje a profecia se cumpre sob nossos olhos com o progresso constante do Esperanto.

fraqueza e de ruína para quem não acompanha o movimento geral; ela quebra a unidade, porque os que querem avançar se separam dos que se obstinam em permanecer parados.

No estado atual da opinião e dos conhecimentos, a religião, que terá de congregar um dia todos os homens sob o mesmo estandarte, será a que melhor satisfaça à razão e às legítimas aspirações do coração e do Espírito; que não seja em nenhum ponto desmentida pela ciência positiva; que, em vez de se imobilizar, acompanhe a humanidade em sua marcha progressiva, sem nunca deixar que a ultrapassem; que não for nem exclusivista, nem intolerante; que for a emancipadora da inteligência, com o não admitir senão a fé racional; aquela cujo código de moral seja o mais puro, o mais lógico, o mais de harmonia com as necessidades sociais, o mais apropriado, enfim, a fundar na Terra o reinado do bem, pela prática da caridade e da fraternidade universais.

O que alimenta o antagonismo entre as religiões é a ideia, generalizada por todas elas, de que cada uma tem o seu deus particular e a pretensão de que este é o único verdadeiro e o mais poderoso, em luta constante com os deuses dos outros cultos e ocupado em lhes combater a influência. Quando elas se houverem convencido de que só existe um Deus no universo e que, em definitiva, ele é o mesmo que elas adoram sob os nomes de *Jeová, Alá* ou *Deus*; quando se puserem de acordo sobre os atributos essenciais da Divindade, compreenderão que, sendo um único o ser, uma única tem que ser a vontade suprema; estender-se-ão as mãos umas às outras, como os servidores de um mesmo Mestre e os filhos de um mesmo Pai e, assim, grande passo terão dado para a unidade.

Advento de Elias

33. Então, seus discípulos lhe perguntaram: "Por que, pois, dizem os escribas ser preciso que, antes, venha Elias?" — Jesus lhes respondeu: "É certo que Elias tem de vir e que restabelecerá todas as coisas.

34. Mas eu vos declaro que Elias já veio e eles não o conheceram;

antes o trataram como lhes aprouve. É assim que farão morrer o Filho do Homem." Então, seus *discípulos* compreenderam que era de João Batista que Ele lhes falara. (Mateus, 17:10 a 13.)

Elias já voltara na pessoa de João Batista. Seu novo advento é anunciado de modo explícito. Ora, como ele não pode voltar, senão tomando um novo corpo, aí temos a consagração formal do princípio da pluralidade das existências. (*O evangelho segundo o espiritismo*, cap. IV, item 10.)

Anunciação do Consolador

35. "Se me amais, guardai os meus mandamentos — e eu pedirei a meu Pai e Ele vos enviará outro Consolador, a fim de que fique eternamente convosco: — O Espírito de Verdade que o mundo não pode receber, porque não o vê; vós, porém, o conhecereis, porque permanecerá convosco e estará em vós. — Mas o Consolador, que é o Espírito Santo, que meu Pai enviará em meu nome, vos ensinará todas as coisas e fará vos lembreis de tudo o que vos tenho dito." (João, 14:15 a 17 e 26; O evangelho segundo o espiritismo, cap. VI.)

36. "Entretanto, digo-vos a verdade: Convém que eu me vá, porquanto, se eu não me for, o Consolador não vos virá; eu, porém, me vou e vo-lo enviarei. — E, quando ele vier, convencerá o mundo no que respeita ao pecado, à justiça e ao juízo; — no que respeita ao pecado, por não terem acreditado em mim; — no que respeita à justiça, porque me vou para meu Pai e não mais me vereis; no que respeita ao juízo, porque já está julgado o príncipe deste mundo.

Tenho ainda muitas coisas a dizer-vos, mas presentemente não as podeis suportar.

Quando vier esse Espírito de Verdade, ele vos ensinará toda a verdade, *porquanto não falará de si mesmo, mas dirá tudo o que tenha escutado e vos anunciará as coisas porvindouras.*

Ele me glorificará, porque receberá do que está em mim e vo-lo anunciará." (João, 16:7 a 14.)

37. Esta predição, não há contestar, é uma das mais importantes, do ponto de vista religioso, porquanto comprova, sem a possibilidade do menor equívoco, que *Jesus não disse tudo o que tinha a dizer*, pela razão de que não o teriam compreendido nem mesmo seus apóstolos, visto que a eles é que o Mestre se dirigia. Se lhes houvesse dado instruções secretas, os Evangelhos fariam referência a tais instruções. Ora, desde que Ele não disse tudo a seus apóstolos, os sucessores destes não terão podido saber mais do que eles, com relação ao que foi dito; ter-se-ão possivelmente enganado, quanto ao sentido das palavras do senhor, ou dado interpretação falsa aos seus pensamentos, muitas vezes velados sob a forma parabólica. As religiões que se fundaram no Evangelho não podem, pois, dizer-se possuidoras de toda a verdade, porquanto Ele, Jesus, reservou para si a completação ulterior de seus ensinamentos. O princípio da imutabilidade, em que elas se firmam, constitui um desmentido às próprias palavras do Cristo.

Sob o nome de *Consolador* e de *Espírito de Verdade*, Jesus anunciou a vinda daquele que *havia de ensinar todas as coisas* e de *lembrar* o que Ele dissera. Logo, não estava completo o seu ensino. E, ao demais, prevê não só que ficaria esquecido, como também que seria desvirtuado o que por Ele fora dito, visto que o Espírito de Verdade viria tudo lembrar e, de combinação com Elias, *restabelecer todas as coisas*, isto é, pô-las de acordo com o verdadeiro pensamento de seus ensinos.

38. Quando terá de vir esse novo revelador? É evidente que se, na época em que Jesus falava, os homens não se achavam em estado de compreender as coisas que lhe restavam a dizer, não seria em alguns anos apenas que poderiam adquirir as luzes necessárias a entendê-las. Para a inteligência de certas partes do Evangelho, excluídos os preceitos morais, faziam-se mister conhecimentos que só o progresso das ciências facultaria e que tinham de ser obra do tempo e de muitas gerações. Se, portanto, o novo Messias tivesse vindo pouco tempo depois do Cristo, houvera encontrado o terreno ainda nas mesmas condições e não teria feito mais do que o mesmo Cristo. Ora, desde aquela época até os nossos dias, nenhuma grande revelação se produziu que haja completado o Evangelho e elucidado suas partes obscuras, indício seguro de que o Enviado ainda não aparecera.

39. Qual deverá ser esse Enviado? Dizendo: "Pedirei a meu pai e ele vos enviará outro Consolador", Jesus claramente indica que esse Consolador não seria Ele, pois, do contrário, dissera: "Voltarei a completar o que vos tenho ensinado." Não só tal não disse, como acrescentou: *"A fim de que fique eternamente convosco e ele estará em vós."* Esta proposição não poderia referir-se a uma individualidade encarnada, visto que não poderia ficar eternamente conosco, nem, ainda menos, estar em nós; compreendemo-la, porém, muito bem com referência a uma doutrina, a qual, com efeito, quando a tenhamos assimilado, poderá estar eternamente em nós. O *Consolador* é, pois, segundo o pensamento de Jesus, a personificação de uma doutrina soberanamente consoladora, cujo inspirador há de ser o *Espírito de Verdade.*

40. O *Espiritismo* realiza, como ficou demonstrado (cap. I, item 30), todas as condições do *Consolador* que Jesus prometeu. Não é uma doutrina individual, nem de concepção humana; ninguém pode dizer-se seu criador. É fruto do ensino coletivo dos Espíritos, ensino a que preside o Espírito de Verdade. Nada suprime do Evangelho: antes o completa e elucida. Com o auxílio das novas leis que revela, conjugadas essas leis às que a ciência já descobrira, faz se compreenda o que era ininteligível e se admita a possibilidade daquilo que a incredulidade considerava inadmissível. Teve precursores e profetas, que lhe pressentiram a vinda. Pela sua força moralizadora, ele prepara o reinado do bem na Terra.

A doutrina de Moisés, incompleta, ficou circunscrita ao povo judeu; a de Jesus, mais completa, se espalhou por toda a Terra, mediante o Cristianismo, mas não converteu a todos; o Espiritismo, ainda mais completo, com raízes em todas as crenças, converterá a humanidade.*

---

* Nota de Allan Kardec: Todas as doutrinas filosóficas e religiosas trazem o nome do seu fundador. Diz-se: o Moisaísmo, o Cristianismo, o Maometismo, o Budismo,

41. Dizendo a seus apóstolos: "Outro virá mais tarde, que vos ensinará o que agora não posso ensinar", proclamava Jesus a necessidade da reencarnação. Como poderiam aqueles homens aproveitar do ensino mais completo que ulteriormente seria ministrado; como estariam aptos a compreendê-lo, se não tivessem de viver novamente? Jesus houvera proferido uma coisa inconsequente se, de acordo com a doutrina vulgar, os homens futuros houvessem de ser homens novos, almas saídas do nada por ocasião do nascimento. Admita-se, ao contrário, que os apóstolos e os homens do tempo deles tenham vivido depois; *que ainda hoje revivem*, e plenamente justificada estará a promessa de Jesus. Tendo-se desenvolvido ao contato do progresso social, a inteligência deles pode presentemente comportar o que então não podia. Sem a reencarnação a promessa de Jesus fora ilusória.

42. Se disserem que essa promessa se cumpriu no dia de pentecostes, por meio da descida do Espírito Santo, poder-se-á responder que o Espírito Santo os inspirou, que lhes desanuviou a inteligência, que desenvolveu neles as aptidões mediúnicas destinadas a facilitar-lhes a missão, porém que nada lhes ensinou além daquilo que Jesus já ensinara, porquanto, no que deixaram, nenhum vestígio se encontra de um ensinamento especial. O Espírito Santo, pois, não realizou o que Jesus anunciara relativamente ao Consolador; a não ser assim, os apóstolos teriam elucidado o que, no Evangelho, permaneceu obscuro até o dia de hoje e cuja interpretação contraditória deu origem às inúmeras seitas que dividiram o Cristianismo desde os primeiros séculos.

Segundo advento do Cristo

43. Disse então Jesus a seus discípulos: "Se algum quiser vir nas minhas pegadas, renuncie a si mesmo, tome a sua cruz e siga-me — porquanto, aquele que quiser salvar a vida a perderá

---

o Cartesianismo, o Furrierismo, o Sansimonismo etc. A palavra *Espiritismo,* ao contrário, não lembra nenhuma personalidade; encerra uma ideia geral, que ao mesmo tempo indica o caráter e o tronco multíplice da Doutrina.

e aquele que perder a vida por amor de mim a encontrará de novo.

De que serviria a um homem ganhar o mundo inteiro e perder a alma? Ou por que preço poderá o homem comprar sua alma, depois de a ter perdido? — Porque, o Filho do Homem *há de vir* na glória de seu Pai, com seus anjos, e então dará a cada um segundo as suas obras.

Digo-vos, em verdade, que alguns daqueles que aqui se encontram não sofrerão a morte, sem que tenham visto vir o Filho do Homem no seu reino." (Mateus, 16:24 a 28.)

44. Então, levantando-se do meio da assembleia, o sumo sacerdote interrogou a Jesus desta forma: "Nada respondes ao que estes depõem contra ti?" — Mas Jesus se conservava em silêncio e não respondeu. Interrogou-o de novo o sumo sacerdote: "És o Cristo, o Filho de Deus para sempre Bendito?" — Jesus lhe respondeu: "Eu o sou e vereis um dia o Filho do Homem assentado à direita da majestade de Deus e vindo sobre as nuvens do céu."

Logo o sumo sacerdote, rasgando as vestes, lhe diz: "Que necessidade temos de mais testemunhos?" (*Marcos*, 16:60 a 63.)

45. Jesus anuncia o seu segundo advento, mas não diz que voltará à Terra com um corpo carnal, nem que personificará o *Consolador*. Apresenta-se como tendo de vir em Espírito, na glória de seu Pai, a julgar o mérito e o demérito e dar a cada um segundo as suas obras, quando os tempos forem chegados.

Estas palavras: "Alguns há dos que aqui estão que não sofrerão a morte sem terem visto vir o Filho do homem no seu reinado" parecem encerrar uma contradição, pois é incontestável que ele não veio em vida de nenhum daqueles que estavam presentes. Jesus, entretanto, não podia enganar-se numa previsão daquela natureza e, sobretudo, com relação a uma coisa contemporânea e que lhe dizia pessoalmente respeito. Há, primeiro, que indagar se suas palavras foram sempre reproduzidas fielmente. É de duvidar-se, desde que se considere que Ele nada escreveu; que elas só foram registradas depois de sua morte; que o mesmo discurso cada evangelista o exarou em termos diferentes, o que constitui prova evidente de que as expressões de que eles se serviram não são textualmente as de que se serviu Jesus. Além disso, é provável que o sentido tenha sofrido alterações ao passar pelas traduções sucessivas.

Por outro lado, é indubitável que, se Jesus houvesse dito tudo o que pudera dizer, ele se teria expressado sobre todas as coisas de modo claro e preciso, sem dar lugar a qualquer equívoco, conforme o fez com relação aos princípios de moral, ao passo que foi obrigado a velar o seu pensamento acerca dos assuntos que não julgou conveniente aprofundar. Persuadidos de que a geração de que faziam parte testemunharia o que ele anunciava, os discípulos foram levados a interpretar o pensamento de Jesus de acordo com aquela ideia. Assim é que redigiram do ponto de vista do presente o que o Mestre dissera, fazendo-o de maneira mais absoluta do que ele próprio o teria feito. Seja como for, o fato é que as coisas não se passaram como eles o supuseram.

46. A grande e importante lei da reencarnação foi um dos pontos capitais que Jesus não pôde desenvolver, porque os homens do seu tempo não se achavam suficientemente preparados para ideias dessa ordem e para as suas consequências. Contudo, assentou o princípio da referida lei, como o fez relativamente a tudo mais. Estudada e posta em evidência nos dias atuais pelo Espiritismo, a lei da reencarnação constitui a chave para o entendimento de muitas passagens do Evangelho que, sem ela, parecem verdadeiros contrassensos.

É por meio dessa lei que se encontra a explicação racional das palavras acima, admitidas que sejam como textuais. Uma vez que elas não podem ser aplicadas às pessoas dos apóstolos, é evidente que se referem ao futuro reinado do Cristo, isto é, ao tempo em que a sua doutrina, mais bem compreendida, for lei universal. Dizendo que *alguns dos ali presentes* na ocasião veriam o seu advento, ele forçosamente se referia aos que estarão vivos de novo nessa época. Os judeus, porém, imaginavam que lhes seria dado ver tudo o que Jesus anunciava e tomavam ao pé da letra suas frases alegóricas.

Aliás, algumas de suas predições se realizaram no devido tempo, tais como a ruína de Jerusalém, as desgraças que se lhe seguiram e a dispersão dos judeus. Sua visão, porém, se projetava muito mais longe, de sorte que, quando falava do presente, sempre aludia ao futuro.

Sinais precursores

47. Também ouvireis falar de guerra e de rumores de guerra; tratai de não vos perturbardes, porquanto é preciso que essas coisas se deem; mas ainda não será o fim — pois ver-se-á povo levantar-se contra povo e reino contra reino; e haverá pestes, fomes e tremores de Terra em diversos lugares — todas essas coisas serão apenas o começo das dores. (Mateus, 24:6 a 8.)

48. Então, o irmão entregará o irmão para ser morto; os filhos se levantarão contra seus pais e suas mães e os farão morrer. — Sereis odiados de toda a gente por causa do meu nome; mas aquele que perseverar até o fim será salvo. (Marcos, 13:12 e 13.)

49. Quando virdes que a abominação da desolação, que foi predita pelo profeta Daniel, está no lugar santo (que aquele que lê entenda bem o que lê); — fujam então para as montanhas os que estiverem na Judeia;* — não desça aquele que estiver no telhado, para levar de sua casa qualquer coisa; — e não volte para apanhar suas roupas aquele que estiver no campo. — Mas ai das mulheres que estiverem grávidas ou amamentando nesses dias. — Pedi a Deus que a vossa fuga não se dê durante o inverno, nem em dia de sábado — porquanto a aflição desse tempo será tão grande, como ainda não houve igual desde o

---

* Nota de Allan Kardec: Esta expressão: *a abominação da desolação* não só carece de sentido, como se presta ao ridículo. A tradução de Osterwald diz: "A abominação que causa a desolação", o que é muito diferente. O sentido então se torna perfeitamente claro, porquanto se compreende que as *abominações* hajam de acarretar a *desolação*, como castigo. Quando a abominação, diz Jesus, se instalar no lugar santo, também a desolação para aí virá e isso constituirá um sinal de que estão próximos os tempos.

começo do mundo até o presente e como nunca mais haverá.

— E se esses dias não fossem abreviados, nenhum homem se salvaria; mas esses dias serão abreviados em favor dos eleitos. (Mateus, 24:15 a 22.)

50. Logo depois desses dias de aflição, o Sol se obscurecerá e a Lua deixará de dar sua luz; as estrelas cairão do céu e as potestades dos céus serão abaladas.

Então, o Sinal do Filho do Homem aparecerá no céu e todos os povos da Terra estarão em prantos e em gemidos e verão o Filho do Homem vindo sobre as nuvens do céu com grande majestade.

Ele enviará seus anjos, que farão ouvir a voz retumbante de suas trombetas e que reunirão seus eleitos dos quatro cantos do mundo, de uma extremidade a outra do céu.

Aprendei uma comparação tirada da figueira. Quando seus ramos já estão tenros e dão folhas, sabeis que está próximo o estio. — Do mesmo modo quando virdes todas essas coisas, sabei que vem próximo o Filho do homem, que ele se acha como que à porta. Digo-vos, em verdade, que esta raça não passará, sem que todas essas coisas se tenham cumprido. (Mateus, 24:29 a 34.)

E acontecerá no advento do Filho do Homem o que aconteceu ao tempo de Noé — pois, como nos últimos tempos antes do dilúvio, os homens comiam e bebiam, se casavam e casavam seus filhos, até o dia em que Noé entrou na arca; — e assim como eles não conheceram o momento do dilúvio, senão quando este sobreveio e arrebatou toda a gente, assim também será no advento do Filho do Homem. (Mateus, 24:37 a 39.)

51. Quanto a esse dia e a essa hora, ninguém o sabe, nem os anjos que estão no céu, nem o filho, mas somente o Pai. (Marcos, 13:32.)

52. Em verdade, em verdade vos digo: chorareis e gemereis, e o mundo se rejubilará; estareis em tristeza, mas a vossa tristeza se mudará em alegria. — Uma mulher, quando dá à luz, está em dor, porque é vinda a sua hora; mas depois que ela dá à luz um filho, não mais se lembra de todos os males que sofreu, pela alegria que experimenta de haver posto no mundo um homem. — É assim que agora estais em tristeza; mas, eu vos verei de novo e o vosso coração rejubilará e ninguém vos arrebatará a vossa alegria. (João, 16:20 a 22.)

53. Levantar-se-ão muitos falsos profetas que seduzirão a muitas pessoas; — e, porque abundará a iniquidade, a caridade de muitos esfriará; — mas aquele que perseverar até o fim será salvo. — E este Evangelho do reino será pregado em toda a Terra, para servir de testemunho a todas as nações. É então que o fim chegará. (Mateus, 24:11 a 14.)

54. É evidentemente alegórico este quadro do fim dos tempos, como a maioria dos que Jesus compunha. Pelo seu vigor, as imagens que ele encerra são de natureza a impressionar inteligências ainda rudes. Para tocar fortemente aquelas imaginações pouco sutis, eram necessárias pinturas vigorosas, de cores bem acentuadas. Ele se dirigia principalmente ao povo, aos homens menos esclarecidos, incapazes de compreender as abstrações metafísicas e de apanhar a delicadeza das formas. A fim de atingir o coração, fazia-se-lhe mister falar aos olhos, com o auxílio de sinais materiais, e aos ouvidos, por meio da força da linguagem.

Como consequência natural daquela disposição de Espírito, à suprema potestade, segundo a crença de então, não era possível manifestar-se, a não ser por meio de fatos extraordinários, sobrenaturais. Quanto mais impossíveis fossem esses fatos, tanto mais facilmente aceita era a probabilidade deles.

O Filho do Homem, a vir sobre nuvens, com grande majestade, cercado de seus anjos e ao som de trombetas, lhes parecia de muito maior imponência, do que a simples vinda de uma entidade investida apenas de poder moral. Por isso mesmo, os judeus, que esperavam no messias um rei terreno, mais poderoso do que todos os outros reis, destinado a colocar-lhes a nação à frente de todas as demais e a reerguer o trono de Davi e de Salomão, não quiseram reconhecê-lo no humilde filho de um carpinteiro, sem autoridade material.

No entanto, aquele pobre proletário da Judeia se tornou o maior entre os grandes; conquistou para a sua soberania maior número de reinos, do que os mais poderosos potentados; exclusivamente com a sua palavra e o concurso de alguns miseráveis pescadores, revolucionou o mundo e a ele é que os judeus virão a dever sua reabilitação. Disse, pois, uma verdade, quando, respondendo a esta pergunta de Pilatos: "És rei?" Respondeu: "Tu o dizes."

55. É de notar-se que, entre os antigos, os tremores de Terra e o obscurecimento do Sol eram acessórios forçados de todos os acontecimentos e de todos os presságios sinistros. Com eles deparamos, por ocasião da morte de Jesus, da de César e num sem-número de outras circunstâncias da história do paganismo. Se tais fenômenos se houvessem produzido tão amiudadas vezes quantas são relatados, fora de ter-se por impossível que os homens não houvessem guardado deles lembrança pela tradição. Aqui, acrescenta-se a *queda de estrelas do céu*, como que a mostrar às gerações futuras, mais esclarecidas, que não há nisso senão uma ficção, pois que agora se sabe que as estrelas não podem cair.

56. Entretanto, sob essas alegorias, grandes verdades se ocultam. Há, primeiramente, a predição das calamidades de todo gênero que assolarão e dizimarão a humanidade, calamidades decorrentes da luta suprema entre o bem e o mal, entre a fé e a incredulidade, entre as ideias progressistas e as ideias retrógradas. Há, em segundo lugar, a da difusão, por toda a Terra, do Evangelho *restaurado na sua pureza primitiva*; depois, a do reinado do bem, que será o da paz e da fraternidade universais, a derivar do código de moral evangélica, posto em prática por todos os povos. Será, verdadeiramente, o reino de Jesus, pois que Ele presidirá à sua implantação, passando os homens a viver sob a égide da sua lei. Será o reinado da felicidade, porquanto diz Ele que — "depois dos dias de aflição, virão os de alegria".

57. Quando sucederão tais coisas? "Ninguém o sabe" diz Jesus, "*nem mesmo o Filho*." Mas, quando chegar o momento, os homens serão advertidos por meio de sinais precursores. Esses indícios, porém, não estarão nem no sol, nem nas estrelas; mostrar-se-ão no estado social e nos fenômenos mais de ordem moral do que físicos e que, em parte, se podem deduzir das suas alusões.

É indubitável que aquela mutação não poderia operar-se em vida dos apóstolos, pois, do contrário, Jesus não lhe desconheceria o momento. Aliás, semelhante transformação não era possível se desse dentro de apenas alguns anos. Contudo, dela lhes fala como se eles a houvessem de presenciar; é que, com efeito, eles poderão estar reencarnados quando a transformação se der e, até, colaborar na sua efetivação. Ele ora fala da sorte próxima de Jerusalém, ora toma esse fato por ponto de referência ao que ocorreria no futuro.

58. Será que, predizendo a sua segunda vinda, era o fim do mundo o que Jesus anunciava, dizendo: "Quando o Evangelho for pregado por toda a Terra, então é que virá o fim?"

Não é racional se suponha que Deus destrua o mundo precisamente quando ele entre no caminho do progresso moral, pela prática dos ensinos evangélicos. Nada, aliás, nas palavras do Cristo, indica uma destruição universal que, em tais condições, não se justificaria.

Devendo a prática geral do Evangelho determinar grande melhora no estado moral dos homens, ela, por isso mesmo, trará o reinado do bem e acarretará a queda do mal. É, pois, o fim do *mundo velho*, do mundo governado pelos preconceitos, pelo orgulho, pelo egoísmo, pelo fanatismo, pela incredulidade, pela cupidez, por todas as paixões pecaminosas, que o Cristo aludia, ao dizer: "Quando o Evangelho for pregado por toda a Terra, então é que virá o fim." Esse fim, porém, para chegar, ocasionaria uma luta e é dessa luta que advirão os males por Ele previstos.

Vossos filhos e vossas filhas profetizarão

59. Nos últimos tempos, diz o senhor, espalharei do meu Espírito por sobre toda a carne; vossos filhos e vossas filhas profetizarão; vossos jovens terão visões e vossos velhos terão sonhos. — Nesses dias, espalharei do meu Espírito sobre os meus servidores e servidoras e eles profetizarão. (Atos, 2:17 e 18; Joel, 2:28 e 29.)

60. Se considerarmos o estado atual do mundo físico e do mundo moral, as tendências, aspirações e pressentimentos das massas, a decadência das ideias antigas que em vão se debatem há um século contra as ideias novas, não poderemos duvidar de que uma nova ordem de coisas se prepara e que o mundo velho chega a seu termo.

Se, agora, levando em conta a forma alegórica de alguns quadros e perscrutando o sentido profundo das palavras de Jesus, compararmos a situação atual com os tempos por ele descritos, como assinaladores da era da renovação, não poderemos deixar de convir em que muitas das suas predições se estão presentemente realizando; donde a conclusão de que atingimos os tempos anunciados, o que confirmam, em todos os pontos do globo, os Espíritos que se manifestam.

61. Como vimos (cap. I, item 32), coincidindo com outras circunstâncias, o advento do Espiritismo realiza uma das mais importantes predições de Jesus, pela influência que ele forçosamente tem de exercer sobre as ideias. Ele se encontra, além disso, anunciado, nos Atos dos Apóstolos: "Nos últimos tempos, diz o senhor, derramarei do meu Espírito sobre toda carne; vossos filhos e filhas profetizarão."

É a predição inequívoca da vulgarização da mediunidade, que presentemente se revela em indivíduos de todas as idades, de ambos os sexos e de todas as condições; a predição, por conseguinte, da manifestação universal dos Espíritos, pois que sem os Espíritos não haveria médiuns. Isso, conforme está dito, acontecerá *nos últimos tempos*; ora, visto que não chegamos ao fim do mundo, mas, ao contrário, à época da sua regeneração, devemos entender aquelas palavras como indicativas dos últimos tempos do mundo moral que chega a seu termo. (*O evangelho segundo o espiritismo*, cap. XXI.)

Juízo final

62. Ora, quando o Filho do Homem vier em sua majestade, acompanhado de todos os anjos, assentar-se-á no trono de sua glória; — e, reunidas à sua frente todas as nações, ele separará uns dos outros, como um pastor separa dos bodes as ovelhas, e colocará à sua direita as ovelhas e à sua esquerda os bodes. — Então, dirá o rei aos que estiverem à sua direita:

"Vinde a mim, benditos de meu Pai [...]." (Mateus, 25:31 a 46; *O evangelho segundo o espiritismo*, cap. XV.)

63. Tendo que reinar na Terra o bem, necessário é sejam dela excluídos os Espíritos endurecidos no mal e que possam acarretar-lhe perturbações. Deus permitiu que eles aí permanecessem o tempo de que precisavam para se melhorarem; mas, chegado o momento em que, pelo progresso moral de seus habitantes, o globo terráqueo tem de ascender na hierarquia dos mundos, interdito será ele, como morada, a encarnados e desencarnados que não hajam aproveitado os ensinamentos que uns e outros se achavam em condições de aí receber. Serão exilados para mundos inferiores, como o foram outrora para a Terra os da raça adâmica, vindo substituí-los Espíritos melhores. Essa separação, a que Jesus presidirá, é que se acha figurada por estas palavras sobre o juízo final: "Os bons passarão à minha direita e os maus à minha esquerda." (Cap. XI, itens 31 e seguintes.)

64. A doutrina de um juízo final, único e universal, pondo fim para sempre à humanidade, repugna à razão, por implicar a inatividade de Deus, durante a eternidade que precedeu à criação da Terra e durante a eternidade que se seguirá à sua destruição. Que utilidade teriam então o sol, a Lua e as estrelas que, segundo a Gênese, foram feitos para iluminar o mundo? Causa espanto que tão imensa obra se haja produzido para tão pouco tempo e a benefício de seres votados de antemão, em sua maioria, aos suplícios eternos.

65. Materialmente, a ideia de um julgamento único seria, até certo ponto, admissível para os que não procuram a razão das coisas, quando se cria que a humanidade toda se achava concentrada na Terra e que para seus habitantes fora feito tudo o que o universo contém. É, porém, inadmissível, desde que se sabe que há milhares de milhares de mundos semelhantes, que perpetuam as humanidades pela eternidade em fora e entre os quais a Terra é dos menos consideráveis, simples ponto imperceptível.

Vê-se, só por este fato, que Jesus tinha razão de declarar a seus discípulos: "Há muitas coisas que não vos posso dizer, porque não as compreenderíeis", dado que o progresso das ciências era indispensável para uma interpretação legítima de algumas de suas palavras. Certamente, os apóstolos, Paulo e os primeiros discípulos teriam estabelecido de modo muito diverso alguns dogmas se tivessem os conhecimentos astronômicos, geológicos, físicos, químicos, fisiológicos e psicológicos que hoje possuímos. Daí vem o ter Jesus adiado a completação de seus ensinos e anunciado que todas as coisas haviam de ser restabelecidas.

66. Moralmente, um juízo definitivo e sem apelação não se concilia com a bondade infinita do Criador, que Jesus nos apresenta de contínuo como um bom Pai, que deixa sempre aberta uma senda para o arrependimento e que está pronto sempre a estender os braços ao filho pródigo. Se Jesus entendesse o juízo naquele sentido, desmentiria suas próprias palavras.

Além disso, se o juízo final houvesse de apanhar de improviso os homens, em meio de seus trabalhos ordinários, e grávidas as mulheres, caberia perguntar-se com que fim Deus, que não faz coisa alguma inútil ou injusta, faria nascessem crianças e *criaria almas novas* naquele momento supremo, no termo fatal da humanidade. Seria para submetê-las a julgamento logo ao saírem do ventre materno, antes de terem consciência de si mesmas, quando, a outros, milhares de anos foram concedidos para se inteirarem do que respeita à própria individualidade? Para que lado, direito ou esquerdo, iriam essas almas, que ainda não são nem boas nem más e para as quais, no entanto, todos os caminhos de ulterior progresso se encontrariam desde então fechados, visto que a humanidade não mais existiria? (Cap. II, item 19.)

Conservem-nas os que se contentam com semelhantes crenças; estão no seu direito e ninguém nada tem que dizer a isso; mas, não achem mau que nem toda gente partilhe delas.

67. O juízo, pelo processo da emigração, conforme ficou explicado acima (item 63), é racional; funda-se na mais rigorosa justiça, visto que conserva para o Espírito, eternamente, o seu livre-arbítrio; não constitui privilégio para ninguém; a todas as suas criaturas, sem exceção alguma, concede Deus igual liberdade de ação para progredirem; o próprio aniquilamento de um mundo, acarretando a destruição do corpo, nenhuma interrupção ocasionará à marcha progressiva do Espírito. Tais as consequências da pluralidade dos mundos e da pluralidade das existências.

Segundo essa interpretação, não é exata a qualificação de *juízo final*, pois que os Espíritos passam por análogas fieiras a cada renovação dos mundos por eles habitados, até que atinjam certo grau de perfeição. Não há, portanto, *juízo final* propriamente dito, mas *juízos gerais* em todas as épocas de renovação parcial ou total da população dos mundos, por efeito das quais se operam as grandes emigrações e imigrações de Espíritos.

CAPÍTULO XVIII
SÃO CHEGADOS OS TEMPOS

• Sinais dos tempos • A geração nova

Sinais dos tempos

1. São chegados os tempos, dizem-nos de todas as partes, marcados por Deus, em que grandes acontecimentos se vão dar para regeneração da humanidade. Em que sentido se devem entender essas palavras proféticas? Para os incrédulos, nenhuma importância têm; aos seus olhos, nada mais exprimem que uma crença pueril, sem fundamento. Para a maioria dos crentes, elas apresentam qualquer coisa de místico e de sobrenatural, parecendo-lhes prenunciadoras da subversão das leis da natureza. São igualmente errôneas ambas essas interpretações: a primeira, porque envolve uma negação da providência; a segunda, porque tais palavras não anunciam a perturbação das leis da natureza, mas o cumprimento dessas leis.

2. Tudo na Criação é harmonia; tudo revela uma previdência

que não se desmente, nem nas menores, nem nas maiores coisas. Temos, pois, que afastar, desde logo, toda ideia de capricho, por inconciliável com a sabedoria divina. Em segundo lugar, se a nossa época está designada para a realização de certas coisas, é que estas têm uma razão de ser na marcha do conjunto.

Isto posto, diremos que o nosso globo, como tudo o que existe, está submetido à lei do progresso. Ele progride, fisicamente, pela transformação dos elementos que o compõem e, moralmente, pela depuração dos Espíritos encarnados e desencarnados que o povoam. Ambos esses progressos se realizam paralelamente, porquanto o melhoramento da habitação guarda relação com o do habitante. Fisicamente, o globo terráqueo há experimentado transformações que a ciência tem comprovado e que o tornaram sucessivamente habitável por seres cada vez mais aperfeiçoados. Moralmente, a humanidade progride pelo desenvolvimento da inteligência, do senso moral e do abrandamento dos costumes. Ao mesmo tempo que o melhoramento do globo se opera sob a ação das forças materiais, os homens para isso concorrem pelos esforços de sua inteligência. Saneiam as regiões insalubres, tornam mais fáceis as comunicações e mais produtiva a Terra.

De duas maneiras se executa esse duplo progresso: uma, lenta, gradual e insensível; a outra, caracterizada por mudanças bruscas, a cada uma das quais corresponde um movimento ascensional mais rápido, que assinala, mediante impressões bem acentuadas, os períodos progressivos da humanidade. Esses movimentos, subordinados, *quanto às particularidades*, ao livre-arbítrio dos homens, são, de certo modo, fatais em seu conjunto, porque estão sujeitos a leis, como os que se verificam na germinação, no crescimento e na maturidade das plantas. Por isso é que o movimento progressivo se efetua, às vezes, de modo parcial, isto é, limitado a uma raça ou a uma nação, doutras vezes, de modo geral.

O progresso da humanidade se cumpre, pois, em virtude de uma lei. Ora, como todas as leis da natureza são obra eterna da sabedoria e da presciência divinas, tudo o que é efeito dessas leis resulta da vontade de Deus, não de uma vontade acidental e caprichosa, mas de uma vontade imutável. Quando, por conseguinte, a humanidade está madura para subir um degrau, pode dizer-se que são chegados os tempos marcados por Deus, como se pode dizer também que, em tal estação, eles chegam para a maturação dos frutos e sua colheita.

3. Do fato de ser inevitável, porque é da natureza o movimento progressivo da humanidade, não se segue que Deus lhe seja indiferente e que, depois de ter estabelecido leis, se haja recolhido à inação, deixando que as coisas caminhem por si sós. Sem dúvida, suas leis são eternas e imutáveis, mas porque a sua própria vontade é eterna e constante e porque o seu pensamento anima sem interrupção todas as coisas. Esse pensamento, que em tudo penetra, é a força inteligente e permanente que mantém a harmonia em tudo. Cessasse ele um só instante de atuar e o universo seria como um relógio sem pêndulo regulador. Deus, pois, vela incessantemente pela execução de suas leis e os Espíritos que povoam o espaço são seus ministros, encarregados de atender aos pormenores, dentro de atribuições que correspondem ao grau de adiantamento que tenham alcançado.

4. O universo é, ao mesmo tempo, um mecanismo incomensurável, acionado por um número incontável de inteligências, e um imenso governo em o qual cada ser inteligente tem a sua parte de ação sob as vistas do soberano senhor, cuja vontade única mantém por toda parte a *unidade*. Sob o império dessa vasta potência reguladora, tudo se move, tudo funciona em perfeita ordem. Onde nos parece haver perturbações, o que há são movimentos parciais e isolados, que se nos afiguram irregulares apenas porque circunscrita é a nossa visão. Se lhes pudéssemos abarcar o conjunto, veríamos que tais irregularidades são apenas aparentes e que se harmonizam com o todo.

5. A humanidade tem realizado, até o presente, incontestáveis progressos. Os homens, com a sua inteligência, chegaram a resultados que jamais haviam alcançado, sob o ponto de vista das ciências, das artes e do bem-estar material. Resta-lhes ainda um imenso progresso a realizar: o de *fazerem que entre si reinem a caridade, a fraternidade, a solidariedade, que lhes assegurem o bem-estar moral*. Não poderiam consegui-lo nem com as suas crenças, nem com as suas instituições antiquadas, restos de outra idade, boas para certa época, suficientes para um estado transitório, mas que, havendo dado tudo o que comportavam, seriam hoje um entrave. Já não é somente de desenvolver a inteligência o de que os homens necessitam, mas de elevar o sentimento e, para isso, faz-se preciso destruir tudo o que superexcite neles o egoísmo e o orgulho.

Tal o período em que doravante vão entrar e que marcará uma das fases principais da vida da humanidade. Essa fase, que neste momento se elabora, é o complemento indispensável do estado precedente, como a idade viril o é da juventude. Ela podia, pois, ser prevista e predita de antemão e é por isso que se diz que são chegados os tempos determinados por Deus.

6.   Nestes tempos, porém, não se trata de uma mudança parcial, de uma renovação limitada a certa região, ou a um povo, a uma raça. Trata-se de um movimento universal, a operar-se no sentido do *progresso moral*. Uma nova ordem de coisas tende a estabelecer-se, e os homens, que mais opostos lhe são, para ela trabalham a seu mau grado. A geração futura, desembaraçada das escórias do velho mundo e formada de elementos mais depurados, se achará possuída de ideias e de sentimentos muito diversos dos da geração presente, que se vai a passo de gigante. O velho mundo estará morto e apenas viverá na História, como o estão hoje os tempos da Idade Média, com seus costumes bárbaros e suas crenças supersticiosas.

Aliás, todos sabem quanto ainda deixa a desejar a atual ordem de coisas. Depois de se haver, de certo modo, considerado todo o bem-estar material, produto da inteligência, logra-se compreender que o complemento desse bem-estar somente pode achar-se no desenvolvimento moral. Quanto mais se avança, tanto mais se sente o que falta, sem que, entretanto, se possa ainda definir claramente o que seja: é isso efeito do trabalho íntimo que se opera em prol da regeneração. Surgem desejos, aspirações, que são como que o pressentimento de um estado melhor.

7.   Mas uma mudança tão radical como a que se está elaborando não pode realizar-se sem comoções. Há, inevitavelmente, luta de ideias. Desse conflito forçosamente se originarão passageiras perturbações, até que o terreno se ache aplanado e restabelecido o equilíbrio. É, pois, da luta das ideias que surgirão os graves acontecimentos preditos e não de cataclismos ou catástrofes puramente materiais. Os cataclismos gerais foram consequência do estado de formação da Terra. *Hoje, não são mais as entranhas do planeta que se agitam: são as da humanidade.*

8. Se a Terra já não tem que temer os cataclismos gerais, nem por isso deixa de estar sujeita a periódicas revoluções, cujas causas, do ponto de vista científico, se encontram explicadas nas instruções seguintes, promanantes de dois Espíritos eminentes:*

"Cada corpo celeste, além das leis simples que presidem à divisão dos dias e das noites, das estações etc., experimenta revoluções que demandam milhares de séculos para sua realização completa, porém que, como as revoluções mais breves, passam por todos os períodos, desde o de nascimento até o de um máximo de efeito, após o qual há decrescimento, até o limite extremo, para recomeçar em seguida o percurso das mesmas fases.

"O homem apenas apreende as fases de duração relativamente curta e cuja periodicidade ele pode comprovar. Algumas, no entanto, há que abrangem longas gerações de seres e, até, sucessões de raças, revoluções essas cujos efeitos, conseguintemente, se lhe apresentam com caráter de novidade e de espontaneidade, ao passo que, se seu olhar pudesse projetar-se para trás alguns milhares de séculos, veria, entre aqueles mesmos efeitos e suas causas, uma correlação de que nem suspeita. Esses períodos que, pela sua extensão relativa, confundem a imaginação dos humanos, não são, contudo, mais do que instantes na duração eterna.

---

* Nota de Allan Kardec: Extrato de duas comunicações dadas na Sociedade de Paris e publicadas na *Revista espírita* de outubro de 1868. São corolários das de Galileu, reproduzidas no capítulo VI, e complementares do capítulo IX, sobre as revoluções do globo.

"Num mesmo sistema planetário, todos os corpos que o constituem reagem uns sobre os outros; todas as influências físicas são nele solidárias e nem um só há, dos efeitos que designais pelo nome de grandes perturbações, que não seja consequência da componente das influências de todo o sistema.

"Vou mais longe: digo que os sistemas planetários reagem uns sobre os outros, na razão da proximidade ou do afastamento resultantes do movimento de translação deles, através das miríades de sistemas que compõem a nossa nebulosa. Ainda vou mais longe: digo que a nossa nebulosa, que é um como arquipélago na imensidade, tendo também seu movimento de translação através das miríades de nebulosas, sofre a influência das de que ela se aproxima.

"De sorte que as nebulosas reagem sobre as nebulosas, os sistemas reagem sobre os sistemas, como os planetas reagem sobre os planetas, como os elementos de cada planeta reagem uns sobre os outros e assim sucessivamente até o átomo. Daí, em cada mundo, revoluções locais ou gerais, que se não parecem perturbações porque a brevidade da vida não permite se lhes percebam mais do que os efeitos parciais.

"A matéria orgânica não poderia escapar a essas influências; as perturbações que ela sofre podem, pois, alterar o estado físico dos seres vivos e determinar algumas dessas enfermidades que atacam de modo geral as plantas, os animais e os homens, enfermidades que, como todos os flagelos, são, para a inteligência humana, um estimulante que a impele, por força da necessidade, a procurar meios de os combater e a descobrir leis da natureza.

"Mas a matéria orgânica, a seu turno, reage sobre o Espírito. Este, pelo seu contato e sua ligação íntima com os elementos materiais, também sofre influências que lhe modificam as disposições, sem, no entanto, privá-lo do livre-arbítrio, que lhe sobre-excitam ou atenuam a atividade e que, pois, contribuem para o seu desenvolvimento. A efervescência que por vezes se manifesta em toda uma população, entre os homens de uma mesma raça, não é coisa fortuita, nem resultado de um capricho; tem sua causa nas leis da natureza. Essa efervescência, inconsciente a princípio, não passando de vago desejo, de aspiração indefinida por alguma coisa melhor, de certa necessidade de mudança, traduz-se por uma surda agitação, depois por atos que levam às revoluções sociais, que, acreditai-o, também têm sua periodicidade, como as revoluções físicas, pois que tudo se encadeia. Se não tivésseis a visão espiritual limitada pelo véu da matéria, veríeis as correntes fluídicas que, como milhares de fios condutores, ligam as coisas do mundo espiritual às do mundo material.

"Quando se vos diz que a humanidade chegou a um período de transformação e que a Terra tem que se elevar na hierarquia dos mundos, nada de místico vejais nessas palavras; vede, ao contrário, a execução da uma das grandes leis fatais do universo, contra as quais se quebra toda a má vontade humana."[*]

Arago

9. Sim, decerto, a humanidade se transforma, como já se transformou noutras épocas, e cada transformação se assinala por uma crise que é, para o gênero humano, o que são, para os indivíduos, as crises de crescimento. Aquelas se tornam, muitas vezes, penosas, dolorosas, e arrebatam consigo as gerações e as instituições, mas, são sempre seguidas de uma fase de progresso material e moral.

A humanidade terrestre, tendo chegado a um desses períodos de crescimento, está em cheio, há quase um século, no trabalho da sua transformação, pelo que a vemos agitar-se de todos os lados, presa de uma espécie de febre e como que impelida por invisível força. Assim continuará, até que se haja outra vez estabilizado em novas bases. Quem a observar, então, achá-la-á muito mudada em seus costumes, em seu caráter, nas suas leis, em suas crenças, numa palavra: em todo o seu estado social.

"Uma coisa que vos parecerá estranhável, mas que por isso não deixa de ser rigorosa verdade, é que o mundo dos Espíritos, mundo que vos rodeia, experimenta o contrachoque de todas as comoções que abalam o mundo dos encarnados. Digo mesmo que aquele toma parte ativa nessas comoções. Nada tem isto de surpreendente, para

---

[*] N. E.: Ver Nota Explicativa, p. 407.

quem sabe que os Espíritos fazem corpo com a humanidade; que eles saem dela e a ela têm de voltar, sendo, pois, natural se interessem pelos movimentos que se operam entre os homens. Ficai, portanto, certos de que, quando uma revolução social se produz na Terra, abala igualmente o mundo invisível, onde todas as paixões, boas e más, se exacerbam, como entre vós. Indizível efervescência entra a reinar na coletividade dos Espíritos que ainda pertencem ao vosso mundo e que aguardam o momento de a ele volver.

"À agitação dos encarnados e desencarnados se juntam às vezes, e frequentemente mesmo, já que tudo se conjuga em a natureza, as perturbações dos elementos físicos. Dá-se então, durante algum tempo, verdadeira confusão geral, mas que passa como furacão, após o qual o céu volta a estar sereno, e a humanidade, reconstituída sobre novas bases, imbuída de novas ideias, começa a percorrer nova etapa de progresso.

"É no período que ora se inicia que o Espiritismo florescerá e dará frutos. Trabalhais, portanto, mais para o futuro, do que para o presente. Era, porém, necessário que esses trabalhos se preparassem antecipadamente, porque eles traçam as sendas da regeneração, pela unificação e racionalidade das crenças. Ditosos os que deles aproveitam desde já. Tantas penas se pouparão esses, quantos forem os proveitos que deles aufiram."

Doutor Barry

10. Do que precede resulta que, em consequência do movimento de translação que executam no espaço, os corpos celestes exercem, uns sobre os outros, maior ou menor influência, conforme a proximidade em que se achem entre si e as suas respectivas posições; que essa influência pode acarretar uma perturbação momentânea aos seus elementos constitutivos e modificar as condições de vitalidade dos seus habitantes; que a regularidade dos movimentos determina a volta periódica das mesmas causas e dos mesmos efeitos; que, se demasiado curta é a duração de certos períodos para que os homens os apreciem, outros veem passar gerações e raças que deles não se apercebem e às quais se afigura normal o estado de coisas que observam. Ao contrário, as gerações contemporâneas da transição lhe sofrem o contrachoque e tudo lhes parece fora das leis ordinárias. Essas gerações veem uma causa sobrenatural, maravilhosa, miraculosa no que, em realidade, mais não é do que a execução das leis da natureza.

Se, pelo encadeamento e a solidariedade das causas e dos efeitos, os períodos de renovação moral da humanidade coincidem, como tudo leva a crer, com as revoluções físicas do globo, podem os referidos períodos ser acompanhados ou precedidos de fenômenos naturais, insólitos para os que com eles não se acham familiarizados, de meteoros que parecem estranhos, de recrudescência e intensificação desusadas dos flagelos destruidores, que não são nem causa, nem presságios sobrenaturais, mas uma consequência do movimento geral que se opera no mundo físico e no mundo moral.

Anunciando a época de renovação que se havia de abrir para a humanidade e determinar o fim do velho mundo, a Jesus, pois, foi lícito dizer que ela se assinalaria por fenômenos extraordinários, tremores de Terra, flagelos diversos, sinais no céu, que mais não são do que meteoros, sem ab-rogação das leis naturais. O vulgo, porém, ignorante, viu nessas palavras a predição de fatos miraculosos.*

11. A previsão dos movimentos progressivos da humanidade nada apresenta de surpreendente, quando feita por seres desmaterializados, que veem o fim a que tendem todas as coisas, tendo alguns deles conhecimento direto do pensamento de Deus. Pelos movimentos parciais, esses seres veem em que época poderá operar-se um movimento geral, do mesmo modo que o homem pode calcular de antemão o

---

* Nota de Allan Kardec: A terrível epidemia que, de 1866 a 1868, dizimou a população da Ilha Maurício, teve a precedê-la tão extraordinária e tão abundante chuva de estrelas cadentes, em novembro de 1866, que aterrorizou os habitantes daquela ilha. A partir desse momento, a doença, que reinava desde alguns meses de forma muito benigna, se transformou em verdadeiro flagelo devastador. Aquele fora bem um sinal no céu e talvez nesse sentido é que se deva entender a frase — *estrelas caindo do céu*, de que fala o Evangelho, como um dos sinais dos tempos. (Pormenores sobre a epidemia da Ilha Maurício: *Revista espírita*, julho de 1867, e novembro de 1868.)

tempo que uma árvore levará para dar frutos, do mesmo modo que os astrônomos calculam a época de um fenômeno astronômico, pelo tempo que um astro gasta para efetuar a sua revolução.

12. A humanidade é um ser coletivo em quem se operam as mesmas revoluções morais por que passa todo ser individual, com a diferença de que umas se realizam de ano em ano e as outras de século em século. Acompanhe-se a humanidade em suas evoluções através dos tempos e ver-se-á a vida das diversas raças marcada por períodos que dão a cada época uma fisionomia especial.*

13. De duas maneiras se opera, como já o dissemos, a marcha progressiva da humanidade: uma, gradual, lenta, imperceptível, se se considerarem as épocas consecutivas, a traduzir-se por sucessivas melhoras nos costumes, nas leis, nos usos, melhoras que só com a continuação se podem perceber, como as mudanças que as correntes de água ocasionam na superfície do globo; a outra, por movimentos relativamente bruscos, semelhantes aos de uma torrente que, rompendo os diques que a continham, transpõe nalguns anos o espaço que levaria séculos a percorrer. É, então, um cataclismo moral que traga em breves instantes as instituições do passado e ao qual sobrevém uma nova ordem de coisas que pouco a pouco se estabiliza, à medida que se restabelece a calma, e que acaba por se tornar definitiva.

Àquele que viva bastante para abranger com a vista as duas vertentes da nova fase, parecerá que um mundo novo surgiu das ruínas do antigo. O caráter, os costumes, os usos, tudo está mudado. É que, com efeito, surgiram homens novos, ou, melhor, regenerados. As ideias, que a geração que se extinguiu levou consigo, cederam lugar a ideias novas que desabrocham com a geração que se ergue.

14. Tornada adulta, a humanidade tem novas necessidades, aspirações mais vastas e mais elevadas; compreende o vazio com que foi embalada, a insuficiência de suas instituições para lhe dar felicidade; já não encontra, no estado das coisas, as satisfações legítimas a que se sente com direito. Despoja-se, em consequência, das faixas

---

* N. E.: Ver Nota Explicativa, p. 407.

infantis e se lança, impelida por irresistível força, para as margens desconhecidas, em busca de novos horizontes menos limitados.

É a um desses períodos de transformação, ou, se o preferirem, de *crescimento moral*, que ora chega a humanidade. Da adolescência chega ao estado viril. O passado já não pode bastar às suas novas aspirações, às suas novas necessidades; ela já não pode ser conduzida pelos mesmos métodos; não mais se deixa levar por ilusões, nem fantasmagorias; sua razão amadurecida reclama alimentos mais substanciosos. É demasiado efêmero o presente; ela sente que mais amplo é o seu destino e que a vida corpórea é excessivamente restrita para encerrá-lo inteiramente. Por isso, mergulha o olhar no passado e no futuro, a fim de descobrir num ou noutro o mistério da sua existência e de adquirir uma consoladora certeza.

E é no momento em que ela se encontra muito apertada na esfera material, em que transbordante se encontra de vida intelectual, em que o sentimento da espiritualidade lhe desabrocha no seio, que homens que se dizem filósofos pretendem encher o vazio com as doutrinas do niilismo e do materialismo! Singular aberração! Esses mesmos homens, que intentam impelir para a frente a humanidade, se esforçam por circunscrevê-la no acanhado círculo da matéria, donde ela anseia por escapar-se. Velam-lhe o aspecto da vida infinita e lhe dizem, apontando para o túmulo: *Nec plus ultra!**

15. Quem quer que haja meditado sobre o Espiritismo e suas consequências e não o circunscreva à produção de alguns fenômenos terá compreendido que ele abre à humanidade uma estrada nova e lhe desvenda os horizontes do infinito. Iniciando-a nos mistérios do mundo invisível, mostra-lhe o seu verdadeiro papel na criação, papel *perpetuamente ativo*, tanto no estado espiritual, como no estado corporal. O homem já não caminha às cegas: sabe donde vem, para onde vai e por que está na Terra. O futuro se lhe revela em sua realidade, despojado dos prejuízos da ignorância e da superstição. Já não se trata de uma vaga esperança, mas de uma verdade palpável,

---

* N. E.: Nada mais além.

tão certa como a sucessão do dia e da noite. Ele sabe que o seu ser não se acha limitado a alguns instantes de uma existência transitória; que a vida espiritual não se interrompe por efeito da morte; que já viveu e tornará a viver e que nada se perde do que haja ganho em perfeição; em suas existências anteriores depara com a razão do que é hoje e reconhece que: *do que ele é hoje, qual se fez a si mesmo, poderá deduzir o que virá a ser um dia.*

16. Com a ideia de que a atividade e a cooperação individuais na obra geral da civilização se limitam à vida presente, que, antes, a criatura nada foi e nada será depois, em que interessa ao homem o progresso ulterior da humanidade? Que lhe importa que no futuro os povos sejam mais bem governados, mais ditosos, mais esclarecidos, melhores uns para com os outros? Não fica perdido para ele todo o progresso, pois que deste nenhum proveito tirará? De que lhe serve trabalhar para os que hão de vir depois, se nunca lhe será dado conhecê-los, se os seus pósteros serão criaturas novas, que pouco depois voltarão por sua vez ao nada? Sob o domínio da negação do futuro individual, tudo forçosamente se amesquinha às insignificantes proporções do momento e da personalidade.

Entretanto, que amplitude, ao contrário, dá ao pensamento do homem a certeza da perpetuidade do seu ser espiritual! Que de mais racional, de mais grandioso, de mais digno do Criador do que a lei segundo a qual a vida espiritual e a vida corpórea são apenas dois modos de existência, que se alternam para a realização do progresso! Que de mais justo há e de mais consolador do que a ideia de estarem os mesmos seres a progredir incessantemente, primeiro, pelas gerações de um mesmo mundo, de mundo em mundo depois, até a perfeição, *sem solução de continuidade*! Todas as ações têm, então, uma finalidade, porquanto, trabalhando para todos, cada um trabalha para si e reciprocamente, de sorte que nunca se podem considerar infecundos nem o progresso individual, nem o progresso coletivo. De ambos esses progressos aproveitarão as gerações e as individualidades porvindouras, que outras não virão a ser senão as gerações e as individualidades passadas, em mais alto grau de adiantamento.

17. A fraternidade será a pedra angular da nova ordem social; mas, não há fraternidade real, sólida, efetiva, senão assente em base inabalável e essa base é a fé, não a fé em tais ou tais dogmas particulares, que mudam com os tempos e os povos e que mutuamente se apedrejam, porquanto, anatematizando-se uns aos outros, alimentam o antagonismo, mas a fé nos princípios fundamentais que toda a gente pode aceitar e aceitará: *Deus, a alma, o futuro, o progresso individual indefinito, a perpetuidade das relações entre os seres.* Quando todos os homens estiverem convencidos de que Deus é o mesmo para todos; de que esse Deus, soberanamente justo e bom, nada de injusto pode querer; que não dele, porém dos homens vem o mal, todos se considerarão filhos do mesmo Pai e se estenderão as mãos uns aos outros.

Essa a fé que o Espiritismo faculta e que doravante será o eixo em torno do qual girará o gênero humano, quaisquer que sejam os cultos e as crenças particulares.

18. O progresso intelectual realizado até o presente, nas mais largas proporções, constitui um grande passo e marca uma primeira fase no avanço geral da humanidade; impotente, porém, ele é para regenerá-la. Enquanto o orgulho e o egoísmo o dominarem, o homem se servirá da sua inteligência e dos seus conhecimentos para satisfazer às suas paixões e aos seus interesses pessoais, razão por que os aplica em aperfeiçoar os meios de prejudicar os seus semelhantes e de os destruir.

19. Somente o progresso moral pode assegurar aos homens a felicidade na Terra, refreando as paixões más; somente esse progresso pode fazer que entre os homens reinem a concórdia, a paz, a fraternidade.

Será ele que deitará por Terra as barreiras que separam os povos, que fará caiam os preconceitos de casta e se calem os antagonismos de seitas, ensinando os homens a se considerarem irmãos que têm por dever auxiliarem-se mutuamente e não destinados a viver à custa uns dos outros.

Será ainda o progresso moral que, secundado então pelo da

inteligência, confundirá os homens numa mesma crença fundada nas verdades eternas, não sujeitas a controvérsias e, em consequência, aceitáveis por todos.

A unidade de crença será o laço mais forte, o fundamento mais sólido da fraternidade universal, obstada, desde todos os tempos pelos antagonismos religiosos que dividem os povos e as famílias, que fazem sejam uns, os dissidentes, vistos, pelos outros, como inimigos a serem evitados, combatidos, exterminados, em vez de irmãos a serem amados.

20. Semelhante estado de coisas pressupõe uma mudança radical no sentimento das massas, um progresso geral que não se podia realizar senão fora do círculo das ideias acanhadas e corriqueiras que fomentam o egoísmo. Em diversas épocas, homens de escol procuraram impelir a humanidade por esse caminho; mas, ainda muito jovem, ela se conservou surda e os ensinamentos que eles ministraram foram como a boa semente caída no pedregulho.

Hoje, a humanidade está madura para lançar o olhar a alturas que nunca tentou divisar, a fim de nutrir-se de ideias mais amplas e compreender o que antes não compreendia.

A geração que desaparece levará consigo seus erros e prejuízos; a geração que surge, retemperada em fonte mais pura, imbuída de ideias mais sãs, imprimirá ao mundo ascensional movimento, no sentido do progresso moral que assinalará a nova fase da evolução humana.

21. Essa fase já se revela por sinais inequívocos, por tentativas de reformas úteis e que começam a encontrar eco. Assim é que vemos fundar-se uma imensidade de instituições protetoras, civilizadoras e emancipadoras, sob o influxo e por iniciativa de homens evidentemente predestinados à obra da regeneração; que as leis penais se vão apresentando dia a dia impregnadas de sentimentos mais humanos. Enfraquecem-se os preconceitos de raça, os povos entram a considerar-se membros de uma grande família; pela uniformidade e facilidade dos meios de realizarem suas transações, eles suprimem as barreiras que os separavam e de todos os pontos do mundo reúnem-se em comícios universais, para as justas pacíficas da inteligência.

Falta, porém, a essas reformas uma base que permita se desenvolvam, completem e consolidem; falta uma predisposição moral mais generalizada, para fazer que elas frutifiquem e que as massas as acolham. Ainda aí há um sinal característico da época, porque há o prelúdio do que se efetuará em mais larga escala, à proporção que o terreno se for tornando mais favorável.

22. Outro sinal não menos característico do período em que entramos encontra-se na reação que se opera no sentido das ideias espiritualistas; na repulsão instintiva que se manifesta contra as ideias materialistas. O Espírito de incredulidade, que se apoderara das massas, ignorantes ou esclarecidas, e as levava a rejeitar com a forma a substância mesma de toda crença, parece ter sido um sono, a cujo despertar se sente a necessidade de respirar um ar mais vivificante. Involuntariamente, lá onde o vácuo se fizera, procura-se alguma coisa, um ponto de apoio.

23. Se supusermos possuída desses sentimentos a maioria dos homens, poderemos facilmente imaginar as modificações que daí decorrerão para as relações sociais; todos terão por divisa: caridade, fraternidade, benevolência para com todos, tolerância para todas as crenças. É a meta para que tende evidentemente a humanidade; esse o objeto de suas aspirações, de seus desejos, sem que, entretanto, ela perceba claramente por que meio as há de realizar. Ensaia, tateia, mas é detida por muitas resistências ativas, ou pela força de inércia dos preconceitos, das crenças estacionárias e refratárias ao progresso. Faz-se-lhe mister vencer tais resistências e essa será a obra da nova geração. Quem acompanhar o curso atual das coisas reconhecerá que tudo parece predestinado a lhe abrir caminho. Ela terá por si a dupla força do número e das ideias e, de acréscimo, a experiência do passado.

24. A nova geração marchará, pois, para a realização de todas as ideias humanitárias compatíveis com o grau de adiantamento a que houver chegado. Avançando para o mesmo alvo e realizando seus objetivos, o Espiritismo se encontrará com ela no mesmo terreno. Aos homens progressistas se deparará nas ideias espíritas poderosa alavanca e o Espiritismo achará, nos novos homens, Espíritos inteiramente dispostos a acolhê-lo. Dado esse estado de coisas, que poderão fazer os que entendam de opor-se-lhe?

25. O Espiritismo não cria a renovação social; a madureza da humanidade é que fará dessa renovação uma necessidade. Pelo seu poder moralizador, por suas tendências progressistas, pela amplitude de suas vistas, pela generalidade das questões que abrange, o Espiritismo é mais apto, do que qualquer outra doutrina, a secundar o movimento de regeneração; por isso, é ele contemporâneo desse movimento. Surgiu na hora em que podia ser de utilidade, visto que também para ele os tempos são chegados. Se viera mais cedo, teria esbarrado em obstáculos insuperáveis; houvera inevitavelmente sucumbido, porque, satisfeitos com o que tinham, os homens ainda não sentiriam falta do que ele lhes traz. Hoje, nascido com as ideias que fermentam, encontra preparado o terreno para recebê-lo. Os Espíritos cansados da dúvida e da incerteza, horrorizados com o abismo que se lhes abre à frente, o acolhem como âncora de salvação e consolação suprema.

26. Grande, por certo, é ainda o número dos retardatários; mas, que podem eles contra a onda que se alteia, senão atirar-lhe algumas pedras? Essa onda é a geração que surge, ao passo que eles se somem com a geração que vai desaparecendo todos os dias a passos largos. Até lá, porém, eles defenderão palmo a palmo o terreno. Haverá, portanto, uma luta inevitável, mas luta desigual, porque é a do passado decrépito, a cair em frangalhos, contra o futuro juvenil. Será a luta da estagnação contra o progresso, da criatura contra a vontade do Criador, uma vez que chegados são os tempos por ele determinados.

A geração nova

27. Para que na Terra sejam felizes os homens, preciso é que somente a povoem Espíritos bons, encarnados e desencarnados, que somente ao bem se dediquem. Havendo chegado o tempo, grande emigração se verifica dos que a habitam: a dos que praticam o mal pelo mal, *ainda não tocados pelo sentimento do bem*, os quais, já não sendo dignos do planeta transformado, serão excluídos, porque, senão, lhe ocasionariam de novo perturbação e confusão e constituiriam obstáculo ao progresso. Irão expiar o endurecimento de seus corações, uns em mundos inferiores, outros em raças terrestres ainda atrasadas, equivalentes a mundos daquela ordem, aos quais levarão os conhecimentos que hajam adquirido, tendo por missão fazê-las avançar. Substituí-los-ão Espíritos melhores, que farão reinem em seu seio a justiça, a paz e a fraternidade.

A Terra, no dizer dos Espíritos, não terá de transformar-se por meio de um cataclismo que aniquile de súbito uma geração. A atual desaparecerá gradualmente e a nova lhe sucederá do mesmo modo, sem que haja mudança alguma na ordem natural das coisas.

Tudo, pois, se processará exteriormente, como sói acontecer, com a única, mas capital diferença de que uma parte dos Espíritos que encarnavam na Terra aí não mais tornarão a encarnar. Em cada criança que nascer, em vez de um Espírito atrasado e inclinado ao mal, que antes nela encarnaria, virá um Espírito mais adiantado e *propenso ao bem*.

Muito menos, pois, se trata de uma nova geração corpórea, do que de uma nova geração de Espíritos. Sem dúvida, neste sentido é que Jesus entendia as coisas, quando declarava: "Digo-vos, em verdade, que esta geração não passará sem que estes fatos tenham ocorrido." Assim, decepcionados ficarão os que contem ver a transformação operar-se por efeitos sobrenaturais e maravilhosos.*

28. A época atual é de transição; confundem-se os elementos das duas gerações. Colocados no ponto intermédio, assistimos à partida de uma e à chegada da outra, já se assinalando cada uma, no mundo, pelos caracteres que lhes são peculiares.

Têm ideias e pontos de vista opostos as duas gerações que se sucedem. Pela natureza das disposições morais, porém, sobretudo das disposições *intuitivas* e *inatas*, torna-se fácil distinguir a qual das duas pertence cada indivíduo.

---

* N. E.: Ver Nota Explicativa, p. 407.

Cabendo-lhe fundar a era do progresso moral, a nova geração se distingue por inteligência e razão geralmente precoces, juntas ao sentimento inato do bem e a crenças espiritualistas, o que constitui sinal indubitável de certo grau de adiantamento anterior. Não se comporá exclusivamente de Espíritos eminentemente superiores, mas dos que, já tendo progredido, se acham predispostos a assimilar todas as ideias progressistas e aptos a secundar o movimento de regeneração.

O que, ao contrário, distingue os Espíritos atrasados é, em primeiro lugar, a revolta contra Deus, pelo se negarem a reconhecer qualquer poder superior aos poderes humanos; a propensão *instintiva* para as paixões degradantes, para os sentimentos antifraternos de egoísmo, de orgulho, de inveja, de ciúme; enfim, o apego a tudo o que é material: a sensualidade, a cupidez, a avareza.

Desses vícios é que a Terra tem de ser expurgada pelo afastamento dos que se obstinam em não emendar-se; porque são incompatíveis com o reinado da fraternidade e porque o contato com eles constituirá sempre um sofrimento para os homens de bem. Quando a Terra se achar livre deles, os homens caminharão sem óbices para o futuro melhor que lhes está reservado, mesmo neste mundo, por prêmio de seus esforços e de sua perseverança, enquanto esperem que uma depuração mais completa lhes abra o acesso aos mundos superiores.

29. Não se deve entender que por meio dessa emigração de Espíritos sejam expulsos da Terra e relegados para mundos inferiores todos os Espíritos retardatários. Muitos, ao contrário, aí voltarão, porquanto muitos há que o são porque cederam ao arrastamento das circunstâncias e do exemplo. Nesses, a casca é pior do que o cerne. Uma vez subtraídos à influência da matéria e dos prejuízos do mundo corporal, eles, em sua maioria, verão as coisas de maneira inteiramente diversa daquela por que as viam quando em vida, conforme os múltiplos casos que conhecemos. Para isso, têm a auxiliá-los Espíritos benévolos que por eles se interessam e se dão pressa em esclarecê-los e em lhes mostrar quão falso era o caminho que seguiam. Nós mesmos, pelas nossas preces e exortações, podemos concorrer para que eles se melhorem, visto que entre mortos e vivos há perpétua solidariedade.

É muito simples o modo por que se opera a transformação, sendo, como se vê, todo ele de ordem moral, sem se afastar em nada das leis da natureza.

30. Sejam os que componham a nova geração Espíritos melhores, ou Espíritos antigos que se melhoraram, o resultado é o mesmo. Desde que trazem disposições melhores, há sempre uma renovação. Assim, segundo suas disposições naturais, os Espíritos encarnados formam duas categorias: de um lado, os retardatários, que partem; de outro, os progressistas, que chegam. O estado dos costumes e da sociedade estará, portanto, no seio de um povo, de uma raça, ou do mundo inteiro, em relação com aquela das duas categorias que preponderar.

31. Uma comparação vulgar ainda melhor dará a compreender o que se passa nessa circunstância. Figuremos um regimento composto na sua maioria de homens turbulentos e indisciplinados, os quais ocasionarão nele constantes desordens que a lei penal terá por vezes dificuldades em reprimir. Esses homens são os mais fortes, porque mais numerosos do que os outros. Eles se amparam, animam e estimulam pelo exemplo. Os poucos bons nenhuma influência exercem; seus conselhos são desprezados; sofrem com a companhia dos outros, que os achincalham e maltratam. Não é essa uma imagem da sociedade atual?

Suponhamos que esses homens são retirados um a um, dez a dez, cem a cem, do regimento e substituídos gradativamente por iguais números de bons soldados, mesmo por alguns dos que, já tendo sido expulsos, se corrigiram. Ao cabo de algum tempo, existirá o mesmo regimento, mas transformado. A boa ordem terá sucedido à desordem.

32. As grandes partidas coletivas, entretanto, não têm por único fim ativar as saídas; têm igualmente o de transformar mais rapidamente o Espírito da massa, livrando-a das más influências e o de dar maior ascendente às ideias novas.

Por estarem muitos, apesar de suas imperfeições, maduros para a transformação, é que muitos partem, a fim de apenas se retemperarem em fonte mais pura. Enquanto se conservassem no mesmo meio e sob as mesmas influências, persistiriam nas suas opiniões e nas suas maneiras de apreciar as coisas. Uma estada no mundo dos Espíritos bastará para lhes descerrar os olhos, por isso que aí veem o que não podiam ver na Terra. O incrédulo, o fanático, o absolutista, poderão, conseguintemente, voltar com ideias *inatas* de fé, tolerância e liberdade. Ao regressarem, acharão mudadas as coisas e experimentarão a influência do novo meio em que houverem nascido. Longe de se oporem às novas ideias, constituir-se-ão seus auxiliares.

33. A regeneração da humanidade, portanto, não exige absolutamente a renovação integral dos Espíritos: basta uma modificação em suas disposições morais. Essa modificação se opera em todos quantos lhe estão predispostos, desde que sejam subtraídos à influência perniciosa do mundo. Assim, nem sempre os que voltam são outros Espíritos; são com frequência os mesmos Espíritos, mas pensando e sentindo de outra maneira.

Quando insulado e individual, esse melhoramento passa despercebido e nenhuma influência ostensiva alcança sobre o mundo. Muito outro é o efeito, quando a melhora se produz simultaneamente sobre grandes massas, porque, então, conforme as proporções que assuma, numa geração, pode modificar profundamente as ideias de um povo ou de uma raça.

É o que quase sempre se nota depois dos grandes choques que dizimam as populações. Os flagelos destruidores apenas destroem corpos, não atingem o Espírito; ativam o movimento de vaivém entre o mundo corporal e o mundo espiritual e, por conseguinte, o movimento progressivo dos Espíritos encarnados e desencarnados. É de notar-se que em todas as épocas da História, às grandes crises sociais se seguiu uma era de progresso.

34. Opera-se presentemente um desses movimentos gerais, destinados a realizar uma remodelação da humanidade. A multiplicidade das causas de destruição constitui sinal característico dos tempos, visto que elas apressarão a eclosão dos novos germens. São as folhas que caem no outono e às quais sucedem outras folhas cheias de vida, porquanto a humanidade tem suas estações, como os indivíduos têm suas várias idades. As folhas mortas da humanidade caem batidas pelas rajadas e pelos golpes de vento, porém, para renascerem mais vivazes sob o mesmo sopro de vida, que não se extingue, mas se purifica.

35. Para o materialista, os flagelos destruidores são calamidades carentes de compensação, sem resultados aproveitáveis, pois que, na opinião deles, os *aludidos flagelos aniquilam os seres para sempre*. Para aquele, porém, que sabe que a morte unicamente destrói o envoltório, tais flagelos não acarretam as mesmas consequências e não lhe causam o mínimo pavor; ele lhes compreende o objetivo e não ignora que os homens não perdem mais por morrerem juntos, do que por morrerem isolados, dado que, duma forma ou doutra, a isso hão de todos sempre chegar.

Os incrédulos rirão destas coisas e as qualificarão de quiméricas; mas, digam o que disserem, não fugirão à lei comum; cairão a seu turno, como os outros, e, então, que lhes acontecerá? Eles dizem: *Nada!* Viverão, no entanto, a despeito de si próprios e se verão, um dia, forçados a abrir os olhos.

NOTA EXPLICATIVA*

Hoje creem e sua fé é inabalável, porque assentada na evidência e na demonstração, e porque satisfaz à razão. [...]. Tal é a fé dos espíritas, e a prova de sua força é que se esforçam por se tornarem melhores, domarem suas inclinações más e porem em prática as máximas do Cristo, olhando todos os homens como irmãos, sem acepção de raças, de castas, nem de seitas, perdoando aos seus inimigos, retribuindo o mal com o bem, a exemplo do divino modelo. (KARDEC, Allan. *Revista Espírita* de 1868. 1. ed. Rio de Janeiro: FEB, 2005. p. 28, janeiro de 1868.)

---

* N. E.: Esta *Nota Explicativa,* publicada em face de acordo com o Ministério Público Federal, tem por objetivo demonstrar a ausência de qualquer discriminação ou preconceito em alguns trechos das obras de Allan Kardec, caracterizadas, todas, pela sustentação dos princípios de fraternidade e solidariedade cristãs, contidos na Doutrina Espírita.

A investigação rigorosamente racional e científica de fatos que revelavam a comunicação dos homens com os Espíritos, realizada por Allan Kardec, resultou na estruturação da Doutrina Espírita, sistematizada sob os aspectos científico, filosófico e religioso.

A partir de 1854 até seu falecimento, em 1869, seu trabalho foi constituído de cinco obras básicas: *O Livro dos Espíritos* (1857), *O Livro dos Médiuns* (1861), *O evangelho segundo o espiritismo* (1864), *O Céu e o Inferno* (1865), *A Gênese* (1868), além da obra *O Que é o Espiritismo* (1859), de uma série de opúsculos e 136 edições da *Revista Espírita* (de janeiro de 1858 a abril de 1869). Após sua morte, foi editado o livro *Obras Póstumas* (1890).

O estudo meticuloso e isento dessas obras permite-nos extrair conclusões básicas: a) todos os seres humanos são Espíritos imortais criados por Deus em igualdade de condições, sujeitos às mesmas leis naturais de progresso que levam todos, gradativamente, à perfeição; b) o progresso ocorre através de sucessivas experiências, em inúmeras reencarnações, vivenciando necessariamente todos os segmentos sociais, única forma de o Espírito acumular o aprendizado necessário ao seu desenvolvimento; c) no período entre as reencarnações o Espírito permanece no mundo espiritual, podendo comunicar-se com os homens; d) o progresso obedece às leis morais ensinadas e vivenciadas por Jesus, nosso guia e modelo, referência para todos os homens que desejam desenvolver-se de forma consciente e voluntária.

Em diversos pontos de sua obra, o Codificador se refere aos Espíritos encarnados em tribos incultas e selvagens, então existentes em algumas regiões do planeta, e que, em contato com outros polos de civilização, vinham sofrendo inúmeras transformações, muitas com evidente benefício para os seus membros, decorrentes do progresso geral ao qual estão sujeitas todas as etnias, independentemente da coloração de sua pele.

Na época de Allan Kardec, as ideias frenológicas de Gall, e as da fisiognomonia de Lavater, eram aceitas por eminentes homens de ciência, assim como provocou enorme agitação nos meios de comunicação e junto à intelectualidade e à população em geral, a publicação, em 1859 — dois anos depois do lançamento de *O Livro dos Espíritos* — do livro sobre a *Evolução das Espécies*, de Charles Darwin, com as naturais incorreções e incompreensões que toda ciência nova apresenta. Ademais, a crença de que os traços da fisionomia revelam o caráter da pessoa é muito antiga, pretendendo-se haver aparentes relações entre o físico e o aspecto moral.

O Codificador não concordava com diversos aspectos apresentados por essas assim chamadas ciências. Desse modo, procurou avaliar as conclusões desses eminentes pesquisadores à luz da revelação dos Espíritos, trazendo ao debate o elemento espiritual como fator decisivo no equacionamento das questões da diversidade e desigualdade humanas.

Allan Kardec encontrou, nos princípios da Doutrina Espírita, explicações que apontam para leis sábias e supremas, razão pela qual afirmou que o Espiritismo permite "resolver os milhares de problemas históricos, arqueológicos, antropológicos, teológicos, psicológicos, morais, sociais etc." (*Revista Espírita*, 1862, p. 401). De fato, as leis universais do amor, da caridade, da imortalidade da alma, da reencarnação, da evolução constituem novos parâmetros para a compreensão do desenvolvimento dos grupos humanos, nas diversas regiões do Orbe.

Essa compreensão das leis divinas permite a Allan Kardec afirmar que:

O corpo deriva do corpo, mas o Espírito não procede do Espírito. Entre os descendentes das raças apenas há consanguinidade. (*O Livro dos Espíritos*, item 207, p. 176.)

[...] o Espiritismo, restituindo ao Espírito o seu verdadeiro papel na Criação, constatando a superioridade da inteligência sobre a matéria, faz com que desapareçam, naturalmente, todas as distinções estabelecidas entre os homens, conforme as vantagens corporais e mundanas, sobre as quais só o orgulho fundou as castas e os estúpidos preconceitos de cor. (*Revista Espírita*, 1861, p. 432.)

Os privilégios de raças têm sua origem na abstração que os homens geralmente fazem do princípio espiritual, para considerar apenas o ser material exterior. Da força ou da fraqueza constitucional de uns, de uma diferença de cor em outros, do nascimento na opulência ou na miséria, da filiação consanguínea nobre ou plebeia, concluíram por uma superioridade ou uma inferioridade natural. Foi sobre este dado que estabeleceram suas leis sociais e os privilégios de raças. Deste ponto de vista circunscrito, são consequentes consigo mesmos, porquanto, não considerando senão a vida material, certas classes parecem pertencer, e realmente pertencem, a raças diferentes. Mas se se tomar seu ponto de vista do ser espiritual, do ser essencial e progressivo, numa palavra, do Espírito, preexistente e sobrevivente a tudo, cujo corpo não passa de um invólucro temporário, variando, como a roupa, de forma e de cor; se, além disso, do estudo dos seres espirituais ressalta a prova de que esses seres são de natureza e de origem idênticas, que seu destino é o mesmo, que todos partem do mesmo ponto e tendem para o mesmo objetivo; que a vida corporal não passa de um incidente, uma das fases da vida do Espírito, necessária ao seu adiantamento intelectual e moral; que em vista desse avanço o Espírito pode sucessivamente revestir envoltórios diversos, nascer em posições diferentes, chega-se à consequência capital da igualdade de natureza e, a partir daí, à igualdade dos direitos sociais de todas as criaturas humanas e à abolição dos privilégios de raças. Eis o que ensina o Espiritismo. Vós que negais a existência do Espírito para considerar apenas o homem corporal, a perpetuidade do ser inteligente para só encarar a vida presente, repudiais o único princípio sobre o qual é fundada, com razão, a igualdade de direitos que reclamais para vós mesmos e para os vossos semelhantes. (*Revista Espírita*, 1867, p. 231.)

Com a reencarnação, desaparecem os preconceitos de raças e de castas, pois o mesmo Espírito pode tornar a nascer rico ou pobre, capitalista ou proletário, chefe ou subordinado, livre ou escravo, homem ou mulher. De todos os argumentos invocados contra a injustiça da servidão e da escravidão, contra a sujeição da mulher à lei do mais forte, nenhum há que prime, em lógica, ao fato material da reencarnação. Se, pois, a reencarnação funda numa lei da natureza o princípio da fraternidade universal, também funda na mesma lei o da igualdade dos direitos sociais e, por conseguinte, o da liberdade. (*A Gênese*, cap. I, item 36, p. 42-43. *Vide* também *Revista Espírita*, 1867, p. 373.)

Na época, Allan Kardec sabia apenas o que vários autores contavam a respeito dos selvagens africanos, sempre reduzidos ao embrutecimento quase total, quando não escravizados impiedosamente.

É baseado nesses informes "científicos" Da época que o Codificador repete, com outras palavras, o que os pesquisadores europeus descreviam quando de volta das viagens que faziam à África negra. Todavia, é peremptório ao abordar a questão do preconceito racial:

Nós trabalhamos para dar a fé aos que em nada creem; para espalhar uma crença que os torna melhores uns para os outros, que lhes ensina a perdoar aos inimigos, a se olharem como irmãos, sem distinção de raça, casta, seita, cor, opinião política ou religiosa; numa palavra, uma crença que faz nascer o verdadeiro sentimento de caridade, de fraternidade e deveres sociais. (KARDEC, Allan. *Revista Espírita* de 1863 — 1. ed. Rio de Janeiro: FEB, 2005. — Janeiro de 1863.)
O homem de bem é bom, humano e benevolente para com todos, sem distinção de raças nem de crenças, porque em todos os homens vê irmãos seus. (*O evangelho segundo o espiritismo*, cap. XVII, item 3, p. 348.)

É importante compreender, também, que os textos publicados por Allan Kardec na *Revista Espírita* tinham por finalidade submeter à avaliação geral as comunicações recebidas dos Espíritos, bem como aferir a correspondência desses ensinos com teorias e sistemas de pensamento vigentes à época. Em nota ao capítulo XI, item 43, do livro *A Gênese*, o Codificador explica essa metodologia:

> Quando, na *Revista Espírita* de janeiro de 1862, publicamos um artigo sobre a "interpretação da doutrina dos anjos decaídos", apresentamos essa teoria como simples hipótese, sem outra autoridade afora a de uma opinião pessoal controversível, porque nos faltavam então elementos bastantes para uma afirmação peremptória. Expusemo-la a título de ensaio, tendo em vista provocar o exame da questão, decidido, porém, a abandoná-la ou modificá-la, se fosse preciso. Presentemente, essa teoria já passou pela prova do controle universal. Não só foi bem aceita pela maioria dos espíritas, como a mais racional e a mais concorde com a soberana justiça de Deus, mas também foi confirmada pela generalidade das instruções que os Espíritos deram sobre o assunto. O mesmo se verificou com a que concerne à origem da raça adâmica. (*A Gênese*, cap. XI, item 43, nota, p. 292.)

Por fim, urge reconhecer que o escopo principal da Doutrina Espírita reside no aperfeiçoamento moral do ser humano, motivo pelo qual as indagações e perquirições científicas e/ou filosóficas ocupam posição secundária, conquanto importantes, haja vista o seu caráter provisório decorrente do progresso e do aperfeiçoamento geral. Nesse sentido, é justa a advertência do Codificador:

> É verdade que esta e outras questões se afastam do ponto de vista moral, que é a meta essencial do Espiritismo. Eis por que seria um equívoco fazê-las objeto de preocupações constantes. Sabemos, aliás, no que respeita ao princípio das coisas, que os Espíritos, por não saberem tudo, só dizem o que sabem ou o que pensam saber. Mas como há pessoas que poderiam tirar da divergência desses sistemas uma indução contra a unidade

do Espiritismo, precisamente porque são formulados pelos Espíritos, é útil poder comparar as razões pró e contra, no interesse da própria doutrina, e apoiar no assentimento da maioria o julgamento que se pode fazer do valor de certas comunicações. (*Revista Espírita*, 1862, p. 38.)

Feitas essas considerações, é lícito concluir que na Doutrina Espírita vigora o mais absoluto respeito à diversidade humana, cabendo ao Espírita o dever de cooperar para o progresso da Humanidade, exercendo a caridade no seu sentido mais abrangente ("benevolência para com todos, indulgência para as imperfeições dos outros e perdão das ofensas"), tal como a entendia Jesus, nosso Guia e Modelo, sem preconceitos de nenhuma espécie: de cor, etnia, sexo, crença ou condição econômica, social ou moral.

A Editora